JN116418

統計でみる日本

2022

一般財団法人

日 本 統 計 協 会

まえがき

　本書は、我が国の国土や社会、経済の様々な分野、特に国民生活にかかわりの深い分野について統計数値と図表を用いて、その移り変りや現状を分りやすくしたものであり、必要に応じて外国との比較も行っています。

　本書の第１回の刊行は1995年で、以降毎年、最新の統計データに基づいて版を改めていますが、各年の編集に当たっては、その時々の社会経済情勢を勘案し解説内容も見直しています。

　また、新型コロナウイルス感染症の世界的流行は続いており、我が国においてもその影響は大きく、社会経済を揺るがしています。以前は把握できていた統計データが得られないなど、統計データ収集が困難な事態を生じさせています。この「2022年」版においても、その影響を受けています。

　今後とも、本書が日本の現状を理解するための身近な統計解説書として愛読されることを期待するとともに、みなさまのご意見をお聞かせいただければ幸いです。

　本書の刊行に当たり、執筆者及び統計データの収集にご協力いただいた各位に対して、厚く感謝の意を表します。

　2022年１月

一般財団法人　日本統計協会

理事長　　戸谷　好秀

総 目 次

【備考】各章の解説は、国勢統計など除き2021年10月頃までに公表された統計数値によっています。

解 説 項 目 目 次

II 国民生活

第5章 家計と暮らし

第6章 物価・地価

第7章 生活一般

I　国土・人口・社会

第1章　国土・自然環境

1.1　国土と土地利用
国土の総面積は377,975km²

　日本の国土は、北方領土と竹島を含めて、北は北緯45度33分の択捉島北端から南は沖ノ鳥島のある北緯20度付近まで、東は南鳥島の東経154度付近から西は沖縄の与那国島の東経123度付近までの範囲に位置する。この範囲に2015年10月1日現在、6,852の島（有人島426、無人島6,426）が存在し、その海岸線の総延長は35,285kmで、総面積は377,975km²（2021年7月1日時点）である。

　全国は、行政上、47都道府県に区分されている。面積が1万km²を超えるのは、北海道（83,424km²）、岩手（15,275km²）、福島（13,784km²）、長野、新潟、秋田、岐阜の7道県である。一方、最小は香川（1,877km²）で、北海道の約45分の1である（表1.1）。

山地は約6割

　国土に占める地形別の割合は、山地、丘陵地、台地、低地、内水域等がそれぞれ60.9％、11.7％、11.0％、13.7％、2.4％となっている。山地が80％を超えるのは、鳥取（87.2％）、山梨（85.5％）、高知（85.5％）など7県で、最小は千葉の7.5％である。丘陵地が30％を超えるのは宮城（36.7％）、沖縄（33.6％）、千葉、石川（30.5％）の4県で、最小は鳥取の0.1％である。

　台地が10％を超えるのは、茨城（37.2％）、沖縄（34.4％）、千葉（32.4％）など15都道県で、最小は大阪、島根の0.1％である。低地が10％を超えるのは、埼玉（37.2％）、大阪（32.0％）、千葉（28.2％）など31都道府県で、最小は高知の4.6％である（表1.1、図1.1.1〜図1.1.4）。

耕地面積は国土面積の11.7％、広義の市街地面積はわずか3.5％

　主要な土地利用の形態は耕地と市街地である。2019年の耕地面積は、43,720km²で、国土面積の11.7％を占める。耕地面積の割合が全国平均を上回るのは19道県で、最大は茨城の26.8％、千葉23.9％、佐賀が20.8％である。最小は東京の3.0％で、高知も3.7％と少ない。

　また、広義の市街地である「人口集中地区」の面積は、2020年において13,250km²で、国土面積の3.5％とわずかである。都道府県別にみると東京は49.8％とほぼ半分の地域が人口集中地区であり、次いで、大阪（48.7％）、神奈川（39.5％）となっている。最小は岩手と島根の0.6％である（表1.1）。

表1.1　都道府県別総面積と地形・土地利用別面積割合

都道府県	総面積(km²)2021年	地形別割合（%）					森林面積比(%)2017年	耕地面積比(%)2019年	人口集中地区面積比(%)2020年
		山地	丘陵地	台地	低地	内水域等			
全　　国	377,975	60.9	11.7	11.0	13.7	2.4	67	11.7	3.51
北 海 道	83,424	49.0	14.4	18.4	11.7	6.4	71	14.6	0.96
青 森 県	9,646	50.5	16.3	19.0	12.8	1.2	66	15.5	1.70
岩 手 県	15,275	72.2	13.7	5.8	8.3	0.1	77	9.8	0.58
宮 城 県	7,282	29.6	36.7	9.0	24.1	0.3	57	17.3	3.67
秋 田 県	11,638	58.0	14.0	6.1	21.1	0.7	72	12.6	0.72
山 形 県	9,323	67.6	9.0	8.3	14.9	0.0	72	12.5	1.39
福 島 県	13,784	75.4	5.1	8.1	10.4	0.9	71	10.0	1.37
茨 城 県	6,097	23.7	7.2	37.2	27.0	4.8	31	26.8	4.55
栃 木 県	6,408	52.9	9.6	25.5	11.7	0.2	54	19.0	3.26
群 馬 県	6,362	76.8	3.5	10.3	9.2	0.2	67	10.5	3.37
埼 玉 県	3,798	32.4	6.1	23.7	37.2	0.5	32	19.5	18.88
千 葉 県	5,157	7.5	30.5	32.4	28.2	0.8	30	23.9	13.07
東 京 都	2,194	38.7	7.5	28.7	12.5	11.2	36	3.0	49.76
神奈川県	2,416	37.0	17.2	18.7	23.8	2.3	39	7.6	39.52
新 潟 県	12,584	64.7	9.2	3.9	22.1	0.1	68	13.4	1.99
富 山 県	4,248	64.3	7.8	4.6	23.2	0.1	67	13.7	2.63
石 川 県	4,186	48.9	30.5	4.8	15.7	0.0	68	9.7	2.83
福 井 県	4,191	72.1	2.4	2.8	22.2	0.2	74	9.5	2.18
山 梨 県	4,465	85.5	0.6	5.0	7.7	1.3	78	5.2	1.34
長 野 県	13,562	85.1	0.7	8.6	5.5	0.2	79	7.8	1.28
岐 阜 県	10,621	77.7	8.8	2.0	11.1	0.2	81	5.2	1.80
静 岡 県	7,777	72.6	5.7	4.2	14.9	2.6	64	8.1	5.72
愛 知 県	5,173	41.3	12.3	18.2	22.2	5.4	42	14.2	18.66
三 重 県	5,774	64.1	7.4	9.8	17.7	0.6	64	10.0	3.29
滋 賀 県	4,017	48.5	9.3	4.9	23.3	14.0	51	12.7	3.22
京 都 府	4,612	68.2	9.3	3.6	17.8	1.0	74	6.1	5.80
大 阪 府	1,905	37.1	11.1	0.1	32.0	17.5	30	6.6	48.65
兵 庫 県	8,401	57.8	16.1	5.9	19.1	0.6	67	8.7	7.15
奈 良 県	3,691	80.2	10.1	1.8	7.4	0.5	77	5.4	3.99
和歌山県	4,725	81.1	8.1	3.7	6.7	0.0	76	6.1	1.85
鳥 取 県	3,507	87.2	0.1	0.3	11.7	0.7	74	9.8	1.54
島 根 県	6,708	72.2	17.6	0.1	7.4	2.7	78	5.4	0.61
岡 山 県	7,114	68.8	13.7	0.6	16.0	0.3	68	8.9	2.91
広 島 県	8,479	79.7	12.8	0.5	6.6	0.3	72	6.3	3.56
山 口 県	6,113	66.5	21.5	1.7	7.5	2.6	71	7.3	3.52
徳 島 県	4,147	79.8	3.5	1.7	13.3	1.5	76	6.9	1.39
香 川 県	1,877	49.1	5.6	16.8	25.3	2.8	47	15.8	4.15
愛 媛 県	5,676	82.7	6.1	1.2	9.8	0.0	71	8.3	2.77
高 知 県	7,104	85.5	7.2	2.5	4.6	0.2	84	3.7	0.74
福 岡 県	4,987	47.9	10.3	14.1	24.5	2.2	45	16.0	12.01
佐 賀 県	2,441	50.9	18.4	2.1	26.4	1.7	45	20.8	2.73
長 崎 県	4,131	61.7	8.7	11.5	8.2	8.4	59	11.2	3.05
熊 本 県	7,409	46.5	2.8	7.3	12.9	0.2	62	14.7	2.24
大 分 県	6,341	78.9	3.9	7.0	9.4	0.7	71	8.6	1.90
宮 崎 県	7,735	73.2	8.3	8.4	9.9	0.3	76	8.4	1.55
鹿児島県	9,186	51.5	19.0	20.7	8.4	0.2	64	12.5	1.36
沖 縄 県	2,283	24.0	33.6	34.4	16.0	0.3	46	16.2	6.30

資料　総務省「国勢統計（令和２年）」、「日本統計年鑑（令和２年）」
　　　農林水産省「耕地面積及び耕地の拡張・かい廃面積」（令和２年）
　　　林野庁「都道府県別森林率・人工林率」（平成29年）
　　　国土地理院「令和3年全国都道府県市区町村別面積調」

図1.1.1　山地面積比上位10県

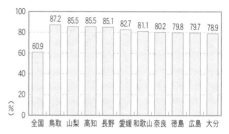

図1.1.2　山地面積比下位10都府県

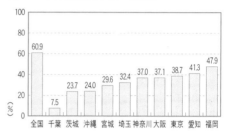

図1.1.3　丘陵地面積比上位10県

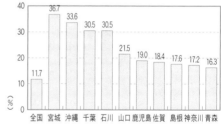

図1.1.4　丘陵地面積比下位10県

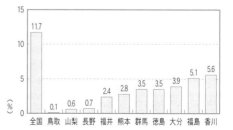

1.2 気候と植生

2020年の平均気温は、すべての都道府県で平年値を上回る

　日本の気候は、季節風や海流などの影響で地域により異なるが、全体的には海洋性温帯気候である。地形的には本州の南北に脊梁山脈が連なるため、冬は北西季節風により、日本海側は湿潤多雨（雪）、太平洋側は乾燥少雨となり、夏は南東季節風により、日本海側では高温少雨、太平洋側では高温多湿となる。また、南東季節風の吹き始めに梅雨、後退する時期に秋雨と呼ばれる短い雨季がある。

　2020年の年平均気温はすべての都道府県（県庁所在地）で、平年値を上回り、全国的に高くなった。年平均気温の最高は沖縄の23.8℃で、最低は北海道の10.0℃であった。また、年平均気温が18℃を上回ったのは沖縄、鹿児島、宮崎の3県で、他方、14℃以下は北海道、福島を除く東北5県と長野の7道県であった（表1.2、図1.2.1）。

　20年の年間降水量は、最多が高知で3,239mm、次いで鹿児島2,978mm、佐賀2,876mmであった。一方、最少は北海道の905mm、次いで長野1,030mm、香川1,109mmであった。7月は活発な梅雨前線の影響により、東・西日本を中心に、長期にわたって各地で大雨（「令和2年7月豪雨」となった。）（表1.2、図1.2.2）。

　20年の年間日照時間は、最長が高知（2,310時間）、次いで山梨（2,250時間）静岡（2,245時間）で、最短は秋田（1,536時間）、次いで山形（1,547時間）であった。関東、東海、西日本の太平洋側で長く、北海道・東北では、短かった。一方、2,000時間を上回ったのは、高知、山梨、静岡など25県であった（表1.2、図1.2.3）。

　また、月刊日照時間は、東・西日本で7月としては、1946年以来、最も少ない記録を更新した。

国土面積の67％が森林、うち4割は人工林

　降雨に恵まれる日本の森林面積は250,482km^2（2017年）で、国土面積に占める割合は67％である。この割合を都道府県別にみると、最大は高知の84％で、次いで岐阜（81％）、長野（79％）となっている。一方、最小は千葉、大阪の30％である（表1.1）。

　森林の種類は生育地域によって特徴があり、南西諸島の亜熱帯性マングローブ林（ヒルギ等）、主に西南日本の平地の常緑広葉樹林（カシ、シイ等）、高山地帯の落葉広葉樹林（ブナ、ミズナラ等）、主に本州の温帯性針葉樹林（スギ、ヒノキ等）、寒冷地域の亜寒帯性針葉樹林（カラマツ等）である。なお、森林面積の4割（41％）は人工林である。

表1.2　都道府県庁所在市の気候指標：2020年値および平年値（1991～2020年の平均値）

都道府県 （県庁所在 市等）	年平均気温 （℃）		年間降水量 （mm）		年間日照時間 （時間）	
	2020年値	平年値	2020年値	平年値	2020年値	平年値
北 海 道	10.0	9.2	905.0	1146.1	1764.3	1718.0
青 森 県	11.6	10.7	1417.0	1350.7	1598.9	1589.2
岩 手 県	11.4	10.6	1462.0	1279.9	1563.8	1686.3
宮 城 県	13.7	12.8	1247.0	1276.7	1797.2	1836.9
秋 田 県	12.8	12.1	2022.5	1741.6	1535.7	1527.4
山 形 県	13.0	12.1	1284.5	1206.7	1547.1	1617.9
福 島 県	14.1	13.4	1224.5	1207.0	1683.5	1753.8
茨 城 県	15.0	14.1	1422.0	1367.7	2058.8	2000.8
栃 木 県	15.0	14.3	1353.5	1524.7	1967.2	1961.1
群 馬 県	15.8	15.0	1315.5	1247.4	2154.8	2153.7
埼 玉 県 1)	16.2	15.4	1364.0	1305.8	2110.6	2106.6
千 葉 県	17.0	16.2	1791.5	1454.7	1880.4	1945.5
東 京 都	16.5	15.8	1590.0	1598.2	1889.5	1926.7
神奈川県	17.0	16.2	1687.5	1730.8	2005.1	2018.3
新 潟 県	14.7	13.9	2077.5	1845.9	1608.5	1639.6
富 山 県	15.4	14.5	2136.0	2374.2	1664.6	1647.2
石 川 県	15.9	15.0	2535.5	2401.5	1735.8	1714.1
福 井 県	15.6	14.8	2531.5	2299.6	1695.3	1653.7
山 梨 県	15.9	15.1	1431.0	1160.7	2250.3	2225.8
長 野 県	13.1	12.3	1030.0	965.1	1949.1	1969.9
岐 阜 県	17.0	16.2	2088.5	1860.7	2172.7	2108.6
静 岡 県	17.8	16.9	2613.5	2327.3	2245.1	2151.5
愛 知 県	17.0	16.2	1711.0	1578.9	2215.8	2141.0
三 重 県	17.1	16.3	1787.0	1612.9	2174.5	2108.6
滋 賀 県 2)	15.8	15.0	1862.5	1610.0	1905.9	1863.3
京 都 府	17.0	16.2	1644.5	1522.9	1851.9	1794.1
大 阪 府	17.7	17.1	1521.5	1338.3	2149.6	2048.6
兵 庫 県	17.6	17.0	1614.5	1277.8	2185.8	2083.7
奈 良 県	16.3	15.2	1628.5	1365.1	1881.7	1821.1
和歌山県	17.5	16.9	1657.5	1414.4	2178.5	2100.1
鳥 取 県	15.9	15.2	2096.0	1931.3	1726.8	1669.9
島 根 県	15.8	15.2	2015.0	1791.9	1780.8	1705.2
岡 山 県	16.5	15.8	1154.0	1143.1	2162.4	2033.7
広 島 県	17.1	16.5	2026.5	1572.2	2167.1	2033.1
山 口 県	16.1	15.6	2277.0	1927.7	2007.4	1862.0
徳 島 県	17.5	16.8	1644.0	1619.9	2240.5	2106.8
香 川 県	17.4	16.7	1108.5	1150.1	2174.0	2046.5
愛 媛 県	17.3	16.8	1662.0	1404.6	2162.8	2014.5
高 知 県	17.8	17.3	3238.5	2666.4	2310.1	2159.7
福 岡 県	17.9	17.3	2212.5	1686.9	2040.5	1889.4
佐 賀 県	17.5	16.9	2876.0	1951.3	2095.0	1970.5
長 崎 県	17.7	17.4	2709.5	1894.7	1974.3	1863.1
熊 本 県	17.6	17.2	2467.5	2007.0	2130.6	1996.1
大 分 県	17.4	16.8	1860.0	1727.0	2166.4	1992.4
宮 崎 県	18.3	17.7	2279.5	2625.5	2208.0	2121.7
鹿児島県	19.2	18.8	2977.5	2434.7	2041.4	1942.1
沖 縄 県	23.8	23.3	2481.0	2161.0	1737.2	1727.1

注　　1）熊谷市　2）彦根市
資料　気象庁「気象統計情報」

図1.2.1　年平均気温（2020年）

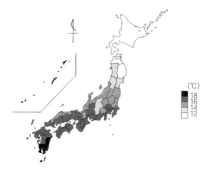

図1.2.2　年間降水量（2020年）

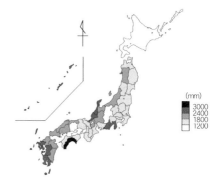

図1.2.3　年間日照時間（2020年）

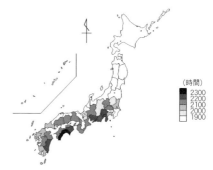

第2章　人　　口

2.1　日本の人口規模・増減率・密度
日本の人口規模は世界で11番目

　日本の人口は、国勢統計（2020年）によると、2020年10月1日現在、1億2615万人である。国連「World Population Prospects　2019年推計」による20年の世界の人口は77億9480万人で、日本の人口は、その1.6％を占める。日本を含むアジアの人口は46億4106万人で世界の人口の59.5％、アジアの人口に占める日本の人口の割合は2.7％である。

　世界の国々のなかで人口が最も多いのは中国の14億3932万人、次いでインドが13億8000万人で、この2か国が10億人を超えており世界人口の36.2％を占める。日本の人口規模は11番目である。人口1億以上の国は14か国、1億人未満5000万人以上は15か国、5000万人未満3000万人以上は18か国である（表2.1、図2.1.1）。

3000万人以上の国のなかでは日本など4か国が人口減少

　世界人口の2015-20年の年平均増減率は1.09％の増加である。人口3000万以上の国のなかで人口が減少しているのはウクライナ（−0.54％）、日本（−0.15％）、ポーランド（−0.10％）、イタリア（−0.04％）の4か国である。一方、増加しているのはウガンダが3.59％と最も高く、アンゴラ（3.29％）、コンゴ民主共和国（3.22％）、タンザニア（2.97％）、モザンビーク（2.90％）などが続いており、アフリカ諸国で高い（表2.1、図2.1.2）。

　また、15-20年の世界人口の自然増減率（出生率と死亡率の差）は人口千人当たり10.9である。人口3000万以上の国のなかで、自然増減率をみると、アンゴラが32.6で最も高く、コンゴ民主共和国とウガンダが共に31.8、タンザニアが30.4と続き、アフリカ諸国の多くが20以上である。一方、減少しているのはウクライナ（−5.6）、日本（−2.9）、イタリア（−2.8）、ドイツ（−1.7）など6か国である。ヨーロッパ地域は全体として自然増減率は減少している（表2.1）。

3000万人以上の国のなかで日本の人口密度は5番目

　2020年の日本の1km^{2}当たりの人口（人口密度）は338人で、国連の19年推計による世界の平均（60人）の約5.6倍である。人口3000万以上の国のなかでは、バングラデシュ（1,265人）、韓国（527人）、インド（464人）などに続き、日本は5番目である。一方、最も低いのはカナダ（4人）で、次いでロシア（9人）となっており、この2か国が10人未満である。地域別にみると、アジアが150人で他の地域に比べて高い（表2.1）。

表2.1　世界の地域・主要国[1]の人口及び人口密度（2019年推計）

地域，国	2020年 人口 (1 000人)	2020年 世界人口に占める割合 (%)	2020年 人口密度 (人/km²)	2020年 対前年人口増減率 (%)	2015-20年 自然増減率 (人口千対)	地域，国	2020年 人口 (1000人)	2020年 世界人口に占める割合 (%)	2020年 人口密度 (人/km²)	2020年 対前年人口増減率 (%)	2015-20年 自然増減率 (人口千対)
世界総数	7 794 799	100.0	59.9	1.09	10.9	ケニア	53 771	0.7	94.5	2.32	23.4
アジア	4 641 055	59.5	149.6	0.92	10.9	ウガンダ	45 741	0.6	228.9	3.59	31.8
中国	1 439 324	18.5	153.3	0.46	4.8	アルジェリア	43 851	0.6	18.4	1.98	20.0
インド	1 380 004	17.7	464.1	1.04	10.9	スーダン	43 849	0.6	24.8	2.39	25.1
インドネシア	273 524	3.5	151.0	1.14	11.8	モロッコ	36 911	0.5	82.7	1.26	14.0
パキスタン	220 892	2.8	286.5	2.05	21.5	アンゴラ	32 866	0.4	26.4	3.29	32.6
バングラデシュ	164 689	2.1	1265.2	1.05	12.8	モザンビーク	31 255	0.4	39.7	2.90	29.1
日本	126 146	1.6	338.2	-0.15	-2.9	ガーナ	31 073	0.4	136.6	2.19	22.2
フィリピン	109 581	1.4	367.5	1.41	14.7	北アメリカ	368 870	4.7	19.8	0.65	3.2
ベトナム	97 339	1.2	313.9	0.98	10.7	アメリカ	331 003	4.2	36.2	0.62	3.3
トルコ	84 339	1.1	109.6	1.43	10.8	カナダ	37 742	0.5	4.2	0.93	2.7
イラン	83 993	1.1	51.6	1.36	14.2	ラテン・アメリカ	653 962	8.4	32.5	0.94	10.2
タイ	69 800	0.9	136.6	0.31	2.9	ブラジル	212 559	2.7	25.4	0.78	7.7
ミャンマー	54 410	0.7	83.3	0.65	9.5	メキシコ	128 933	1.7	66.3	1.13	11.8
韓国	51 269	0.7	527.3	0.18	1.5	コロンビア	50 883	0.7	45.9	1.37	9.5
イラク	40 223	0.5	92.6	2.46	24.3	アルゼンチン	45 196	0.6	16.5	0.96	9.5
アフガニスタン	38 928	0.5	59.6	2.47	26.3	ペルー	32 972	0.4	25.8	1.58	12.6
サウジアラビア	34 814	0.4	16.2	1.86	14.6	ヨーロッパ	747 636	9.6	33.8	0.12	-0.6
ウズベキスタン	33 469	0.4	78.7	1.58	16.0	ロシア	145 934	1.9	8.9	0.13	0.1
マレーシア	32 366	0.4	98.5	1.34	11.8	ドイツ	83 784	1.1	240.4	0.48	-1.7
アフリカ	1 340 598	17.2	45.2	2.51	25.4	イギリス	67 886	0.9	280.6	0.61	2.2
ナイジェリア	206 140	2.6	226.3	2.59	26.1	フランス	65 274	0.8	119.2	0.25	2.0
エチオピア	114 964	1.5	115.0	2.62	25.4	イタリア	60 462	0.8	205.6	-0.04	-2.8
エジプト	102 334	1.3	102.8	2.03	20.7	スペイン	46 755	0.6	93.7	0.04	-0.5
コンゴ民主共和国	89 561	1.1	39.5	3.22	31.8	ウクライナ	43 734	0.6	75.5	-0.54	-5.6
タンザニア	59 734	0.8	67.4	2.97	30.4	ポーランド	37 847	0.5	123.6	-0.10	-0.2
南アフリカ	59 309	0.8	48.9	1.39	11.1	オセアニア	42 678	0.5	5.0	1.37	9.9

注　　1）2019年推計時に20年の人口が3000万人以上の国。
資料　UN「World Population Prospects 2019」、日本は総務省「国勢統計（2020年）」（自然増減率を除く）

図2.1.1　主要国[1]の人口規模：上位30か国（2019年推計　2020年）

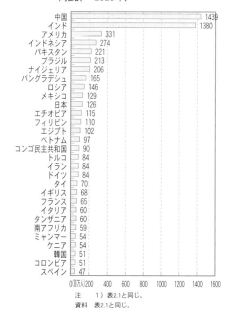

注　1）表2.1と同じ。
資料　表2.1と同じ。

図2.1.2　主要国[1]の人口増減率：増加上位20か国と減少国（2019年推計　2015～20年・年平均）

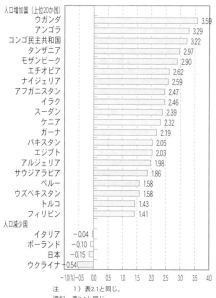

注　1）表2.1と同じ。
資料　表2.1と同じ。

2.2　日本の人口の長期的推移

日本は人口のピークを過ぎ人口減少社会が進行

　日本の人口は、明治期になって1872（明治5）年は3481万人であった。明治の最後の年の1912（明治45）年に5000万人、太平洋戦争後の48年に8000万人、67年に1億人に達し、84年に1億2000万人を超えた。しかし、20世紀後半から出生力の低下などによって、2011年以降人口減少が続き、20年は1億2615万人と、史上最も人口規模が大きかった08年の1億2808万人から194万人減少した。日本は人口のピークを過ぎ、人口減少社会が進行している（表2.2.1、図2.2）。

人口の減少が続く

　日本の人口増減率は、1900年代に入ると概ね1％台で推移したが、30年代後半になると1％未満に低下した。終戦直後に第一次ベビーブーム（1947～49年）を迎えて高い増加率を示した後出生力の低下に伴い増加率は鈍化し、50年代後半から60年代はじめにかけては1％未満で推移した。その後増加率はやや回復し、丙午（ひのえうま）に当たる66年を除いて、1％を超える水準で推移した。71～74年の第二次ベビーブームにより増加率はやや上昇したが、その後は出生力低下の影響を受けて増加率は低下し、87年には0.5％を下回り、2004年以降は0.1％以下の低い増加や減少で推移した。国勢統計によると、15年に1920年の調査開始以来初めての人口減少となり、2020年も－0.15％（年平均）の減少と、人口減少が続いている（表2.2.1、図2.2）。

外国人人口の割合は拡大を続ける

　日本の人口が減少に転じたなかで、日本人人口と日本に住む外国人人口の推移をみると、太平洋戦争後ほぼ一貫して増加を続けてきた日本人人口は、2010年代に入ると減少し、15年は10年に比べて107万人、20年は15年に比べて178万人の減少と、減少幅は拡大している。一方、外国人人口は、1950年から80年までは50万～60万人台で推移し、85年に72万人となった後、93年に技能実習制度が導入されたことなどから95年は114万人と100万人を超えた。その後も増加を続け、2020年には275万人と200万人を超えた。総人口に占める外国人人口の割合をみると、1995年までは1％未満で推移していたが、2000年には1％台となり、15年は1.5％、20年は2.2％と拡大を続けている。19年4月に外国人労働者の受入れ拡大を目的とした改正出入国管理法が施行されるなど今後も外国人の増加が見込まれているが、20、21年は新型コロナウイルスの世界的な感染の拡大から外国人の入国が制限されている状況にある（表2.2.2）。

表2.2.1　人口、人口指数、性比の推移（1875〜2020年）

年	人口 (1,000人)	年平均 人口増減率 (%)	人口指数 (1920＝100)	人口性比	年	人口 (1,000人)	年平均 人口増減率 (%)	人口指数 (1920＝100)	人口性比
1875	35 316	0.49	63	—	50	84 115	2.89	150	96.2
80	36 649	0.74	65	—	55	90 077	1.38	161	96.5
85	38 313	0.89	68	—	60	94 302	0.92	169	96.5
90	39 902	0.82	71	—	65	99 209	1.02	177	96.4
95	41 557	0.82	74	—	70	104 665	1.08	187	96.4
1900	43 847	1.08	78	—	75	111 940	1.35	200	96.9
05	46 620	1.23	83	—	80	117 060	0.90	209	96.9
10	49 184	1.08	88	—	85	121 049	0.67	216	96.7
15	52 752	1.41	94	—	90	123 611	0.42	221	96.5
20	55 963	1.19	100	100.4	95	125 570	0.31	224	96.2
25	59 737	1.31	107	101.0	2000	126 926	0.21	227	95.8
30	64 450	1.53	115	101.0	05	127 768	0.13	228	95.3
35	69 254	1.45	124	100.6	10	128 057	0.05	229	94.8
40	71 933	0.76	129	100.0	15	127 095	−0.15	227	94.8
45	72 147	0.22	129	89.0	20	126 146	−0.15	225	94.7

注1）1940年は国勢統計人口から内地外の軍人、軍属等の推計数を除く補正人口。
　　2）1945年は人口調査人口に内地の軍人及び外国人の推計数を加えた補正人口。沖縄県を含まない。
　　3）1945年、50年の年平均増減率は沖縄県を除く。
資料　総務省「国勢統計」

図2.2　全国人口の推移（1875〜2020年）

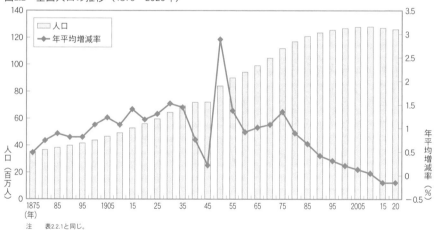

注　　表2.2.1と同じ。
資料　表2.2.1と同じ。

表2.2.2　日本人人口及び外国人人口の推移（1975〜2020年）

年	人口（千人）		5年間の増減率（%）		総人口に占める 外国人人口の割合（%）
	日本人	外国人	日本人	外国人	
75	111 252	642	6.9	6.2	0.6
80	116 320	669	4.6	4.2	0.6
85	120 287	720	3.4	7.7	0.6
90	122 398	886	1.8	23.1	0.7
95	124 299	1 140	1.6	28.6	0.9
2000	125 387	1 311	0.9	14.9	1.0
05	125 730	1 556	0.3	18.7	1.2
10	125 359	1 648	−0.3	5.9	1.3
15	1）125 182	1）1 913	−0.9	6.3	2）1.5
20	1）123 399	1）2 747	2）−1.4	2）43.6	2）2.2

注　1）国籍不詳者をあん分等によって補完した不詳補完値。
　　2）不詳補完値により算出。
資料　表2.2.1と同じ。

第2章　人　口

2.3　自然動態と出生力
粗出生率は初めて7.0を下回る

　日本の総人口は2011年以降減少が続いている。これは、専ら粗出生率（1,000人当たりの年間出生数）の低下と粗死亡率（1,000人当たりの年間死亡数）の上昇による。1920年から40年代前半までは、粗出生率と粗死亡率のいずれも低下傾向で推移した。粗出生率は、第一次ベビーブームによる反騰（34.3〜33.0）はあったものの、その後急速に低下し、61年には16.9となった。その後75年まで概ね17〜19の水準で推移した後、再び低下傾向に転じた。2005年に8.4まで低下した後はやや回復したものの、11年以降は緩やかな低下傾向が続いており、20年は6.8と初めて7.0を下回った。

　一方、粗死亡率は、1947年（14.6）から急速に低下し、58年には7.4の低水準となった。その後も低下傾向を続け、79年には6.0と最も低くなった。83年以降はやや上昇し、6.2から6.5の水準にあったが、90年代に入ると高齢化が進み死亡率の高い高齢者が増加していることにより上昇に転じ、2005年には8.6と粗出生率の8.4を上回った。12年は10.0と、62年ぶりに10を超え、その後も緩やかに上昇を続け20年は11.1である（図2.3.1）。

出生数は84.1万人で過去最少を更新

　出生数は、2016年に97.7万人と統計を取り始めて（1899年）から初めて100万人を割った。19年は86.5万人と80万人台となり、20年は84.1万人と5年連続で減少し、過去最少を更新した。母の年齢階級別出生率をみると、子どもを最も多く産んでいた25〜29歳代が1970年代後半以降低下した反面、30歳代が上昇し、2005年には30〜34歳代の出生率は25〜29歳代を上回り、晩産化が進んでいるとみられる。

　合計特殊出生率（15〜49歳の女性1人当たりの産む子どもの数）は1950年に3.65であった。60〜70年代前半は、丙午の影響による66年を除いて2.0〜2.1の水準で推移していたが、その後低下し、75年に1台となり、2005年には1.26にまで低下した。それ以降は緩やかな上昇傾向となり15年には1.45まで回復したが、16年以降低下を続け、20年は1.34となった（図2.3.2）。

日本の合計特殊出生率は先進国のなかでも低い水準

　国連の19年推計による15-20年の合計特殊出生率をみると、人口3000万以上の国のなかで日本は1.37と、イタリア、スペイン（共に1.33）、韓国（1.11）を上回っているが、フランス（1.85）、アメリカ（1.78）、イギリス（1.75）などよりも低く、先進国のなかでも低い水準にある。世界の平均は2.47で、コンゴ民主共和国（5.96）、アンゴラ（5.55）などアフリカ諸国は、開発途上国のなかでも高い水準にある（図2.3.3）。

図2.3.1　粗出生率及び粗死亡率の年次推移（1900～2020年）

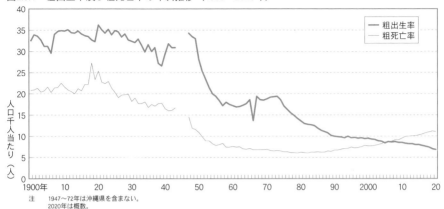

注　1947～72年は沖縄県を含まない。
　　2020年は概数。
資料　厚生労働省「人口動態統計」

図2.3.2　出生数と合計特殊出生率の推移（1950～2020年）

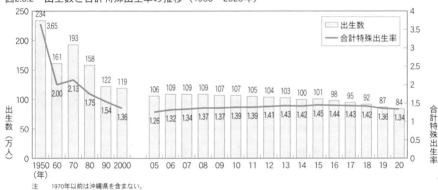

注　1970年以前は沖縄県を含まない。
　　2020年の合計特殊出生率は概数。
資料　図2.3.1と同じ。

図2.3.3　主要国[1]の合計特殊出生率（2019年推計　2015-20年）

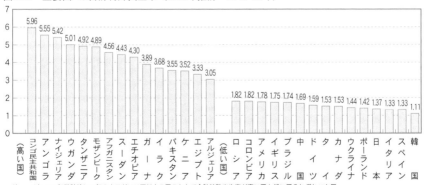

注　1）2019年推計時に20年の人口が3000万人以上の国のなかで合計特殊出生率が高い国と低い国それぞれ15か国。
資料　UN「World Population Prospects　2019」

2.4　死亡率と平均寿命
乳児死亡率は世界最低水準

　日本の粗死亡率の上昇は、2.5で述べるように、日本の人口の高齢化によるものである。粗出生率と同様に、粗死亡率は、計算の分母となる総人口の年齢構成の影響を受ける。1980年と2019年の年齢別死亡率を比較すると、各年齢階級において死亡率が低下しており、とくに高齢者では大きく低下している。このことから、近年における粗死亡率の上昇は、高齢化の進展により、他の年齢階級に比べて死亡率が高い高齢者の割合が拡大していることによるものであると言える（図2.4.1）。

　このことは、乳児死亡率（出生数1,000人当たりの年間の生後1年未満の死亡数）の推移からも分かる。1950年に60.1と高い水準にあったが、60年は30.7、70年は13.1と、医療技術の進歩と母子保健対策の推進などにより急速に低下し、76年には9.3と10を下回った。その後も低下の一途をたどり、88年には4.8と5を下回り、2013年以降は2.0前後で推移し、20年は1.8とさらに低下した（図2.4.2）。

　国連の19年推計による15-20年の世界の乳児死亡率は29で、日本はこれを大きく下回っている。人口3000万以上の国をみると、韓国、スペイン、（共に2）などと同程度で、最低の水準となっている。一方、コンゴ民主共和国（65）、ナイジェリア（62）、アンゴラ、パキスタン（共に61）などアフリカ、アジア諸国で乳児死亡率が高い（図2.4.3）。

日本の平均寿命は男女ともに最長の水準

　日本の平均寿命（生命表における0歳の平均余命、死亡水準の的確な指標を示す）は、1921〜25年に男が42.06年、女が43.20年であった。その後、太平洋戦争直後の47年に男が50.06年、女が53.96年となって以降、急速に延び、71年に男が70.17年、女が75.58年となり、84年には女は80年を超えた。2010年には男が79.55年、女が86.30年となったが、11年に東日本大震災の影響もあって、男が79.44年、女が85.90年に縮小した。12年には男は79.94年、女は86.41年と再び延び、13年には男は80年を超えた。20年は、男は81.64年、女は87.74年となり過去最長を更新している（表2.4）。

　国連の19年推計による15-20年の世界の平均寿命は、男が69.92年、女が74.72年である。このうち、先進国では男が76.16年、女が82.29年であり、開発途上国では男が68.63年、女が72.87年である。日本の平均寿命は、世界の国・地域のなかで、男は香港（81.75年）、スイス（81.60年）、女は香港（87.53年）、マカオ（86.97年）などと共に最長の水準にある。一方、アフリカ諸国では短い国が多い（図2.4.4）。

図2.4.1　40歳以上人口の男女、年齢5歳階級別死亡率（1980年、2019年）

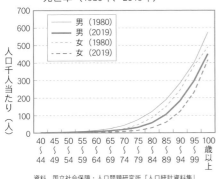

資料　国立社会保障・人口問題研究所「人口統計資料集」

図2.4.2　乳児死亡率の年次推移（1950〜2020年）

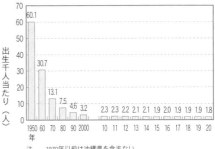

注　　1970年以前は沖縄県を含まない。
資料　厚生労働省「人口動態統計」

図2.4.3　主要国[1]の乳児死亡率（2019年推計 2015-20年）

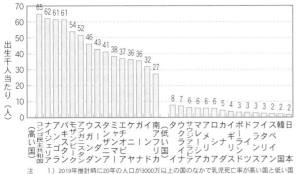

注　　1）2019年推計時に20年の人口が3000万以上の国のなかで乳児死亡率が高い国と低い国それぞれ15か国。
資料　UN「World Population Prospects 2019」

表2.4　平均寿命の年次推移

年	男	女
1950	58.00	61.50
60	65.32	70.19
70	69.31	74.66
80	73.35	78.76
90	75.92	81.90
2000	77.72	84.60
10	79.55	86.30
11	79.44	85.90
12	79.94	86.41
13	80.21	86.61
14	80.50	86.83
15	80.75	86.99
16	80.98	87.14
17	81.09	87.26
18	81.25	87.32
19	81.41	87.45
20	81.64	87.74

注　　1960年から2010年までと15年は完全生命表、その他は簡易生命表による。
資料　厚生労働省「生命表」

図2.4.4　主要国[1]の男女別平均寿命：上位[2]30か国（2019年推計　2015-20年）

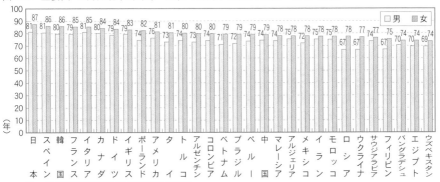

注　　1）2019年推計時に20年の人口が3000万人以上の国。
　　　2）女の平均寿命上位順。
資料　図2.4.3と同じ。

2.5　超高齢社会となった日本
この100年で年齢構成が大きく変化
　図2.5.1は、第1回国勢調査が実施された1920年と100年後の2020年の人口ピラミッドである。2つのピラミッドを比べると、1920年は、子どもの年齢層が大きく、高齢になるほど小さくなるいわゆる富士山型になっている。一方、2020年は、子どもの年齢層が小さく中・高年齢層が大きい、つぼ型に近い形をしている。日本の年齢構成は、出生率の低下、平均寿命の延び、第二次世界大戦、第一次、第二次ベビーブームなどにより、この100年間で大きく変化した（図2.5.1）。

65歳以上人口の割合は拡大が続く
　15歳未満人口（年少人口）の割合と65歳以上人口（高齢者人口）の割合を比べると、1950年には、年少人口は35.4％、高齢者人口は4.9％であったが、その後、前者は縮小傾向、後者は拡大傾向で推移し、97年には、年少人口は15.3％、高齢者人口は15.7％となり、両者の年齢構成上の比重は逆転した。その後も少子高齢化の傾向は続き、2013年には高齢者人口が総人口の4分の1を超えた。20年は28.6％と15年の26.6％から拡大している。また、後期高齢者とされる75歳以上の人口は15年に12.8％となり年少人口の割合（12.6％）を超え、20年は14.7％である（図2.5.2）。
　国連の19年推計によると、20年の世界の年少人口の割合は25.4％、高齢者人口の割合は9.3％で、人口3000万以上の多くの国では、年少人口は高齢者人口を上回っている。なかでもアフリカ諸国は、年少人口の割合が高齢者人口を大幅に上回っている。一方、日本、イタリア、ドイツ、フランス、スペインなどは、高齢者人口の割合が年少人口を上回っており、とくに日本は、高齢者人口の割合が最も高くなっている（図2.5.3）。

日本は扶養負担度と高齢化の度合は先進国では最高の水準
　人口の扶養負担度を意味する「従属人口指数」（15〜64歳人口に対する0〜14歳と65歳以上人口の和の比率）についてみると、日本は、1950年の67.7から90年には43.5に低下したが、その後は65歳以上人口の増加により上昇に転じ、2020年は68.0へと上昇傾向が続いている。これは先進国の中でも高い比率のフランス（62.4、20年（19年国連推計）、以下同じ）、イギリス（57.1）、イタリア（57.0）などを上回っている。また、高齢化の度合を表す「老年化指数」（65歳以上人口の15歳未満人口に対する比率）は、2014年には203.3と高齢者人口が年少人口の2倍を超えた。20年は239.7とさらに上昇している。これは先進国のなかでも高いイタリア（179.4）、ドイツ（155.4）などを大きく上回り、最高の水準である（図2.5.2）。

図2.5.1　全国の男女年齢各歳別人口（1920年・2020年）

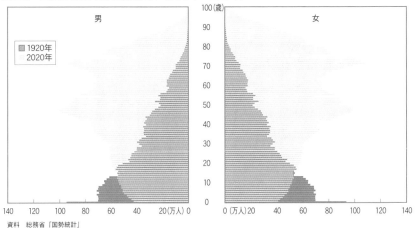

資料　総務省「国勢統計」

図2.5.2　年齢構成指標（1950〜20年）

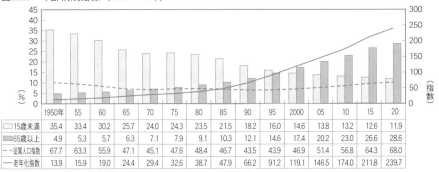

	1950年	55	60	65	70	75	80	85	90	95	2000	05	10	15	20
15歳未満	35.4	33.4	30.2	25.7	24.0	24.3	23.5	21.5	18.2	16.0	14.6	13.8	13.2	12.6	11.9
65歳以上	4.9	5.3	5.7	6.3	7.1	7.9	9.1	10.3	12.1	14.6	17.4	20.2	23.0	26.6	28.6
従属人口指数	67.7	63.3	55.9	47.1	45.1	47.6	48.4	46.7	43.5	43.9	46.9	51.4	56.8	64.3	68.0
老年化指数	13.9	15.9	19.0	24.4	29.4	32.6	38.7	47.9	66.2	91.2	119.1	146.5	174.0	211.8	239.7

注　2015年、20年は年齢不詳をあん分等によって補完した不詳補完値。
資料　図2.5.1と同じ。

図2.5.3　主要国[1]の年少人口・高齢者人口割合（2019年推計　2020年）

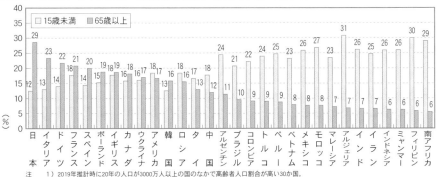

注　1）2019年推計時に20年の人口が3000万人以上の国のなかで高齢者人口割合が高い30か国。
資料　UN「World Population Prospects 2019」、日本は総務省「国勢統計（2020年）」（不詳補完値）

第3章　家族・世帯

3.1　世帯数と世帯規模
世帯数は5000万世帯を超える
　家族は社会を構成する最も基礎的な単位であるが、統計上、家族を直接把握することは難しいので、人口の最も基本的な調査単位である世帯の統計に基づいて、その実態が明らかにされる。世帯は一般世帯と施設等の世帯に分けられる。前者は2010年に5000万の大台を超え、20年は5570万世帯となり、後者は13万世帯を数える。一般世帯は1970年には3030万世帯であったので、50年間に年率1.22%の増加を示し、同期間の人口増加率（0.37%）に比べ、かなり顕著な増勢にあったと言える。最近の一般世帯の増加率は、2015～20年に年率0.87%と低下している（表3.1）。

世帯規模は1世帯当たり2.21人
　一般世帯の世帯規模は、1960年の4.14人から2020年に2.21人へと大幅な縮小が続いている。世帯の小規模化の傾向は、出生率の低下による1夫婦当たりの子供の数の減少によるところが大きいが、1970年代以降は、核家族化の影響が大きいと思われる。80年以降は核家族化の鈍化がみられるものの、単独世帯の増加が顕著となり、世帯規模の縮小を促進したとみられる。また世帯人員別世帯分布をみても、1人、2人世帯の割合の上昇と4人以上世帯の割合の低下が、世帯規模の縮小をもたらしている（図3.1.1、図3.1.2）。

世帯規模は東京で最小、山形で最大
　2020年の世帯規模について都道府県別にみると、世帯規模が小さいのは、東京が最小で1.92人、次いで北海道（2.04人）、大阪（2.10人）などである。一方、世帯規模が大きいのは、山形が最大で2.61人、次いで福井（2.57人）、佐賀（2.51人）などである（図3.1.3）。都道府県間の世帯規模の格差は、最大と最小で0.69人に上るが、その背景として、出生、死亡や移動はもとより、世帯の家族類型の差異も影響している。

途上国と先進国間に世帯規模の格差
　世界各国の世帯規模も、出生率の低下傾向を反映し、総じて小規模化の傾向にある。世帯規模は、インド（4.8人）が4人を超え、シンガポール（3.3人）、中国（3.1人）が3人台である。一方、世帯規模が3人を下回るのは先進諸国に多く、アメリカが2.7人、イギリスが2.3人、日本、フランスが2.2人、ドイツは超低出生率を反映し2.0人と非常に小さい（図3.1.4）。

表3.1　世帯の種類別世帯数、世帯人員及び 1 世帯当たり世帯人員の推移

年　次	人口（千人）	世帯数（千世帯）			年平均増加率（%）		世帯人員（千人）		1世帯当たり人員（人）	
		総世帯 1)	一般世帯	施設等世帯	一般世帯数	人口	一般世帯	施設等世帯	一般世帯	施設等世帯
1970	104 665	30 374	30 297	77	2) 2.96	2) 1.04	103 351	1 315	3.41	17.08
1980	117 060	36 015	35 824	137	1.68	1.12	115 451	1 538	3.22	11.23
1990	123 611	41 036	40 670	104	1.27	0.54	121 545	1 742	2.99	16.75
2000	126 926	47 063	46 782	102	1.40	0.26	124 725	1 973	2.67	19.34
2010	128 057	51 951	51 842	108	1.10	0.05	125 546	2 512	2.42	23.26
2015	127 095	53 449	53 332	117	0.57	−0.15	124 296	2 798	2.33	23.91
2020	126 146	55 830	55 705	125	0.87	−0.15	123 163	2 983	2.21	23.86

注　　1) 世帯の種類「不詳」を含む。
　　　2) 1960年から70年の年平均増加率。沖縄含む。
資料　総務省「国勢統計」

図3.1.1　一般世帯の 1 世帯当たり平均人員の推移

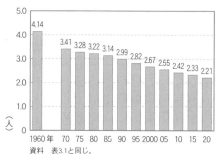

資料　表3.1と同じ。

図3.1.2　一般世帯の世帯人員別分布（1980〜2020年）

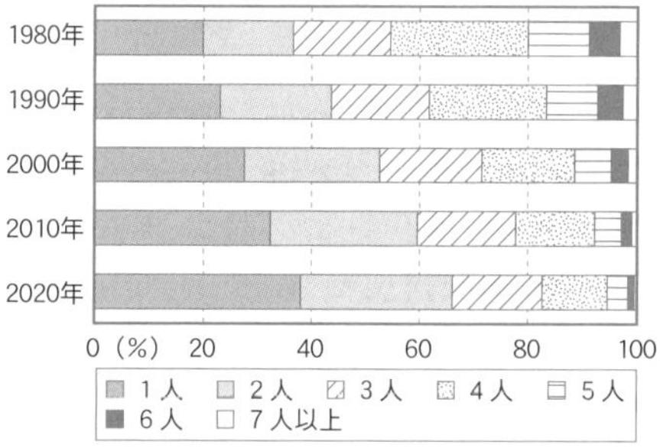

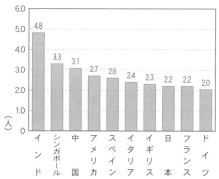

資料　表3.1と同じ。

図3.1.3　一般世帯の 1 世帯当たり平均人員の上位と下位の都道府県（2020年）

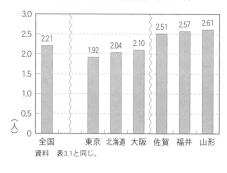

資料　表3.1と同じ。

図3.1.4　一般世帯の 1 世帯当たり平均人員の国際比較

注　インド、スペイン、イタリアは2011年、シンガポールは2013年、中国は2010年、日本は2020年、それ以外の国は2016年。
資料　総務省「国勢統計」、各国人口センサス・統計局ホームページ

3.2　一般世帯の家族類型
家族の変容、単独世帯化が一層顕著に

　一般世帯の家族類型別構成は、親族世帯、非親族世帯（世帯主と親族関係がない者が同居する世帯）と単独世帯に分けられる。親族世帯の割合が1970年から2020年に79％から61％へ低下する一方、単独世帯の割合は20％から38％へと、顕著な上昇傾向がみられる。親族世帯のうち、核家族世帯の家族類型をみると、夫婦と子供から成る世帯が同期間に41％から25％へ著しい低下を示す一方、夫婦のみ世帯が10％から20％へ2倍に上昇し、ひとり親と子供から成る世帯も6％から9％へ3％ポイントの上昇がみられ、最近の家族構成の変容が窺われる（表3.2）。

3世代世帯の減少、高齢者世帯の増加

　一般世帯について、核家族世帯、単独世帯とその他世帯に分類した家族類型別割合をみると、核家族世帯は、1980年に60％でピークに達した後、2020年には54％に低下し、一方、単独世帯は前述のとおり、上昇の一途をたどっている。その他世帯には核家族以外の世帯と非親族世帯が含まれるが、その割合は年々低下し、20年には8％と過去最低となった。単独世帯の増加や3世代世帯の減少がその他世帯の減少に寄与している（図3.2.1）。
　子供のいる世帯の割合は、1970年の65％から2020年に38％と、27％ポイントの著しい低下を示している。3世代世帯の割合は、1970年の16％から2020年には4％となり、急速に低下している。高齢夫婦世帯は、2000年から20年の20年間に、366万世帯から653万世帯に増加し、その割合は8％から12％へ上昇している。高齢単身者世帯も、同期間に303万世帯から672世帯へ2倍以上増加し、その割合も7％から12％へ上昇している。世帯別にみても、高齢化の進展が急速であることが分かる（表3.2）。

家族類型の国際比較：東アジアと欧米諸国

　東アジアと欧米の核家族世帯は、日本同様、夫婦と子供から成る世帯、ひとり親世帯と夫婦のみの世帯（夫婦には同棲も含む）から構成される。核家族世帯の割合は、ロシアが50％と低く、日本、アメリカ、ドイツ、韓国が50％台、イギリスが61％、オーストラリアが64％と比較的高く、シンガポールが76％と最も高い。
　一方、単独世帯の割合は、日本、ドイツ、スウェーデン、フランス、イギリスが30％台、アメリカ、韓国、ロシア、オーストラリアは20％台、シンガポールは12％と最も低い。日本は地理、宗教・文化の面では東アジアに属するが、世界の家族構成の比較から、欧米諸国型に近い家族構成であることが分かる（図3.2.2）。

表3.2　一般世帯の家族類型別世帯数及び割合の推移（1970～2020年）

世帯の家族類型	一般世帯数（千世帯）				家族類型別割合（％）			
	1970	2000	2010	2020	1970	2000	2010	2020
一般世帯総数	30 297	46 782	51 842	55 705	100.0	100.0	100.0	100.0
親族のみ世帯	24 059	33 595	34 516	33 890	79.4	71.8	66.7	61.0
核家族世帯	17 186	27 273	29 207	30 111	56.7	58.3	56.4	54.2
夫婦のみ	2 972	8 823	10 244	11 159	9.8	18.9	19.8	20.1
夫婦と子供	12 471	14 904	14 440	13 949	41.2	31.9	27.9	25.1
ひとり親と子供	1 743	3 546	4 523	5 003	5.8	7.6	8.7	9.0
核家族世帯以外の世帯	6 874	6 322	5 309	3 779	22.7	13.5	10.3	6.8
非親族を含む世帯	100	276	456	504	0.3	0.6	0.9	0.9
単独世帯	6 137	12 911	16 785	21 151	20.3	27.6	32.4	38.1
（特掲）子供のいる世帯	19 687	22 796	22 179	20 914	65.0	48.7	42.9	37.7
（特掲）3世代世帯	4 876	4 716	3 658	2 338	16.1	10.1	7.1	4.2
（特掲）高齢夫婦世帯	—	3 661	5 251	6 534	—	7.8	10.1	11.8
（特掲）高齢単身世帯	—	3 032	4 577	6 717	—	6.5	8.8	12.1

注　2010年および2020年の一般世帯総数には「不詳」を含む。
　　2000年の数値は、2010年の新家族類型区分による遡及集計結果による。
　　3世代世帯には4世代世帯以上も含まれる。
　　高齢夫婦世帯とは、夫65歳以上、妻60歳以上の一般世帯をいう。
　　高齢単身世帯は65歳以上の単身の一般世帯をいう。
資料　総務省「国勢統計」

図3.2.1　一般世帯の家族類型別割合（1970～2020年）

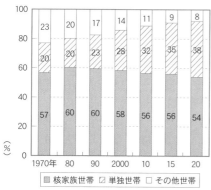

注　2000年の数値は、2010年の新家族類型区分による遡及集計結果による。
資料　表3.2と同じ。

図3.2.2　家族類型別世帯割合の国際比較

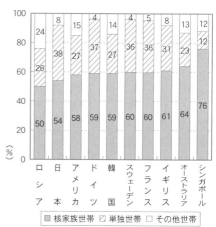

注　日本は2020年、ドイツ、スウェーデン、イギリスは2011年、韓国、フランスは2015年、オーストラリアは2016年、それ以外の国は2010年。
資料　総務省「国勢統計」、https://unstats.un.org/、https://ec.europa.eu/eurostats/

3.3　世帯の男女構成とひとり親世帯・高齢者世帯の状況
年齢、配偶関係で異なる男女の世帯主率

　一般世帯主率について男女・年齢別にみると、男性の世帯主率が全年齢階級で女性より高くなっている。男性は20歳代以降世帯主率が高まり、70歳代前半まで上昇するのに対し、女性は20歳代以降ほとんど20％台で推移し、70歳代後半に30％台、80歳代は40％を超えている。

　一般世帯主率を配偶関係別にみると、有配偶男性はほとんどの年齢階級で90％前後と高いが、女性は７％以下と低く、有配偶女性の世帯主が非常に少ない。未婚の場合には、男女間で世帯主率の差は小さいが、男性の方がやや高い傾向にある。死別の場合には、40歳代後半まで女性の世帯主率が男性より高い率を示すが、50歳代を過ぎると男性の世帯主率が女性を上回っている（図3.3.1）。

日本と欧米諸国の母子世帯はひとり親世帯の８～９割

　欧米のひとり親世帯の割合は、全世帯（親族世帯と単独世帯の和）の10％前後であるが、日本は１％を占めるに過ぎない。ひとり親世帯の割合が欧米諸国で低い国はドイツ（６％）、スウェーデン（７％）、高い国はイギリス（11％）、オーストラリア、イタリア、ロシア（10％）である。次いで、ひとり親世帯について男女別にみると、多くの国で母子世帯が80％以上を占め、圧倒的に大きな割合である。とりわけ、日本は90％と高く、ロシア（89％）、イギリス（86％）が続いている。他方、スウェーデンは75％と低く、カナダ、アメリカ（78％）が続いている（図3.3.2）。

高齢者世帯の家族類型：夫婦のみ・単独世帯の増加

　65歳以上の高齢者世帯の状況についてみると、2020年の高齢者人口3534万人のうち、一般世帯に属する人口は93.7％、施設等の世帯に所属する人口は6.3％である。一般世帯のうち、核家族世帯が2098万人（65歳以上人口の59.4％）で、そのうち夫婦のみの世帯は1268万人（同35.9％）で核家族世帯の６割を占めている。単独世帯は672万人（同19.0％）、３世代世帯は322万人（同9.1％）である。３世代世帯の割合は、2000年の25.4％から20年に9.1％へと著しい低下を示したのに対し、単独世帯は13.8％から19.0％へ上昇し、３世代世帯を上回るようになった（表3.3）。

　施設等の世帯に所属する人口は、2000年から20年に4.7％から6.3％へ上昇している。そのうち老人ホームなど社会施設の入所者は、2.2％から5.1％へ２倍以上に上昇している。20年の高齢者世帯の状況について、性比により比較すると、65歳以上人口が77に対し、単独世帯は52、社会施設入所者は34と、男女の世帯構造に明白な差異がみられる（表3.3）。

図3.3.1　15歳以上男女年齢別配偶関係別一般世帯主率（2020年）

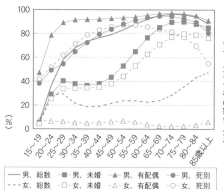

```
凡例
── 男、総数    ─■─ 男、未婚
─▲─ 男、有配偶  ─●─ 男、死別
---- 女、総数   ─□─ 女、未婚
─△─ 女、有配偶  ─○─ 女、死別
```

資料　総務省「国勢統計」

図3.3.2　ひとり親世帯の割合と母子・父子世帯の割合の国際比較

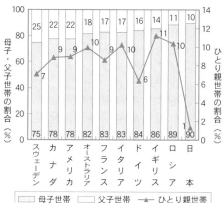

```
凡例
□ 母子世帯    ■ 父子世帯    ─▲─ ひとり親世帯
```

注　ひとり親世帯の割合は全世帯総数（親族世帯と単独世帯の和）に占める割合。（右目盛）
スウェーデン、イタリア、ドイツは2017年、カナダ、オーストラリアは2016年、アメリカは2014年、ロシアは2010年、日本は2020年、それ以外の国は2015年。
資料　総務省「国勢統計」、http://www.unece.org/

表3.3　世帯の種類、家族類型別の65歳以上人口（2000～20年）

所属世帯	人　口（千人）					割　合（％）					
	2000年	2010年	2020年			2000年	2010年	2020年			
			総数	男	女			総数	男	女	性比
65歳以上人口総数	22 005	29 246	35 336	15 345	19 991	100.0	100.0	100.0	100.0	100.0	76.8
一般世帯	20 981	27 578	33 116	14 720	18 396	95.3	94.3	93.7	95.9	92.0	80.0
核家族世帯	10 585	16 178	20 982	10 342	10 640	48.1	55.3	59.4	67.4	53.2	97.2
夫婦のみの世帯	6 798	9 865	12 679	6 733	5 946	30.9	33.7	35.9	43.9	29.7	113.2
単独世帯	3 032	4 791	6 717	2 308	4 409	13.8	16.4	19.0	15.0	22.1	52.4
3世代世帯	5 587	4 493	3 216	1 205	2 011	25.4	15.4	9.1	7.9	10.1	59.9
施設等の世帯	1 024	1 708	2 220	625	1 595	4.7	5.8	6.3	4.1	8.0	39.2
病院・療養所の入院者	528	449	402	149	253	2.4	1.5	1.1	1.0	1.3	58.8
社会施設の入所者	485	1 201	1 798	459	1 340	2.2	4.1	5.1	3.0	6.7	34.2

注　2000年の数値は、2010年の新家族類型区分による遡及集計結果による。
資料　図3.3.1と同じ。

3.4　配偶関係
女性の死別・離別は男性を上回る
　15歳以上人口の配偶関係別構成は男女により大きく異なる。2020年に有配偶人口は女性が男性を19万人上回るが、未婚人口は男性が319万人上回り、女性の1.3倍である。一方、死別・離別人口は女性が男性の3.0倍である。配偶関係別の構成比をみると、20年に未婚率は男性が32％、女性が23％、また有配偶率は男性が61％、女性が56％で、いずれも男性が女性を上回る。一方、死別・離別率は男性が7％、女性が21％で女性が男性より高い傾向がみられる。配偶関係別の構成比は2000年と比較し、男女ともに未婚率、有配偶率はやや低下し、死別率、離別率は上昇している（表3.4.1）。

晩婚化は一服したが、非婚化の増勢は続く
　男性の平均初婚年齢は、2020年に30.0歳となり、15年に比べて0.7歳低下した。女性も20年に28.9歳となり、15年に比べて0.5歳低下した。男女ともに晩婚化が進んでいたが、この10〜20年において、男女とも晩婚化は進まなかった。また、男女間の初婚年齢の格差は、1970年の2.8歳から2020年に1.1歳となり、縮小している（表3.4.2）。
　非婚化の指標である生涯未婚率は、戦争による男性人口の喪失の影響などから1970年には男性が1.7％、女性は3.3％で女性の方が高かったが、90年から逆転し、2020年には男性が26.7％、女性は17.3％となり、生涯にわたって結婚しない男女が増える非婚化傾向が進展している（表3.4.2）。

世界の平均初婚年齢：男女ともに高いヨーロッパ諸国
　世界各国の平均初婚年齢についてみると、男性が女性より高い傾向が共通してみられる。インドネシアなどの途上国の初婚年齢は男性が26歳以下、女性が23歳以下と低い。他方、スウェーデン、スペイン、ドイツなど先進諸国は、アメリカを除き男女ともにほぼ30歳以上と晩婚で、低出生率の要因となっている。先進諸国の初婚年齢の男女差は2歳前後で、日本を含め縮小している。北欧、西欧諸国では同棲の増加が顕著となっており、初婚年齢の算出に少なからず影響していると推測される（図3.4.1）。

婚姻件数は減少傾向
　婚姻件数は、1970年に100万組を超え、72年には110万組を記録し、婚姻率（人口千対）は10.0以上で、婚姻ブームを呈した。その後、婚姻件数は減少傾向を示したが、2000年、01年には1970年代前半に出生した団塊ジュニアの婚姻が増えたため80万組に上った。以降は概ね減少傾向が続き、2019年には婚姻件数が60万組となった。婚姻率も婚姻件数と同様の動きを示し、2019年には4.8となった（図3.4.2）。

表3.4.1　15歳以上人口の男女別配偶関係
（2000年、2020年）

配偶関係	2000年		2020年	
	男	女	男	女
総数（千人）	52 503	55 721	52 098	56 160
未　婚	16 680	13 201	15 836	12 651
有配偶	32 448	32 435	30 138	30 331
死　別	1 397	7 233	1 574	7 509
離　別	1 418	2 428	2 054	3 548
不　詳	560	425	2 496	2 122
総数（％）	100.0	100.0	100.0	100.0
未　婚	32.1	23.9	31.9	23.4
有配偶	62.5	58.7	60.8	56.1
死　別	2.7	13.1	3.2	13.9
離　別	2.7	4.4	4.1	6.6
不　詳	—	—	—	—

注　人口の総数には配偶関係不詳を含むが、割合の分母人
口は不詳を除く。
資料　総務省「国勢統計」

表3.4.2　平均初婚年齢と生涯未婚率の推移

年	平均初婚年齢（歳）			生涯未婚率（%）	
	男	女	男女の差	男	女
1950	26.2	23.6	2.6	1.5	1.4
1960	27.4	25.0	2.4	1.3	1.9
1970	27.5	24.7	2.8	1.7	3.3
1980	28.7	25.1	3.6	2.6	4.5
1990	30.4	26.9	3.5	5.6	4.3
2000	30.8	28.6	2.2	12.6	5.8
2010	31.2	29.7	1.5	20.1	10.6
2015	30.7	29.4	1.3	23.4	14.1
2020	30.0	28.9	1.1	26.7	17.3

注1　平均初婚年齢は、SMAMの方法により当該年の国勢調査の
年齢別未婚率に基づいて算出。
　2　生涯未婚率は、45～49歳と50～54歳未婚率の平均値であり、
50歳時の未婚率を示す。
資料　総務省「国勢統計」、国立社会保障・人口問題研究所「人口
統計資料」

図3.4.1　平均初婚年齢の国際比較

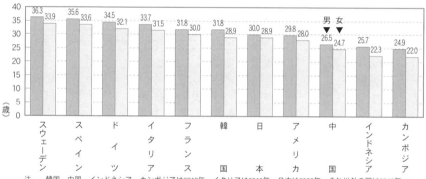

注　韓国、中国、インドネシア、カンボジアは2010年、イタリアは2018年、日本は2020年、それ以外の国は2019年。
資料　厚生労働省「人口動態統計」、http://www.unece.org/、各国人口センサス・統計局ホームページ

図3.4.2　婚姻件数と婚姻率の推移（1950～2019年）

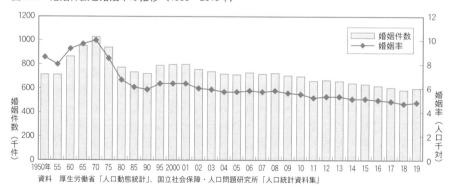

資料　厚生労働省「人口動態統計」、国立社会保障・人口問題研究所「人口統計資料集」

3.5　離婚件数、離婚率
離婚件数は減少が続く
　離婚件数は、2019年に20.8万組、離婚率（人口千対）は1.69で、件数、率ともに前年より増加、上昇となった。長期的にみると、離婚件数は1960年の7万組から2002年に29万組へ4倍増となった後、年々減少している。離婚率も1960年（0.74）以降上昇傾向を持続し、2002年に2.3と過去最高を記録したが、以降は概ね低下傾向にある（図3.5.1）。

離婚率は沖縄が最高、新潟が最低
　2019年の全国の離婚件数20.8万組のうち、最多が東京の2.3万組、次いで大阪の1.6万組、神奈川の1.5万組に対し、最少は鳥取の885組、次いで島根の945組、福井の1,093組であった。離婚率でみると、全国が1.69であるのに対し、離婚率の高い上位県は、沖縄（2.52）、福岡（1.94）、宮崎（1.92）で、下位県は、新潟（1.28）、富山（1.29）、秋田（1.33）である。沖縄の離婚率は、新潟のほぼ2倍である（図3.5.2）。

世界の婚姻率と離婚率
　世界各国の婚姻率についてみると、ロシアが8.5で高く、アメリカ（6.9）、イラン（6.7）と続き、日本等その他諸国を上回る。
　一方、離婚率は、ロシアが4.7と際立って高く、アメリカも2.5と高い。他方、メキシコは1.2と極めて低く、国民の90％がカトリック教徒という宗教的要因も影響しているようである。日本の離婚率（1.7）の婚姻率（4.8）に対する割合35％に対して、スペイン、ロシア、フランスは50％台と高い。他方、メキシコ、イランは30％程度と低く、宗教、文化等社会的要因との関連が大きいと推測される（図3.5.3）。

離婚は同居後5年未満が最大
　夫婦の同居期間別に離婚の分布をみると、最も多いのが同居後5年未満の離婚で、1970年には52％と離婚の半分以上を占めていたが、2020年には33％に低下している。とくに、同居後1年未満の離婚は1970年には15％を占めたが、2020年には6％に低下している。1970年には、同居期間が長期化するにつれ離婚は減少していたが、2000年以降は、同居後20年以上の熟年離婚（50歳代以上の夫婦の離婚）が、10〜15年未満や15〜20年未満の離婚を上回るようになっている。2020年は同居後5年未満（33％）が最も多く、次いで20年以上（22％）、5〜10年未満（20％）、10〜15年未満（14％）、15〜20年未満（12％）の順である。平均同居期間は、1970年に6.8年だったが、2000年には10.3年と10年を超え、2020年は12.0年と概ね伸びる傾向を示している（表3.5）。

図3.5.1　離婚件数と離婚率の推移（1950～2019年）

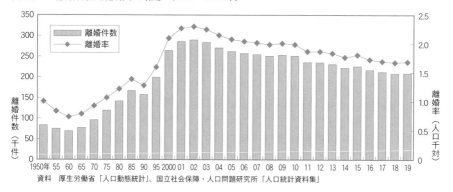

資料　厚生労働省「人口動態統計」、国立社会保障・人口問題研究所「人口統計資料集」

図3.5.2　離婚率の上位と下位の府県（2019年）

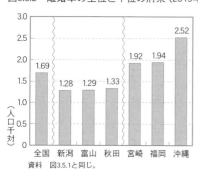

資料　図3.5.1と同じ。

図3.5.3　婚姻率と離婚率の国際比較

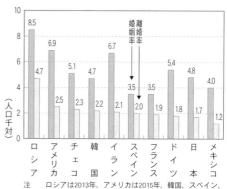

注　ロシアは2013年、アメリカは2015年、韓国、スペイン、日本は2019年、それ以外の国は2018年。
資料　厚生労働省「人口動態統計」、国立社会保障・人口問題研究所「人口統計資料集」、UN「Demographic Yearbook」

表3.5　同居期間別にみた離婚分布の年次推移（1970～2020年）

同居期間	1970年	80	90	2000	10	15	16	17	18	19	20
総数	95 937	141 689	157 608	264 246	251 379	226 238	216 856	212 296	208 333	208 496	193 253
構成比（％）	100.0	100.0	100.0	100.0	100.0	100.0	100.0	100.0	100.0	100.0	100.0
5年未満	51.8	37.3	38.1	37.9	35.0	33.8	33.6	33.5	33.4	32.9	32.5
1年未満	15.2	9.2	8.4	6.9	6.6	6.5	6.5	6.5	6.3	6.1	6.1
5～10年未満	24.4	27.7	21.2	23.0	22.6	22.2	21.9	21.3	21.0	20.6	20.2
10～15年未満	12.4	17.3	14.1	13.0	14.7	14.6	14.6	14.2	14.2	14.0	14.1
15～20年未満	6.1	10.0	12.7	9.6	10.8	11.3	11.3	11.6	11.6	11.7	11.6
20年以上	5.3	7.7	14.0	16.5	16.9	18.2	18.6	19.3	19.8	20.8	21.5
平均同居期間（年）	6.8	8.6	9.9	10.3	10.9	11.3	11.3	11.5	11.6	11.9	12.0

注　構成比は同居期間不詳を除いた総数に対する百分率。
資料　図3.5.1と同じ。

3.6　住居
持ち家率は61.4％

　2020年国勢統計によれば、一般世帯数5570万世帯のうち、住宅に住む一般世帯数は5495世帯、住宅以外（寄宿舎・寮・病院・学校・旅館・会社・工場・事務所）に住む一般世帯数は75万世帯である。住宅に住む一般世帯数を住宅の所有関係別にみると、持ち家が3373万世帯（住宅に住む一般世帯数の61.4％）、次いで民営の借家が1633万世帯（同29.7％）、続いて、公営の借家（3.5％）、給与住宅（2.8％）、都市再生機構・公社の借家（1.4％）、間借り（1.3％）の順である。1990年以降、民営の借家の割合は上昇したが、公営の借家や給与住宅の割合は低下している。持ち家の割合（持ち家率）は、90年の61.2％から低下、上昇を繰り返し、2020年には61.4％に低下した（表3.6.1）。

持ち家率は秋田が最高、東京が最低

　2020年の住宅に住む一般世帯の持ち家率を都道府県別にみると、東京が46.1％と最も低く、続いて、沖縄、福岡、大阪、北海道などである。これに対して、秋田が77.6％と最も高く、以下、富山、山形、新潟、和歌山などが高い。持ち家率の最高と最低では31.5％ポイントの差があり、非大都市圏の県で持ち家率が高い傾向がみられる（図3.6）。

1世帯当たり世帯人員は持ち家が最大

　住宅に住む一般世帯の1世帯当たり世帯人員は、1990年から2020年の30年間に3.05人から2.22人に減少した。住宅の所有関係別にみても、ほとんどの住宅において減少している。2020年における住宅の所有関係別にみた世帯人員は、持ち家が2.58人と最も多く、民営の借家が1.61人と最も少ない（表3.6.1）。このような住宅の所有関係にみた世帯人員の差は、住宅の広さも関連しているとみられる。

世帯の家族類型により異なる住居

　2020年の住宅に住む一般世帯数を住宅の建て方別にみると、一戸建が2956万世帯（住宅に住む一般世帯数の53.8％）と最も多く、次いで共同住宅が2449万世帯（同44.6％）、長屋建が84万世帯（同1.5％）となっている。
　これを世帯の家族類型別にみると、単独世帯については、共同住宅が68.1％と最も高く、一戸建は29.9％である。これに対して、3世代世帯は、一戸建が92.6％と圧倒的に高く、核家族世帯の一戸建の割合は66.2％と、単独世帯の2倍以上である。長屋建は、ほとんどの家族類型において2％以下と低い（表3.6.2）。

表3.6.1　住宅の所有関係別の一般世帯数と1世帯当たり世帯人員の推移

年	住宅の所有関係						
	総数	持ち家	公営の借家	都市再生機構・公社の借家	民営の借家	給与住宅	間借り
	一般世帯数　（千世帯）						
1990	39 319	24 060	1 997	878	10 216	1 843	325
2000	45 693	27 905	2 190	952	12 298	1 799	549
2010	51 055	31 594	2 153	917	14 371	1 442	577
2015	52 461	32 694	2 046	845	15 108	1 291	476
2020	54 954	33 729	1 902	747	16 331	1 552	692
	一般世帯数の割合　（％）						
1990	100.0	61.2	5.1	2.2	26.0	4.7	0.8
2000	100.0	61.1	4.8	2.1	26.9	3.9	1.2
2010	100.0	61.9	4.2	1.8	28.1	2.8	1.1
2015	100.0	62.3	3.9	1.6	28.8	2.5	0.9
2020	100.0	61.4	3.5	1.4	29.7	2.8	1.3
	平均世帯人員　（人）						
1990	3.05	3.51	2.94	2.80	2.09	2.87	1.93
2000	2.70	3.12	2.53	2.42	1.87	2.43	2.12
2010	2.44	2.81	2.23	2.11	1.74	2.11	2.05
2015	2.35	2.70	2.09	1.98	1.69	2.00	1.92
2020	2.22	2.58	1.91	1.85	1.61	1.73	1.69

資料　総務省「国勢統計」

図3.6　住宅に住む一般世帯の持ち家率の都道府県別比較（2020年）

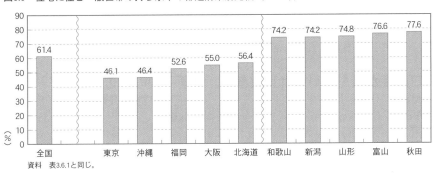

資料　表3.6.1と同じ。

表3.6.2　世帯の家族類型、住宅の建て方別一般世帯数（2020年）

住宅の建て方	世帯の家族類型						
	世帯総数	単独世帯	核家族世帯	夫婦のみの世帯	夫婦と子供から成る世帯	ひとり親と子供から成る世帯	3世代世帯
住宅に住む一般世帯数	54 953 523	20 523 606	30 000 020	11 122 313	13 904 475	4 973 232	2 332 603
一戸建	29 561 373	6 140 455	19 848 577	7 377 909	9 508 342	2 962 326	2 160 216
長屋建	839 309	379 534	418 490	150 293	164 272	103 925	11 221
共同住宅	24 493 087	13 980 891	9 701 421	3 582 448	4 217 426	1 901 547	158 279
住宅に住む一般世帯の割合(%)	100.0	100.0	100.0	100.0	100.0	100.0	100.0
一戸建	53.8	29.9	66.2	66.3	68.4	59.6	92.6
長屋建	1.5	1.8	1.4	1.4	1.2	2.1	0.5
共同住宅	44.6	68.1	32.3	32.2	30.3	38.2	6.8

資料　表3.6.1と同じ。

第 4 章　地域社会

4.1　都道府県の人口規模と人口動態
人口が500万以上は 9 都道府県

　2020年10月 1 日現在の都道府県人口は、東京が1404.8万人で最も多く、500万人以上は神奈川、大阪、愛知など 9 都道府県である。人口が300万人台は静岡の 1 県、200万人台は茨城、広島、京都など 6 府県、100万人台は岐阜、群馬、栃木など21県である。人口が100万人未満は秋田、香川など10県であり、最少は鳥取（55.3万人）である（表4.1.1）。

　全国人口に占める割合は、東京が約11％（11.14％）を占め、神奈川、大阪、愛知、埼玉が5.0％以上である。一方、最少の鳥取は0.44％である（表4.1.1）。

2015～20年の 5 年間に人口が増加したのは 8 都県

　2015～20年の 5 年間に人口が増加したのは、東京、神奈川、埼玉、千葉、愛知、福岡、沖縄、滋賀の 8 都県で、人口増加率の最も大きかったのは東京の3.94％である。一方、人口が減少したのは、大阪、福井、鳥取、石川、佐賀、島根など39道府県で、人口減少率が最も大きかったのは秋田の6.22％で、次いで、岩手、青森、高知、山形、徳島などである（表4.1.1）。

人口密度が最も高いのは東京都で、全国平均の19倍

　2020年10月 1 日現在の人口に基づく人口密度を都道府県別にみると、東京が6,402.6人/km²で最も高く、全国平均（338.2人/km²）の19倍であった。全国平均を上回ったのは、大阪の4,638.4人/km²、神奈川の3,823.2人/km²など15都府県であった。一方、最も低いのは北海道の66.6人/km²で、次いで、岩手（79.2人/km²）、秋田（82.4人/km²）、高知（97.3人/km²）などであり、全国平均を下回ったのは32道県であった（表4.1.1）。

46都道府県で自然減少、沖縄県のみ自然増加

　2020年 1 年間の自然増加率（粗出生率と粗死亡率の差、人口1,000人当たり）は－4.3で、都道府県別にみると、自然増加となったのは、沖縄（1.8）のみで、自然減少が一番大きかった秋田は－11.5であった。2020年の合計特殊出生率は1.34で、都道府県別にみると、沖縄の1.86が最も高く、東京の1.13が最も低い。2015年の平均寿命を男女別にみると、男は80.77年、女は87.01年である。都道府県別にみると、最も長いのは男が滋賀の81.78年、女が長野の87.67年、最も短いのは男女とも青森で男が78.67年、女が85.93年である（表4.1.2）。

表4.1.1　都道府県別人口、人口増減数、人口増減率、人口割合および人口密度

都道府県	人口（千人） 2015年	2020年	2015～20年 増減数（千人）	増減率（%）	人口割合 2020年（%）	人口密度 2020年（人/km²）	都道府県	人口（千人） 2015年	2020年	2015～20年 増減数（千人）	増減率（%）	人口割合 2020年（%）	人口密度 2020年（人/km²）
全　国	127 095	126 146	−949	−0.75	100.00	338.2	三 重 県	1 816	1 770	−46	−2.51	1.40	306.6
北 海 道	5 382	5 225	−157	−2.92	4.14	66.6	滋 賀 県	1 413	1 414	1	0.05	1.12	351.9
青 森 県	1 308	1 238	−70	−5.37	0.98	128.3	京 都 府	2 610	2 578	−32	−1.24	2.04	559.0
岩 手 県	1 280	1 211	−69	−5.40	0.96	79.2	大 阪 府	8 839	8 838	−2	−0.02	7.01	4 638.4
宮 城 県	2 334	2 302	−32	−1.37	1.82	316.1	兵 庫 県	5 535	5 465	−70	−1.26	4.33	650.5
秋 田 県	1 023	960	−64	−6.22	0.76	82.4	奈 良 県	1 364	1 324	−40	−2.92	1.05	358.8
山 形 県	1 124	1 068	−56	−4.97	0.85	114.6	和歌山県	964	923	−41	−4.25	0.73	195.3
福 島 県	1 914	1 833	−81	−4.23	1.45	133.0	鳥 取 県	573	553	−20	−3.49	0.44	157.8
茨 城 県	2 917	2 867	−50	−1.71	2.27	470.2	島 根 県	694	671	−23	−3.34	0.53	100.1
栃 木 県	1 974	1 933	−41	−2.08	1.53	301.7	岡 山 県	1 922	1 888	−33	−1.72	1.50	265.4
群 馬 県	1 973	1 939	−34	−1.72	1.54	304.8	広 島 県	2 844	2 800	−44	−1.56	2.22	330.2
埼 玉 県	7 267	7 345	78	1.08	5.82	1 934.0	山 口 県	1 405	1 342	−63	−4.46	1.06	219.6
千 葉 県	6 223	6 284	62	0.99	4.98	1 218.5	徳 島 県	756	720	−36	−4.79	0.57	173.5
東 京 都	13 515	14 048	532	3.94	11.14	6 402.6	香 川 県	976	950	−26	−2.67	0.75	506.3
神奈川県	9 126	9 237	111	1.22	7.32	3 823.2	愛 媛 県	1 385	1 335	−50	−3.64	1.06	235.2
新 潟 県	2 304	2 201	−103	−4.47	1.75	174.9	高 知 県	728	692	−37	−5.05	0.55	97.3
富 山 県	1 066	1 035	−32	−2.96	0.82	243.6	福 岡 県	5 102	5 135	34	0.66	4.07	1 029.8
石 川 県	1 154	1 133	−21	−1.86	0.90	270.5	佐 賀 県	833	811	−21	−2.57	0.64	332.5
福 井 県	787	767	−20	−2.53	0.61	183.0	長 崎 県	1 377	1 312	−65	−4.71	1.04	317.7
山 梨 県	835	810	−25	−2.99	0.64	181.4	熊 本 県	1 786	1 738	−48	−2.68	1.38	234.6
長 野 県	2 099	2 048	−51	−2.42	1.62	151.0	大 分 県	1 166	1 124	−42	−3.64	0.89	177.2
岐 阜 県	2 032	1 979	−53	−2.62	1.57	186.3	宮 崎 県	1 104	1 070	−34	−3.12	0.85	138.3
静 岡 県	3 700	3 633	−67	−1.81	2.88	467.2	鹿児島県	1 648	1 588	−60	−3.64	1.26	172.9
愛 知 県	7 483	7 542	59	0.79	5.98	1 458.0	沖 縄 県	1 434	1 467	34	2.37	1.16	642.9

資料　総務省「国勢統計」

表4.1.2　都道府県別粗出生率、粗死亡率、自然増加率、合計特殊出生率および平均寿命

都道府県	粗出生率	粗死亡率	自然増加率	合計特殊出生率	平均寿命（年） 男	女	都道府県	粗出生率	粗死亡率	自然増加率	合計特殊出生率	平均寿命（年） 男	女
	2020年				2015年			2020年				2015年	
全　国	6.8	11.1	−4.3	1.34	80.77	87.01	三 重 県	6.5	12.0	−5.6	1.45	80.86	86.99
北 海 道	5.7	12.6	−6.9	1.21	80.28	86.77	滋 賀 県	7.6	9.4	−1.9	1.47	81.78	87.57
青 森 県	5.6	14.6	−9.0	1.33	78.67	85.93	京 都 府	6.5	10.7	−4.1	1.22	81.40	87.35
岩 手 県	5.6	14.3	−8.7	1.33	79.86	86.44	大 阪 府	7.2	10.6	−3.5	1.30	80.23	86.73
宮 城 県	6.4	10.8	−4.5	1.21	80.99	87.16	兵 庫 県	6.9	11.0	−4.1	1.40	80.92	87.07
秋 田 県	4.7	16.2	−11.5	1.32	79.51	86.38	奈 良 県	6.0	11.2	−5.2	1.26	81.36	87.25
山 形 県	5.9	14.5	−8.6	1.41	80.52	86.96	和歌山県	6.3	13.9	−7.6	1.49	79.94	86.47
福 島 県	6.2	13.5	−7.3	1.48	80.12	86.40	鳥 取 県	6.9	13.0	−6.1	1.59	80.17	87.27
茨 城 県	6.2	11.8	−5.6	1.38	80.28	86.33	島 根 県	6.8	14.6	−7.8	1.69	80.79	87.64
栃 木 県	6.2	11.5	−5.2	1.34	80.10	86.24	岡 山 県	7.3	11.7	−4.5	1.47	81.03	87.67
群 馬 県	6.2	12.4	−6.2	1.41	80.61	86.84	広 島 県	7.1	11.0	−3.9	1.49	81.08	87.33
埼 玉 県	6.6	9.9	−3.3	1.26	80.82	86.66	山 口 県	6.2	13.9	−7.7	1.50	80.51	86.88
千 葉 県	6.5	10.1	−3.6	1.28	80.96	86.91	徳 島 県	6.3	13.8	−7.5	1.48	80.32	86.66
東 京 都	7.4	9.0	−1.6	1.13	81.07	87.26	香 川 県	6.6	13.0	−6.4	1.51	80.85	87.21
神奈川県	6.8	9.4	−2.6	1.25	81.32	87.24	愛 媛 県	6.2	13.7	−7.5	1.45	80.16	86.82
新 潟 県	5.9	13.5	−7.5	1.35	80.69	87.32	高 知 県	6.0	14.6	−8.6	1.48	80.26	87.01
富 山 県	6.1	12.8	−6.6	1.48	80.61	87.42	福 岡 県	7.7	10.6	−2.8	1.43	80.66	87.14
石 川 県	6.9	11.4	−4.5	1.48	81.04	87.28	佐 賀 県	7.5	12.4	−4.9	1.61	80.65	87.12
福 井 県	7.1	12.4	−5.3	1.61	81.27	87.54	長 崎 県	7.0	13.5	−6.5	1.64	80.38	86.97
山 梨 県	6.5	12.4	−5.8	1.50	80.85	87.22	熊 本 県	7.6	12.3	−4.7	1.60	81.22	87.49
長 野 県	6.4	12.7	−6.3	1.53	81.75	87.67	大 分 県	6.8	13.0	−6.2	1.57	81.08	87.31
岐 阜 県	6.3	11.8	−5.5	1.42	81.00	86.82	宮 崎 県	7.3	13.4	−6.1	1.68	80.34	87.12
静 岡 県	6.4	11.9	−5.6	1.43	80.95	87.10	鹿児島県	7.4	13.6	−6.3	1.63	80.02	86.78
愛 知 県	7.6	9.6	−2.0	1.43	81.10	86.86	沖 縄 県	10.4	8.6	1.8	1.86	80.27	87.44

注　粗出生率、粗死亡率、自然増加率は人口1,000人に対する値。
資料　厚生労働省「令和2年（2020）人口動態統計月報年計（概数）」「平成27年都道府県別生命表」

4.2　都道府県の人口と世帯の構成
老年化指数は2000年からの20年間で約2倍

　2020年の全国人口の性比（女100人当たりの男の数）は94.7で、女が男の数を上回る。都道府県別にみると、栃木が99.7で最も高くなっている。全国平均（94.7）を上回っているのは、茨城（99.6）、愛知（99.5）埼玉（98.9）、神奈川（98.7）、千葉（98.5）など17都県である。30道府県が全国平均を下回り、最も低いのは長崎の88.7である（表4.2.1）。

　20年における15～64歳（生産年齢）人口の割合は、東京（65.7％）が最も高く、神奈川、愛知、埼玉、沖縄、大阪、千葉、宮城、滋賀の主として大都市地域がある9都府県で全国平均（59.2％）を上回った。一方、秋田（52.7％）が最も低く、島根、高知、山口など38道府県で全国平均を下回った（表4.2.1）。

　65歳以上人口の割合（高齢化率）が全国平均（28.7％）を上回ったのは、秋田（37.6％）、高知（35.6％）、山口（34.8％）、徳島（34.5％）など37道府県である。一方、最も低いのは沖縄（22.6％）で、次いで、東京（22.8％）、愛知（25.4％）など10都府県が全国平均を下回っている（表4.2.1）。

　20年の全国人口の老年化指数（65歳以上人口の0～14歳人口に対する比率）は、236.3である。都道府県別にみると、すべての都道府県で100以上であり、最も低い沖縄で133.5である。最も高いのは秋田の385.8で、年少人口の約3.9倍である。続いて、高知（322.6）、青森（319.8）など35の道府県で全国平均を上回った。老年化指数は2000年に119.1であったが、05年に146.5、10年に174.0、15年に210.6と200を超え、20年は236.3となった。2000年からの20年間で約2倍となり高齢化が進行していることがわかる（表4.2.1）。

2015～20年の世帯人員は47都道府県すべてで減少

　2020年の一般世帯数は5570.5万世帯で、都道府県別にみると、最も多いのは東京の721.7万世帯で初めて700万世帯を超えた。次いで、神奈川421.0万世帯、大阪412.7万世帯と2府県も初めて400万世帯を超え、この3都府県で全国の28.9％と約3割を占めている。最も少ないのは鳥取の21.9万世帯で0.4％となっている。2015～20年の一般世帯数の増加数をみると、最も多いのは52.6万世帯増加した東京で、高知、秋田、長崎、山口の4県で減少となった。2015～20年の一般世帯数の増加率の最も高かったのは沖縄の9.7％であった（表4.2.2）。

　また、2020年の1世帯当たりの人員は2.21人で、15年の2.33人から0.12人減少した。2015～20年の1世帯当たりの人員の増減を都道府県別にみると、47都道府県すべてが減少した。減少幅が最も大きかったのは山形、福井の0.18人であった。次いで、0.17人の茨城、新潟、沖縄などが続き、最も小さかったのは東京の0.07人であった（表4.2.2）。

表4.2.1　都道府県の性比、年齢階級別割合および老年化指数

都道府県	性比 2020年	年齢階級別割合（%）（2020年）				老年化指数		都道府県	性比 2020年	年齢階級別割合（%）（2020年）				老年化指数	
		0～14歳	15～64歳	65歳以上	うち75歳以上	2015年	2020年			0～14歳	15～64歳	65歳以上	うち75歳以上	2015年	2020年
全　　国	94.7	12.1	59.2	28.7	14.8	210.6	236.3	三重県	95.4	12.2	57.6	30.2	15.8	214.6	247.3
北海道	89.3	10.8	57.0	32.2	16.4	256.2	299.4	滋賀県	97.4	13.9	59.7	26.4	13.2	166.1	190.9
青森県	89.1	10.6	55.5	33.9	17.3	263.8	319.8	京都府	91.4	11.8	58.8	29.4	15.4	224.1	250.3
岩手県	92.9	11.1	55.1	33.8	17.9	256.0	305.3	大阪府	92.1	12.0	60.5	27.5	14.5	208.4	229.4
宮城県	95.2	11.9	59.7	28.3	14.2	205.7	238.0	兵庫県	90.7	12.5	58.2	29.3	15.2	209.6	234.3
秋田県	89.2	9.7	52.7	37.6	19.9	323.7	385.8	奈良県	89.1	11.8	56.5	31.7	16.4	230.0	268.7
山形県	93.6	11.3	54.7	34.0	18.0	253.6	299.4	和歌山県	89.2	11.5	55.1	33.4	17.8	254.5	290.0
福島県	97.3	11.5	56.7	31.8	16.2	237.0	277.9	鳥取県	91.5	12.5	55.0	32.5	17.0	229.5	259.1
茨城県	99.6	11.9	58.3	29.9	14.7	211.8	251.7	島根県	93.5	12.3	53.3	34.4	18.5	258.7	279.1
栃木県	99.7	12.0	58.8	29.2	14.1	201.1	243.6	岡山県	92.6	12.6	56.7	30.7	16.3	218.2	243.3
群馬県	97.9	11.8	57.8	30.4	15.4	215.2	257.1	広島県	94.1	12.8	57.6	29.6	15.4	206.0	230.2
埼玉県	98.9	12.0	60.8	27.1	13.6	196.4	225.4	山口県	90.3	11.6	53.6	34.8	18.4	263.4	299.4
千葉県	98.5	11.9	60.4	27.6	14.0	207.9	231.5	徳島県	91.2	11.2	54.4	34.5	17.7	265.3	309.0
東京都	96.5	11.5	65.7	22.8	12.1	198.0	198.3	香川県	93.5	12.3	55.8	31.9	16.5	234.0	260.7
神奈川県	98.7	12.0	62.4	25.6	13.3	189.2	212.6	愛媛県	90.2	11.8	54.8	33.4	17.4	246.7	282.4
新潟県	94.4	11.4	55.7	32.9	17.1	248.3	289.3	高知県	89.5	11.0	53.3	35.6	19.1	282.5	322.6
富山県	94.4	11.3	55.9	32.8	17.1	250.6	289.1	福岡県	89.9	13.3	58.6	28.1	14.1	193.0	210.7
石川県	94.3	12.3	57.7	30.0	15.3	213.8	243.4	佐賀県	90.0	13.6	55.6	30.8	15.7	197.5	227.3
福井県	95.2	12.6	56.6	30.8	16.0	216.0	243.5	長崎県	88.7	12.6	54.3	33.1	16.9	227.9	261.9
山梨県	96.3	11.6	57.3	31.1	16.3	229.3	268.3	熊本県	89.8	13.3	55.1	31.6	16.5	212.1	236.7
長野県	95.5	12.1	55.7	32.2	17.5	232.1	266.4	大分県	90.3	12.3	54.2	33.5	17.6	240.2	272.9
岐阜県	94.3	12.4	57.0	30.6	15.9	212.6	246.9	宮崎県	89.4	13.3	54.0	32.7	16.9	215.9	246.5
静岡県	97.2	12.2	57.6	30.2	15.6	213.6	247.1	鹿児島県	89.1	13.3	53.9	32.8	17.0	217.3	246.3
愛知県	98.9	13.3	61.3	25.4	13.0	172.2	191.5	沖縄県	97.1	16.9	60.5	22.6	10.8	112.6	133.5

資料　総務省「国勢統計」

表4.2.2　都道府県の一般世帯数および一般世帯の1世帯当たり人員

都道府県	一般世帯数（千世帯）		2015～20年の一般世帯の増減		一般世帯の1世帯当たり人員（人）			都道府県	一般世帯数（千世帯）		2015～20年の一般世帯の増減		一般世帯の1世帯当たり人員（人）		
	2020年	2015年	増減数（千世帯）	増減率（%）	2020年	2015年	2015～20年の差		2020年	2015年	増減数（千世帯）	増減率（%）	2020年	2015年	2015～20年の差
全　　国	55 705	53 332	2 373	4.4	2.21	2.33	-0.12	三重県	741	719	22	3.1	2.33	2.47	-0.14
北海道	2 469	2 438	31	1.3	2.04	2.13	-0.09	滋賀県	571	537	34	6.3	2.44	2.59	-0.15
青森県	510	509	0	0.1	2.34	2.48	-0.14	京都府	1 189	1 151	37	3.3	2.12	2.22	-0.10
岩手県	491	489	1	0.3	2.39	2.54	-0.15	大阪府	4 127	3 918	209	5.3	2.10	2.22	-0.12
宮城県	981	943	38	4.0	2.30	2.43	-0.13	兵庫県	2 399	2 312	87	3.8	2.23	2.35	-0.12
秋田県	384	387	-4	-1.0	2.41	2.55	-0.15	奈良県	544	529	15	2.8	2.38	2.52	-0.15
山形県	397	392	5	1.1	2.61	2.78	-0.18	和歌山県	393	391	2	0.5	2.28	2.40	-0.12
福島県	740	730	10	1.4	2.42	2.56	-0.14	鳥取県	219	216	3	1.3	2.44	2.57	-0.12
茨城県	1 182	1 122	59	5.3	2.37	2.55	-0.17	島根県	268	264	4	1.7	2.40	2.53	-0.13
栃木県	795	762	34	4.4	2.38	2.54	-0.16	岡山県	800	771	28	3.7	2.30	2.43	-0.13
群馬県	803	772	31	4.0	2.35	2.50	-0.15	広島県	1 241	1 209	32	2.6	2.20	2.29	-0.10
埼玉県	3 158	2 968	190	6.4	2.28	2.41	-0.12	山口県	597	597	-0	-0.0	2.17	2.27	-0.10
千葉県	2 768	2 605	163	6.3	2.23	2.35	-0.12	徳島県	307	305	2	0.8	2.26	2.39	-0.14
東京都	7 217	6 691	526	7.9	1.92	1.99	-0.07	香川県	406	398	8	2.1	2.27	2.39	-0.12
神奈川県	4 210	3 965	245	6.2	2.15	2.26	-0.11	愛媛県	600	591	9	1.6	2.16	2.28	-0.12
新潟県	863	846	16	1.9	2.48	2.65	-0.17	高知県	314	318	-4	-1.2	2.11	2.20	-0.09
富山県	403	390	13	3.3	2.50	2.66	-0.16	福岡県	2 318	2 197	122	5.5	2.15	2.26	-0.11
石川県	469	452	16	3.6	2.34	2.48	-0.14	佐賀県	311	301	10	3.4	2.51	2.67	-0.16
福井県	291	279	12	4.2	2.57	2.75	-0.18	長崎県	556	558	-2	-0.4	2.27	2.37	-0.11
山梨県	338	330	8	2.3	2.34	2.47	-0.13	熊本県	717	703	14	2.0	2.34	2.46	-0.12
長野県	830	805	25	3.1	2.41	2.55	-0.14	大分県	488	485	3	0.6	2.22	2.32	-0.10
岐阜県	779	752	27	3.6	2.49	2.65	-0.16	宮崎県	469	461	7	1.6	2.20	2.31	-0.11
静岡県	1 481	1 427	54	3.8	2.40	2.54	-0.14	鹿児島県	726	722	3	0.5	2.11	2.20	-0.09
愛知県	3 233	3 060	173	5.7	2.29	2.41	-0.11	沖縄県	613	559	54	9.7	2.33	2.50	-0.17

資料　表4.2.1と同じ。

4.3　市町村の人口動向
市町村数は、1999年の3,229から2018年10月には1,718に減少
　市町村数（東京都特別区部を1市と数えない。）の推移をみると、1947年（昭和22年）8月に10,505あった市町村は、53（昭和28）〜61年（昭和36年）にかけてのいわゆる昭和の大合併により、61年6月には3,472市町村とほぼ3分の1に減少した。その後、3,400〜3,200台で推移し、99年4月に3,229あった市町村は、99（平成11）〜2006年（平成18年）にかけてのいわゆる平成の大合併により、06年3月には1,821市町村、14年（平成26年）4月には1,718市町村と大きく減少し、21年（令和3年）10月1日現在も同数である（表4.3.1）。

1970〜2020年の50年間に市町村数は約5割減少、人口は約2割増加
　2020年10月1日の市町村数は、東京都特別区部を1市と数えると1,719市町村で5年前（2015年10月1日）と同じであった。市と町村を5年前と比べると、市は793と2増加したが、町村は926と2減少した。50年前（1970年10月1日）と比べると、1970年の3,331市町村から2020年には1,719市町村と1,612市町村減少し約半数となった。これを市と町村でみると、市は1970年の588市から2020年の793市と205市（34.9％）増加した。一方、町村は1970年の2,743町村から2020年の926町村と1,817町村（66.2％）減少した（表4.3.2）。
　人口は5年前と比べると、市および町村とも減少し94.9万人減少した。50年前と比べると、1970年は10466.5万人、2020年は12614.6万人で2148.1万人（20.5％）増加した。これを市と町村でみると、市は1970年の7542.9万人から2020年の11575.8万人と4032.9万人（53.5％）増加したが、町村は1970年の2923.7万人から2020年の1038.8万人と1884.8万人（64.5％）減少した（表4.3.2）。
　また、2020年の1,719市町村を人口階級別に5年前と比べると、人口5万未満の市は272市から291市に増加、人口5千未満の町村は267町村から290町村に増加し、市町村の人口規模は小さくなっている（表4.3.2）。

市部は市町村数で約5割、人口は9割以上
　2020年の1,719市町村を人口階級別にみると、人口10万以上の市は262市で15.2％、人口10万未満の市は531市で30.9％と市全体で46.1％を占めている。町村は、人口1万以上の町村は399町村で23.2％、人口1万未満の町村は527町村で30.7％と市全体で53.9％である。また、20年の人口12614.6人を人口階級別にみると、人口10万以上の市は8926.9万人で70.8％と7割を超える。人口10万未満の市は2648.9万人で21.0％と市全体では91.8％と9割以上を占めている。町村は、人口1万以上の町村は790.8万人で6.3％、人口1万未満の町村は248.0万人で2.0％と町村全体で8.2％を占めている（図4.3）。

表4.3.1　市町村数の推移

年　月	市　町　村　数							
	1947年8月 (昭和22年8月)	1953年10月 (昭和28年10月)	1961年6月 (昭和36年6月)	1999年4月 (平成11年4月)	2006年3月 (平成18年3月)	2014年4月 (平成26年4月)	2016年10月 (平成28年10月)	2018年10月～ (平成30年10月～)
総　数	10 505	9 868	3 472	3 229	1 821	1 718	1 718	1 718
市	210	286	556	671	777	790	791	792
町	1 784	1 966	1 935	1 990	846	745	744	743
村	8 511	7 616	981	568	198	183	183	183

注　政令指定都市は含み、特別区数は含まない。
資料　総務省資料

表4.3.2　人口規模別市町村数および人口

人口規模	市　町　村　数					人　口（千人）				
	1970年	2015年	2020年	増減数		1970年	2015年	2020年	増減数	
				1970年～ 2020年	2015年～ 2020年				1970年～ 2020年	2015年～ 2020年
全　国	3 331	1 719	1 719	− 1 612	0	104 665	127 095	126 146	21 481	− 949
市	588	791	793	205	2	75 429	116 137	115 758	40 329	− 379
100万以上	8	12	12	4	0	20 856	29 503	30 330	9 473	826
50万～100万未満	7	17	16	9	− 1	4 562	11 717	11 173	6 611	− 544
30万～50万未満	21	43	45	24	2	7 890	16 729	17 467	9 577	739
20万～30万未満	42	38	37	− 5	− 1	10 078	9 520	9 130	− 948	− 391
10万～20万未満	73	151	152	79	1	10 416	21 270	21 170	10 754	− 100
5万～10万未満	176	258	240	64	− 18	12 012	18 133	16 850	4 837	− 1 283
3万～5万未満	216	181	179	− 37	− 2	8 416	7 141	7 089	− 1 327	− 52
3万未満	45	91	112	67	21	1 197	2 124	2 550	1 353	426
町村	2 743	928	926	− 1 817	− 2	29 237	10 958	10 388	− 18 848	− 569
3万以上	52	65	61	9	− 4	2 009	2 441	2 288	279	− 153
2万～3万未満	216	90	79	− 137	− 11	5 081	2 180	1 928	− 3 154	− 253
1万～2万未満	894	264	259	− 635	− 5	12 337	3 840	3 693	− 8 644	− 147
5千～1万未満	1 120	242	237	− 883	− 5	8 300	1 772	1 702	− 6 599	− 71
5千未満	461	267	290	− 171	23	1 509	725	778	− 731	53

注　東京都特別区部は1市とした。
資料　総務省「国勢統計」

図4.3　人口規模別市町村数および人口の割合（2020年）

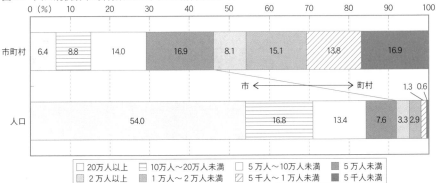

資料　表4.3.2と同じ。

4.4　都市の人口動向
実質的な都市化は緩やかに進行

　総人口に占める都市地域の人口の割合は、都市化率とも呼ばれる。行政上の市の地域を「都市」と見なせば、日本の都市化率は1920年の18.0％から2020年の91.8％と100年の間に目覚ましい勢いで進んできたことになる。ただし、この上昇は2度にわたる市町村合併による影響が大きい。したがって、全国の人口に占める市部人口の割合の推移は、都市地域と見なすには適切でない地域も含まれているため、都市化の進展を捉える指標としてふさわしくないといえる。そのため、1960年以降の国勢統計では人口集中地区（DID）の設定が行われた。DIDに基づく都市化率をみると、60年の43.7％以降、2020年の70.0％と緩やかな上昇を示している（図4.4）。

人口100万以上の12市の人口は全国人口の24％

　2020年において、793市のうち、人口が最も多いのは、東京都特別区部の973万人である。次いで、横浜（378万人）、大阪（275万人）、名古屋（233万人）、札幌、福岡、川崎、神戸、京都、さいたま、広島、仙台と続き、仙台までの12市が100万人を超えている。人口100万以上の12市の人口は3033万人で、全国人口に占める割合は24.0％である。政令指定都市21大都市の2015～20年の人口の増減をみると、13市で増加し、増加率が最も高いのは東京都特別区部の5.0％で、次いで、福岡、さいたまの4.8％などが続く。一方、減少したのは、新潟（－2.6％）、北九州（－2.3％）などの8市である（表4.4.1）。

19市で自然減少、川崎市、福岡市の2市のみ自然増加

　2019年1年間の自然増加率（粗出生率と粗死亡率の差、人口1,000人当たり）の全国平均は－4.2であるが、政令指定都市21大都市をみると、自然増加となったのは、川崎（0.9）、福岡（0.3）のみで、19市は自然減少となった。2015年の合計特殊出生率の全国平均は1.45で、政令指定都市21大都市をみると、浜松（1.61）など6市は全国平均を上回ったが、札幌（1.18）など15市は全国平均を下回った。2015年の平均寿命を男女別にみると、全国平均では男が80.8年、女が87.0年である。政令指定都市21大都市をみると、最も長いのは男が熊本の81.9年、女が岡山の87.9年、最も短いのは男女とも大阪で男が78.8年、女が86.2年である（表4.4.2）。

───────── ☆☆☆　**人口集中地区とは**　☆☆☆ ─────────

　人口集中地区（Densely Inhabited District）とは、市区町村の境域内で、隣接する人口密度の高い国勢調査区（原則として人口密度が1km²当たり4,000人以上）の集合で、その人口が5,000人以上の地域を言い、1960年国勢調査時に初めて設定された。

図4.4　全国に占めるDIDおよび市部の人口割合の推移

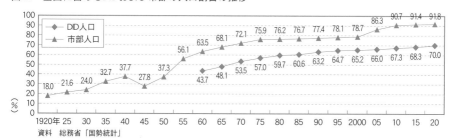

資料　総務省「国勢統計」

表4.4.1　21大都市の人口とその増減

順　位		人　口（千人）			5年間の増減数（千人）		5年間の増減率（％）		面積（km²）2020年	人口密度（人/km²）2020年
		2020年	2015年	2010年	2015～20年	2010～15年	2015～20年	2010～15年		
1	東京都特別区部	9 733	9 273	8 946	461	327	5.0	3.7	627.5	15 510.5
2	横浜市	3 777	3 725	3 689	53	36	1.4	1.0	437.7	8 630.1
3	大阪市	2 752	2 691	2 665	61	26	2.3	1.0	225.3	12 215.6
4	名古屋市	2 332	2 296	2 264	37	32	1.6	1.4	326.5	7 143.0
5	札幌市	1 973	1 952	1 914	21	39	1.1	2.0	1 121.3	1 760.0
6	福岡市	1 612	1 539	1 464	74	75	4.8	5.1	343.5	4 694.6
7	川崎市	1 538	1 475	1 426	63	50	4.3	3.5	143.0	10 756.3
8	神戸市	1 525	1 537	1 544	− 12	− 7	− 0.8	− 0.4	557.0	2 738.1
9	京都市	1 464	1 475	1 474	− 11	1	− 0.8	0.1	827.8	1 768.1
10	さいたま市	1 324	1 264	1 222	60	42	4.8	3.4	217.4	6 089.4
11	広島市	1 201	1 194	1 174	7	20	0.6	1.7	906.7	1 324.3
12	仙台市	1 097	1 082	1 046	15	36	1.3	3.5	786.4	1 394.7
13	千葉市	975	972	962	3	10	0.3	1.1	271.8	3 587.3
14	北九州市	939	961	977	− 22	− 16	− 2.3	− 1.6	491.7	1 909.8
15	堺市	826	839	842	− 13	− 3	− 1.6	− 0.3	149.8	5 514.0
16	浜松市	791	798	801	− 7	− 3	− 0.9	− 0.4	1 558.1	507.5
17	新潟市	789	810	812	− 21	− 2	− 2.6	− 0.2	726.3	1 086.8
18	熊本市	739	741	734	− 2	6	− 0.3	0.9	390.3	1 893.0
19	相模原市	725	721	718	5	3	0.7	0.5	328.9	2 205.7
20	岡山市	725	719	710	5	10	0.7	1.4	790.0	917.4
21	静岡市	693	705	716	− 12	− 11	− 1.6	− 1.6	1 411.8	491.1

注　2010年人口は2015年10月1日現在の境域、また、2015年人口は2020年10月1日現在の境域に基づいて組み替えた人口である。
資料　図4.4と同じ。

表4.4.2　21大都市の粗出生率、粗死亡率、自然増加率、合計特殊出生率および平均寿命

21大都市	粗出生率		粗死亡率		自然増加率		合計特殊出生率2015年	平均寿命（年）2015年	
	2018年	2019年	2018年	2019年	2018年	2019年		男	女
全国	7.4	7.0	11.0	11.2	− 3.6	− 4.2	1.45	80.8	87.0
札幌市	6.7	6.5	9.8	10.0	− 3.1	− 3.6	1.18	80.7	87.2
仙台市	7.7	7.1	8.3	8.4	− 0.5	− 1.2	1.30	81.7	87.6
さいたま市	7.9	7.7	8.3	8.6	− 0.4	− 0.8	1.42	81.4	87.3
千葉市	6.5	6.3	9.0	9.5	− 2.4	− 3.2	1.37	81.2	87.0
東京都特別区部	8.1	7.6	8.4	8.4	− 0.3	− 0.8	1.21	80.8	87.2
横浜市	7.3	6.8	8.9	8.9	− 1.6	− 2.1	1.38	81.5	87.3
川崎市	8.9	8.5	7.4	7.6	1.5	0.9	1.43	81.1	87.6
相模原市	6.9	6.4	8.7	9.0	− 1.8	− 2.7	1.33	81.2	87.4
新潟市	7.1	6.7	11.3	11.6	− 4.2	− 4.9	1.37	81.3	87.4
静岡市	6.6	6.3	11.6	12.0	− 5.0	− 5.7	1.43	80.9	87.1
浜松市	7.6	7.0	10.8	10.6	− 3.2	− 3.6	1.61	81.6	87.6
名古屋市	8.1	7.6	9.7	9.8	− 1.5	− 2.2	1.42	80.6	86.7
京都市	6.8	6.5	9.9	10.1	− 3.1	− 3.6	1.24	81.5	87.4
大阪市	7.7	7.4	10.7	10.7	− 3.0	− 3.3	1.26	78.8	86.2
堺市	7.6	7.1	10.1	10.6	− 2.6	− 3.5	1.54	80.4	86.8
神戸市	6.8	6.7	10.1	10.4	− 3.3	− 3.7	1.37	80.9	87.0
岡山市	8.4	7.8	9.5	9.6	− 1.2	− 1.8	1.49	81.5	87.9
広島市	8.3	7.7	8.8	8.9	− 0.5	− 1.2	1.52	81.4	87.6
北九州市	7.6	7.0	11.9	12.0	− 4.4	− 4.9	1.59	80.4	87.1
福岡市	8.8	8.4	7.7	8.0	1.1	0.3	1.33	81.1	87.7
熊本市	9.1	8.5	9.4	9.9	− 0.2	− 1.4	1.56	81.9	87.8

資料　厚生労働省「人口動態統計（確定数）」「平成27年市区町村別生命表」

4.5　国内人口移動
1970年代以降、人口移動は低下傾向

　人口の地域分布の変動は人口移動によるところが大きい。住民基本台帳人口移動報告によると、2020年における外国人を含めた市区町村間移動人口は526万人、同一都道府県内の移動を除いた都道府県間移動人口は246万人である。そのうち、日本人の市区町村間移動人口は484万人、都道府県間移動人口は225万人である（図4.5.1）。

　日本人の市区町村間移動者人口は、1950年代後半の500万人台から増加していたが、73年の854万人をピークに減少傾向に転じ、2020年は484万人であった。日本人の市区町村間移動率をみると、1955年の5.80％から上昇し、70年の8.02％をピークに低下傾向に転じ、2020年は3.98％である。日本人の都道府県間移動についても同様で、1970年の4.11％のピークから低下傾向で推移し、20年は1.85％であった（図4.5.1）。

東京都の転入超過率は2019年の0.6％から20年の0.22％に低下

　2020年の転入・転出超過率をみると、転入超過率は埼玉（0.33％）が最も高く8都府県で転入超過となった。東京は0.22％と昨年の0.60％から0.38％低下した。一方、転出超過となったのは39道府県で、転出超過率の最も高かったのが長崎の0.49％であった（図4.5.2）。

東京圏は転入超過が続き、大阪圏と名古屋圏は転出超過が続く

　3大都市圏（東京圏、名古屋圏、大阪圏）の1970年以降の転入・転出者数の推移をみると、東京圏は93年までは転入超過、94年と95年は転出超過、96年以降は再び転入超過となり、2020年は9.8万人の転入超過となった。大阪圏は1974年以降2010年まで転出超過、2011年と12年は転入超過、13年からは8年連続の転出超過となった。名古屋圏は小幅な転入超過と転出超過を繰り返していたが、2014年以降7年連続の転出超過となった（図4.5.3）。

人口移動率のピークは都道府県間が22歳、都道府県内が26歳

　2020年の人口移動率をみると、0歳から10歳代前半に向け低下し、その後20歳代にかけて上昇傾向で推移する。その後は再び低下傾向になり、54歳と60歳に一時上昇するのは都道府県間および都道府県内ともに同様の傾向である。人口移動率の10歳代後半から20歳代前半を詳細にみると、18歳で急激に上昇し、19歳で低下、20歳で再び上昇するのは都道府県間、都道府県内も同じであるが、都道府県間のピークは22歳であるのに対し、都道府県内ピークは26歳で都道府県間とは相違している（図4.5.4）。

図4.5.1　全国の年間人口移動者数および人口移動率の推移

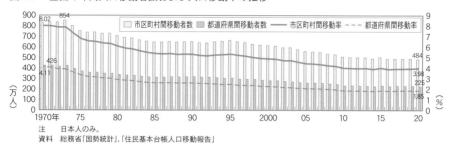

注　日本人のみ。
資料　総務省「国勢統計」、「住民基本台帳人口移動報告」

図4.5.2　都道府県別転入超過率（2019年、2020年）

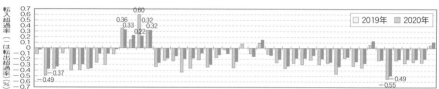

北海道 青森 岩手 宮城 秋田 山形 福島 茨城 栃木 群馬 埼玉 千葉 東京 神奈川 新潟 富山 石川 福井 山梨 長野 岐阜 静岡 愛知 三重 滋賀 京都 大阪 兵庫 奈良 和歌山 鳥取 島根 岡山 広島 山口 徳島 香川 愛媛 高知 福岡 佐賀 長崎 熊本 大分 宮崎 鹿児島 沖縄

注　転入（転出）超過率は、2019年は当該地域の10月1日現在で推計された人口、2020年は国勢調査人口に対する転入（転出）超過数の比率。
資料　総務省「国勢統計」「人口推計」「住民基本台帳人口移動報告」

図4.5.3　3大都市圏の転入超過数の推移

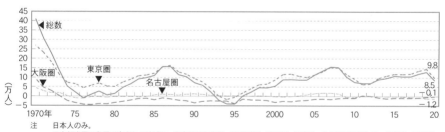

注　日本人のみ。
　　3大都市圏の各圏に含まれる地域は、東京圏は東京都、神奈川県、埼玉県、千葉県、名古屋圏は愛知県、岐阜県、三重県、大阪圏は大阪府、兵庫県、京都府、奈良県。
資料　総務省「住民基本台帳人口移動報告」

図4.5.4　全国の年齢各歳別の都道府県間および都道府県内人口移動率

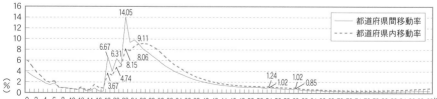

資料　図4.5.3と同じ。

Ⅱ 国 民 生 活

第5章　家計と暮らし

5.1　消費水準、実収入、消費支出
2020年の消費水準は1981年を下回る

　世帯の人数、世帯主年齢や物価の変化の影響を取り除いた「消費水準指数（2017年以降は世帯消費動向指数）」について二人以上の世帯の推移をみると、2020年は新型コロナウイルス感染症の影響もあって大幅に低下し1981年の水準を下回った。

　消費水準指数は、バブル期に最も高い水準となり、バブル経済の崩壊後はやや横ばいで推移したものの、1998年の金融システム不安、2008年のリーマンショック、11年の東日本大震災の発生等を背景に低下傾向で推移した。12年、13年と安倍内閣の経済政策、いわゆるアベノミクスによる影響等から世帯の消費水準は上昇したが、14年から18年まで5年連続で低下しバブル景気前の水準となり、19年は消費税率引き上げに伴う駆け込み需要などにより上昇したが、20年は大幅に低下した（図5.1.1）。

2020年の実収入は大幅増加、消費支出は大幅減少

　二人以上の勤労者世帯の実収入について実質増減率の推移をみると、1980年代からバブル期にかけて毎年増加し続け、バブル崩壊後も94年の減少を除けば堅調に推移した。しかし、98年以降は減少を続け、2003年頃から景気回復に転じた後も微減基調が続いた。08年後半からはリーマンショックによる景気の急激な悪化で、実収入は09年にかけて減少した。10年は景気拡大等に伴い3年ぶりに増加に転じたが、11年は東日本大震災の影響もあり1.7%の減少となった。12年、13年に2年連続して増加し、14年は3.9%の大幅な減少、15年から17年まで3年連続の増加となり、18年は0.6%の減少となったものの、19年は0.5%の増加、20年は1人10万円の特別定額給付金などもあって4.0%の大幅な増加となった。

　消費支出は実収入にほぼ連動した動きを示しているが、14年は消費税率引き上げ（4月）後の需要減少で3.3%減少し、15年、16年と3年連続減少となった。19年は消費費税率引き上げ（10月）前の駆け込み需要等により1.2%の増加となったが、20年は新型コロナウイルス感染症の影響もあり、5.6%の大幅な減少となった（図5.1.2）。

家計の収入構成は世帯主の定期収入と賞与が低下、配偶者収入が上昇

　2020年の二人以上の勤労者世帯の1か月平均実収入は609,535円で、その収入構成は30年間で大きく変化している。世帯主定期収入と世帯主賞与等の割合は低下し、配偶者収入の割合は上昇している（表5.1）。

図5.1.1　消費水準指数（二人以上の世帯）

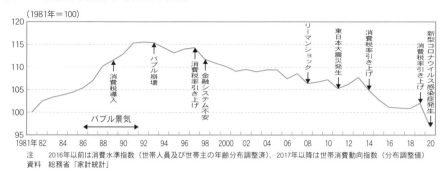

注　2016年以前は消費水準指数（世帯人員及び世帯主の年齢分布調整済）、2017年以降は世帯消費動向指数（分布調整値）
資料　総務省「家計統計」

図5.1.2　実収入と消費支出の実質増減率の推移（二人以上の世帯のうち勤労者世帯）

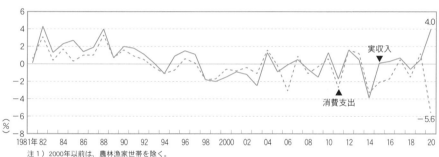

注１）2000年以前は、農林漁家世帯を除く。
　　２）2018年と2019年は、2018年の家計簿変更による変動を調整した変動調整値。
資料　図5.1.1と同じ。

表5.1　実収入と消費支出の実質増減率等（二人以上の勤労者世帯）

年　次	勤労者世帯実収入		実収入構成比（％）実収入＝100				消費支出実質増減率	
	金　額（円）	実　質増減率(%)	世帯主定期収入	世帯主賞与等	配偶者収　入	他の世帯員収　入	勤労者世帯	二人以上世帯（参考）
1980	349 686	1.5	64.7	19.2	7.0	3.7	0.9	1.2
85	444 846	2.1	63.9	18.6	8.0	3.8	1.2	0.7
90	521 757	2.0	63.6	18.9	8.5	3.0	1.5	1.4
95	570 817	0.5	65.5	16.4	9.6	2.5	−0.2	−0.1
2000	560 954	−0.5	67.7	14.4	9.6	2.2	−0.7	−0.9
05	524 585	−0.9	68.6	12.5	10.9	2.1	−0.2	−0.5
10	520 692	−0.1	67.4	12.8	11.1	2.0	−0.6	−0.6
15	525 669	−0.7	66.0	12.6	12.3	1.5	−1.1	−1.1
16	526 973	0.3	65.6	12.9	12.5	1.7	−1.7	−1.7
17	533 820	0.7	65.4	13.1	12.2	1.7	0.5	−0.3
(旧基準値)			(64.6)	(13.3)	(12.9)	(1.7)		
18	558 718	−0.6	62.4	13.9	13.1	2.4	−1.5	−0.4
(新基準値)			(60.3)	(14.4)	(13.2)	(3.1)		
19	586 149	0.5	60.6	14.2	14.2	2.5	1.2	0.9
20	609 535	4.0	57.8	13.1	14.7	2.5	−5.6	−5.3

注１）2015年以前の実質増減率は、過去5年間の実質増減年率。2000年以前は、農林漁家世帯を除く。
　　２）2018年及び2019年の実質増減率は、2018年の家計簿変更による変動を調整した変動調整値。
　　３）「旧基準値」及び「新基準値」とは、2018年の家計簿変更の影響をそれぞれ前年及び翌年基準に調整した参考値。
資料　図5.1.1と同じ。

5.2　消費支出の構成、非消費支出
新型コロナウイルス感染症の影響で2020年の消費構造は大きく変化

　二人以上の世帯の費目別支出割合をみると、消費構造が大きく変化してきていることが分かる。食料への支出割合であるエンゲル係数は1980年の29.0％から2000年の23.3％へ6ポイント近く低下したが、近年上昇傾向にあり、20年は在宅勤務や休校もあり27.5％と前年から1.8ポイントの上昇となった。交通・通信への支出は、90年代以降の携帯電話の急速な普及の影響もあって大幅に拡大し、80年の8.0％から、2000年には11.4％、19年には14.9％となったが、20年は外出自粛による交通費などの減少で14.4％へ低下した。保健医療への支出は、消費者の健康志向や高齢化の進展等から80年代以降拡大し、19年4.7％、20年は感染予防もあり5.1％となった。被服及び履物への支出は縮小が続き、19年は3.7％、20年は3.2％と80年の7.9％の半分以下となった。このように、20年は新型コロナウイルス感染症の影響で、支出構造の傾向変化や変化幅が大きく変化した（表5.2.1）。

2020年の月別の実収入と消費支出は新型コロナウイルス等の影響で大きく変動

　2020年1月以降、新型コロナウイルス感染症が世界的に感染拡大し、日本政府は4月～5月末まで緊急事態宣言を発出し不要不急の外出自粛、休業・休校や在宅勤務などを要請し、家計収支に大きな影響がみられた。二人以上の勤労者世帯の実収入と消費支出について前年を100とした季節調整済実質指数を月別にみると、実収入は、緊急経済対策として住民一人当たり10万円の特別定額給付金が支給され、5月107.8、6月126.8、7月107.3と大幅な上昇となった。一方、消費支出は、2月の97.4から5月の87.1まで低下、6月は収入の増加などもあり97.8に急回復したものの7月は90.9に低下、その後、「GO TO　キャンペーン」などもあり10月の98.8まで回復したが11月、12月は感染再拡大もあり再び低下した（図5.2.1）。

　なお、2020年の二人以上の世帯の品目別対前年実質増減率をみると、外出の機会が減ったことにより減少した品目もある一方で、感染症予防、巣ごもり需要や在宅勤務により増加した品目もある（表5.2.2）。

非消費支出は名目1.3％の増加、実収入に占める割合は18.2％

　二人以上の勤労者世帯の2020年の非消費支出は110,896円で、前年に比べ名目1.3％増加した。そのうち、直接税は1.5％の増加、社会保険料は6年連続の増加で1.2％の増加となった。

　実収入に対する非消費支出の割合は、2006年から13年まで8年連続で上昇し、08年に17％台、12年に18％台に上昇し、20年は18.2％と定額給付金等による実収入の増加もあり19年（18.7％）からは低下した（図5.2.2）。

表5.2.1　二人以上の世帯の消費支出の構成（支出金額、構成比、実質増減率）

年　次	消費支出	食　料	住　居	光熱・水道	家具・家事用品	被服及び履物	保健医療	交通・通信	教　育	教養娯楽	その他の消費支出
					支　出　金　額（円）						
1980	230 568	66 923	10 682	13 225	9 875	18 163	5 865	18 416	8 325	19 620	59 474
90	311 174	78 956	14 814	17 147	12 396	22 967	8 866	29 469	14 471	30 122	81 966
2000	317 133	73 844	20 787	21 477	11 018	16 188	11 323	36 208	13 860	32 126	80 302
10	290 244	67 563	18 179	21 951	10 266	11 499	12 515	38 965	11 734	31 879	65 695
15	287 373	71 844	17 931	23 197	10 458	11 363	12 633	40 238	10 995	28 314	60 371
19	293 379	75 258	17 094	21 951	11 486	10 779	13 933	43 632	11 492	29 343	58 412
20	277 926	76 440	17 365	21 836	12 538	8 799	14 211	39 910	10 290	24 285	52 251
					構　成　比（%）						
1980	100.0	29.0	4.6	5.7	4.3	7.9	2.5	8.0	3.6	8.5	25.8
90	100.0	25.4	4.8	5.5	4.0	7.4	2.8	9.5	4.7	9.7	26.3
2000	100.0	23.3	6.6	6.8	3.5	5.1	3.6	11.4	4.4	10.1	25.3
10	100.0	23.3	6.3	7.6	3.5	4.0	4.3	13.4	4.0	11.0	22.6
15	100.0	25.0	6.2	8.1	3.6	4.0	4.4	14.0	3.8	9.9	21.0
19	100.0	25.7	5.8	7.5	3.9	3.7	4.7	14.9	3.9	10.0	19.9
20	100.0	27.5	6.2	7.9	4.5	3.2	5.1	14.4	3.7	8.7	18.8
					実　質　増　減　率（%）						
19	0.9	0.7	−0.5	−3.0	3.1	−1.1	4.1	3.7	−1.5	4.1	−0.6
20	−5.3	0.2	0.2	1.9	6.7	−19.3	1.7	−8.3	−2.9	−16.7	−10.5

注1）用途分類。2000年以前は農林漁家世帯を除く。
　　2）2019年の実質増減率は、変動調整値。
資料　総務省「家計統計」

図5.2.1　実収入と消費支出の季節調整済実質指数（二人以上の勤労者世帯）及び国内の新型コロナウイルス新規陽性者数の推移（2020年）

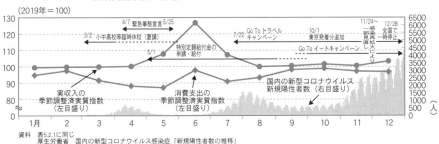

資料　表5.2.1に同じ
　　　厚生労働省　国内の新型コロナウイルス感染症「新規陽性者数の推移」

表5.2.2　新型コロナウイルス感染症により消費行動に大きな影響がみられた主な品目の対前年実質増減率（%）（二人以上の世帯）

品　目	2020年	品　目	2020年	品　目	2020年
食料		被服及び履物		ゲーム機	53.7
パスタ	25.3	背広服	−40.8	ゲームソフト等	47.7
即席麺	19.3	保健医療		宿泊料	−43.7
生鮮肉	10.3	保健用消耗品[注3]	79.3	パック旅行費	−70.4
冷凍調理食品	15.9	交通・通信		映画・演劇等入場料	−63.2
チューハイ・カクテル	33.3	鉄道運賃	−60.9	文化施設入場料	−55.4
食事代	−25.4	バス代	−49.5	遊園地入場・乗物代	−67.7
飲酒代	−53.9	タクシー代	−43.3	インターネット接続料	7.4
家具・家事用品		航空運賃	−76.1	その他の消費支出	
炊事用電気器具	13.3	有料道路料	−47.9	浴用・洗顔石けん	11.8
電気洗濯機	8.9	ガソリン	−16.1	ファンデーション	−24.7
他の冷暖房用器具[注1]	23.0	教養娯楽		口紅	−36.2
他の家事用消耗品のその他[注2]	27.3	パソコン	30.7		

注1）「他の冷暖房用器具」は、扇風機、空気清浄機、加湿器などを含む。
　　2）「他の家事用消耗品のその他」は、ウエットティッシュなどを含む。
　　3）「保健用消耗品」は、マスク、ガーゼなどを含む。
資料　表5.2.1と同じ

図5.2.2　非消費支出の推移（二人以上の勤労者世帯）

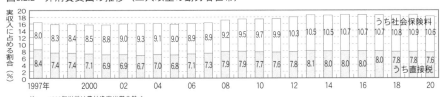

注　　1999年以前は農林漁家世帯を除く。
資料　表5.2.1と同じ。

5.3　平均消費性向、貯蓄と負債

新型コロナウイルス感染症もあり2020年の平均消費性向は急速に低下

　二人以上の勤労者世帯の平均消費性向（可処分所得に対する消費支出の割合）は、1982年に79.3％となった後、バブル期以降、低下傾向で推移し、98年は71.3％となった。その後は上昇傾向をたどり、2005年には74.7％となったが、08年のリーマンショック、11年の東日本大震災で低下した。12年からの3年連続の上昇の後、15年から低下傾向で推移し、20年は新型コロナウイルス感染症による消費の低迷と特別定額給付金による収入の増加で、消費性向は61.3％と19年（67.9％）から急速に低下した。

　一方、黒字率（可処分所得に対する黒字の割合）は、上昇傾向で推移し、20年は38.7％と19年（32.1％）から急速に上昇した。

　なお、2018年の結果には家計簿の変更に伴う影響が含まれており、参考までに旧基準と新基準に調整した値を図示している（表5.3、図5.3.1）。

貯蓄年収比は1.86倍、貯蓄に占める有価証券の割合は11.5％に上昇

　2020年の二人以上の勤労者世帯の貯蓄現在高は1378万円で、1980年に初めて年収を超えた後もほぼ一貫して増加し、リーマンショックの影響を受けた2009年を除き、2000年以降は年収の1.7倍以上となり、20年の貯蓄年収比（貯蓄現在高/年収）は、1.86倍となった。

　通常、貯蓄が増えるにしたがい預金、保険、株式、不動産投資等の間で幅広く資産選択が行われるようになる。2000年以降の動きをみると有価証券へのシフトがみられたが、08年9月に発生したリーマンショック以降の株価急落、11年のユーロ不安と円高などは、国民にリスク回避型の貯蓄行動を促し、有価証券の割合は10年以降4年連続で10％割れとなった。14年以降10％～11％台で推移した後、18年は9.6％となったが、19年は10.9％、20年は11.5％と上昇している（表5.3、図5.3.2）。

負債現在高の年収比は過去最高だった前年より低下

　負債現在高は、住宅購入に際しての住宅金融支援機構や銀行からの借入れが年々増加し、1980年には33.7％であった負債現在高の年収比割合が2000年には75.3％に上昇した。2000年以降は負債残高の増加と年収の低迷から年収比はさらに上昇し、12年には100％を、17年には110％を越え、19年は過去最高の116.2％になったが、20年は115.0％とやや低下した。

　貯蓄現在高から負債現在高を差し引いた純貯蓄額と年収との比は、バブル経済期には著しく上昇し、100％を超えていた。しかし、2000年以降は負債残高増と年収の伸び悩みから低下し18年は68.4％となった。その後19年は70.8％、20年は71.2％と上昇している（表5.3、図5.3.2）。

表5.3　貯蓄・負債現在高の推移（二人以上の勤労者世帯）

（単位　金額千円）

年　次	年間収入	貯蓄現在高	通貨性預貯金	定期性預貯金	生命保険など	有価証券	金融機関外	負債現在高	平　均消費性向
1975	2 986	2 636	367	1 122	493	470	183	719	77.0
80	4 493	4 734	427	2 326	929	791	262	1 512	77.9
85	5 655	6 920	499	3 222	1 623	1 237	339	2 502	77.5
90	6 941	10 507	753	4 437	2 942	1 966	410	3 401	75.3
95	7 796	12 613	1 027	5 684	3 926	1 419	544	4 515	72.5
2000	7 695	13 558	1 549	5 803	4 473	1 179	554	5 798	72.1
05	7 190	12 920	2 160	5 260	3 640	1 180	670	6 160	74.7
10	6 970	12 440	2 530	4 750	3 290	1 220	650	6 790	74.0
15	7 090	13 090	3 240	4 700	3 100	1 460	590	7 550	73.8
19	7 360	13 760	4 270	4 380	3 000	1 500	610	8 550	67.9
20	7 400	13 780	4 720	3 930	3 050	1 590	480	8 510	61.3

構 成 比 と 年 収 比 （％）

年　次	貯蓄現在高／年収比	貯蓄現在高	通貨性預貯金	定期性預貯金	生命保険など	有価証券	金　融機関外	負債現在高／年収比	純貯蓄／年収比
1975	88.3	100.0	13.9	42.6	18.7	17.8	6.9	24.1	64.2
80	105.4	100.0	9.0	49.1	19.6	16.7	5.5	33.7	71.7
85	122.4	100.0	7.2	46.6	23.5	17.9	4.9	44.2	78.1
90	151.4	100.0	7.2	42.2	28.0	18.7	3.9	49.0	102.4
95	161.8	100.0	8.1	45.1	31.1	11.3	4.3	57.9	103.9
2000	176.2	100.0	11.4	42.8	33.0	8.7	4.1	75.3	100.8
05	179.7	100.0	16.7	40.7	28.2	9.1	5.2	85.7	94.0
10	178.5	100.0	20.3	38.2	26.4	9.8	5.2	97.4	81.1
15	184.6	100.0	24.8	35.9	23.7	11.2	4.5	106.5	78.1
19	187.0	100.0	31.0	31.8	21.8	10.9	4.4	116.2	70.8
20	186.2	100.0	34.3	28.5	22.1	11.5	3.5	115.0	71.2

注1）1995年は、貯蓄現在高と内訳の合計の差は金投資口座・金貯蓄口座。
　　2）2000年以前は、各年12月末日時点調査。2005年以降は、年平均。2000年以前は、農林漁家世帯を除く。
資料　総務省「家計統計（貯蓄・負債編）」、「貯蓄動向調査報告」（二人以上の世帯）

図5.3.1　平均消費性向と黒字率の推移（二人以上の勤労者世帯）

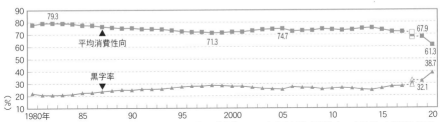

注1）2018年の□及び△は、家計簿改正の影響を調整した参考値で、2018年をそれぞれ旧基準（2017年以前）と新基準（2019年以降）に調整した値を示す。
　　2）2000年以前は農林漁家世帯を除く。
資料　総務省「家計統計」

図5.3.2　貯蓄高・負債高の年収比（二人以上の勤労者世帯）

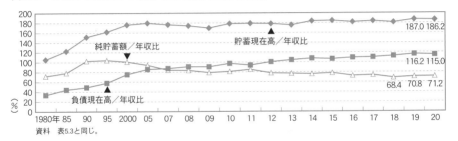

資料　表5.3と同じ。

5.4　ネットショッピングと電子マネーの拡大
新型コロナウイルス症感染拡大で急増した2020年のネットショッピング

　スマートフォンやパソコン、タブレット端末などの普及を背景に、家計におけるインターネットによる商品やサービスの購入（以下「ネットショッピング」という。）は急激に拡大している。家計消費状況調査から、二人以上の世帯におけるネットショッピングの利用世帯の割合をみると、調査が開始された2002年の5.3％から一貫して増加を続け、20年は48.8％となっている。20年の1か月当たりネットショッピングによる購入額（22品目計）は、19年（14,332円）と比べ14.0％増の16,339円で、02年の1,105円に比べ約15倍となるなど、20年は、新型コロナウイルス感染症の感染拡大に伴い、「三密」を回避し、「巣ごもり消費」を余儀なくされたことから、ネットショッピングが更に拡大した。

　また、ネットショッピングを利用した世帯に限ってみると、1か月当たりのネットショッピングによる購入額は33,353円となっている（図5.4.1）。

2020年は宿泊料・パック旅行費などの外出型消費品目が大幅に減少

　家計消費状況調査の二人以上の世帯の2020年の結果をみると、ネットショッピング利用世帯の割合と支出金額が共に増加（図5.4.1）し、品目別の対前年名目増減率をみると、宿泊料・パック旅行費、チケットの外出型消費品目が大幅に減少し、出前、医薬品、電子書籍などの巣ごもり消費や感染予防対策品目への大幅な購入増加となっている（図5.4.2）。

2020年の電子マネーの1世帯1か月間の利用金額は24,790円

　電子マネーは、公共交通機関、スーパーマーケット、コンビニエンスストアや駅売店などでの利用が広がっている。家計消費状況調査により電子マネーの利用状況をみると、二人以上の世帯における電子マネーを利用した世帯員がいる世帯の割合は、調査を開始した2008年（19.3％）以降ほぼ毎年上昇しており、20年は19年10月からの消費税率引き上げに伴うキャッシュレス・ポイント還元事業が影響したこともあって前年に比べ4.3ポイント上昇の57.5％となった。1世帯当たり1か月間の電子マネーを利用した世帯の平均利用金額も、08年（8,727円）以降毎年増加し、20年は19年（20,567円）と比べ20.5％増の24,790円となっている（図5.4.3）。

　なお、電子マネーを利用した世帯の利用金額のうち「交通機関（定期券としての利用は除く）」は、3,098円と新型コロナウイルス感染症による外出自粛の影響もあり、19年（4,487円）に比べ31.0％の減少となっている。

図5.4.1　1世帯当たり1か月間のインターネットを利用した支出金額の推移およびインターネットを利用して商品等を購入した世帯の割合（二人以上の世帯）

注　インターネットを利用しない世帯も含めた1世帯当たり平均の支出額
資料　総務省「家計消費状況調査」

図5.4.2　ネットショッピングによる購入の対前年名目増減率（2020年）（二人以上の世帯）

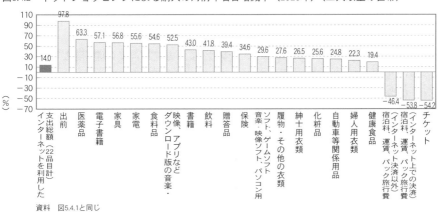

資料　図5.4.1と同じ

図5.4.3　電子マネーの1世帯当たり1か月間の平均利用金額（二人以上の世帯）

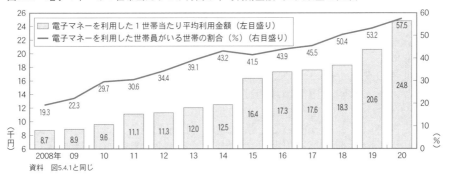

資料　図5.4.1と同じ

5.5　住宅費用、学歴、都道府県の特徴
住宅ローン返済世帯の住宅費用は、可処分所得の17.5％を占め最も多い

　2020年の二人以上の勤労者世帯について、住居の所有関係別に住居費（家賃地代と設備修繕・維持）を比較すると、持ち家世帯の住居費は消費支出の3.0％に過ぎない。一方、公営借家世帯の消費支出に占める住居費の割合は15.6％、給与住宅世帯が10.0％であるのに対し、民営借家世帯では21.4％と最も高い。民営借家世帯は若年世代が多く、所得水準も高くはないので、住居費の負担が大きい。給与住宅世帯は年齢層が若いが給与水準が高く、しかも家賃の負担が少ない。その結果、給与住宅世帯の平均貯蓄率は47.8％と高く、民営借家世帯の32.2％を大きく上回っている。

　持ち家世帯の住宅費用をみるため、住居費にローン返済額を加えた額を「住宅費用」として、住宅費用の可処分所得に対する比率（コラム参照）を比較してみると、2020年は、給与住宅世帯が5.6％、公営借家世帯が11.4％、民営借家世帯が14.9％であるのに対し、持ち家世帯の「うち住宅ローン返済世帯」は17.5％と最も高くなっている（表5.5.1）。

大学卒業の世帯の「教育」への支出は、高校卒業の世帯2.1倍

　2019年の全国家計構造統計から、二人以上の勤労者世帯について世帯主の学歴別にみると、1世帯当たり1か月間の消費支出は、高校卒業が266,151円、大学卒業が315,547円となり、大学卒業の世帯が高校卒業の世帯の約1.2倍となっている。消費支出のうち「教育」への支出は、高校卒業が9,717円、大学卒業が20,459円となっており、大学卒業の世帯が高校卒業の世帯の約2.1倍となっている（図5.5）。

「年間収入」は東京都、「金融資産」は神奈川県が1位
購入割合の「現金以外」は千葉県、「他の都道府県」は奈良県が1位

　全国家計構造統計から、二人以上の世帯と単身世帯を含めた総世帯の1世帯当たりの年間収入（2019年10月時点の過去1年の収入）を都道府県別にみると、東京都が629.7万円と最も多く、次いで神奈川県となっている。金融資産残高（19年10月末現在の貯蓄現在高）は、神奈川県が1607.7万円と最も多く、次いで奈良県となっている。

　総世帯の購入行動について、消費支出に占める購入割合を都道府県別にみると、購入形態（19年10月、11月）のうち現金以外の「クレジットカード、掛買い、月賦、電子マネー」の割合は、千葉県が31.2％と最も高く、次いで神奈川県となっている。購入地域（19年11月）のうち自宅のある都道府県以外の「他の都道府県」の割合は、奈良県が19.1％と最も高く、次いで神奈川県となっている（表5.5.2）。

表5.5.1　住居の所有関係別住居費、住宅ローン返済状況（二人以上の勤労者世帯）（2020年）

区　分	勤労者世帯	持　家	うちローン返済世帯	民営借家	公営借家	給与住宅
世帯数分布	10 000	8 013	4 051	1 474	257	256
世帯主の年齢（歳）	49.8	51.3	46.5	43.2	50.1	41.3
[金額（円）]						
実収入	609 535	624 902	698 279	538 634	412 357	736 122
可処分所得	498 639	509 583	565 272	449 443	353 225	586 103
消費支出	305 811	306 689	314 711	306 600	257 866	321 502
住居費	18 824	9 116	6 811	65 548	40 139	32 106
家賃地代	11 595	372	320	64 225	39 665	31 435
設備修繕・維持	7 229	8 744	6 491	1 323	475	670
黒字	192 828	202 894	250 561	142 842	95 359	264 602
貯蓄純増	175 525	179 563	173 125	144 714	126 047	280 203
土地家屋借金純減	33 780	46 452	91 831	−20 074	−18 192	−3 527
＊住宅ローン返済	37 603	46 671	92 257	1 221	247	556
[可処分所得に対する比]　（％）						
黒字	38.7	39.8	44.3	31.8	27.0	45.1
平均貯蓄率	35.2	35.2	30.6	32.2	35.7	47.8
土地家屋借金純減	6.8	9.1	16.2	−4.5	−5.2	−0.6
＊住宅ローン返済	7.5	9.2	16.3	0.3	0.1	0.1
住宅費用【住居費＋ローン返済】	11.3	10.9	17.5	14.9	11.4	5.6
[消費支出に対する比]　（％）						
住居費	6.2	3.0	2.2	21.4	15.6	10.0
家賃地代	3.8	0.1	0.1	20.9	15.4	9.8
設備修繕・維持	2.4	2.9	2.1	0.4	0.2	0.2

注　＊住宅ローン返済は、実支出以外の支出の「土地家屋借金返済」と同じ。
資料　総務省「家計統計」

図5.5　世帯主の学歴、消費支出の費目別1世帯当たり1か月間の支出（二人以上の勤労者世帯）（2019年）

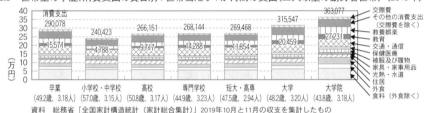

（万円）消費支出

卒業（49.2歳、3.18人）	小学校・中学校（57.0歳、3.15人）	高校（50.8歳、3.17人）	専門学校（44.9歳、3.23人）	短大・高専（47.5歳、2.94人）	大学（48.2歳、3.20人）	大学院（43.8歳、3.18人）
290,078	240,423	266,151	268,144	269,468	315,547	363,077
15,574	4,788	9,717	14,288	11,854	20,459	27,231

凡例（上から）：交際費／その他の消費支出（交際費を除く）／教養娯楽／教育／交通・通信／保健医療／被服及び履物／家具・家事用品／光熱・水道／住居／外食／食料（外食除く）

資料　総務省「全国家計構造統計（家計総合集計）」2019年10月と11月の収支を集計したもの

表5.5.2　都道府県別年間収入、金融資産残高及び消費出に占める各購入行動の割合（総世帯）
―2019年、上位と下位10都道府県―

順位	年間収入 都道府県	金額(千円)	金融資産残高 都道府県	金額(千円)	購入形態 クレジットカード、掛買い、月賦、電子マネーの割合 都道府県	割合(%)	購入地域 「他の都道府県」の割合 都道府県	割合(%)	順位	年間収入 都道府県	金額(千円)	金融資産残高 都道府県	金額(千円)	購入形態 都道府県	割合(%)	購入地域 都道府県	割合(%)
全国	全国	5 584	全国	12 797	全国	26.5	全国	10.4	38	福岡県	4 864	長崎県	9 712	愛媛県	19.5	青森県	6.4
1	東京都	6 297	神奈川県	16 077	千葉県	31.2	奈良県	19.1	39	愛媛県	4 859	佐賀県	9 568	岩手県	19.4	香川県	6.3
2	神奈川県	6 154	奈良県	15 645	神奈川県	31.2	奈良県	17.2	40	和歌山県	4 809	秋田県	9 567	青森県	19.4	鳥取県	6.2
3	愛知県	6 134	愛知県	15 573	東京都	31.0	佐賀県	16.5	41	長崎県	4 790	長崎県	9 259	熊本県	18.9	大分県	6.1
4	富山県	6 124	富山県	15 465	埼玉県	30.9	埼玉県	16.5	42	大分県	4 725	大分県	9 129	山形県	18.5	宮城県	6.1
5	福井県	6 088	岐阜県	14 805	京都府	30.4	千葉県	15.1	43	宮崎県	4 631	宮崎県	8 677	鹿児島県	18.5	沖縄県	5.9
6	滋賀県	6 043	兵庫県	14 592	三重県	30.1	宮崎県	13.5	44	北海道	4 553	宮崎県	7 929	宮崎県	16.4	福岡県	5.7
7	岐阜県	6 027	滋賀県	14 458	広島県	29.1	茨城県	13.0	45	高知県	4 486	高知県	7 845	宮崎県	16.4	鹿児島県	5.3
8	茨城県	5 953	千葉県	14 261	北海道	28.2	高知県	12.3	46	鹿児島県	4 323	鹿児島県	7 464	長崎県	15.9	新潟県	4.8
9	千葉県	5 951	東京都	14 207	宮城県	28.0	京都府	11.2	47	沖縄県	4 233	沖縄県	6 036	鹿児島県	14.9	北海道	2.5
10	三重県	5 908	静岡県	14 037	茨城県	27.9	大阪府	10.5									

注1）年間収入は2019年10月時点の過去1年間の収入、金融資産残高は2019年10月末残高である。
　2）購入形態は2019年10月と11月の支出を集計したもの。購入地域は2019年11月の支出を集計したもの。
　3）表中の割合は、表示単位に四捨五入し、順位は表示単位未満を含めた値で作成しているため、割合が同じでも順位が異なる。
資料　総務省「全国家計構造統計（所得資産集計、家計総合集計）」

☆☆☆　**家計調査における住宅費用の扱い方**　☆☆☆

　住居費は家賃地代（主に借家の家賃）と設備修繕・維持から成る。ローン等で借金して住宅を購入した場合は、その借入金は「土地家屋借入金」に、その返済は「土地家屋借金返済」にそれぞれ計上され、その差が「土地家屋借金純減」として黒字の一部となる。ここでは便宜上、住居費に「土地家屋借金返済（ローン返済）」を加えた額を「住宅費用」として、可処分所得に対する比率で比較する。

5.6　高齢者世帯の暮らし
高齢夫婦無職世帯の2020年の家計収支はほぼ均衡

　家計統計から、夫が65歳以上、妻が60歳以上の夫婦のみの無職世帯（「高齢夫婦無職世帯」という。）の2020年の1世帯当たり1か月間の家計収支をみると、実収入は257,763円となっている。一方、生活費などの消費支出（227,347円）と税金などの非消費支出（31,957円）を合わせた実支出は259,304円で、家計収支は1,541円の赤字となったものの、ほぼ均衡している。なお、20年は定額給付金のなどの収入増の影響も含まれる。

　実収入の構成をみると、世帯主が65歳未満の勤労者世帯では世帯主の勤め先収入が約63％であるのに対し、高齢夫婦無職世帯では公的年金などの社会保障給付が84.4％となっている。

　消費支出の構成をみると、食料29.1％（二人以上の世帯は25.7％）、保健医療7.1％（同4.7％）、その他の消費支出20.7％（同19.9％）、うち交際費8.7％（同6.7％）などの割合が高い（図5.6.1）。

高齢者世帯におけるネットショッピングの利用の進展

　二人以上の世帯について、家計消費状況調査から2020年のネットショッピング利用世帯の割合をみると、59歳以下の年齢階級はいずれも60％を超えており、30歳台の75.6％が最も高い。一方、60歳台は46.2％、70歳台は24.9％と低くなるものの、いずれの階級でも前年より上昇している。

　ネットショッピングを利用した世帯に限っての年間支出金額をみると、利用割合が64.6％の50歳台は48.5万円で最も多くなるなど60未満で多く、60歳台は42.6万円、70歳台は38.5万円と年齢が高くなるにしたがって、支出金額は低くなっている（図5.6.2）。

健康志向で「生鮮食品」、「発酵食品」の購入が多い高齢者世帯

　食料への支出を世帯主の年齢階級別にみると、高齢者世帯の生鮮素材にこだわる食生活が見て取れる。「生鮮野菜」への支出額は、世帯主の年齢が70歳以上の世帯で、支出金額が最も少ない29歳以下の世帯と比べて1.9倍の支出金額となっている。また、「生鮮魚介」、「生鮮果物」は、70歳以上の世帯は29歳以下の世帯の3.0倍、3.7倍の支出金額となっている。

　発酵食品への支出は、70歳以上の世帯は29歳以下の世帯に比べ、ヨーグルトは2.2倍、納豆は1.8倍、味噌は2.1倍の支出金額となっている。発酵食品は、生活習慣病の予防、アンチエイジング、免疫力向上に効果があるとされ、高齢者の健康志向が浮かび上がる（図5.6.3）。

図5.6.1 高齢夫婦無職世帯の1世帯当たり1か月の家計収支—2020年—

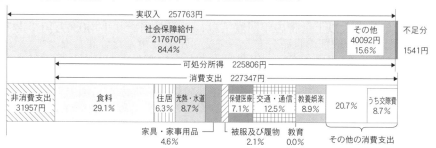

注1　高齢夫婦無職世帯とは、夫65歳以上、妻60歳以上の夫婦のみの無職世帯である。
　2　図中の「社会保障給付」及び「その他」の割合（％）は、実収入の内訳である。
　3　図中の「食料」から「その他の消費支出」の割合（％）は、消費支出の内訳である。
資料　総務省「家計統計」

図5.6.2 世帯主の年齢階級別ネットショッピング利用世帯割合および年間総支出金額（二人以上の世帯：2019年、2020年）

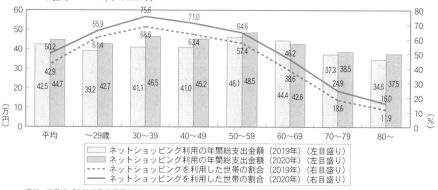

資料　総務省「家計消費状況調査」

図5.6.3 世帯主の年齢階級別1世帯当たり年間支出金額（二人以上の世帯）—2020年—

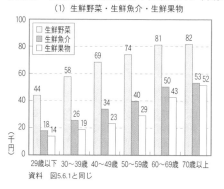

（1）生鮮野菜・生鮮魚介・生鮮果物

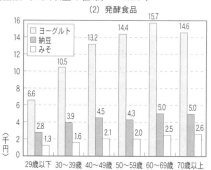

（2）発酵食品

資料　図5.6.1と同じ

5.7　所得と貯蓄の分布
貯蓄現在高の分布は年間収入の分布よりもはるかに広い

　2020年の二人以上世帯の年間収入は、１世帯当たり平均634万円であるが、年間収入階級別の世帯分布をみると、左方に歪んだ分布となっている。これに対し、貯蓄現在高は、年間収入よりも分布の広がりがはるかに大きい。20年の貯蓄現在高は平均1791万円であるが、約３分の２の世帯は平均以下の階級に分布している。貯蓄現在高の状況を捉えるには平均値のみではなく、中央値（1061万円）を用いることも重要である（図5.7.1）。

貯蓄現在高分布の不平等度を示すジニ係数は、年間収入よりも大きい

　分布の不平等度を図示する場合にローレンツ曲線（コラム参照）がよく用いられるが、年間収入と比べ貯蓄現在高の方が対角線から大きく乖離した曲線となっている。2020年のジニ係数を計算すると、年間収入は0.309だが、貯蓄現在高では0.564で、収入の場合よりも不平等度が高くなっている（図5.7.2）。

2019年の等価可処分所得のジニ係数は低下、子供の相対的貧困率は上昇

　全国家計構造統計の2019年の等価可処分所得（コラム参照）のジニ係数は、0.274（従来基準）で、14年と比べ0.007低下した（図5.7.3）。
　相対的貧困（コラム参照）の状況を所得面からみると、2019年の貧困線は139万円（従来基準）で14年より７万円増加し、相対的貧困率は9.5％と14年より0.4ポイント低下した。一方、子供の相対的貧困率は8.3％で14年から0.4ポイント上昇した（表5.7.1）。
　主要７か国でみると、日本は、OECD新基準に準拠した「等価可処分所得のジニ係数」と「子供の相対的貧困率」は最も低く、「相対的貧困率」は低い方から３番目となっている（表5.7.2）。

─────── ☆☆☆　**不平等に関する指標**　☆☆☆ ───────

○**ローレンツ曲線とジニ係数**
　横軸に世帯累積分布、縦軸に収入累積分布を取ってグラフを描くと、所得が不平等になるほど対角線から右下に離れて行く。したがって対角線とローレンツ曲線の間の弓形の面積は不平等になるほど大きくなる。ジニ係数はこの弓形の面積（２倍する）の正方形の面積（1.0）に対する比のことで、完全平等が０、完全不平等が１で、１に近づくほど不平等となる。
○**等価可処分所得**
　世帯の年間可処分所得を当該世帯の世帯人員数の平方根で割って調整したもの。
○**相対的貧困率と子供の相対的貧困率**
　等価可処分所得の中央値（全ての世帯人員を等価可処分所の少ない順に並べたときに中央に位置する者の金額）の半分の金額を「貧困線」とし、全ての世帯人員数のうち等価可処分所得が貧困線を下回る所得の世帯人員数の割合を「相対的貧困率」、同じ貧困線を用い、全ての18歳未満の世帯人員数のうち等価可処分所得が貧困線を下回る所得の世帯人員数の割合を「子供の相対的貧困率」という。

図5.7.1　年間収入階級別と貯蓄現在高階級別の世帯分布（二人以上の世帯：2020年）

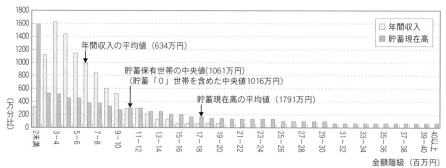

注　金額階級1000万円以上の世帯分布は按分により算出。
資料　総務省「家計統計（家計収支編、貯蓄・負債編）」

図5.7.2　ローレンツ曲線（2020年：二人以上の世帯）

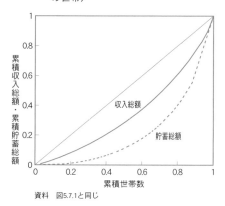

資料　図5.7.1と同じ

図5.7.3　等価可処分所得のジニ係数の推移（従来の算出方法）

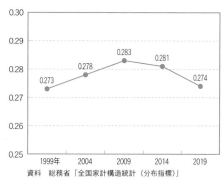

資料　総務省「全国家計構造統計（分布指標）」

表5.7.1　相対的貧困率の推移（従来の算出方法）

	単位	1999年	2004年	2009年	2014年	2019年	新基準
相対的貧困率	％	9.1	9.5	10.1	9.9	9.5	11.2
子供の相対的貧困率		9.2	9.7	9.9	7.9	8.3	10.3
中央値	万円	312	290	270	263	279	269
貧困線（中央値÷2）		156	145	135	132	139	135

注　新基準とは、OECDの新基準に準拠した算出方法によるもので、従来の所得に課税される税・社会保険料に加え、「仕送り金支出」、「企業年金保険料」、「固定資産税・都市計画税」及び「自動車税・軽自動車税・自動車重量税」を控除した年間可処分所得を用いて算出。
資料　図5.7.3と同じ

表5.7.2　主要7か国の等価可処分所得のジニ係数と相対的貧困率

国名（調査年）	等価可処分所得のジニ係数	相対的貧困率（％）	子供の相対的貧困率（％）
アメリカ（2017年）	0.390	17.8	21.2
イギリス（2019年）	0.366	12.4	14.1
イタリア（2018年）	0.330	14.2	18.0
フランス（2018年）	0.301	8.5	11.7
カナダ（2019年）	0.301	11.6	11.4
ド　イ　ツ（2018年）	0.289	9.8	11.1
日　　本（2019年）	0.288	11.2	10.3

注）　新基準に準拠した算出方法による。
資料　日本…図5.7.3と同じ
　　　日本以外…OECD Incom (IDD) and Wealth (WDD) Distribution Databases

第6章　物価・地価

6.1　物価の動き
輸入原材料の価格変動が国内企業物価に大きく影響

　国内企業物価は戦後から1980年までほぼ一貫して上昇した。80年代前半はほぼ横ばいで推移したが、プラザ合意後は円高で輸入原材料価格が下落した影響で下落傾向となった。国内企業物価はバブル経済の時期に上昇したが、バブル崩壊後の92年から2003年まで下落傾向となった。04年から上昇傾向になったが、09年はリーマンショックの影響で下落した。10年から13年は±３％程度の範囲で変動し、14年は円安の影響で上昇、15年から16年は国際商品価格の下落と円高の影響で下落した。18年から19年は、米中貿易摩擦による世界的な景気減速の影響で国際資源価格が下落したため、国内企業物価も上昇幅が縮小した。20年には新型コロナウイルスによる感染症拡大の影響を受けて、国際資源価格が下落したため国内企業物価も下落したが、21年第２四半期以降は国際資源価格が上昇に転じた影響を受けて、国内企業物価も上昇に転じている（図6.1.1、図6.1.2）。

20年は感染症拡大の影響で消費者物価が下落傾向

　消費者物価は戦後長期にわたって概ね上昇傾向にあったが、1992年以降上昇幅が縮小した。97年に消費税率が５％へ引き上げられ、一時的に上昇幅が拡大したが、その後は下落傾向となった。2008年は輸入原材料価格が高騰して消費者物価は上昇傾向となったが、リーマンショックによる輸入原材料価格の下落の影響で09年に下落に転じ、13年まで概ね下落傾向であった。14年４月に消費税率が８％に引き上げられた影響で、消費者物価は上昇したが、15年前半までに増税効果は一巡した。消費者物価は16年第４四半期以降、原油等の国際的な資源価格と為替の影響を受けて上昇傾向が続いていたが、18年以降は米中貿易摩擦の影響を受けて資源価格上昇の影響が小さくなり、食料価格上昇の影響が大きくなっている。19年10月に消費税率が10％に引き上げられたが、幼児教育・保育無償化、資源価格下落、通信料の値下げの影響などにより、消費者物価の上昇幅は１％未満となっている。20年第２四半期以降は、感染症拡大によって消費者の行動が制限されて国内需要が減少したため、消費者物価の上昇率が縮小し、20年第４四半期以降、消費者物価は下落している（図6.1.1、図6.1.2）。

20年は各国の物価上昇率が低下

　2015年以降、主要国の消費者物価の変化率は、日本が最も低く、中国、イギリス、アメリカが高い傾向である。20年は感染症拡大の影響を受けて、各国の物価上昇率は、16年以降では最も低い水準になった（図6.1.3）。

図6.1.1　国内企業物価と消費者物価の前年同期比（四半期）の推移

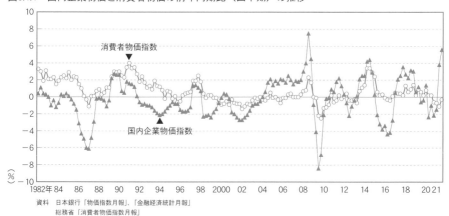

資料　日本銀行「物価指数月報」、「金融経済統計月報」
　　　総務省「消費者物価指数月報」

図6.1.2　国内企業物価指数、企業向けサービス価格指数、消費者物価指数の推移

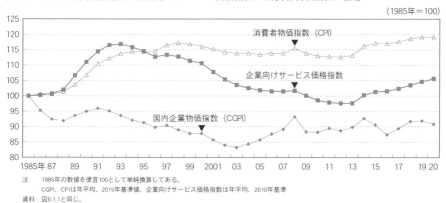

注　1985年の数値を便宜100として単純換算してある。
　　CGPI、CPIは年平均、2015年基準値。企業向けサービス価格指数は年平均、2010年基準
資料　図6.1.1と同じ。

図6.1.3　消費者物価の上昇率

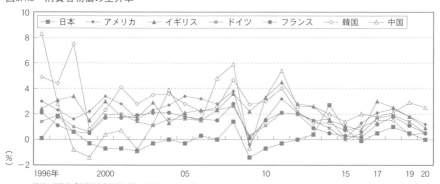

資料　総務省「消費者物価指数年報」、中国の1996-2003年はIMF World Economic Outlook Database

6.2 国内企業物価と消費者物価の動きの違い
消費者物価の変動要因

　消費者物価の変動要因をみるためには、財・サービス分類別の指数が適している。1980年以降、指数が最も上昇したのは、私立学校授業料、学習塾等の月謝、宿泊料、娯楽施設料金などを含む他のサービスである。サービスは80年から99年まで上昇し、その後のデフレ傾向の中で賃金水準が低下したため2000年以降は横ばい傾向になったが、13年以降上昇している。消費者物価の総合指数に占めるサービスのウエイトは約50％であり、サービス価格の上昇が1999年に止まったことが、総合指数の下落の一因である。工業製品は90年代後半から下落傾向で、特に耐久消費財は大きく下落していたが、2014年以降上昇傾向である。ガソリンや灯油を含む石油製品は、国内需給だけでなく国際資源価格や為替の影響を受けて変動する。また、電気・都市ガス・水道も国際資源価格の影響を受けやすい。20年は感染症拡大の影響を受けた国際資源価格下落の影響で石油製品、電気・都市ガスが下落した。また、国内需要の落ち込みによりサービス、他のサービスなども下落した（図6.2.1、図6.2.3）。

国内企業物価の変動要因

　国内企業物価を需要段階別・用途別指数でみると、海外からの輸入に依存する素原材料は為替レートや国際商品市況の影響を受けやすく、1986年のプラザ合意後の円高時の急落や、2009年のリーマンショック後の下落ではその影響が大きかった。素原材料は、10年から14年まで上昇した後、国際資源価格の下落を受けて15～16年に大きく下落した。中間財は変動幅が小さいが、変化の方向は素原材料と同様である。工業製品が多く含まれる資本財・耐久消費財は長期的に下落していたが、14年以降は下げ止まっている。非耐久消費財は1980年から一貫して横ばいが続いたが、2010年以降は上昇傾向にある。18年から19年は米中貿易摩擦の影響、20年は感染症拡大の影響を受けた国際資源価格下落の影響で、素原材料の指数が大きく下落し、中間財、最終財、資本財、消費財などの指数も下落した（図6.2.2）。

消費者物価指数と国内企業物価指数のウエイト

　消費者物価指数はサービスのウエイトが大きく、耐久消費財のウエイトが小さい。一方、国内企業物価指数はサービスを含まず、中間財や資本財のウエイトが大きい。また、国内企業物価指数では、消費者物価指数と共通する消費財のウエイトは4分1程度である。したがって、両指数の変化の差は、主として対象となる品目構成の差に起因する（図6.2.3、図6.2.4）。

図6.2.1　財・サービス分類別消費者物価指数

図6.2.2　需要段階別・用途別企業物価指数

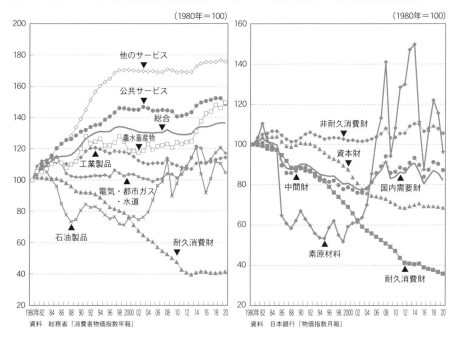

（1980年＝100）

他のサービス
公共サービス
総合
農水畜産物
工業製品
電気・都市ガス・水道
石油製品
耐久消費財

資料　総務省「消費者物価指数年報」

（1980年＝100）

非耐久消費財
資本財
中間財
国内需要財
素原材料
耐久消費財

資料　日本銀行「物価指数月報」

図6.2.3　消費者物価指数（2020年基準）のウエイト

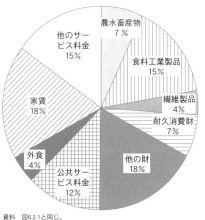

農水畜産物
7％
他のサービス料金
15％
食料工業製品
15％
家賃
18％
繊維製品
4％
耐久消費財
7％
外食
4％
他の財
18％
公共サービス料金
12％

資料　図6.2.1と同じ。
　　　他の財は財合計から水産畜産物、食料工業製品、繊維製品、耐久財を除いたもの。
　　　家賃は民営家賃と持家の帰属家賃の合計。

図6.2.4　国内企業物価指数（需要段階別・用途別）（2015年基準）のウエイト

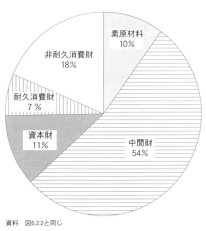

素原材料
10％
非耐久消費財
18％
耐久消費財
7％
資本財
11％
中間財
54％

資料　図6.2.2と同じ

6.3　消費者物価の品目別の動き
2020年は価格上昇した品目が67%

　価格変化の方向は品目ごとに異なる。物価の上昇期には価格が上昇する品目が多くなるが、下落する品目もある。消費者物価指数に採用されている品目別価格の騰落を、上昇、不変（±0.5%以内）、下落の3区分に分け、騰落別品目割合を示す。バブル経済崩壊前の90年は、総合指数の前年比が3.1%、上昇品目は82%、下落品目は9%であった。その後、物価上昇率が低下するに従って下落品目が増加し、2002年の上昇品目は15%で、1980年以降では最も少ない割合だった。08年に総合指数の前年比が1.4%になると上昇品目は48%に増加したが、リーマンショック後の09年には総合指数の前年比がマイナスになり、上昇品目の割合も低下した。14年には消費税率引き上げの影響で上昇品目が85%を超えた。消費税増税の効果が一巡した15年は上昇品目が76%となった。19年は消費税増税の影響で、総合指数が0.5%上昇し、上昇品目の割合は58%となった。上昇品目の割合は20年も増加（67%）し、4年連続の増加となった（図6.3.1）。

2020年は果物、たばこ、野菜・海藻が上昇、授業料等、他の諸雑費が下落

　2020年の前年比の騰落率を中分類別にみると、下落したのは授業料等（−12.4%）、他の諸雑費（−9.6%）、他の光熱（−9.1%）、電気代（−3.5%）、教養娯楽サービス（−2.4%）などである。反対に、果物（6.0%）、たばこ（3.7%）、野菜・海藻（3.5%）などが上昇している。品目別の騰落率では、保育所保育料（−51.0%）、宿泊料（−16.7%）などの下落幅が大きい。反対に、梨（38.9%）、さんま（22.9%）、電子レンジ（21.2%）、はくさい（19.4%）などの上昇幅が大きい。幼稚園保育料も大きく下落したが、2020年基準の指数では廃止品目となっている（表6.3）。

2020年は49歳以下の指数が下落、50歳以上の指数が上昇

　世帯属性が異なると財・サービスの消費構造が異なり、直面する物価の変動も異なる。世帯主の年齢階級別に2005年を基準とする消費者物価の推移をみると、05年から18年までの変動傾向は年齢階級によらずほぼ共通であるが、相対的に60歳以上の指数が大きく、29歳以下の指数が小さい。40〜49歳の世帯の指数は、高等学校等就学支援金制度が10年に導入、14年に改正された影響で両年の変化が相対的に大きい。19年は幼児教育・保育無償化や通信料（携帯電話）の引き下げで、39歳以下の世帯の指数が下落し、20年は高校生への就学支援の拡大により、49歳以下の世帯の指数が下落した。一方、高齢者世帯の支出割合が相対的に高い食料は上昇し、若年者世帯の指数と高齢者世帯の指数の差が拡大している（図6.3.2）。

図6.3.1 総合指数の前年比伸び率と騰落別指数品目の割合

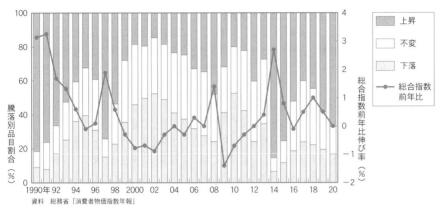

資料 総務省「消費者物価指数年報」

表6.3 中分類別前年比の下位・上位（2020年）

	順位	中分類（率）		品目（率）									
下位	01	授業料等	−12.4	高等学校授業料(私立)	−5.1	大学授業料(国立)	−4.5	専修学校授業料(私立)	−3.9	短期大学授業料(私立)	−3.8	大学授業料(私立)	−3.0
	02	他の諸雑費	−9.6	保育所保育料	−51.0	パスポート取得料	0.0						
	03	他の光熱	−9.1	灯油	−9.1								
	04	電気代	−3.5	電気代	−3.5								
	05	教養娯楽サービス	−2.4	宿泊料	−16.7	パック旅行費	−5.2	外国パック旅行費	−5.2	放送受信料(NHK)	−0.7		
上位	01	果物	6.0	梨	38.9	ぶどうB	14.8	りんご	12.7	桃	11.0	柿	8.3
	02	たばこ	3.7	たばこ(国産品)	3.7	たばこ(輸入品)	3.7						
	03	野菜・海藻	3.5	はくさい	19.4	にんじん	15.9	ピーマン	15.0	じゃがいも	14.6	キャベツ	14.2
	04	設備修繕・維持	3.4	火災・地震保険料	6.4	水道工事費	6.1	システムバス	4.5	ふすま張替費	4.3	工事その他のサービス	4.1
	05	室内装備品	3.0	照明器具	8.0	カーペット	1.9	カーテン	1.5				

資料 図6.3.1と同じ

図6.3.2 世帯主の年齢階級別消費者物価指数

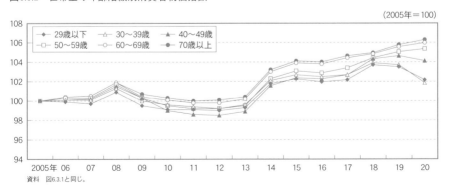

（2005年＝100）

資料 図6.3.1と同じ。

6.4　消費者物価の地域差
物価の地域差は長期的に縮小傾向

　物価の地域差は、2007年までは5年ごとに実施された全国物価統計調査の全国物価地域差指数、08年〜12年は消費者物価指数の消費者物価地域差指数、13年以降は小売物価統計調査（構造編）の消費者物価地域差指数でみることができる。20年の地域差指数によると、全国平均を100とした都道府県の指数は、東京（全国平均より5.2ポイント高い。以下同じ。）が最も高く、神奈川（3.2）、京都（1.6）、千葉（1.0）、埼玉（0.6）など、関東と近畿に指数が高い都府県が集まっている。反対に、宮崎（全国平均よりも4.1ポイント低い。以下同じ。）、群馬（3.6）、鹿児島（2.8）、岐阜・福岡（2.6）など、九州に指数が低い県が多い。2000年以降、東京と他の道府県との物価の差は縮小傾向であったが、19年と20年は連続で拡大した。47都道府県の地域差指数の標準偏差は、1997年の3.3から2020年の1.6まで概ね減少傾向であり、物価の地域差は縮小傾向であることが示唆される（図6.4）。

関東・近畿は住居、教育が高く、光熱・水道が低い

　地域間の物価差を10大費目別指数の範囲（レンジ）でみると、物価差が最も大きい費目は持家の帰属家賃を除く住居、次いで、光熱・水道、教育となっている。持家の帰属家賃を除く住居は関東が高く、北海道、四国、沖縄が低い。関東と北海道の差は28.6ポイントある。これは地価の差を反映していると考えられる。光熱・水道は北海道、東北、中国、沖縄が高く、東海、近畿、関東が低い。これは、電力会社の電力料金や地方自治体の水道料金などの差を反映していると考えられる。教育は近畿と関東が高く、北海道、中国、東海、四国、沖縄が低い。近畿と中国の教育の指数差は21.9ポイントである。一方、保健医療、交通・通信など、全国一律の価格体系をとる品目のウエイトが高い費目は地域差が小さい（表6.4.1）。

店舗形態別価格水準差は品目ごとに安定的

　全都道府県庁所在市の店舗形態別価格について、スーパーと一般小売店で比較可能な4品目をみると、うるち米、コロッケ、清酒はスーパーが安く、豚肉は一般小売店が安い。スーパーと量販専門店（ドラッグストア含む）で比較可能なラップ、洗濯用洗剤、生理用ナプキンなどの5品目では、ドリンク剤と整髪料は量販専門店の価格がスーパーの価格より安い。2013年以降で比較が可能な品目では、店舗形態間の価格差は安定的で、スーパーよりも一般小売店、量販専門店よりもスーパーが、高価格の傾向である（表6.4.2）。

図6.4　都道府県別全国物価地域差指数

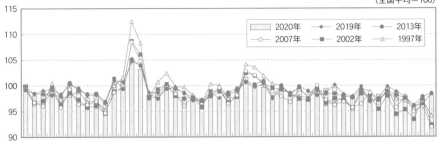

（全国平均＝100）

資料　総務省「全国物価統計調査」、「小売物価統計調査（構造編）」

表6.4.1　10大費目別消費者物価地域差指数（2020、全国平均＝100）

	北海道地方	東北地方	関東地方	北陸地方	東海地方	近畿地方	中国地方	四国地方	九州地方	沖縄地方
総合	100.3	99.1	102.0	98.8	97.9	99.8	98.5	98.5	97.7	98.0
家賃を除く総合	101.1	99.6	101.2	99.2	98.2	99.9	99.1	99.3	98.6	99.5
食料	100.2	99.0	100.8	101.6	98.6	99.4	100.9	100.9	98.2	103.3
持家の帰属家賃を除く住居	86.1	91.0	114.7	87.5	94.3	95.7	89.0	86.6	89.3	86.2
光熱・水道	116.6	108.8	97.5	100.7	95.5	95.4	106.5	105.5	104.7	102.2
家具・家事用品	100.9	100.8	101.1	99.0	98.6	100.3	96.2	100.9	98.9	95.0
被服及び履物	105.2	99.7	101.5	102.2	97.6	99.2	97.8	97.1	97.7	99.0
保健医療	100.7	99.2	100.7	100.4	99.8	99.0	100.5	99.7	99.1	98.9
交通・通信	99.6	99.0	101.5	98.4	98.4	100.9	98.0	98.1	98.7	99.1
教育	92.7	93.7	102.0	92.6	93.3	112.4	93.6	90.5	93.8	93.2
教養娯楽	98.1	96.9	102.9	96.6	99.1	100.4	95.6	96.4	96.1	97.1
諸雑費	100.2	99.0	101.6	99.4	98.9	100.8	97.5	99.3	97.2	90.1

資料　総務省「小売物価統計調査（構造編）」

表6.4.2　店舗形態別価格（全都道府県庁所在市、単位：円）

年	品目	価格 スーパー (1)	一般小売店 (2)	価格差(%) (2)/(1)-1	品目	価格 スーパー (1)	量販専門店(ドラッグストア含む) (2)	価格差(%) (2)/(1)-1
2013	うるち米	2 140	2 211	3.3%	ティシュペーパー	253	241	-4.7%
	豚肉（ロース）	237	218	-8.0%	洗濯用洗剤	310	305	-1.6%
	コロッケ	91	106	16.5%	ドリンク剤	1 048	961	-8.3%
	ビール	1 108	1 284	15.9%	紙おむつ（大人用）	71	71	0.0%
					シャンプー	127	127	0.0%
2015	うるち米	1 822	1 986	9.0%	ティシュペーパー	272	253	-7.0%
	豚肉（バラ）	231	193	-16.5%	洗濯用洗剤	303	299	-1.3%
	コロッケ	98	114	16.3%	ドリンク剤	1 087	993	-8.6%
	ビール	1 119	1 320	18.0%	紙おむつ（大人用）	702	690	-1.7%
					シャンプー	1 436	1 425	-0.8%
2017	うるち米	2 026	2 124	4.8%	ラップ	301	308	2.3%
	豚肉	234	197	-15.8%	洗濯用洗剤	297	289	-2.7%
	コロッケ	100	117	17.0%	ドリンク剤	1 093	998	-8.7%
	清酒	1 011	1 164	15.1%	紙おむつ	711	703	-1.1%
					整髪料	726	692	-4.7%
2019	うるち米	2 146	2 224	3.6%	ラップ	302	308	2.0%
	豚肉	240	201	-16.3%	洗濯用洗剤	299	299	0.0%
	コロッケ	100	121	21.0%	ドリンク剤	1 099	1 009	-8.2%
	清酒	990	1 182	19.4%	生理用ナプキン	170	172	1.2%
					整髪料	731	700	-4.2%
2020	うるち米	2 147	2 234	4.1%	ラップ	305	310	1.6%
	豚肉	241	206	-14.5%	洗濯用洗剤	310	305	-1.6%
	コロッケ	98	124	26.5%	ドリンク剤	1 121	1 022	-8.8%
	清酒	984	1 188	20.7%	生理用ナプキン	172	173	0.6%
					整髪料	740	711	-3.9%

資料　総務省統計局「小売物価統計調査（構造編）」
注　調査年により調査銘柄や単位が異なる品目がある。

6.5　通信販売・ネット販売価格
家電製品の通信販売・ネット販売価格は実店舗価格よりも安い傾向

　消費者物価指数を用いると、時系列的な物価の変化を観察することができる。一方、同一時点における地域間や店舗間の価格差に注目すると、同じ財やサービスの価格が地域間・店舗間・販売形態間で異なることがある。このような横断面的な物価の構造は、2007年までは5年間隔の全国物価統計調査、13年以降は毎年、小売物価統計調査（構造編）で調査されてきた。

　07年の全国物価統計調査によると、通信販売企業の通信販売平均価格（通信販売価格）は、通信販売を行っていない大規模小売店舗の店頭販売平均価格（小売店頭価格）に比べて、家電製品やAV機器が安い傾向がある。特に、パソコン（指定商標A）（ノート型）（−9.9%）やプラズマテレビ（指定商標A）（−8.1%）、電気炊飯器（指定商標D）（−7.5%）などの価格差が大きい（図6.5.1）。また、総務省「小売物価統計調査関連分析　民間データを用いた店舗形態別価格等に関する分析結果」では、19年の家電大型専門店の実店舗価格とネット価格を比較しており、パーソナルコンピュータ（＋11.1%）、ルームエアコン（＋2.1%）、電気炊飯器（＋3.1%）はネット販売価格が高いが、空気清浄機（−10.5）、携帯オーディオプレーヤー（−9.6%）、プリンタ（−9.1%）など、調査対象となった多くの品目では、ネット価格の方が安いことが示されている（図6.5.2）。07年と19年の価格差は、調査方法や調査対象が異なるため直接比較することはできないが、品目ごとの価格差は両年共に最大で1割程度となっている。

ホテルの宿泊料金はインターネット予約料金が通常予約料金よりも安い

　2007年全国物価統計調査で、平日にホテルを利用する場合の宿泊料金（ツインルーム、食事無し、消費税・サービス料込み、1室2名で宿泊した場合の1名分の料金）を予約形態別に比較すると、インターネット予約料金（自社サイト）が平均7,588円、仲介サイトが7,655円、通常予約料金が9,730円となっている。休前日の場合、それぞれ8,806円、8,807円、10,452円である。インターネット予約料金は通常予約料金よりも平日は22%程度、休前日は16%程度安く、さらに、価格のばらつきも小さくなっている。一方、平日に旅館を利用する場合の宿泊料金（1泊2食付き、消費税・サービス料込み、1室2名で宿泊した場合の1名分の料金）については、自社サイトが平均15,280円、仲介サイトが15,197円、通常予約料金が15,770円で、インターネット予約料金と通常予約料金の差は小さい（図6.5.3）。

図6.5.1　通信販売企業と大規模小売店舗の価格差（2007年）

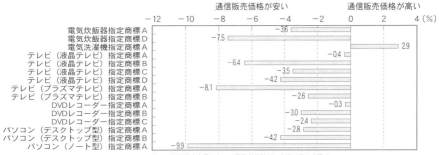

注　通信販売企業において価格収集数が15未満の品目を除く。
　　（　）内の英字は、品目内の異なる製品であることを示している。
資料　総務省「平成19年全国物価統計調査」

図6.5.2　ネット販売と実店舗販売の価格差（2019年10月）

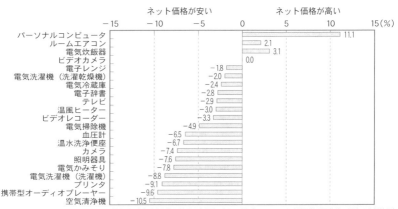

資料　総務省「小売物価統計調査関連分析　民間データを用いた店舗形態別価格等に関する分析結果」

図6.5.3　宿泊料の予約形態別価格分布（2007年）

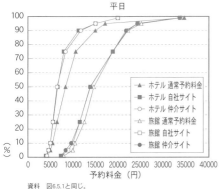
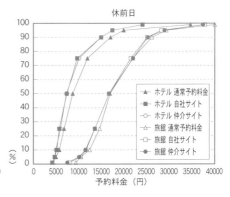

資料　図6.5.1と同じ。

6.6　地価の動向
2020年は全国、6大都市ともに指数が上昇

　市街地価格指数の全用途平均でみると、日本の地価は戦後の経済発展とともに上がり始め、オイルショック後の一時期を除き、バブル経済が崩壊する1991年までほぼ一貫して上昇傾向にあった。91年以降は長期にわたり全国的に地価の下落が続き、全国市街地の指数は2016年まで下落が続いたが17年に下げ止まり、18年以降は上昇している。一方、6大都市の指数は92年から05年まで下落した後、06年から08年まで上昇したが、08年の世界金融危機や11年3月の東日本大震災の影響で09年以降下落した。6大都市の指数は13年には下げ止まり、14年以降は上昇が続いている。全国の指数も、18年以降は上昇傾向である（図6.6.1、図6.6.2）。

過去には2度の大きな地価騰貴

　日本の地価は1970年代前半の列島改造ブーム期と80年代後半のバブル経済期に高騰した。これらの2度の土地騰貴は異なる特徴を示している。列島改造ブーム期には、我が国の工業化や都市化が進むなかで全国的に地価が上昇し、6大都市以外の市街地価格指数の上昇率が6大都市のそれを上回った。用途別では住宅地の指数の上昇率が最も大きく、次いで工業地、商業地であった。一方、バブル経済期には、東京をはじめとする大都市のオフィス需要の増加や金融緩和による金利低下で投機的土地需要が増加し、6大都市の地価が大きく上昇した。とくに、6大都市の商業地の指数をみると91年の指数は1980年の指数の6倍になった。バブル崩壊後の地価の下落局面では、商業地の地価が住宅地・工業地よりも大きく下落し、2002年には80年よりも低い水準にまで下落した（図6.6.1、図6.6.2）。

地価は株価の動きに遅れて推移

　土地は住宅地・商業地・工業地としての使用を目的として需要されるだけでなく、株式等と同様に資産としても需要される。株価指数と地価を比較すると、1960年から80年は地価の上昇が株価の上昇よりも大きく、80年から90年は株価の上昇が地価の上昇よりも大きい。地価は株価に遅れて変化する傾向が見られる。オイルショックやバブル崩壊時には、株価の急激な下落に対して、地価は1～2年遅れて下落した。リーマンショック前後でも、株価は2004年から07年に上昇、08年から下落した。地価の6大都市平均は06年から08年に上昇、09年から下落している。また、株価は12年以降、16、18年を除いて上昇傾向にあった。株価は20年3月から感染症拡大の影響で下落したが、20年9月には19年の水準まで回復した。地価の6大都市平均は14年以降、毎年上昇が続いていたが、21年には工業地以外は下落した（図6.6.1、図6.6.2）。

図6.6.1　市街地価格指数と東証株価指数

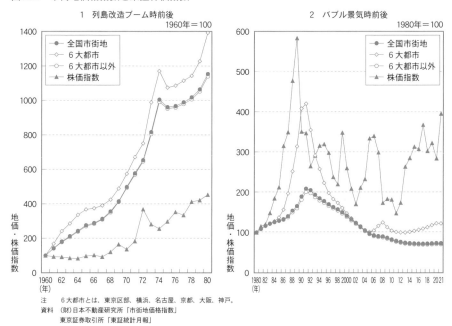

1　列島改造ブーム時前後

1960年＝100

2　バブル景気時前後

1980年＝100

全国市街地
6大都市
6大都市以外
株価指数

地価・株価指数

注　　6大都市とは、東京区部、横浜、名古屋、京都、大阪、神戸。
資料　（財）日本不動産研究所「市街地価格指数」
　　　東京証券取引所「東証統計月報」

図6.6.2　用途別地価指数の推移（6大都市）

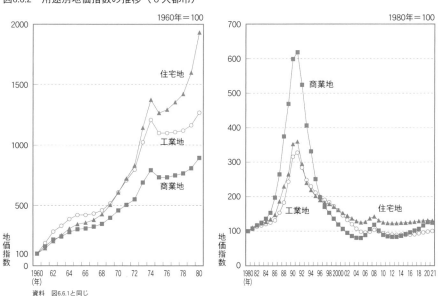

1960年＝100

1980年＝100

住宅地
工業地
商業地

商業地
工業地
住宅地

地価指数

資料　図6.6.1と同じ

6.7　住宅の価格
2020年の首都圏のマンション価格は上昇

　2020年に首都圏で新規に発売された民間分譲マンションの販売価格（1戸当たり平均価格）は6083万円である。マンション価格はバブル景気後、長期間下落傾向にあったが06年から上昇に転じた。リーマンショック後の09年に再び下落傾向となったが、13年から上昇傾向である。20年のマンション価格は前年比1.7%の上昇で、2年連続の上昇である（図6.7.1）。

2020年の建設コストは横ばい

　マンションの販売価格は、建物の建築費・土地代と、景気や消費者マインドの動向を考慮して決定される業者利益等から構成され、建築コストに先行して変動してきた。マンションの価格は、1990年には建築費指数や企業物価指数（CGPI）生産財建設用材料よりも早く下落に転じ、2003年には建設費指数等よりも早く上昇に転じている。11年以降は、東日本大震災の復興需要や東京五輪開催決定を受けて、建築コストがマンションの価格に先行して上昇傾向になった。19年は建設コストとマンション価格がともに上昇したが、20年は建築コストが横ばいで推移し、マンション価格のみが上昇している（図6.7.1）。

東京都区部、大阪、奈良、京都のマンション価格上昇幅が大きい

　2020年のマンション販売価格を都府県別にみると、首都圏では東京都区部の7712万円が最も高く、次いで東京都下、神奈川の順である。近畿圏では兵庫が4300万円で最も高く、次いで大阪、奈良の順である。マンションの価格は、首都圏と近畿圏の中心部が最も高く、周辺部に向かうにつれて低くなる。これは販売価格におけるウエイトが大きい土地代が、大都市圏中心部ほど高いためである。20年のマンション価格の上昇率は、中心部である東京都区部と大阪で大きい。また、20年のマンション価格の平米単価と平米単価の上昇率は、東京都区部が最も高い（図6.7.2）。

2020年は中古住宅の価格が上昇

　住宅価格や建築費は建物の立地や構造的条件など様々な属性に左右され、住宅ごとに異なっている。住宅価格の平均値の時系列的な変化には、住宅価格の水準の変化と住宅属性の変化とが含まれる。不動産価格指数（住宅）は、属性が同じ中古住宅の価格動向を比較できるように作成されている。不動産価格指数（住宅）によると、大都市圏の住宅価格は、東日本大震災後の2011年から13年初めまで下落した後、20年に至るまで上昇傾向にある。地域ごとに見ると、戸建住宅に比べてマンション価格の上昇が大きい傾向である（図6.7.3）。

図6.7.1 首都圏の住宅価格と工事費

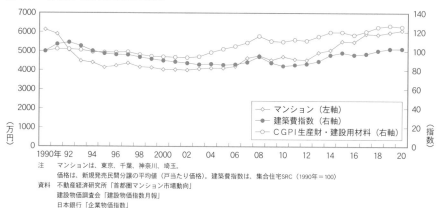

注 マンションは、東京、千葉、神奈川、埼玉。
　 価格は、新規発売民間分譲の平均値（戸当たり価格）。建築費指数は、集合住宅SRC（1990年＝100）
資料 不動産経済研究所「首都圏マンション市場動向」
　　 建設物価調査会「建設物価指数月報」
　　 日本銀行「企業物価指数」

図6.7.2 大都市の地域別民間分譲マンション

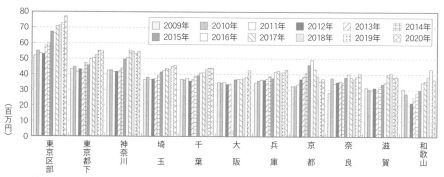

資料 （株）不動産経済研究所「全国マンション市場動向」
注 　2011年の和歌山県のマンション価格は、販売戸数は0戸のため空白になっている。

図6.7.3 首都圏の住宅・マンション価格指数

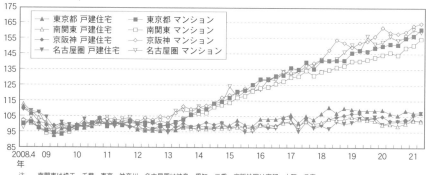

注 　南関東は埼玉、千葉、東京、神奈川、名古屋圏は岐阜、愛知、三重、京阪神圏は京都、大阪、兵庫。
　　月次系列における2010年の年平均＝100
資料 国土交通省「不動産価格指数（住宅）」

第7章　生活一般

7.1　住生活
共同住宅の増加が著しい

　居住世帯のある住宅の推移を建て方別にみると、1968年から2018年までの50年間に一戸建が1.8倍の増加であるのに対し、共同住宅は5.2倍の著しい増加となっている（図7.1.1）。

　2018年現在、一戸建て住宅の数は2876万戸（住宅総数の53.6％）、共同住宅数は2335万戸（同、43.6％）であるが、住宅総数に占める共同住宅の割合は地域差が著しい。都道府県別にみると、東京都が71.1％、次いで沖縄県が59.0％であるが、市別にみると、那覇市（77.7％）、千葉県浦安市（77.6％）、福岡市（77.2％）、埼玉県和光市（77.1％）、東京都多摩市（76.1％）などが高い。さらに政令指定都市の区別にみると、東京都中央区では95.2％、大阪市西区では93.5％と、住宅のほとんどが共同住宅となっている。

共同住宅の高層化が進む

　2018年における共同住宅2335万戸を建物の階数別にみると、3〜5階建ての建物にある住宅が885万戸（共同住宅全体の37.9％）と多いが、高層住宅の増加が著しい。1978年から2018年の40年間に6〜10階建てが45万戸から483万戸へ、11階建て以上が33万戸から344万戸へと、いずれも約10倍になっている。とりわけ、15階建て以上は1978年にはわずか1万6千戸であったのが、2018年には92万4千戸へと急増している。

　11階以上の高層住宅の建物数をみても、1983年の6千棟から2018年の4万6千棟へと8倍になっている（図7.1.2）。

1人当たり居住室数の推移

　居住世帯のある専用住宅について1人当たりの居住室数をみると、世帯人員が減少していることの影響もあって、1968年の0.97室（専用以外の住宅を含む）から2018年の1.89室へとほぼ倍増している。建て方別にみると一戸建（18年、2.13室）の方が共同住宅（同、1.49室）よりも多いが、増加傾向は同様である（図7.1.3）。

　都道府県別にみると、秋田県、富山県が2.27室と多いが、これには一戸建のシェアが大きいことも影響していると考えられる。逆に、共同住宅のシェアが大きい沖縄県（1.54室）、東京都（1.59室）では1人当たりの居住室数は少ない。

図7.1.1　一戸建て住宅と共同住宅の推移

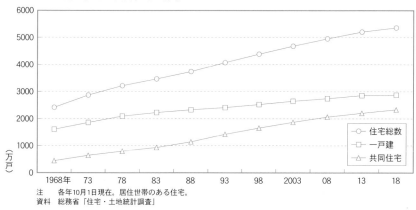

注　各年10月1日現在。居住世帯のある住宅。
資料　総務省「住宅・土地統計調査」

図7.1.2　階数別共同住宅数と建物数の推移

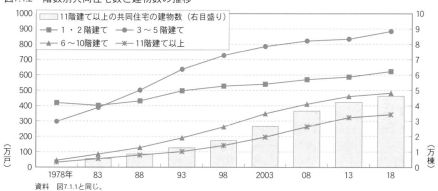

資料　図7.1.1と同じ。

図7.1.3　専用住宅の1人当たり居住室数の変化

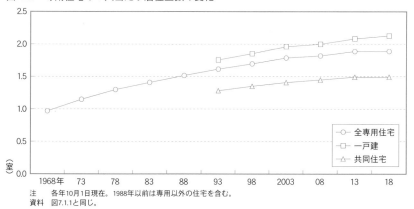

注　各年10月1日現在。1988年以前は専用以外の住宅を含む。
資料　図7.1.1と同じ。

7.2　租税公課
消費税率の引き上げ
　生活に最も関連の深い税金は消費税であるが、その税率は1989年4月に3％で導入された後、97年に5％へ、2014年には8％へ、更に、19年10月には食料品などを除き10％へと引き上げられた。

　消費税は景気の動向にあまり影響されず安定した税収が見込める税だと言われており、消費税率が5％であった時代は毎年度10兆円前後で推移してきた。税率が8％に引き上げられた14年度の消費税総額は16兆290億円であり、前年度に比べ48.0％の大幅な増加となった。20年度には、税率引き上げの影響もあって前年度より2兆6187億円増加して20兆9714億円となった。人口1人当たりにすると約17万円を負担していることになる。また、一般会計税収総額に占める消費税の割合も13年度の23.1％から14年度には29.7％となった。その後も30％前後で推移してきたが、20年度は34.5％に上昇した（図7.2.1）。

高齢者世帯には所得再分配効果が大きい
　税金以外の公的な負担の主要なものに社会保険料がある。家計調査により2人以上の勤労者世帯の状況をみると、2020年は本人負担分として年間約78万円を支払っているが、これは経常収入の11.2％に相当する。

　税金および社会保険には、社会保障給付などを通じて世帯間の所得を平準化する所得再分配の機能があるが、世帯主の年齢別にみると65歳未満の世帯では当初所得が再分配所得を上回り、65歳以上の世帯では再分配所得が当初所得を上回っている。当初所得に対する再分配所得の比率で比較すると、最も低いのは40～44歳の世帯の82.1％であり、仕事からの収入がほとんど無くなる70～74歳は225.5％と2倍を超え、75歳以上の世帯では313.0％と3倍を超えている（図7.2.2）。

たばこ税と酒税
　嗜好品の代表格であるたばこと酒には、高率の税が課されている。

　たばこには国税と地方税の双方が課され、税収の合計は2兆円程度で推移してきており、2020年度は1兆9665億円であった。健康に害があるということで喫煙者数は減少してきているが、税率がしばしば引き上げられているため、税収の総額に大きな変化は見られない。

　他方、酒税の総額は、1997年度の1兆9619億円から減少が続き、2020年度には1兆1336億円と、23年間で42.2％の減少となった。清酒から焼酎へ、ビールから発泡酒や「第3のビール」へと、より税率の低い酒の種類へのシフトが影響してきたものと考えられる（図7.2.3）。

図7.2.1　消費税収の推移

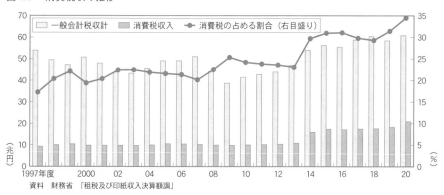

資料　財務省　「租税及び印紙収入決算額調」

図7.2.2　世帯主の年齢別所得再分配の状況

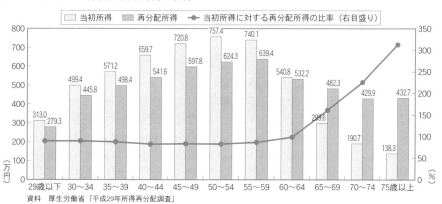

資料　厚生労働省「平成29年所得再分配調査」

図7.2.3　たばこと酒による税収の推移

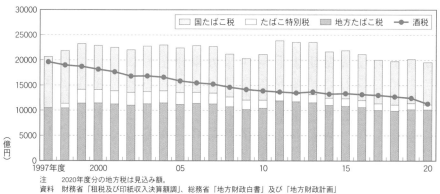

注　2020年度分の地方税は見込み額。
資料　財務省「租税及び印紙収入決算額調」、総務省「地方財政白書」及び「地方財政計画」

7.3　交通事故
交通事故死者数は著しく減少
　自家用車の普及に伴って1960年代後半から交通事故は増加を続け、70年には交通事故死者（事故から24時間以内に死亡した人）の数は16,765人と過去最多を記録した。このような状況に対処するため、同年に交通安全対策基本法が制定され、総合的交通安全対策が実施されることになった。その後、死者数は減少し、79年に8,466人まで下がったが、80年代になると再び増加に転じ、92年には死者数は11,452人に達した。翌年以降は減少傾向に戻り、2020年には2,839人と、1948年の統計開始以来最少となり、ピークである1970年の16.9％にまで減少した。これは、交通安全施設の充実や交通安全思想の普及のほか、自動車の安全装備の改良の結果、運転者・同乗者で事故の犠牲になる人が減ったためと考えられる。
　交通事故発生件数をみると、2020年には31万件と、最も多かった04年の95万件の32.4％となっているが、死者数の推移に比べると減少は鈍い。また、負傷者数も37万人とピークであった04年の31.1％となっている。（図7.3.1）。

交通事故死者の半分以上は高齢者
　2020年の交通事故死者数を年齢階級別にみると、65歳以上の犠牲者が1,596人と全体の56.2％を占めている。高齢者の交通事故死者数は、1980年代以降増え続け、90年代半ばに24歳以下の死者数を超え、2020年は24歳以下（289人）の5.5倍にもなっている。近年、いずれの年齢層でも死者数は減少傾向にあるが、高齢者が最大の比率を占める構図はますます顕著になっている（図7.3.2）。今後も高齢者人口が増加することに伴って、高齢の交通事故犠牲者の増加が懸念されるため、高齢者の交通安全対策として、明るく目立つ色の衣服の着用や反射材用品等の普及促進といった、地域に密着した交通安全活動が行われている。また、高齢運転者に対しては、高齢者講習等の対策が行われている。

高齢者の交通事故死は「歩行中」が半分近い
　交通事故死者数を事故時の状態別にみると、1975年から2007年までは自動車乗車中が最も多かったが、最近は歩行中が最多となっている。2020年は、歩行中が35.3％、自動車乗車中が31.1％、自転車乗車中が14.8％などとなっている。65歳以上の高齢者では歩行中が46.6％と半数近くを占めているが、自動車乗車中の割合も徐々に上昇し、20年には28.6％となっている。他方、15〜24歳の若者層では自動二輪車乗車中が40.4％、自動車乗車中が35.3％と高い割合を占めている（図7.3.3）。

図7.3.1　交通事故死傷者数及び発生件数の推移

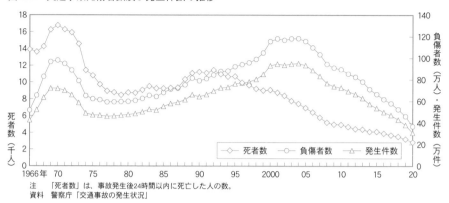

注　「死者数」は、事故発生後24時間以内に死亡した人の数。
資料　警察庁「交通事故の発生状況」

図7.3.2　年齢階級別交通事故死者数の推移

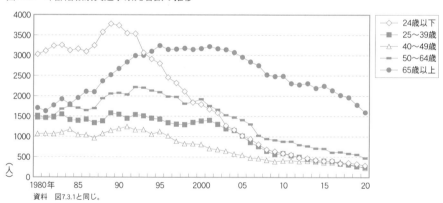

資料　図7.3.1と同じ。

図7.3.3　交通事故死者の状態別構成比（2020年）

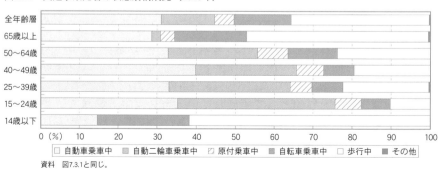

資料　図7.3.1と同じ。

7.4　火災・救急サービス

火災発生件数は減少傾向

　2020年に全国で発生し消防機関に通報された火災は34,602件で、損害額は681億円であった。長期的な変化をみると、発生件数は1960年代から70年代前半に急速に増加し、73年に過去最多（73,072件）となった。その後は6万件前後で推移してきたが、2003年以降はほぼ減少傾向にある。損害額も同様の傾向で推移している（図7.4.1）。

　20年の火災の内訳をみると、建物火災が19,314件（うち、住宅火災は10,468件）、車両火災が3,453件、林野火災が1,235件となっている。

　なお、20年の火災による死者数は1,321人、負傷者数は5,511人であった。

出火原因は放火が多い

　全火災の出火原因の割合をみると、「たばこ」が9.0％で最も多く、「たき火」が8.1％、「こんろ」が8.0％と続いている。次いで「放火」が7.1％であるが、「放火の疑い」を合わせると11.6％に上っている（図7.4.2）。

　なお、住宅火災のみの割合は、「こんろ」14.1％で最も多く、「たばこ」、「電気機器」、「放火」が続いている（図7.4.3）。

救急自動車の出動件数が減少

　救急自動車の出動件数は著しい増加を続けてきていたが、2020年中の出動件数は前年に比べ10.6％減少して593万件となった。また、現場到着までの所要時間および病院などへの収容までの所要時間は、この数年ほとんど変化がなく、19年は前年と同じ、それぞれ8.7分、39.5分であった（図7.4.4）。

　なお、救急搬送された人のうち、入院加療を必要としない「軽症者」が約半数（19年は48.0％）に上っている。このような出動要請は、119番へのいたずら通報と合わせ、救急車の適正な利用を妨げる要因となるため、「救急安心センター事業（#7119）」などの施策が進められている。

　救急看護の現場においては、症状発生（または傷病者の発見）から処置の開始までの時間が、その後の生存率を大きく左右する。この時間の短縮を図るため、近年、AEDの設置や応急手当の講習が行われている。消防機関が地域住民等を対象として実施している普通救命講習および上級救命講習の19年中の受講者は127万人に上る。また、実際に救急搬送の対象となった心肺機能停止傷病者126,271人のうち64,013人（50.7％）に対し現場に居合わせた人（家族を含む）により応急手当が実施されている。

図7.4.1　火災の発生件数と損害額

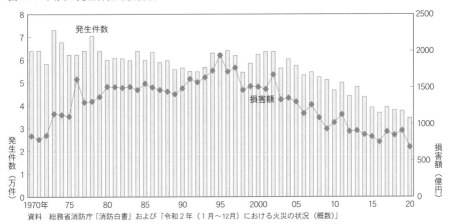

資料　総務省消防庁「消防白書」および「令和 2 年（1 月〜12月）における火災の状況（概数）」

図7.4.2　主な出火原因（2020年）

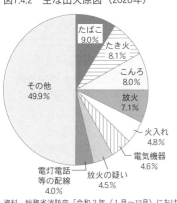

資料　総務省消防庁「令和 2 年（1 月〜12月）における
　　　火災の状況（概数）」

図7.4.3　住宅火災の出火原因（2020年）

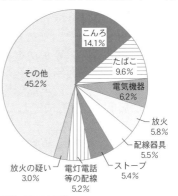

資料　図7.4.2と同じ。

図7.4.4　救急自動車の出動状況

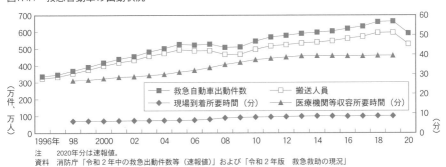

注　　2020年分は速報値。
資料　消防庁「令和 2 年中の救急出動件数等（速報値）」および「令和 2 年版　救急救助の現況」

7.5　生活と犯罪
犯罪件数は2002年をピークに減少
　犯罪の統計は捜査当局が「認知」した件数に基づいて作成されているが、犯罪の認知件数（交通事故関係を除く刑法犯の件数）は1997年頃から急激に増加し、2002年には戦後最多の285万件を記録した。その後は急激に減少し、16年には百万件を切った。20年は前年比17.9％の大幅減少で61万4231件となった。検挙率（犯罪認知件数に対する検挙件数の比率）は犯罪認知件数とはほぼ反比例的に低下していたが、01年の19.8％を底として改善に向かい、20年には45.5％となった（図7.5.1）。犯罪の内訳を見ると、大半は窃盗犯（41万7291件）で犯罪全体の67.9％を占めている。なお、窃盗の一形態である「万引き」については、警察に届けられないケースも多いと思われるが、認知件数は8万7280件であった。

特殊詐欺
　近年、社会問題になっているのが、オレオレ詐欺・架空請求詐欺（恐喝）・融資保証金詐欺・還付金等詐欺などを総称した「特殊詐欺」である。顕在化したのは2003年頃で、04年の被害金額は284億円に上っていたが、大掛かりな防止キャンペーン等が功を奏し、09年には件数・被害金額とも大幅に減少した。しかし、近年、郵送や手渡しなど現金受取型の手口が増加したことなどから、件数は12年以降増加が続いており17年には1万8212件となり、被害金額も395億円に達した。その後やや減少して、20年には1万3550件、285億円となった。そのうちオレオレ詐欺の割合をみると、10年には件数で64.1％、被害金額で70.4％であったのが、20年には、それぞれ16.8％、23.8％へと低下した（図7.5.2）。

女性の自殺が増加
　年間の自殺者数は1998年に急増して3万人を超え、2003年には34,427人に達した。その後、さまざまな対策が取られたこともあって減少傾向となった。12年には3万人を下回り、その後も減少が続いてきたが、20年には前年から4.5％増加して21,081人となった（図7.5.3）。男女別にみると、男性は前年と同程度であるが、女性は千人近く増加した。年齢別にみると、40歳台が3,568人で全体の16.9％である。また、人口動態統計によると、20歳台、30歳台では自殺が死因順位の第1位となっている。
　原因・動機が遺書などにより推定できたのは、20年の21,081人のうち、15,127人であり、1人につき3つまでの原因・動機を計上して集計した結果、最も多いのは「健康問題」（10,195人）であり、次いで「経済・生活問題」（3,216人）、「家庭問題」（3,128人）と続いている。

図7.5.1　刑法犯の認知件数及び検挙率

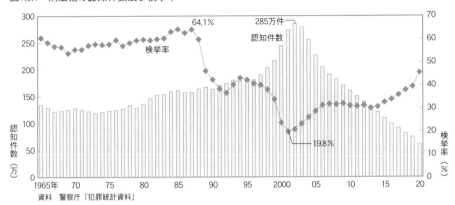

資料　警察庁「犯罪統計資料」

図7.5.2　特殊詐欺の件数及び被害金額

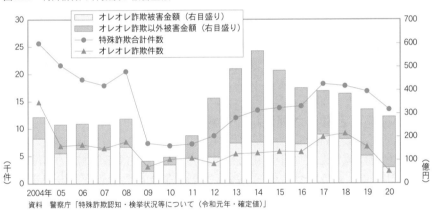

資料　警察庁「特殊詐欺認知・検挙状況等について（令和元年・確定値）」

図7.5.3　自殺者数の推移

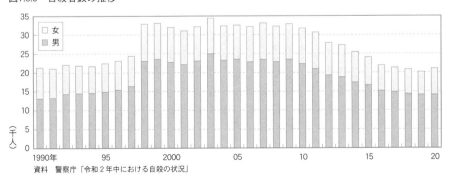

資料　警察庁「令和2年中における自殺の状況」

7.6　少年と犯罪
刑法犯少年は減少

　2020年の少年（14〜19歳）の刑法犯（交通事故関係を除く）の検挙人員は前年比12.3％減少の17,466人で、同年齢層の人口千人に対する比率では2.6であった（図7.6.1）。刑法犯少年の検挙人員は、2004年以降減少を続けている。刑法犯少年の検挙罪種の内訳を見ると、凶悪犯が3.0％、粗暴犯が17.5％であるのに対し、窃盗犯が52.8％と圧倒的に多い。また、触法少年（刑罰法令に触れる行為をした14歳未満の少年）の20年の補導人員（刑法）は5,086人で前年比17.5％の大幅減少となるなど、少年の刑法犯は全体的に減少している。刑法犯少年の再犯者数及び再犯者率を見ると、20年の再犯者数は6,068人、再犯者率は34.7％であり、再犯者数は減少、再犯者率は横ばいとなっている。

特別法犯少年は増加に転じる

　特別法（軽犯罪法、毒物及び劇物取締法、大麻取締法など）に違反した少年の送致人員は、2012年以降減少してきたが、19年に増加に転じ、20年も増加して5,022人となった（図7.6.2）。他方、特別法触法少年補導人員は569人で13年以降減少が続いている。

少年が被害者となった刑法犯罪は急速に減少

　少年が被害を受けた事件の認知件数は、2001年には40万件以上あったが、近年は急速に減少して19年に10万件を切り、20年には前年比31.0％減少して64,679件となった。そのうち、高校生が主な被害者であるものが4割以上を占めており、20年には27,907件（43.1％）であった（図7.6.3）。

　少年の被害件数を主な罪種別にみると、窃盗が50,701件で最も多く、次いで暴行、傷害、強制わいせつなどとなっている。罪種と学職別（就学状況・有職・無職）のクロス集計で被害者の分布を詳細に見てみると、高校生の窃盗被害が23,712件で少年被害のうち36.7％を占めている。

　児童虐待については、1999年の検挙件数は120件で、その後は漸増傾向にあったが、2019年には前年比42.9％の急増、20年にも前年比8.2％増加して2,133件となった。被害児童の数も2,172人で前年比9.1％の増加であった。内訳を見ると身体的虐待が1,756件、性的虐待が299件などとなっている。

　また、20年において警察が取り扱った校内暴力事件は507件、被害者数は525人、検挙・補導人員は549人、「いじめ」に起因する事件は142件、検挙・補導人員は199人であった。

図7.6.1　刑法犯少年（14〜19歳）および刑法触法少年（13歳以下）

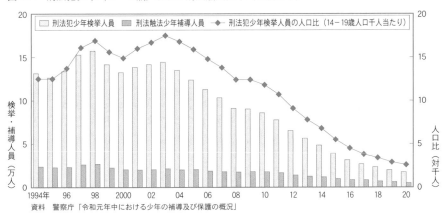

資料　警察庁「令和元年中における少年の補導及び保護の概況」

図7.6.2　特別法犯少年（14〜19歳）および特別法触法少年（13歳以下）

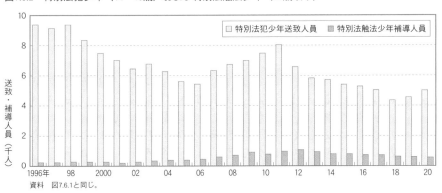

資料　図7.6.1と同じ。

図7.6.3　少年が被害者となった刑法犯の認知件数

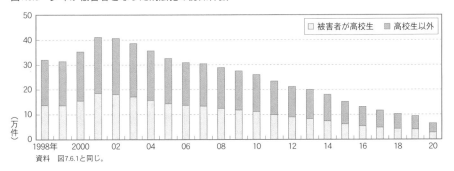

資料　図7.6.1と同じ。

7.7　ごみ問題
ごみの最終処分量は排出量の約9％
　生活に伴って発生するごみの総排出量は、2000年度の5483万トンをピークとして近年は減少傾向が続いており19年度は4274万トンとなった。

　排出されたごみは、市町村において焼却等の中間処理をされ、燃えがら、灰などの残渣として最終処分場に埋め立てられることになるが、この最終処分量も減少が続いており、19年度は380万トンであった。さらに、最終処分量のごみ排出量に対する比率も低下傾向にあり、18年度は8.9％と、96年度の4割以下になった。（図7.7.1）。

産業廃棄物の半分以上は再生利用
　産業廃棄物の総排出量は2005年度の4億2200万トンから減少傾向にあるが、19年度には前年度と同程度の3億7975万トンとなった（図7.7.2）。排出された産業廃棄物は大部分が再生利用や減量化され、残りが最終処分されることになる。19年度の実績でみると、52.8％が再生利用され、44.8％が減量化、2.4％が最終処分されている。最終処分率は1997年度には16.1％であったのに比べると6分の1以下となっている。

3Rが進む
　廃棄物と環境の関係については、3Rすなわち、Reduce（排出量の縮減）、Reuse（再利用）、Recycle（再生利用）が重要であるとされているが、生活ごみ、産業廃棄物のいずれも、排出量の縮減が続いている。

　各種の容器については、容器包装リサイクル法に基づく各種の施策や国民の協力によりリサイクルが進んでいる。最近年のリサイクル率をみると、アルミ缶が94.0％（2020年）、スチール缶が94.0％（20年）と非常に高く、ペットボトルが85.8％（19年）、牛乳用などの使用済み紙パックの回収率が32.3％（19年）となっている（図7.7.3）。

　その他、家電リサイクル法、食品リサイクル法、建設リサイクル法などにより、分野ごとの3Rが推進されている。たとえば、建設廃棄物であるコンクリート塊の再資源化率は、1990年度には48％であったが、2018年度には99％にまで達している。

　なお、我が国において1年間に食料、燃料、原材料などでどれだけの物質が投入されているか、それがどのように使われ、あるいは処分されているかを示す「物質フロー」によると、2018年度の総物質投入量（天然資源等投入量＋循環利用量）15億4900万トンに対し循環利用量は2億3800万トン、循環利用率（循環利用量／総物質投入量）は15.4％であり、2000年の10.0％から着実に上昇している。

図7.7.1　ごみの排出量と最終処分量

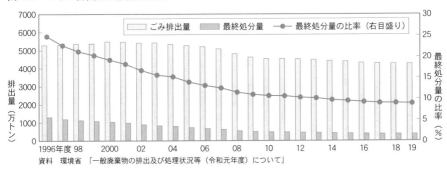

資料　環境省　「一般廃棄物の排出及び処理状況等（令和元年度）について」

図7.7.2　産業廃棄物の排出と処分

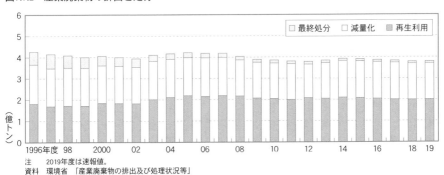

注　　2019年度は速報値。
資料　環境省　「産業廃棄物の排出及び処理状況等」

図7.7.3　リサイクル率の推移

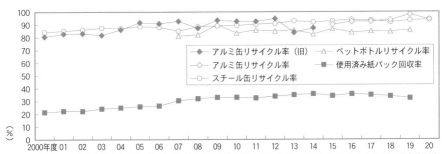

注　　アルミ缶リサイクル率（旧）：分母は「アルミ缶消費重量（輸入、輸出を含む）」。分子は「国内で回収され国内で再生利用されたアルミ缶の重量」。
　　　アルミ缶リサイクル率：分母は「アルミ缶消費重量（輸入、輸出を含む）」。分子は「国内で回収された使用済みアルミ缶全体（輸出量を含む）」。
　　　スチール缶リサイクル率：分母は「分母はスチール缶消費重量（輸入、輸出を含む）」。分子は「国内におけるスチール缶再資源化重量」。
　　　ペットボトルリサイクル率：分母は「指定PETボトル販売量（総重量）」。分子は「使用済み紙パック回収量」。
　　　使用済み紙パック回収率：分母は「飲料用紙パック出荷量」。分子は「国内紙パック回収量」。
資料　環境省「環境統計集」、アルミ缶リサイクル協会資料、スチール缶リサイクル協会資料、PETボトルリサイクル推進協議会資料、全国牛乳容器環境協議会資料

第8章　健康・医療

8.1　国民の健康
年々肥満化する男性、年々スリム化する女性

　2019年国民健康・栄養調査によると、肥満者の割合は男性では40歳代で39.7％と最も高く、女性では最も高い60歳代の28.1％までは年齢階級の上昇とともに高くなるが、70歳以上では26.4％とやや低くなっている。女性の肥満者の割合は男性より低いが、40歳代以上では高齢になるほど差が小さくなり、70歳以上では2.1ポイント下回っている。1985年の結果と比較すると、男性の肥満者割合はすべての年齢層で大幅に上昇したのに対して、女性は40〜69歳で低下した。近年では、男性の肥満とは対照的に、女性の低体重（やせ過ぎ）が問題であり、2019年は、20歳代で20.7％、30歳代で16.4％がやせ過ぎである（図8.1.1）。

　2008年4月からは生活習慣病の早期発見のための健康診査とその予防のための保健指導が医療保険者に義務付けられている。

習慣的な喫煙者は30〜40歳代の男性の4割

　2019年国民健康・栄養調査によれば、「現在習慣的に喫煙している者」の割合は男性27.1％、女性7.6％である。男性では30歳〜60歳代で3割以上が習慣的に喫煙しており、40歳代が36.5％と最も多い。女性では50歳代の12.9％が最も高く、70歳以上の3.0％が最も低い（図8.1.2）。病気のリスク要因には喫煙・高血圧・肥満・運動不足などがあるが、中でも喫煙は最大のもので、健康に有害なことは広く周知されている。しかし、20歳以前に喫煙習慣が形成され、疾患の発現が数十年後であるという点に対策の困難さがある。

主要先進国の中では日本の平均寿命が最長

　2020年簡易生命表によれば、男性の平均寿命は81.64年、女性の平均寿命は87.74年と男女とも前年を上回った。男性の平均寿命も80年を超えているが、平均寿命の男女差は6.11年と依然として大きい。世界各国の平均寿命（男女計）の順位は、世界保健機関（WHO）が発表した世界保健統計2021によると、1位日本（84.3年）、2位スイス（83.4年）、3位韓国（83.3年）であった。

　図8.1.3は、主要先進国の平均寿命の推移を男女計で示したものである。日本は1980年代前半にトップになり、今日もその地位を維持している。欧米諸国の平均寿命は、イタリアをはじめフランス、スウェーデンなど順調に延びている一方、アメリカの延びが鈍いのが顕著である。

図8.1.1　肥満者の割合（2019年）

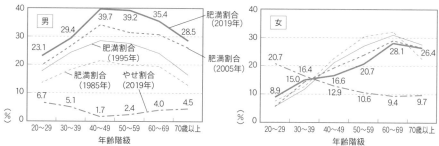

注　肥満の判定は日本肥満学会が定めたBMI（Body Mass Index）による。
　　BMI＝体重（kg）／（身長m）²、肥満＝BMI 25以上、低体重（やせ）＝BMI 18.5以下
資料　厚生労働省「国民健康・栄養調査」（2019年）

図8.1.2　習慣的な喫煙者の割合（2019年）

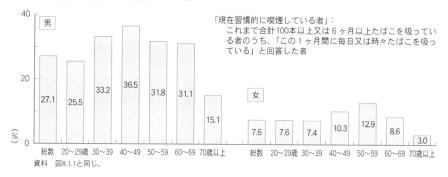

「現在習慣的に喫煙している者」：
　これまで合計100本以上又は6ヶ月以上たばこを吸ってい
　る者のうち、「この1ヶ月間に毎日又は時々たばこを吸っ
　ている」と回答した者

資料　図8.1.1と同じ。

図8.1.3　主要先進国の平均寿命の推移（男女計）

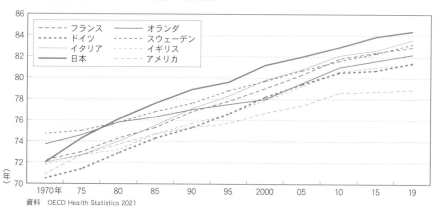

資料　OECD Health Statistics 2021

8.2　病気
人口の１％が入院患者、６％が外来患者

　「患者調査」は、調査日における医療機関の入院患者、外来患者を３年ごとに調査している。直近の2017年調査から国民の傷病状況をみると、入院患者は131.3万人、外来患者は719.1万人であった。入院患者の内訳は悪性新生物12.6万人、統合失調症15.4万人、脳血管疾患14.6万人、心疾患6.4万人等であり、外来患者の内訳は高血圧疾患64.7万人、糖尿病22.4万人、悪性新生物18.4万人、心疾患13.4万人、ぜん息12.1万人等であった。人口10万人当たりの入院患者は1,036人、外来患者は5,675人であった。調査日に通院しなかった通院継続中の患者を含めた総患者数は、高血圧疾患が993.7万人、糖尿病328.9万人、悪性新生物178.2万人、心疾患173.2万人、ぜん息111.7万人、脳血管疾患111.5万人等となっている（表8.2.1）。

糖尿病有病者は男性で２割、女性で１割

　2019年の国民健康・栄養調査によれば、20歳以上で糖尿病が強く疑われる者（糖尿病有病者）の割合は男性が19.7％（前年18.7％）、女性が10.8％（同9.3％）であり、男性は1.0％ポイント上昇、女性は1.5％ポイント上昇しており、この10年間では男女とも有意な増減はみられないとの結果となっている。40歳以上について性・年齢階級別に糖尿病有病者をみると（図8.2）、男女とも70歳以上が最も高く、男性は26.4％（前年24.6％）、女性では19.6％（同15.7％）であった。糖尿病はさまざまな合併症を誘発する恐ろしい疾病であるが、自覚症状がないので発見されたときには病状が進んでいる。

死因の１位は悪性新生物、２位は心疾患、３位は老衰

　2020年における死因順位は、男性の第１位は悪性新生物、第２位は心疾患で全体の半数近くを占めている。第３位は脳血管疾患、第４位は肺炎、第５位は老衰であった。女性も第１位は悪性新生物、第２位は心疾患で順位は男性同様であり、全体の約４割を占めている。第３位は老衰、第４位は脳血管疾患、第５位は肺炎であった。2000年と比べて、男女とも老衰の順位が上昇した。また、自殺は男性の死因の第９位、女性の死因の第10位以内になく、男女とも自殺の順位は低下している（表8.2.2）。20年の年齢５歳階級別死因トップは、男女とも０〜４歳は先天奇形，変形及び染色体異常、５〜９歳は悪性新生物で、男性では10〜44歳は自殺、45〜94歳は悪性新生物、95歳以上は老衰、また、女性では10〜34歳は自殺、35〜89歳は悪性新生物、90歳以上は老衰であった。

表8.2.1　主要傷病別患者数と受療率（2017年）

	入　院		外　来		総患者数[3] （千人）
	推計患者数[1] （千人）	受療率[2] （人）	推計患者数[1] （千人）	受療率[2] （人）	
悪性新生物（がん）	126	100	184	145	1 782
胃	13	10	20	16	196
結腸及び直腸	19	15	30	23	288
気管、気管支及び肺	18	14	17	13	169
糖尿病	19	15	224	177	3 289
統合失調症[4]	154	121	63	49	792
高血圧性疾患	6	4	647	511	9 937
心疾患[5]	64	50	134	106	1 732
脳血管疾患	146	115	86	68	1 115
慢性閉塞性肺疾患	8	6	18	14	220
喘息	4	3	121	96	1 117
計	1 313	1 036	7 191	5 675	…

注　　1）調査日当日に、病院、一般診療所で受療した患者の推計数。
　　　2）2017年10月1日現在の推計人口による人口10万人あたりの推計患者数。
　　　3）調査日現在において継続的に医療を受けている者の推計数。
　　　4）統合失調症障害及び妄想性障害を含む。
　　　5）高血圧性のものを除く。
資料　厚生労働省「患者調査」（2017年）

図8.2　性・年齢階級別糖尿病の人の割合（2019年）

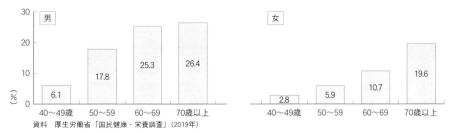

資料　厚生労働省「国民健康・栄養調査」（2019年）

表8.2.2　性別にみた死因順位

性　順位	2000年			2020年		
男	死　　因	死亡数	死亡割合（%）	死　　因	死亡数	死亡割合（%）
	全死因	525 903	100.0	全死因	706 834	100.0
1	悪性新生物	179 140	34.1	悪性新生物〈腫瘍〉	220 989	31.3
2	心疾患	72 156	13.7	心疾患	99 304	14.0
3	脳血管疾患	63 127	12.0	脳血管疾患	50 390	7.1
4	肺炎	46 722	8.9	肺炎	44 902	6.4
5	不慮の事故	25 162	4.8	老衰	35 779	5.1
6	自殺	21 656	4.1	誤嚥性肺炎	25 081	3.5
7	肝疾患	11 068	2.1	不慮の事故	21 944	3.1
8	慢性閉塞性肺疾患	9 593	1.8	腎不全	13 961	2.0
9	腎不全	8 029	1.5	自殺	13 588	1.9
10	糖尿病	6 489	1.2	慢性閉塞性肺疾患（COPD）	13 465	1.9
女	死　　因	死亡数	死亡割合（%）	死　　因	死亡数	死亡割合（%）
	全死因	435 750	100.0	全死因	665 921	100.0
1	悪性新生物	116 344	26.7	悪性新生物〈腫瘍〉	157 396	23.6
2	心疾患	74 585	17.1	心疾患	106 292	16.0
3	脳血管疾患	69 402	15.9	老衰	96 661	14.5
4	肺炎	40 216	9.2	脳血管疾患	52 588	7.9
5	老衰	15 196	3.5	肺炎	33 548	5.0
6	不慮の事故	14 322	3.3	誤嚥性肺炎	17 665	2.7
7	腎不全	9 231	2.1	不慮の事故	16 189	2.4
8	自殺	8 595	2.0	アルツハイマー病	13 608	2.0
9	糖尿病	5 814	1.3	血管性等の認知症	13 169	2.0
10	肝疾患	5 011	1.1	腎不全	12 987	2.0

注1　「心疾患」は「心疾患（高血圧性を除く）」、「血管性等の認知症」は「血管性及び詳細不明の認知症」である。
注2　「死亡割合」は死亡総数に占める割合である。
資料　厚生労働省「人口動態統計（確定数）」（2000年、2020年）

8.3　医療サービス
医師数は年々増加し、病床数は1990年以降減少

　2018年において、医師数は32.7万人、歯科医師数は10.5万人、薬剤師数は31.1万人、保健師数は5.3万人、看護師数は121.9万人、准看護師数は30.5万人であった。一方、18年において、病院数は8,372、一般診療所数は102,105、歯科診療所数は68,613であり、病床数は病院が154.7万床、一般診療所が9.5万床であった。1990年以降、病院や病床数は減少し、一般診療所は増加傾向にある（表8.3.1）。

　新型コロナウイルス感染症は、医療提供体制や保健所体制に大きな負荷をもたらした。既に生活習慣病対策中心の施策に転換をしていたわが国の体制にとって、予想を上回る急速な感染症患者の拡大に対し、迅速に対応することに困難な面があったことは否定できない。今後の新興感染症の拡大時に対応可能な医療機関・病床の確保などの医療体制の整備や、保健所で感染症対応業務に従事する保健師の確保などの保健所体制の強化などが求められている。

医師偏在への対応

　2018年の人口10万人当たり医師数は259人で、1960年の110人から倍増した。70年代後半から日本の医師数は年々増加し、2008年度以降医学部定員が増員されたこともあり、現在も増加基調にある（図8.3）。

　しかしながら、全国的な医師数の増加にも関わらず、地域や診療科ごとに医師が不足する医師偏在は引き続き問題となってきた。そこで、2020年度から、全国ベースでの医師の多寡を評価する医師偏在指標に基づき、都道府県が医師確保の必要な区域を設定し、医師確保の方針、確保すべき目標医師数や今後の医師確保に向けた施策を定める「医師確保計画」に基づいた医師偏在対策が進められている。

人口千人当たりの医師数は欧米よりも少なく、病床数は顕著に多い

　OECD Health Statistics 2021によると、日本の医師数は31.5万人で、ドイツの36.5万人より少ない。人口千人当たり医師数は、ドイツとスペインが4.4人で多く、次に多いのはスウェーデンの4.3人であり、日本は2.5人と他国に比べて低水準である（表8.3.2）。一方、人口千人当たり病院病床数は、日本は12.8床と主要国の中では顕著に多く、ドイツ（7.9床）の1.6倍、アメリカ（2.8床）の4.5倍となっており、平均在院日数をOECD Health at a Glance 2021から見ると、日本は他国よりも長いものとなっている（表8.3.3）。また、国民1人当たりの年平均外来受診回数が多いのも日本の特徴である。

表8.3.1　医療従事者数及び医療関連施設数の推移

年次	医療従事者数（人）						医療関連施設数				
	医師	歯科医師	薬剤師	保健師	看護師	准看護師	病院	一般診療所	歯科診療所	病院病床数	一般診療所病床数
1960	103 131	33 177	60 257	13 010	123 226	62 366	6 094	59 008	27 020	686 743	165 161
70	118 990	37 859	79 393	14 007	127 580	145 992	7 974	68 997	29 911	1 062 553	249 646
80	156 235	53 602	116 056	17 957	248 165	239 004	9 055	77 611	38 834	1 319 406	287 835
90	211 797	74 028	150 627	25 303	404 764	340 537	10 096	80 852	52 216	1 676 803	272 456
2000	255 792	90 857	217 477	36 781	653 617	388 851	9 266	92 824	63 361	1 647 253	216 755
10	295 049	98 723	276 517	45 028	952 723	368 148	8 670	99 824	68 384	1 593 354	136 861
12	303 268	102 551	280 052	47 279	1 015 744	357 777	8 565	100 152	68 474	1 578 254	125 599
14	311 205	103 972	288 151	48 452	1 086 779	340 153	8 493	100 461	68 592	1 568 261	112 364
16	319 480	104 533	301 323	51 280	1 149 397	323 111	8 442	101 529	68 940	1 561 005	103 451
18	327 210	104 908	311 289	52 955	1 218 606	304 479	8 372	102 105	68 613	1 546 554	94 853

注 1 「医師・歯科医師・薬剤師」は各年末現在登録数である。1982年までは毎年、同年以降は 2 年ごとに実施している。
　 2 「保健師・看護師・准看護師」は各年末現在就業届出数である。1966年までは就業者名簿から。
　 3 「医療関連施設数」は各年10月 1 日現在の数である。
資料　厚生労働省「医師・歯科医師・薬剤師統計」、「衛生行政報告例（就業医療関係者）」、「医療施設調査・病院報告」

図8.3　人口10万人当たり医師数

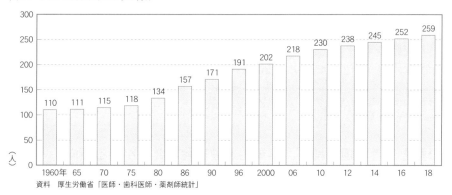

資料　厚生労働省「医師・歯科医師・薬剤師統計」

表8.3.2　主要国の医師数（2019年または直近年）

国名	医師総数（千人）	人口千人当たり医師数（人）	国名	医師総数（千人）	人口千人当たり医師数（人）
オーストラリア	97.0	3.8	韓　　　　国	127.3	2.5
フ ラ ン ス	213.2	3.2	ス ペ イ ン	207.6	4.4
ド イ ツ	365.1	4.4	スウェーデン	43.9	4.3
イ タ リ ア	241.9	4.1	イ ギ リ ス	196.8	3.0
日 本	315.4	2.5	ア メ リ カ	866.3	2.6

資料　OECD Health Statistics 2021
注　日本とスウェーデンは2018年の値

表8.3.3　医療提供体制の国際比較（2019年または直近年）

国名	人口千対医師数	人口千対看護職員数	人口千対病院病床数	平均在院日数	年平均外来受診回数
日 本	2.5	11.8	12.8	16.0	12.6
ド イ ツ	4.4	14.0	7.9	8.9	9.8
フ ラ ン ス	3.2	11.1	5.8	8.8	5.9
イ ギ リ ス	3.0	8.2	2.5	6.9	…
ア メ リ カ	2.6	12.0	2.8	6.1	…

資料　OECD Health Statistics 2021、平均在院日数はOECD Healt at a Glance 2021
注1　人口千対医師数の日本とスウェーデンは2018年の値
　2　人口千対看護職員数の日本は2018年の値
　3　人口千対病院病床数のアメリカは2018年の値
　4　年平均外来受診回数の日本とフランスは2018年の値

8.4　医療費
国民医療費総額は44.4兆円、GDPの7.9％

　2019年度における国民医療費の総額は44.4兆円で、18年度の43.4兆円から2.3％増加した。国民1人当たり医療費は35.2万円で、18年度の34.3万円から2.5％の増加であった。人口の高齢化に伴って増加が続いている（表8.4）。これまで社会保障全体のスリム化・効率化、とりわけ医療費の縮減・適正化は最重要課題とされてきたが、急性期医療ではその拡充が必要とされている。

65歳以上の高齢者1人当たり医療費は65歳未満の4倍

　2019年度の国民医療費の年齢階級別の人口1人当たり医療費をみると、65歳以上は75.4万円、70歳以上は83.5万円、75歳以上は93.1万円であり、65歳未満の19.2万円に対して、65歳以上では3.9倍、70歳以上では4.4倍、75歳以上では4.8倍となっている。図8.4.1は年齢5歳階級別に人口1人当たり医療費を最も低い15〜19歳を基準（1.0）として示したものである。介護保険導入前の1999年度と2019年度を比べると、65〜69歳では8.5から5.6に2.9ポイント、また、85歳以上では22.7から12.3に10.4ポイント低下しており、高齢者層の人口1人当たり医療費は大きく低下した。ただし、近年は横ばいの傾向が続いている。

公費と患者負担が増え、事業主と被保険者負担が減る傾向

　医療費の財源割合をみると、2019年度は公費負担が38.3％、患者負担等が12.3％で、残りの49.4％は保険料負担で事業主負担が21.3％、被保険者負担が28.1％となっている。患者負担等は皆保険体制の構築とともに急激に低下した。1990年代後半から2000年代前半にかけて一時的に上昇したが、近年は12％台で推移している。公費負担は2010年ころまで上昇傾向にあったが、近年は38％台で推移している。事業主負担は92年度の25.1％から減少に転じ、2003年度以降20〜21％台で推移している。被保険者負担は1993年度の32.5％から減少に転じ、2005年度以降は28％台で推移している（図8.4.2）。

日本は高齢化の割には医療費が少ない

　OECDの中の15か国について、総医療費の対GDP比と高齢化率の散布図をみると、アメリカを除いた先進諸国の医療費は高齢化の度合にかかわらず、GDPの9〜11％台に集中している（図8.4.3）。アメリカの医療費の高さは特異的であり、一方、日本は高齢化が最も進んでいる割には、医療費は低い水準にある。ポルトガル、イタリアは、ドイツと同様に高齢化率が20％を超えているが、医療費のGDP比はドイツよりもかなり低い。

表8.4　人口と医療費の長期トレンド

年次	人口		合計特殊出生率（TFR）	平均寿命（年）		国民医療費				
	100万人	65歳以上（%）		男	女	総額（兆円）	1人当たり（万円）	GDP（兆円）	対GDP比（%）	患者負担割合（%）
1960	93.4	5.7	2.00	65.3	70.2	0.41	0.4	16.7	2.45	30.0
70	103.7	7.1	2.13	69.3	74.7	2.50	2.4	75.3	3.32	19.3
80	117.1	9.1	1.75	73.4	78.8	12.0	10.2	248.4	4.82	11.0
90	123.6	12.1	1.54	75.9	81.9	20.6	16.7	451.7	4.56	12.1
2000	126.9	17.4	1.36	77.7	84.6	30.1	23.8	537.6	5.61	13.4
10	128.1	23.0	1.39	79.6	86.3	37.4	29.2	504.9	7.41	12.7
18	126.4	28.1	1.42	81.3	87.3	43.4	34.3	556.8	7.79	11.8
19	126.2	28.4	1.36	81.4	87.4	44.4	35.2	559.7	7.93	11.7

資料　厚生労働省「国民医療費」など

図8.4.1　年齢階級別人口1人当たり国民医療費（15〜19歳＝1.0）：1999、2009、2019年度

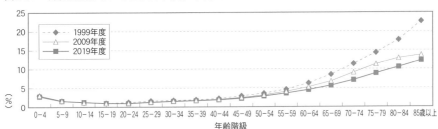

資料　厚生労働省「国民医療費」

図8.4.2　国民医療費の財源割合

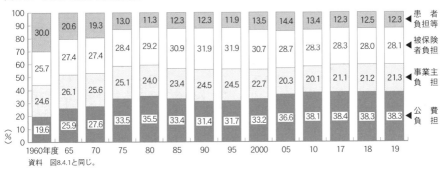

資料　図8.4.1と同じ。

図8.4.3　医療費（対GDP比）と高齢化率：2019年

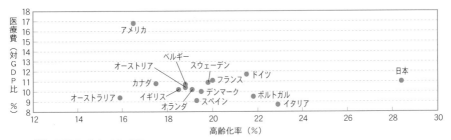

資料　OECD Health Statistics 2021

8.5　高齢者の介護
2019年度の介護総費用は10.5兆円
　表8.5.1は、介護保険の費用及び受給者数の推移を示したものである。2019年度の介護費総額は10.46兆円（GDP比1.9％）で、18年度の10.11兆円から3.4％増加した。介護費総額のうち、居宅サービスが5.21兆円（前年度5.03兆円）、地域密着型サービスが1.80兆円（同1.73兆円）、施設サービスが3.45兆円（同3.35兆円）であった。居宅サービス、地域密着型サービスが対前年度3.6％増に対し、施設サービスは3.0％の増であった。
　20年度の65歳以上の介護サービス受給者数は517.7万人で、65歳以上人口の14.3％であった。サービス受給者の割合は年齢の上昇とともに急増しており、95歳以上では、男性の66.7％、女性の84.0％がサービスを受給している。男性は65〜74歳では女性よりサービス受給者の割合が高いが、75歳以上では女性の方が高い（表8.5.1）。

介護サービス受給者の7割は女性
　2020年3月現在の要介護（要支援）認定者数は668.6万人で、要介護度区分別に最も多いのは要介護1の135.2万人で、次に多いのが要介護2の115.6万人である（図8.5）。男女別には、男性211.0万人に対して女性457.7万人と、女性が男性の2.2倍である。とくに、要介護5では2.7倍、要支援2でも2.5倍と高い。女性の利用が多いのは、高齢者人口が女性に偏っていることを考慮すれば当然に思えるが、要介護者が多い75歳以上について、年齢階級別に人口当たり受給者の割合をみると、すべての年齢階級で女性の方が高くなっている（表8.5.1）。
　介護サービス受給者数を決定する要素の一つである要介護（要支援）認定率は、都道府県ごとにかなり大きな格差がある。しかも、その格差は要介護度区分によって大きく異なっている。

介護保険施設の利用率は概ね9割前後
　介護保険施設は、従来の介護老人福祉施設、介護老人保健施設、介護療養型医療施設に加えて、2018年度に創設された介護医療院の4種類がある。2019年10月1日現在の介護保険施設の定員は、介護老人福祉施設56.9万人、介護老人保健施設37.5万人、介護医療院1.6万人、介護療養型医療施設3.4万人であり、それぞれの利用率は95.6％、89.2％、94.7％、88.3％と、概ね9割前後となっている（表8.5.2）。
　従事者数は、介護老人福祉施設が47.3万人と最も多く、次いで介護老人保健施設27.5万人、介護療養型医療施設3.7万人、介護医療院1.3万人となっている。その多くは介護職員であり、医師や看護師などは少ない。

表8.5.1　介護保険の費用及び受給者数の推移

年度	支出（兆円）					受給者（千人）							
	介護総費用	GDP比（%）	居宅	地域密着	施設	65歳以上	割合（%）	65-69	70-74	75-79	80-84	85-89	90-94	95歳以上
2000	3.60													
01	4.57	0.9	1.67	0.05	2.85	2 138	9.4	124	238	389	505	507	290	85
02	5.19	1.0	2.08	0.07	3.04	2 485	10.6	141	278	456	588	578	341	104
03	5.68	1.1	2.44	0.14	3.10	2 794	11.5	153	310	517	669	636	386	123
04	6.18	1.2	2.72	0.23	3.23	3 068	12.4	160	332	569	749	683	431	144
05	6.39	1.2	2.91	0.30	3.18	3 267	12.7	162	345	596	801	738	465	162
06	6.43	1.2	2.97	0.42	3.04	3 387	12.7	158	337	594	834	782	500	183
07	6.44	1.2	3.15	0.49	2.80	3 551	12.9	159	334	603	870	838	536	211
08	6.71	1.3	3.33	0.56	2.82	3 672	13.0	163	326	605	905	889	555	229
09	7.18	1.4	3.62	0.63	2.93	3 815	13.2	170	321	610	939	952	574	249
10	7.56	1.5	3.90	0.69	2.96	3 997	13.7	172	319	626	978	1 010	623	268
11	7.94	1.6	4.16	0.78	3.00	4 207	14.1	171	328	643	1 021	1 090	669	285
12	8.45	1.7	4.49	0.89	3.07	4 452	14.5	181	337	660	1 079	1 172	722	301
13	8.85	1.7	4.77	0.96	3.12	4 711	14.8	190	354	664	1 125	1 266	797	314
14	9.25	1.8	5.03	1.06	3.16	4 871	14.8	202	372	670	1 149	1 315	838	327
15	9.49	1.8	5.19	1.13	3.17	5 062	15.1	220	370	667	1 181	1 372	896	357
16	9.66	1.8	4.94	1.53	3.19	5 092	14.7	228	347	650	1 160	1 379	945	382
17	9.90	1.8	4.99	1.66	3.26	4 930	14.0	207	331	605	1 080	1 348	961	398
18	10.11	1.8	5.03	1.73	3.35	4 973	14.0	191	334	608	1 054	1 358	1 006	423
19	10.46	1.9	5.21	1.80	3.45	5 068	14.1	175	343	628	1 043	1 380	1 049	450
20						5 177	14.3	166	369	613	1 032	1 417	1 092	489
				2020年度	男性の割合（%）			2.3	4.3	7.9	15.2	28.4	46.4	66.7
					女性の割合（%）			1.7	3.8	9.2	21.8	43.0	64.3	84.0

資料　厚生労働省「介護保険事業状況報告」、「介護給付費実態調査」

図8.5　要介護（要支援）認定者数（2020年 3 月）

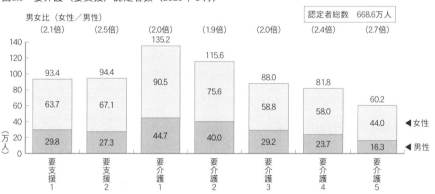

資料　厚生労働省「介護保険事業状況報告」（令和元年度末）

表8.5.2　介護保険施設の状況（2019年10月 1 日現在）

	介護老人福祉施設	介護老人保健施設	介護医療院	介護療養型医療施設
施設数	8 234	4 337	245	833
定員（人）	569 410	374 767	15 909	34 039
1 施設当たり定員（人）	69.3	86.4	65.0	41.1
1 施設当たり 9 月末の在所者（院）数（人）	66.3	77.1	61.6	36.3
9 月末の利用率（%）	95.6	89.2	94.7	88.3
従事者数（人）	473 034	274 707	13 058	37 263
うち　医師	12 509	8 528	1 627	5 906
看護師	26 619	29 768	2 384	6 588
介護職員（訪問介護員）	289 271	128 897	4 668	11 460

注 1 　介護療養型医療施設における「定員」は、介護指定病床数である。
　　2 　「利用率」は、定員に対する在所（院）者数の割合である。
　　3 　従事者数について、「介護療養型医療施設」は、介護療養病床を有する病棟の従事者を含む。
　　4 　従事者数について、「看護師」は、保健師及び助産師を含む。
資料　厚生労働省「介護サービス施設・事業所調査」

第9章　社会保障・福祉

9.1　社会保障給付費
社会保障給付費は123.9兆円

　社会保障に関する費用は、社会保障給付費（ILO基準）と社会支出（OECD基準）の２つがあるが、我が国では伝統的に社会保障給付費について詳しく分析されていることから、分野別配分など詳細については社会保障給付費により、国際比較については社会支出により行われることが多い。

　「2019年度社会保障費用統計」（国立社会保障・人口問題研究所）によると、19年度の社会保障給付費は総額123.9兆円（GDP比22.1％、以下同じ）で、その内訳は医療40.7兆円（7.3％）、年金55.5兆円（9.9％）、福祉・その他27.7兆円（5.0％；うち介護は10.7兆円、GDP比1.9％）であった。人口の高齢化に伴って社会保障給付費は増加し続けているが、年金の支給開始年齢の引上げなどによって、GDPに対する比率は近年横ばいとなっている（図9.1）。

　社会保障給付費に施設整備費など、直接は個人に移転されない支出も加えた社会支出は127.9兆円であった。諸外国のデータが得られる2017年度について対GDP比で比較すると、イギリスとは同水準にあり、スウェーデンやフランス、ドイツなど大陸ヨーロッパ諸国に比べると小さくなっている。（表9.1.1）。

社会保険料の割合は55.9％

　2019年度の社会保障制度の収入総額は132.3兆円で、給付費を含む支出を賄っている。収入の内訳は社会保険料74.0兆円（構成比55.9％、以下同じ）、公費負担51.9兆円（39.2％）、他の収入6.5兆円（4.9％）であった（表9.1.2）。他の収入は、資産収入、積立金からの受入、利用者負担等である。

　社会保険料の内訳は、被保険者拠出39.0兆円、事業主拠出35.0兆円、公費負担の内訳は国34.4兆円、地方17.5兆円（地方単独分は計上されていない）であった。

　社会保険料は1990年代には社会保障の財源の６割強を占めていたが、2000年代に入ってその割合が低下してきており、19年度では55.9％となっている。これに対して、公費負担の割合が増えており、2000年度の28.2％から19年度には39.2％となっている。なお、その他の収入の中で資産収入の増減が大きいが、これは100兆円を超える年金積立金の市場運用による収益が運用環境によって大きく変動するためであり、19年度は前年度と比べて減少している。

図9.1　社会保障給付費（対GDP比）の推移

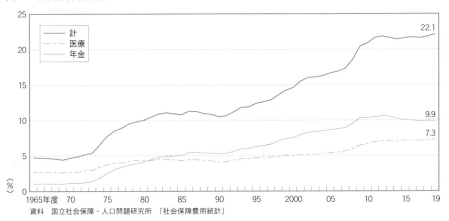

資料　国立社会保障・人口問題研究所　「社会保障費用統計」

表9.1.1　社会支出（対GDP比）の国際比較（2017年度）

	日本 （2019年度）	日本	アメリカ	イギリス	ドイツ	フランス	スウェーデン
社会支出 （対GDP比）	22.9%	22.4%	24.8%	21.4%	27.6%	32.2%	26.4%

資料　図9.1と同じ

表9.1.2　社会保障の財源

（単位：兆円）

	1980年度	90	2000	10	15	16	17	18	19
社会保険料	18.6	39.5	55.0	58.5	66.9	68.9	70.8	72.6	74.0
被保険者拠出	8.9	18.5	26.7	30.3	35.4	36.5	37.4	38.3	39.0
事業主拠出	9.7	21.0	28.3	28.2	31.6	32.4	33.4	34.3	35.0
公費負担	11.0	16.2	25.1	40.8	48.3	49.3	49.9	50.4	51.9
国	9.8	13.5	19.7	29.5	32.6	33.2	33.3	33.6	34.4
地方	1.2	2.7	5.4	11.3	15.7	16.1	16.6	16.8	17.5
他の収入	3.9	9.6	9.0	10.4	10.2	18.3	20.6	9.6	6.5
資産収入	3.3	8.4	6.5	0.8	2.1	10.3	14.1	4.4	1.6
その他	0.6	1.2	2.5	9.6	8.1	8.0	6.5	5.2	4.9
合　　計	33.5	65.3	89.0	109.7	125.4	136.5	141.3	132.6	132.4

資料　図9.1と同じ。

9.2　公的年金
公的年金加入者は6760万人、年金総額は55.6兆円

　2019年度末で公的年金制度の加入者数は6760万人、受給者数は延べ7590万人（実人員4040万人）、年金総額は55.6兆円に達している（表9.2.1）。加入者数の内訳は、厚生年金保険（厚生年金保険の第1号）が4040万人、共済組合（厚生年金保険の第2～4号）が450万人であり、いわゆる正社員が4490万人と被保険者全体の3分の2近くを占めている。これに対して、自営業者や非正規雇用者などの第1号被保険者と第2号被保険者の被扶養配偶者（主として専業主婦）である第3号被保険者は近年減少傾向にある。受給者数は増加の一途をたどっている。年金総額55.6兆円の内訳は、国民年金が43.2％、厚生年金が15.9％、共済年金が11.2％であった。

高齢者世帯の所得は年金が6割

　高齢者世帯の所得状況を2019年国民生活基礎調査でみると、18年における高齢者世帯の平均所得312.7万円のうち、年金・恩給が199.0万円で63.6％を占めていた（図9.2.1）。高齢者世帯の所得に占める年金・恩給の割合は、公的年金の成熟化とともに7割程度まで上昇した。近年では稼働所得の増加により低下傾向にあるが、依然として高齢者の生活を支える重要な収入源となっている（図9.2.2）。なお、高齢者世帯の一世帯当たり平均所得の推移は、世帯人員の違いなどに留意する必要があるが、概ね全世帯の動向と類似している（図9.2.3）。

国民の年金制度に対する不信

　2004年には国民から集めた保険料が大規模年金保養基地「グリーンピア」など年金給付以外に流用されていたこと、07年にはオンライン化したデータにミスや不備が多いことなど年金記録のずさんな管理が明らかになった。これらの問題は国民年金の納付率低下の問題などに表れている国民の年金制度に対する不信感をさらに高め、その問題解決への期待が09年の政権交代の原動力にもなった。10年1月には社会保険庁の年金業務が日本年金機構に引き継がれ、社会保険庁は廃止された。しかしながら、日本年金機構においても国民の信頼を損なう出来事が起きている。
　国民年金の保険料納付率の悪化は著しいが、近年は上昇に転じている。国民年金の20年度保険料（現年度）納付率は71.5％となり（表9.2.2）、最終納付率では18年度に77.2％と、前年度と比べて0.9％ポイント上昇した。納付率は年齢が上がるにしたがって高くなっている。20年度は、若年層の25～29歳の最終納付率が68.6％にとどまっており、特に若年層に対する保険料納付の重要性の啓蒙は大きな課題である。

表9.2.1　公的年金加入者数、受給者数及び年金総額の推移

(年度末)

年度	加入者数（100万人）					受給者数（延人数：100万人）					年金総額（兆円）			
	計	第1号	厚生年金	共済組合	第3号	計	国民年金	厚生年金	共済年金	実人数	計	国民年金	厚生年金	共済年金
2000	70.5	21.5	32.2	5.2	11.5	40.9	19.3	18.1	3.4	28.6	39.4	11.6	21.1	6.7
05	70.5	21.9	33.0	4.6	10.9	50.7	24.0	23.2	3.6	32.9	45.8	15.1	24.1	6.6
10	68.3	19.4	34.4	4.4	10.1	61.9	28.3	29.4	4.1	38.0	51.1	18.5	25.9	6.7
15	67.1	16.7	36.9	4.4	9.2	71.6	33.2	33.7	4.7	40.3	54.6	22.2	25.8	6.6
16	67.3	15.8	38.2	4.5	8.9	72.6	33.9	34.1	4.7	40.1	54.8	22.7	25.7	6.4
17	67.3	15.1	39.1	4.5	8.7	74.7	34.8	35.1	4.8	40.8	55.4	23.3	25.8	6.3
18	67.5	14.7	39.8	4.5	8.5	75.4	35.3	35.3	4.8	40.7	55.6	23.6	25.7	6.3
19	67.6	14.5	40.4	4.5	8.2	75.9	35.7	35.4	4.8	40.4	55.6	24.0	25.5	6.2

注　受給者数と年金総額の計は福祉年金を含む。
資料　厚生労働省「厚生年金保険・国民年金事業の概況」

図9.2.1　高齢者世帯の所得状況（2018年）

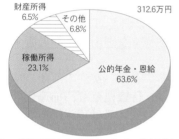

注　高齢者世帯とは65歳以上の者のみで構成するか、またはこれに18歳未満の者が加わった世帯。
資料　厚生労働省「2019年国民生活基礎調査」

図9.2.2　高齢者世帯の所得に占める稼働所得と年金・恩給の割合

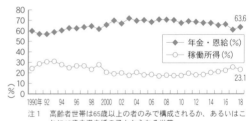

注1　高齢者世帯は65歳以上の者のみで構成されるか、あるいはこれに18歳未満未婚の子とからなる世帯。
注2　2010年は岩手県、宮城県及び福島県を、2011年は福島県を、2015年は熊本県を除いたデータである。
資料　厚生労働省「国民生活基礎調査」（各年版）

図9.2.3　1世帯当たり平均所得の年次推移：全世帯と高齢者世帯

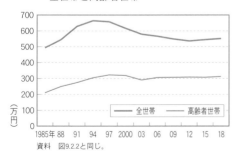

資料　図9.2.2と同じ。

表9.2.2　国民年金保険料の納付率の推移

(単位：%)

年度	現年度納付率	最終納付率
1990	85.2	…
95	84.5	…
2000	73.0	…
05	67.1	72.4
10	59.3	64.5
11	58.6	65.1
12	59.0	67.8
13	60.9	70.1
14	63.1	72.2
15	63.4	73.1
16	65.0	74.6
17	66.3	76.3
18	68.1	77.2
19	69.3	
20	71.5	

注　最終納付率は過年度分（納付遅れ分）を含む。
資料　厚生労働省「令和2年度　国民年金の加入・保険料納付状況」

9.3　子育て支援
少子化と健全育成施策

　少子化の進展とともに、児童がいる世帯の全世帯に占める割合は1986年の46.2％から2019年には21.7％まで低下した（表9.3.1）。児童の多くは両親とともに、あるいは三世代世帯に住んでいるが、6.5％はひとり親と住んでいて、その多くは貧困世帯であることが、「子どもの貧困」として認識されている。

　一般の児童を対象にその健全育成のために各種施策が実施されている。育児支援策としては児童手当（子ども手当）と保育所サービスがその代表例である。保育サービスについては、15年4月に、従来の保育所に加え、子ども・子育て支援新制度において新たに位置づけられた幼保連携型認定こども園等の特定教育・保育施設と特定地域型保育事業が施行されたことから施設数や定員が大幅に増加している。

　2021年4月1日現在、保育所利用児童数は274.2万人であり、保育所待機児童数は6千人である（表9.3.2）。待機児童とは、認可保育所への入所申請をしているにもかかわらず、定員超過など様々な理由により入所することができない児童のことである。

　保育の受け皿を増やし、待機児童を解消することは、女性の活躍の場を拡げる観点からも重要であり、13年4月からは「待機児童解消加速化プラン」に基づいて様々な取組みが進められ、保育の受け皿は着実に増加してきている。一方、女性の就業者数の増加によって、保育を必要とする子どもの人数も増えたことから、待機児童数は若干増加していたが、これらの取組みによって、21年は待機児童が大きく減少し、1万人を割った。

働き方と子育て支援

　国は2003年に少子化社会対策基本法を制定し、少子化の流れを変えるための総合的な施策を展開している。また、企業等も巻き込んだ少子化対策や仕事と家庭の両立（ワーク・ライフ・バランス）のため、次世代育成支援法が制定された。都道府県や市町村の他に一般事業主も仕事と家庭の両立を支援するための雇用環境の整備等について行動計画を策定することになっている。

　一方で、日本では雇用者（被用者）に占める非正規就業者の数も率も増加の一途をたどり、出生率の低下を招いているだけでなく、所得格差問題の元凶にもなっている。非正規就業の雇用者に占める割合は、1990年には20.2％であったが、2020年にはその割合が34.7％に上昇し、女性では52.1％にのぼっている（図9.3）。

表9.3.1　児童のいる世帯の年次推移

年次	児童のいる世帯（千世帯）							
	計	全世帯に占める割合（％）	平均児童数（人）	夫婦と未婚の子のみの世帯	ひとり親と未婚の子のみの世帯			三世代世帯
						母子世帯	父子世帯	
1986	17 364	46.2	1.83	11 359	722	600	115	4 688
89	16 426	41.7	1.81	10 742	677	554	100	4 415
92	15 009	36.4	1.80	9 800	571	480	86	4 087
95	13 586	33.3	1.78	8 840	580	483	84	3 658
98	13 453	30.2	1.77	8 820	600	502	78	3 548
2001	13 156	28.8	1.75	8 701	667	587	80	3 255
04	12 916	27.9	1.73	8 851	738	627	90	2 902
07	12 499	26.0	1.71	8 645	844	717	100	2 498
10	12 324	25.3	1.70	8 669	813	708	77	2 320
13	12 085	24.1	1.70	8 707	912	821	91	1 965
16	11 666	23.4	1.69	8 576	810	712	91	1 717
19	11 221	21.7	1.68	8 528	724	644	76	1 488

注　　1995年は兵庫県を、2016年は熊本県を除いた数値である。
資料　厚生労働省「国民生活基礎統計」

表9.3.2　保育所の概況（各年4月1日現在）

	2005年	2010	2015	2016	2017	2018	2019	2020	2021
施設数	22 570	23 069	28 783	30 859	32 793	34 763	36 345	37 652	38 666
定員数（千人）	2 053	2 158	2 507	2 604	2 703	2 801	2 888	2 967	3 017
利用児童数（千人）	1 994	2 080	2 374	2 459	2 547	2 614	2 680	2 737	2 742
待機児童数	23 338	26 275	23 167	23 553	26 081	19 895	16 772	12 439	5 634

資料　厚生労働省「保育所関連状況取りまとめ」

図9.3　非正規の職員・従業員の割合の推移

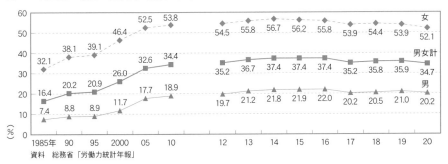

資料　総務省「労働力統計年報」

9.4　社会福祉
生活保護受給者の増加
　生活保護を受けている世帯数と人員数は、高齢化の進展や景気後退の影響を受けて1995年度の60.2万世帯、88.2万人を底に、その後は増加傾向で推移して2010年度は141万世帯、195.2万人となった（表9.4.1）。11年度には被保護者数は206.7万人となり、過去最多だった1951年度の204.7万人を超えた。2019年度における被保護世帯の割合は総世帯では3.2％であったが、高齢者世帯は6.0％、母子世帯は12.6％と高水準である。また、高齢者世帯では、被保護世帯の91.5％が単身世帯である。

　生活保護を受けている人数の総人口に占める割合（保護率）も1995年度の0.70％以降徐々に上昇し、2019年度は1.64％に達した（図9.4）。19年度の都道府県別保護率は北海道の2.31％が最も高く、次いで福岡県の2.25％、青森県の2.22％、沖縄県の2.19％、東京都の2.07％の順に高く、富山県の0.26％が最も低かった。このように、依然として大きな地域差がある。

　生活保護を受ける人が近年増加していることを反映して、生活保護費は08年度の2.7兆円（GDPの0.53％）から、18年度には3.7兆円（同0.67％）へと急増した。

障害者は965万人
　内閣府『令和3年版障害者白書』によると、障害者の総数は965万人で、全人口の7.6％を占めている（表9.4.2）。そのうち、身体障害児・者は436.0万人（人口1,000人に対し34人）であり、在宅者428.7万人、施設入所者7.3万人である。知的障害児・者数は109.4万人（人口1,000人に対し9人）であり、在宅者96.2万人、施設入所者13.2万人である。精神障害者数は、患者調査に基づき、総数419.3万人（人口1,000人に対し33人）、入院389.1万人、外来30.2万人と推計されている。

各種福祉施設の数と在所者数
　2006年に施行された障害者自立支援法によって施設体系や名称が変更されたため、05年までとそれ以降の施設数や在所者数は不連続になっているので、トレンドを見る際には注意が必要である。19年10月1日現在で、社会福祉施設数は78,724か所、在所者数は358.1万人である。このうち、老人福祉施設は、5,262か所で在所者数145,047人、障害者支援施設は、5,636か所で在所者数154,831人である。また、児童福祉施設は、44,616か所で在所者数276.5万人であり、施設数・在所者数とも、近年増加傾向にある（表9.4.3）。

表9.4.1　生活保護を受けている世帯・人数の推移

年度	生活保護を受けている世帯数（万世帯）					生活保護世帯の割合（％）			被保護実人員	
	総数	高齢者世帯	障害者・傷病者世帯	母子世帯	その他の世帯	総数	高齢者世帯	母子世帯	万人	総人口に対する割合（％）
1980	74.7	22.5	34.3	9.6	8.1	2.1	13.4	21.7	142.7	1.22
85	78.1	24.3	34.9	11.4	7.3	2.0	11.1	22.3	143.1	1.18
90	62.4	23.2	26.7	7.3	5.1	1.5	7.4	13.5	101.5	0.82
95	60.2	25.4	25.3	5.2	4.2	1.4	5.8	10.9	88.2	0.70
2000	75.1	34.1	29.1	6.3	5.5	1.6	5.5	10.5	107.2	0.84
05	104.2	45.2	39.0	9.1	10.7	2.1	5.4	13.1	147.6	1.16
10	141.0	60.3	46.6	10.9	22.7	2.7	5.9	15.4	195.2	1.52
15	163.0	80.3	44.2	10.4	27.2	3.2	6.3	13.1	216.4	1.70
16	163.7	83.7	43.0	9.9	26.3	3.3	6.3	13.9	214.5	1.69
17	164.1	86.5	42.0	9.3	25.6	3.3	6.5	12.1	212.5	1.68
18	163.7	88.2	41.2	8.7	24.8	3.2	6.3	13.1	209.7	1.66
19	163.6	89.6	40.7	8.4	24.3	3.2	6.0	12.6	207.3	1.64

注　各年度の平均値、総数には保護停止中の世帯も含む。
資料　厚生労働省「福祉行政報告例」、2012年度以降は「被保護者調査」

図9.4　生活保護を受けている人・世帯の総人口・総世帯数に占める割合

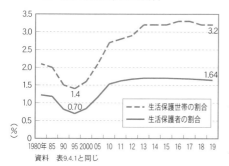

資料　表9.4.1と同じ

表9.4.2　障害者数（推計）

（単位：万人）

		総数	在宅者	施設入所者
身体障害児・者	18歳未満	7.2	6.8	0.4
	18歳以上	419.5	412.5	7.0
	年齢不詳	9.3	9.3	0.0
	合　計	436.0	428.7	7.3
	人口千対（人）	34	34	1
知的障害児・者	18歳未満	22.5	21.4	1.1
	18歳以上	85.1	72.9	12.2
	年齢不詳	1.8	1.8	0.0
	合　計	109.4	96.2	13.2
	人口千対（人）	9	8	1
精神障害者	20歳未満	27.6	27.3	0.3
	20歳以上	391.6	361.8	29.8
	年齢不詳	0.7	0.7	0.0
	合　計	419.3	389.1	30.2
	人口千対（人）	33	31	2

資料　内閣府「令和3年版　障害者白書」

表9.4.3　社会福祉施設数と在所者数

区　分	2000年	05	10	15	16	17	18	19
施設数	58 860	65 209	50 343	66 213	70 101	72 887	77 040	78 724
保護施設	296	298	297	292	293	291	286	288
老人福祉施設	11 628	13 882	4 858	5 327	5 291	5 293	5 251	5 262
障害者支援施設等			3 764	5 874	5 778	5 734	5 619	5 636
身体障害者更生援護施設	1 050	1 466	498	—	—	—	—	—
知的障害者援護施設	3 002	4 525	2 001	—	—	—	—	—
精神障害者社会復帰施設	521	1 687	504	—	—	—	—	—
身体障害者社会参加支援施設	716	828	337	322	309	314	317	315
婦人保護施設	50	50	47	47	47	46	46	46
児童福祉施設	33 089	33 545	31 623	37 139	38 808	40 137	43 203	44 616
（再掲）保育所	22 199	22 624	21 681	25 580	26 265	27 137	27 951	28 737
母子福祉施設	90	80	63	58	56	56	56	60
その他の社会福祉施設等	8 418	8 848	6 351	17 154	19 519	21 016	22 262	22 501
在所者数	2 382 632	2 718 474	2 653 865	3 008 594	3 108 031	3 212 953	3 494 240	3 580 886
保護施設	19 891	19 935	19 745	19 112	18 692	18 752	18 624	18 591
老人福祉施設	120 094	140 760	136 230	141 033	139 013	140 173	145 474	145 047
障害者支援施設等			71 162	150 006	147 890	145 639	157 373	154 831
身体障害者更生援護施設	48 905	57 507	19 322	—	—	—	—	—
知的障害者援護施設	150 873	188 646	90 831	—	—	—	—	—
精神障害者社会復帰施設	8 640	23 899	9 124	—	—	—	—	—
婦人保護施設	722	669	521	374	349	358	321	299
児童福祉施設	1 976 910	2 191 996	2 157 260	2 388 023	2 441 544	2 520 165	2 701 379	2 765 348
（再掲）保育所	1 904 067	2 118 079	2 056 845	2 295 346	2 332 766	2 397 504	2 535 964	2 586 393
その他の社会福祉施設等	56 531	95 062	179 170	310 046	360 543	387 866	471 069	496 771

注　障害者自立支援法の施行により、2007年から障害者の施設体系等や調査に変更があった。
　　身体障害者社会参加支援施設、母子福祉施設は在所者数について調査を行っていない。
資料　厚生労働省「社会福祉施設等調査」

9.5　社会保障改革
2021年度予算の社会保障関係費は35.8兆円（一般歳出の53.6％）

　2021年度の国の一般会計予算（当初予算）は106.6兆円で、そこから国債費23.8兆円と地方交付税交付金等15.9兆円を除いた一般歳出は66.9兆円である。そのうち、社会保障関係費の総額は35.8兆円で、一般歳出の53.6％を占めている（図9.5.1）。なお、21年度は、新型コロナ対策予備費として5兆円が計上されている。

　21年度の国の歳出106.6兆円に対して、税収見込みは57.4兆円（内訳：所得税18.7兆円、法人税9.0兆円、消費税20.3兆円等）に過ぎず、43.6兆円を公債金に頼っている（公債依存率40.7％）。その結果、21年度末の国債残高は990兆円（GDPの177％）、国及び地方の長期債務残高は1,209兆円（GDPの216％）にのぼると推計されている。

中福祉・中負担？

　社会保障の規模に関して、ヨーロッパ大陸諸国とイギリスやアメリカとではかなりの差がみられる。図9.5.2は主要6か国の2017年における公的制度による社会支出の対GDP比を政策分野別に示したものである。社会支出の対GDP比は、イギリスが21.4％と最も低く、次いで日本（22.4％）、アメリカ（24.8％）となっており、ヨーロッパ大陸諸国は26〜32％である。しかし、アメリカでは高齢者・障害者・低所得者以外の一般国民に対する公的医療保険制度がないため、その分だけ社会保障の規模は小さくなっている。また、イギリスの公的老齢年金給付は、最低限の生活を支える制度として創設されたため、給付水準が低いことや一定の要件を満たす私的年金加入者には適用除外制度があるため少ない。このような状況を考慮すると、日本の社会支出の規模は主要先進諸国の中で最も小さいといえる。その中でも、日本の家族給付、障害者給付が少ないことは特徴的である（図9.5.2）。

国民と向き合う社会保障

　社会保障制度は国民のニーズに応じて改革されなければならない。2040年度の社会保障給付費の推計値（対GDP比）をみると、現状から年金は規模の縮小、医療と介護は拡大が見込まれている（表9.5）。喫緊の課題として新型コロナへの対応があるが、将来に向けては、どのような社会保障を構築するか、国民の合意形成が求められている。若年世代支援の各種施策を充実させる取り組みは特に急がれる。世界で最も高齢化が進んでいる日本では、元気な高齢者が支える側に回ることができるよう、高齢者雇用の推進を図る政策が不可欠である。

図9.5.1　令和 3 年度一般会計予算

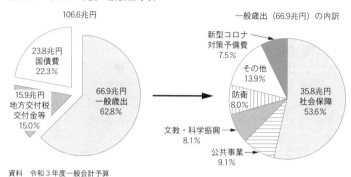

資料　令和 3 年度一般会計予算

図9.5.2　分野別社会支出の対GDP比（公的支出）：2017年

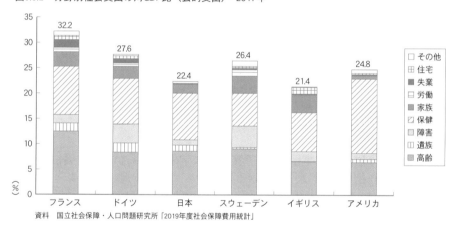

資料　国立社会保障・人口問題研究所「2019年度社会保障費用統計」

表9.5　2040年を見据えた社会保障の将来見通し

年度	2018		2025		2040	
	兆円	GDP比	兆円	GDP比	兆円	GDP比
給付費	121.3	21.5%	140.2-140.6	21.7-21.8%	188.2-190.0	23.8-24.0%
年金	56.7	10.1%	59.9	9.3%	73.2	9.3%
医療	39.2	7.0%	47.4-47.8	7.3-7.4%	66.7-68.5	8.4-8.7%
介護	10.7	1.9%	15.3	2.4%	25.8	3.3%
子ども・子育て	7.9	1.4%	10.0	1.5%	13.1	1.7%
その他	6.7	1.2%	7.7	1.2%	9.4	1.2%
（参考）GDP	564.4		645.6		790.6	

資料　内閣官房・内閣府・財務省・厚生労働省（2018年）

第10章　教　育

10.1　日本の教育（国際比較）

　教育振興基本計画（2018〜22年）の後半に入って、初等中等教育に関する“学校教育の姿”の答申（21年1月中教審）があり、また、学級編成標準の引下げや研究力強化のための大学ファンド創設などの施策が打ち出される中、我が国の教育の状況について国際比較の視点からみる。

小・中の学級規模は欧米諸国より大きく、中学で差がやや拡大

　初等中等教育における1学級当たり生徒数をOECD資料でみると、日本は小・中を通じて公立・私立とも欧米諸国を上回っており（イギリスの公立は同水準）、OECD平均と比べると10人前後多くなっている。
　この生徒数は各国とも中学で多くなる（イギリスは同規模）が、日本は各国より増加数が大きいため、中学で差がやや拡大している（図10.1.1）。

大学の入学率はOECD平均と同水準も、大学院はOECD平均の半分

　高等教育の入学率は、日本は大学学部が50%で、ドイツとフランス・イギリスの間に位置し、OECD平均と同率となっている。
　大学院の入学率は両課程ともOECD平均のほぼ半分にとどまり、また、大学院生の学部生に対する割合も各国と開きがある（表10.1.1、図10.1.2）。

高等教育の専攻割合は学部・短大で文系、大学院で理系が高く、英仏と違い

　高等教育在学者の専攻分野をみると、日本は大学学部・短大は「法経等」（30.8%）と「人文・芸術」（16.5%）で半分近くを占め、大学院では「理学・工学・農学」（42.9%）が際立って高い割合となっている。
　この変化（学部・短大→大学院）をみると、「法経等」（30.8→13.1%）と「人文・芸術」（16.5→8.0%）は半減、「理学・工学・農学」（20.4→42.9%）は倍増と、イギリスやフランスとは異なるすがたになっている（図10.1.3）。

教育支出は在学者当たりで仏独と同水準、公財政割合は高等教育で仏独の半分

　教育支出についてみると、在学者1人当たり支出は、高等教育でアメリカとイギリスが抜きん出ているが、日本は初等・中等・高等教育を通じるとフランス、ドイツと同水準にある（表10.1.2）。
　教育支出に占める公財政支出の割合は、初等中等教育では各国とも90%前後であるが、高等教育では差がみられ、日本とアメリカ、イギリスはフランス、ドイツの半分以下の割合になっている（図10.1.4）。

図10.1.1　1学級当たりの児童・生徒数（2019年）

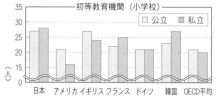
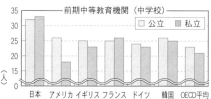

注　　各教育段階に在籍する児童・生徒数を学級数で除して算出
資料　OECD「図表でみる教育」

表10.1.1　高等教育への入学状況（2019年）　　　　　　　（％）

	大学（学部）		大学院（修士課程）		大学院（博士課程）	
	〈25歳未満入学者〉		〈30歳未満入学者〉			
	入学率	入学者の割合	入学率	入学者の割合	入学率	入学者の割合
日　　　　　本	50	99	8	90	0.7	56
ア　メ　リ　カ	—	—	9	64	0.8	60
イ　ギ　リ　ス	63	85	26	76	2.8	67
フ　ラ　ン　ス	54	90	39	87	1.8	77
ド　　イ　　ツ	45	76	28	90	2.8	71
韓　　　　　国	59	98	8	57	1.5	41
ＯＥＣＤ平均	50	84	19	74	1.4	55

注1)　「大学（学部）」の「入学率」とは、25歳になるまでに大学（学部）に初
　　めて入学した学生の該当年齢人口に対する割合（％）
　2)　「大学（学部）」の「入学者の割合」とは、新たに大学（学部）に入学し
　　た学生に占める25歳未満の入学者の割合（％）
　3)　大学院については、30歳未満の入学者について同様
資料　OECD「図表でみる教育」

図10.1.2　大学院在学者の学部学生数に対する割合（2018年）

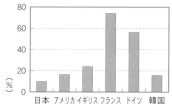

注1)　在学者には留学生を含む。
　2)　アメリカは2017年
資料　文部科学省「諸外国の教育統計」

図10.1.3　高等教育在学者の専攻分野構成

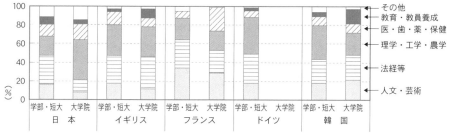

注　　日本は2020年、韓国は2019年、その他は2018年。
　　　※）　アメリカおよびドイツ（大学院）はデータが得られない。
資料　文部科学省「諸外国の教育統計」

表10.1.2　在学者1人当たり教育支出（2018年）
　　　　　　　　　　　　　　　　　　　　　　　（米ドル）

	初等教育	中等教育	高等教育
日　　　　　本	8 977	11 330	19 309
ア　メ　リ　カ	13 139	14 859	34 036
イ　ギ　リ　ス	11 679	12 765	29 911
フ　ラ　ン　ス	8 724	13 006	17 420
ド　　イ　　ツ	10 096	13 926	19 324
韓　　　　　国	12 535	14 978	11 290
ＯＥＣＤ平均	9 550	11 192	17 065

注　　「在学者1人当たり教育支出」は、教育段階別の各機関
　　　の総支出をフルタイム換算した在学者数で除したもの
資料　OECD「図表でみる教育」

図10.1.4　教育支出に占める公財政支出の割合（2018年）

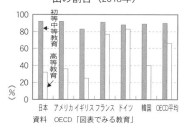

資料　OECD「図表でみる教育」

第10章　教　　育

10.2　初等中等教育
小・中・高はこの10年で生徒数・学校数とも1割減
　学校の生徒数は少子化によって減少が続き、2021年は小学生622万人、中学生323万人、高校生301万人と、10年と比べるとそれぞれ約1割減少している。また、学校数は生徒数の減少による統廃合もあって、小・中・高全体で約1割減少（10年37,900校→21年34,300校）している（表10.2.1）。
　子ども人口の動向は、教育はもとより社会経済全体の先行きに大きく影響するため、各種施策を策定する際の基礎となる今後の人口（令和2年国勢調査に基づく将来推計人口）の公表が待たれる。

小・中の1教員当たり生徒数は小学校で減少、中学校は横ばい
　義務教育における1教員当たり生徒数は減少傾向にある中、2021年は小学校が14.7人で前年より0.2人減と引き続き減少し、中学校は13.0人で19年・20年と変わらなかった。また、1学級当たりでみると、小学校22.8人、中学校26.9人で、小・中とも前年より減少した（図10.2.1）。

高校の学科構成は普通科が3／4、商・工が低下、総合と「その他」が上昇
　高校生の学科構成（2020年）は、普通科が73.1％とほぼ3／4を占め、工業科（7.5％）、商業科（5.8％）、総合学科（5.5％）と続いている。
　学科構成の推移をみると、工業科、商業科などが低下傾向にあり、一方、総合学科は商業科に迫るまでに高まってきている。また、近年は福祉や情報の学科が統計数値に表れるようになり、加えて「その他」も上昇しており、学科の多様化がうかがわれる（表10.2.2）。

暴力行為・いじめ・不登校（2020年）はコロナ禍もありこの数年と大きな違い
　暴力行為、いじめ、不登校は学校をめぐる課題である中、3態様とも増加（小・中・高の計）が続いたが、2020年は暴力行為といじめが小・中・高とも大幅減に転じる一方、不登校は小・中が過去最多（高校は減少）になった。
　20年の動きがこの数年の状況と大きく違ったことについて、調査解説によると、コロナ禍で生徒同士の接触機会が減少したことが暴力行為やいじめの大幅減少につながり、学校行事の実施が制限されたことが登校意欲に影響した（小・中）と考えられるとしている（表10.2.3〜2.4、図10.2.2）。
　コロナ禍は21年も社会経済の大きな問題として続いており、また、いじめについては被害・加害とも小学校では減少傾向、中学校では横ばいとの分析（いじめ追跡調査2016-2018：国立教育政策研究所）もあることから、今後の動向が注目される。

表10.2.1　小・中・高校の学校数、教員数および生徒数

年	小　学　校			中　学　校			高　等　学　校		
	学校数	本務教員数 （千人）	生徒数 （千人）	学校数	本務教員数 （千人）	生徒数 （千人）	学校数	本務教員数 （千人）	生徒数 （千人）
1990	24 827	444	9 373	11 275	286	5 369	5 506	286	5 623
2000	24 106	408	7 366	11 209	258	4 104	5 478	269	4 165
10	22 000	420	6 993	10 815	251	3 558	5 116	239	3 369
15	20 601	417	6 543	10 484	254	3 465	4 939	235	3 319
20	19 525	423	6 301	10 142	247	3 211	4 874	229	3 092
21	19 340	423	6 223	10 077	248	3 230	4 857	227	3 008

資料　文部科学省「学校基本調査」（2021年は速報）

図10.2.1　「1教員当たり」および「1学級当たり」の生徒数

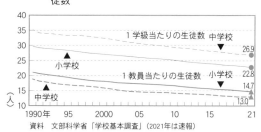

資料　文部科学省「学校基本調査」（2021年は速報）

表10.2.2　高校生（本科）の学科構成

		2000年	2010年	2020年
生徒数（千人）		4,157	3,360	3,083
学科別生徒数の割合（%）	普 通 科	73.3	72.3	73.1
	工 業 科	8.8	7.9	7.5
	商 業 科	8.5	6.6	5.8
	総合学科	1.7	5.1	5.5
	農 業 科	2.8	2.6	2.4
	家 庭 科	1.7	1.3	1.2
	看 護 科	0.5	0.4	0.4
	水 産 科	0.3	0.3	0.3
	福 祉 科	—	0.3	0.3
	情 報 科	—	0.1	0.1
	そ の 他	2.5	3.1	3.5

注　「その他」は、理数科、英語科、音楽科、体育科など
資料　文部科学省「学校基本調査」

表10.2.3　暴力行為の発生件数および発生率

年	発生件数（件）			発生率（千人比）		
	小学校	中学校	高 校	小学校	中学校	高 校
2010	7 092	42 987	10 226	1.0	12.0	3.0
15	17 078	33 073	6 655	2.6	9.5	1.9
17	28 315	28 702	6 308	4.4	8.5	1.8
18	36 536	29 320	7 084	5.7	8.9	2.1
19	43 614	28 518	6 655	6.8	8.8	2.0
20	41 056	21 293	3 852	6.5	6.6	1.2

注　「発生率（千人比）」は、生徒1千人当たりの発生件数
資料　文部科学省「児童生徒の問題行動・不登校等生徒指導上の諸課題に関する調査」

表10.2.4　いじめの認知件数および認知率

年	認知件数（件）			認知率（千人比）		
	小学校	中学校	高 校	小学校	中学校	高 校
2010	36 909	33 323	7 018	5.7	10.2	2.0
15	151 692	59 502	12 664	17.8	15.6	3.1
17	317 121	80 424	14 789	49.1	24.0	4.3
18	425 844	97 704	17 709	66.0	29.8	5.2
19	484 545	106 524	18 352	75.8	32.8	5.4
20	420 897	80 877	13 126	66.5	24.9	4.0

注　「認知率（千人比）」は、生徒1千人当たりの認知件数
資料　文部科学省「児童生徒の問題行動・不登校等生徒指導上の諸課題に関する調査」

図10.2.2　不登校の生徒数

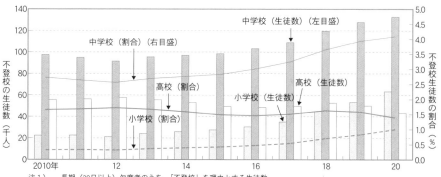

注1）　長期（30日以上）欠席者のうち、「不登校」を理由とする生徒数
　2）　割合は、全生徒数に対する不登校生徒数の割合（%）
資料　文部科学省「児童生徒の問題行動・不登校等生徒指導上の諸課題に関する調査」

10.3　高等教育
大学は学校数が803校と過去最多、学生数は290万人台が4年連続

　大学は、学校数が増加で推移し、1990年に500校台、98年に600校台、2003年に700校台となった。その後、10年から780校前後の横ばい気味であったが、17年から増加となり、21年は前年より8校多い803校と、初めて800校台になった。また、学生数も増加基調にあり、18年から290万人台の過去最高水準が続き、21年は292万人となっている。

　短大は、学校数、学生数とも減少が続いており、特に学生数は10万人を割るような状況になってきている。

　高専は、学校数、学生数とも横ばいとなっている（表10.3.1）。

大学生の専攻割合は工学が低下から横ばい気味に、保健と「その他」は上昇

　大学生（学部）の専攻割合が10％以上である3分野（社会科学、工学、人文科学）についてみると、いずれも割合が低下傾向にある中、2020年は工学が前年の割合と変わらず横ばいとなった。

　近年の動向をみると、看護学などの「他の保健」と「その他」の2つは年を追って割合が高くなっている。これを20年の入学者でみると、それぞれ1割に迫る状況にあり、高齢社会を背景とした分野、学際的や新たな課程の分野に進む学生の割合が高まる状況がうかがわれる（表10.3.2）。

大学進学率は男女とも3年連続で過去最高を更新、現役進学率も最高

　大学（学部）への進学率は上昇で推移しており、2020年は男子が57.7％、女子が50.9％で、18年（男子56.3％、女子50.1％）、19年（56.6％、50.7％）に続き、男女とも3年連続で過去最高を更新した。

　短大（本科）は、とりわけ女子の進学率低下が続いており、20年は7.6％と前年から0.3ポイント低下した（図10.3.1）。

　なお、いわゆる現役の進学率（大学と短大の計）をみると、20年は男女とも過去最高を記録し、男女計で55％台となった（表10.3.3）。

高校卒業時の大学等進学率は20都府県で前年から1.5ポイント以上上昇

　大学・短大等への現役進学率について、都道府県別にみると、2020年は京都（67.8％）が最も高く、東京（66.6％）、兵庫（62.5％）、大阪（61.8％）、広島（61.3％）、神奈川（60.9％）と続き、全国平均（55.8％）を上回るのは15都府県となっている。

　現役進学率が60％を超えるのは6都府県（前年比1増）となり、また、20都道府県で前年より1.5ポイント以上高くなっている（図10.3.2）。

表10.3.1　高専・短大・大学の学校数、教員数および学生数

年	高等専門学校			短期大学			大　　学		
	学校数	本務教員数（人）	学生数（千人）	学校数	本務教員数（人）	学生数（千人）	学校数	本務教員数（人）	学生数（千人）
1990	62	4 003	53	593	20 489	479	507	123 838	2 133
2000	62	4 459	57	572	16 752	328	649	150 563	2 740
10	58	4 373	60	395	9 657	155	778	174 403	2 887
15	57	4 354	58	346	8 266	133	779	182 723	2 860
20	57	4 114	57	323	7 211	108	795	189 599	2 916
21	57	4 085	57	315	7 015	102	803	190 479	2 918

注　大学の学生数には、学部生のほか、大学院生、専攻科・別科の学生等を含む。
資料　文部科学省「学校基本調査」（2021年は速報）

表10.3.2　大学生（学部）の専攻分野構成

年	学生数（学部）（人）	専　攻　分　野　別　学　生　数　の　割　合（％）											
		人文科学	社会科学	理学	工学	農学	保健			家政	教育	芸術	その他
							医学・歯学	薬学	他の保健				
1990	1 988 572	15.2	39.6	3.4	19.6	3.4	3.5	1.9	0.4	1.8	7.1	2.4	1.6
2000	2 471 755	16.6	39.9	3.6	18.9	2.8	2.6	1.5	1.7	1.8	5.6	2.6	2.4
10	2 559 191	15.2	34.9	3.2	15.7	3.0	2.5	2.4	4.9	2.7	6.5	2.8	6.2
15	2 556 062	14.4	32.4	3.1	15.2	2.9	2.8	3.0	6.5	2.8	7.4	2.7	6.7
19	2 609 148	14.0	32.1	3.0	14.6	3.0	2.8	2.8	7.2	2.7	7.3	2.8	7.9
20	2 623 572	13.7	31.8	3.0	14.6	3.0	2.8	2.7	7.4	2.7	7.2	2.8	8.0
《2020年の入学生の専攻分野割合》													
20年	635,003	13.7	31.9	2.9	14.2	2.9	1.8	1.9	8.2	2.8	7.5	3.1	9.2

注　「その他」は、国際関係、人間関係、教養、環境、メディア文化など
資料　文部科学省「学校基本調査」

図10.3.1　大学および短大への進学率

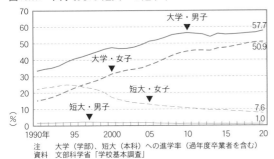

注　大学（学部）、短大（本科）への進学率（過年度卒業者を含む）
資料　文部科学省「学校基本調査」

表10.3.3　大学・短大等への現役進学率
（％）

年	男女計	男	女
2000	45.1	42.6	47.6
10	54.3	52.8	56.0
15	54.6	52.2	57.0
18	54.8	51.9	57.8
19	54.8	51.7	57.9
20	55.9	53.4	58.5

資料　文部科学省「学校基本調査」

図10.3.2　大学等進学率と大学生の割合－都道府県

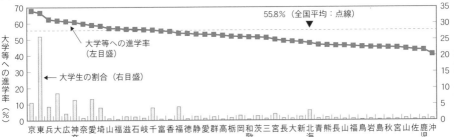

注1）　「大学等進学率」は、高卒者のうち大学・短大・高校専科に進学した学生の割合（％）
　　2）　「大学生」には、学部生のほか、大学院生、専攻科の学生等を含む。
資料　文部科学省「学校基本調査」
備考）　都道府県に●がついているのは、進学率が前年比1.5ポイント以上上昇

10.4　教育機会の多様性と高度化
一貫教育の学校は「小中一貫」と「中高一貫」で違い

　学校教育の多様化の１つである一貫教育の状況についてみると、「小中一貫」は2016年の制度発足から学校数が堅調に推移し、義務教育学校は151校（21年）に増加し、小中一貫教育を行う小学校・中学校はそれぞれ745校、430校（20年）に増加している。

　「中高一貫」についてみると、小中一貫と異なり、中等教育学校（21年は56校）も、中高一貫教育を行う中学校・高校（20年はそれぞれ665校、584校）も横ばいの状況にある（表10.4.1、参考）。

専門学校の入学者は28万人、新規学卒以外が１／４

　専修学校の入学者は、高卒者の減少と大学進学率の上昇により長期的には減少状況にあるが、ここ10年ほど31万人台で推移している。

　このうち専門課程（いわゆる専門学校）の入学者（2020年）は28万人で、専修学校入学者のほぼ９割を占めている。この内訳をみると、「現役」（高卒者）19万４千人、「大学等卒業者」１万４千人、「その他」７万２千人で、新規学卒以外の「その他」が25.7％となり、10年と比べると割合が高くなっている（図10.4.1、表10.4.2）。

海外留学（2018年）は５万９千人で横ばい、留学先上位は米国・中国・台湾

　日本人の海外留学は、経済社会のグローバル化のもとで増加していたが、経済状況も影響し2004年（８万３千人）を境に減少に転じた。その中、16年と17年は増加したが、18年（５万９千人）は横ばいにとどまった。

　留学先はアメリカと中国が群を抜いて多く、続く台湾を加えた３地域で７割を占めている。フランスは10番目に低下している（図10.4.2）。

　なお、大学が把握している留学生（交換留学等の短期留学を含む）は18年まで増加していたが、19年は新型コロナウイルス感染が影響（文部科学白書）し大幅減少（前年比7,800人減）となった（参考）。

大学院入学者は修士・博士課程がやや減少、専門職学位課程がやや増加

　大学院の入学者は、高等教育改革と社会的要請を背景に増加したが、近年は修士課程が７万人強、博士課程が１万５千人前後で推移し、2020年は前年よりやや減少した。一方、専門職学位課程はここ３年増加している。

　大学院入学者に占める社会人の割合をみると、修士課程が10％（７千人）であるのに対し、博士課程は43％（６千人強）、専門職学位課程は52％（４千人強）と、社会人がほぼ半分となっている（表10.4.3）。

表10.4.1　一貫教育の学校

《義務教育学校》

年	学校数	本務教員数(人)	生徒数(人)
2016	22	934	12 702
18	82	3 015	34 559
20	126	4 486	49 677
21	151	5 382	58 568

（参考）　「小中一貫教育」を行う小学校および中学校

年	小学校数	うち施設一体型	施設隣接型	中学校数	うち施設一体型	施設隣接型
2016	142	62	11	101	53	10
18	427	76	22	253	75	22
20	745	107	36	430	105	38

《中等教育学校》

年	学校数	本務教員数(人)	生徒数(人)
2016	52	2 556	32 428
18	53	2 629	32 325
20	56	2 683	32 426
21	56	2 721	32 756

（参考）　「中高一貫教育」を行う中学校および高校

年	中学校数	併設型	連携型	高校数	併設型	連携型
2016	669	464	205	552	465	87
18	696	489	207	582	490	92
20	665	495	170	584	496	88

資料　文部科学省「学校基本調査」（2021年は速報）

図10.4.1　専修学校の入学者数

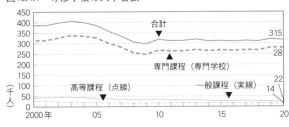

表10.4.2　専門課程入学者の内訳

	2010年	2020年
合　　　　計	266 915人	279 586人
現　役(高卒)	178 771	194 108
大学等卒業者	24 863	13 557
そ　の　他	63 281	71 921
合　　　　計	100.0%	100.0%
現　役(高卒)	67.0	69.4
大学等卒業者	9.3	4.8
そ　の　他	23.7	25.7

注　上段は人数、下段は構成比
資料　文部科学省「学校基本調査」

図10.4.2　海外の大学等への日本人留学者数

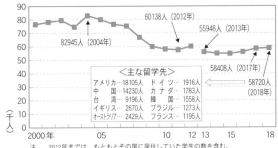

注　2012年までは、もともとその国に居住していた学生の数を含む。
　　2013年からは、勉学を目的としてその国に移り住んだ学生の数（留学等の短期留学は含まない）であるため、2012年までとは直接の比較はできない。
資料　文部科学省「文部科学白書」

（参考）
大学が把握している
海外留学の日本人学生数

年	留学生数(人)
2010	58 060
12	65 373
14	81 219
16	96 641
18	115 146
19	107 346

注　大学間の協定による短期留学などを含む。
資料　文部科学省「文部科学白書」

表10.4.3　大学院の入学者数（総数および社会人）

年	入学者数（人）					うち社会人の入学者（人、％）					
	修士課程	博士課程	専門職学位課程	うち法科大学院	教職大学院	修士課程		博士課程		専門職学位課程	
2000	70 336	17 023	—	—	—	7 264	(10.3)	—		—	
05	77 557	17 553	5 969	3 516	1 459	7 957	(10.3)	4 709	(26.8)	3 044	(51.0)
10	82 310	16 471	8 931	4 121	805	7 930	(9.6)	5 384	(32.7)	3 626	(40.6)
15	71 965	15 283	6 759	2 185	874	7 684	(10.7)	5 832	(38.2)	3 306	(48.9)
19	72 574	14 976	7 722	1 850	1 649	7 359	(10.1)	6 349	(42.4)	4 000	(51.8)
20	71 954	14 659	8 243	1 713	1 823	7 085	(9.8)	6 335	(43.2)	4 237	(52.3)

注　カッコ内は、入学者数に占める社会人の割合
資料　文部科学省「学校基本調査」

10.5　教育支出・教育費負担
教育費総額（2018年）は微増にとどまり、対GDP比は変わらず

　教育費総額（国・地方公共団体・学校法人等が学校教育などに支出した経費の合計）は、学齢人口が減少していることもあって、近年は30兆円台で推移していたが、2017年に3000億円増加し初めて31兆円台になった。

　18年は31兆1千億円と、前年から600億円（0.2%）増加したものの、国内総生産に対する割合は5.6%で、前年と変わらなかった。

　なお、教育費総額の内訳をみると、教育分野別では学校教育費が86%を占め、財源別では地方公共団体が52%を占めている（表10.5.1）。

家計の教育費割合が低下し3.7%、教育費の1／3が大学教育、1/4が補習教育

　家計支出に占める教育費の割合は、2010年は高校授業料の無償化もあって、それまでの4%台前半から4.0%に低下し、さらに15年は3.8%になった。そして、16年は大学授業料の値上げもあり4.0%になってから、4.0%前後で推移したが、20年は幼児教育の無償化（19年10月開始）もあって前年から0.2ポイント低下し3.7%となった。

　20年の教育費の内訳をみると、幼児教育の割合が低下（19年15%→20年6%）したことにより他項目が相対的に高まり、大学教育が34%、補習教育26%、高校教育17%となっている（図10.5.1）。

保護者負担の「補助学習費」の公立・私立の差は学習塾費が影響

　生徒1人当たり学校外活動費（保護者負担）のうち「補助学習費」についてみると、2018年は16年と比べ、公立では小・中・高とも大きな違いがないものの、私立では小学で4万4千円増加、中学で1万6千円増加したのに対し、高校が3万6千円減少している（表10.5.2）。

　18年の補助学習費について、公立と私立を比較すると、中学ではあまり変わらないが、高校では私立が3割ほど多くなり、小学では約4倍の開きがある。この違いには、学習塾費が大きく影響している（図10.5.2）。

大学生は生活費の増加に「日常費」の節約とアルバイト収入で対処

　大学生の支出のうち「生活費」について2018年と16年を比べると、「自宅」居住が2万2千円、「学寮」が3万2千円、「下宿・間借等」が1万6千円増加している。この内訳をみると、いずれも「食費、住居・光熱費」と「娯楽・し好費」が増加し、「他の日常費」が減少している。

　収入は「アルバイト」が金額も割合も増加しており、日常の生活費を節約しつつアルバイト依存を高める状況がうかがわれる（表10.5.3）。

表10.5.1 教育費総額と国内総生産

年	教育費総額 (10億円)	教育分野別（10億円）			国内総生産 (10億円)	国内総生産に対する教育費総額の割合 (%)
		学校教育費	社会教育費	教育行政費		
2000	30 717	25 672	2 515	2 531	537 616	5.7
10	29 592	25 222	1 641	2 729	504 872	5.9
15	30 798	26 631	1 614	2 553	540 739	5.7
16	30 750	26 529	1 605	2 617	544 827	5.6
17	31 049	26 829	1 580	2 640	555 687	5.6
18	31 108	26 820	1 527	2 761	556 828	5.6
《2018年：財源内訳（10億円）》						
国	7 234	5 432	64	1 738		
地　方	16 111	13 625	1 462	1 023		
学校法人等	7 763	7 763	…	…		

資料：
文部科学省「文部科学統計要覧」
内閣府「国民経済計算」

図10.5.1 家計における教育費の割合とその内訳（2人以上の世帯）

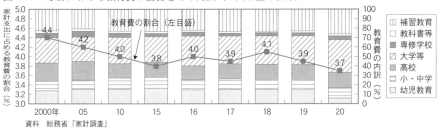

資料　総務省「家計調査」

表10.5.2 生徒1人当たりの学校外活動費（保護者負担）（2016年、2018年）

(千円)

区分	小学校				中学校				高校（全日制）			
	公立		私立		公立		私立		公立		私立	
	2016年	2018年	2016年	2018年	2016年	2018年	2016年	2018年	2016年	2018年	2016年	2018年
学校外活動費	217.8	214.5	613.0	646.9	301.2	306.5	320.9	331.3	174.9	176.9	285.1	250.9
補助学習費	83.0	82.5	304.9	348.4	239.6	243.6	204.1	220.3	142.7	147.9	230.1	193.9
その他の学校外活動費	134.8	132.0	308.2	298.5	61.6	62.9	116.8	110.9	32.2	29.0	55.0	56.9

図10.5.2 生徒1人当たり学校外活動費（保護者負担）の内訳（2018年）

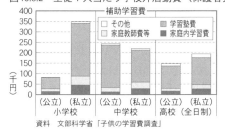
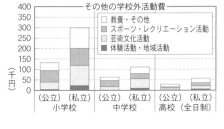

資料　文部科学省「子供の学習費調査」

表10.5.3 大学生の居住形態別生活費

(千円、%)

	自宅				学寮				下宿・間借等			
	2016年		2018年		2016年		2018年		2016年		2018年	
収　入	1 752.3	(100.0)	1 810.8	(100.0)	2 044.9	(100.0)	2 048.8	(100.0)	2 283.4	(100.0)	2 301.2	(100.0)
うち 家庭からの給付	963.4	(55.0)	1 000.4	(55.2)	1 273.9	(62.3)	1 317.8	(64.3)	1 501.9	(65.8)	1 493.6	(64.9)
アルバイト	392.6	(22.4)	438.8	(24.2)	200.2	(9.8)	229.3	(11.2)	321.6	(14.1)	370.2	(16.1)
支　出	1 667.2	(100.0)	1 714.0	(100.0)	2 003.1	(100.0)	2 001.4	(100.0)	2 201.0	(100.0)	2 221.0	(100.0)
学　費	1 254.4	(75.2)	1 279.9	(74.6)	1 146.6	(57.2)	1 113.0	(55.6)	1 105.9	(50.2)	1 109.6	(50.0)
うち 授業料・学校納付金	0.0	(64.7)	0.0	(64.6)	0.0	(51.2)	0.0	(49.2)	0.0	(45.4)	0.0	(45.1)
課外活動費	31.6	(1.9)	30.7	(1.8)	57.3	(2.9)	68.0	(3.4)	39.7	(1.8)	40.7	(1.8)
生活費	412.8	(24.8)	434.1	(25.3)	856.5	(42.8)	888.4	(44.4)	1 095.1	(49.8)	1 111.4	(50.0)
うち 食費、住居・光熱費	102.0	(6.1)	104.9	(6.1)	0.0	(27.6)	0.0	(28.9)	0.0	(33.7)	0.0	(34.0)
娯楽・し好費	134.2	(8.0)	150.6	(8.8)	114.7	(5.7)	128.5	(6.4)	151.1	(6.9)	156.9	(7.1)
他の日常費	140.5	(8.4)	139.2	(8.1)	155.3	(7.8)	147.1	(7.3)	165.2	(7.5)	160.4	(7.2)

注　大学昼間部の学生。各年の数値は金額（千円）、カッコ内は構成比（%）
資料　(独)日本学生支援機構「学生生活調査」

第11章　文化・芸術

11.1　舞台芸術
鑑賞は女高男低

　1960年代から70年代の初めにかけての高度経済成長によって、耐久消費財に代表される物質的な充足感がある程度満たされるにしたがい、精神的な満足度の向上がより求められるようになってきた。それに伴い国民の文化・芸術への関心も高まり、2001年に「文化芸術振興基本法」が成立し、17年にはそれを改正した「文化芸術基本法」が施行されるなど、政府も積極的にその振興を担うようになっている。

　文化・芸術の代表的活動である舞台芸術（音楽、演劇、舞踊など）のライブでの鑑賞について、社会生活基本統計における行動者率（過去1年間にその活動を行った人の割合）でみると、女性の鑑賞する割合が男性よりどの種目でも高くなっている。これは、女性の方がピアノの稽古など、幼少時から音楽や芸術に接する機会が多いことも影響している。種目別に行動者率の推移をみると、演劇等の鑑賞、クラシック音楽鑑賞、ポピュラー音楽鑑賞の行動者率は、2011年までは低下または横ばい傾向にあったが、16年にはいずれも上昇している（図11.1）。

公演数は2005年までは増加傾向で、その後横ばい、2020年は大幅減

　クラシック音楽の演奏会回数の動向をみると、2005年頃まではほぼ一貫して増加し、1975年に比べて約8倍まで増えた。種類別でみるとオーケストラや声楽の割合が減少する一方で、「その他」の演奏会が増えており、多様化の傾向がみられる。しかし、2005年以後は減少ないし横ばい傾向にある。また、来日演奏家による公演の割合は、1980年代後半から90年代初めにかけて20％台後半に高まったが、その後は低下している。

　2011年は東日本大震災の影響で来日演奏家のキャンセルが相次ぎ、来日公演が大幅に減少した。その後持ち直したが、2020年には新型コロナウイルス感染拡大で演奏会回数は激減し、1980年代半ばの水準にまで落ち込んだ。特に、来日演奏家による演奏会は前年比9割近くの減少となり（国内演奏家は58％減）、オペラなどは0回であった（表11.1.1）。

鑑賞・公演ともに東京の一極集中

　舞台芸術の鑑賞には、地域間の格差が大きい。演奏会回数や興行場・興業団数でみても東京が圧倒的に多い。演奏会回数では東京が全体の4割近くを占める。鑑賞率においても同様で、東京以外では神奈川、京都、兵庫などが上位を占める。首都圏など大都市圏において、公演機会などのソフト、劇場やホールなどのハードのいずれも多いのは、人口や所得水準なども大きく影響している。また、新型コロナウイルス感染拡大の影響を受けた2020年には、演奏会の回数は減少したものの上位5位までの都府県は前年と同じで、減少が全国的であったことがわかる。（表11.1.1、表11.1.2）。

図11.1　舞台芸術の鑑賞の行動者率（15歳以上）

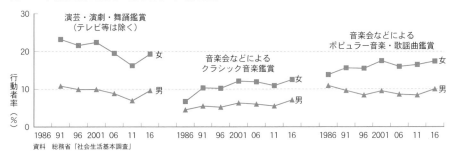

資料　総務省「社会生活基本調査」

表11.1.1　演奏種類別クラシック音楽の演奏会回数

年	オーケストラ		室内楽		ピアノ		オペラ		声楽（独唱）		その他		合計		総計
	邦人	来日	邦人	来日	邦人	来日	邦人	来日	邦人	来日	邦人	来日	邦人	来日	
1975	335	66	190	61	172	67	63	17	267	36	165	43	1 192	290	1 482
80	398	59	374	116	430	114	125	31	507	78	540	158	2 374	556	2 930
85	1 043	178	408	144	649	188	220	52	421	53	1 285	359	4 026	974	5 000
90	1 426	453	619	468	915	377	266	43	594	134	1 621	597	5 441	2 072	7 513
95	1 898	611	1 011	462	1 133	439	301	88	878	153	3 494	873	8 715	2 626	11 341
2000	1 740	587	898	510	1 198	297	333	196	688	92	3 575	928	8 428	2 610	11 038
05	1 816	474	1 262	508	1 492	495	417	212	894	139	3 739	880	9 620	2 708	12 328
06	1 826	471	1 197	507	1 500	515	424	239	900	154	3 788	788	9 635	2 674	12 309
07	1 767	446	1 271	511	1 368	466	385	136	926	142	3 295	757	9 012	2 458	11 470
08	1 688	386	1 172	440	1 253	343	379	229	957	117	2 883	558	8 332	2 073	10 405
09	1 861	394	1 443	489	1 492	383	429	77	1 135	111	3 451	674	9 811	2 128	11 939
10	2 024	421	1 484	348	1 692	479	422	124	1 134	103	3 904	799	10 660	2 274	12 943
11	1 911	288	1 282	340	1 415	395	385	78	1 112	132	3 427	578	9 532	1 811	11 343
12	1 858	342	1 271	314	1 538	432	413	79	1 154	112	3 473	752	9 707	2 095	11 802
13	1 905	351	1 339	411	1 589	354	433	84	1 278	89	3 458	735	10 002	2 024	12 026
14	1 970	375	1 315	434	1 451	413	452	62	1 194	191	3 547	686	9 929	2 161	12 090
15	1 830	319	1 348	381	1 534	360	470	71	1 164	120	3 451	752	9 767	2 003	11 770
16	1 915	345	1 451	438	1 602	398	449	77	1 248	107	4 056	780	10 721	2 145	12 866
17	1 926	390	1 304	363	1 550	384	438	38	1 118	120	3 791	792	10 127	2 087	12 214
18	1 913	392	1 363	402	1 638	436	453	42	1 225	124	3 963	789	10 585	2 186	12 771
19	1 901	385	1 397	435	1 555	386	437	68	1 239	94	4 006	830	10 535	2 198	12 733
20	1 010	95	635	36	695	59	157	0	372	7	1 625	70	4 494	267	4 761
東京	355	29	260	13	272	24	98	0	184	0	607	16	1 776	82	1 858
（構成比）	(35.1)	(30.5)	(40.9)	(36.1)	(39.1)	(40.7)	(62.4)	-	(49.5)	(0.0)	(37.4)	(22.9)	(39.5)	(30.7)	(39.0)

注）　邦人は邦人演奏家、来日は来日演奏家。
資料　社団法人日本演奏連盟「演奏年鑑」（昭和54年度版以前は「音楽資料」）、東京のデータは2020年。

表11.1.2　芸術鑑賞等の都道府県ランキング（上位5位まで）

	行動者率（％）[1]			クラシック音楽演奏会回数[1]	興行場・興行団数[1]
	演芸・演劇・舞踊鑑賞（テレビ・DVDなどは除く）	音楽会などによるクラシック音楽鑑賞	音楽会などによるポピュラー音楽・歌謡曲鑑賞		
1位	東　京　22.2	東　京　14.6	東　京　18.0	東　京　1 858	東　京　1 132
2位	京　都　17.0	神奈川　13.8	神奈川　16.7	神奈川　421	大　阪　165
3位	神奈川　16.8	長　野　12.6	埼　玉　15.6	大　阪　360	神奈川　136
4位	大　阪　16.7	埼　玉　11.3	京　都　15.2	愛　知　257	愛　知　101
5位	兵　庫　16.0	兵　庫　11.1	兵　庫　15.0	兵　庫　180	福　岡　67

注　1)　行動者率は2016年（10歳以上）、演奏会回数は2020年、興行場・興行団数は2018年。
資料　行動者率は図11.1、演奏会回数は表11.1.1と同じ。興行場・興行団数は経済産業省「特定サービス産業実態調査」

11.2　文化施設
美術館、歴史博物館が大幅に増える

　美術館や動物園等を含む博物館は、文化資産の収集・保存・展示を行い、次世代に継承するなど文化振興の拠点として、文化施設の中でも重要な位置を占める。また、近年では博物館の教育的機能も注目されている。

　我が国の博物館は、高度経済成長後の1975年頃から急速に増えた。これは第1次オイルショックを境に経済優先の政策が見直され、文化なども重視されるようになったからである。この世相を受けて各地方自治体が競って美術館や郷土史館を建設したほか、私立の博物館も増え、75年当時はそれぞれ100館程度であった美術館と歴史博物館の数は、2008年までにいずれも4倍程度の増加をみせ、その後は横ばいとなっている（表11.2）。

美術館の入館者数は増加

　博物館の入館者数は、歴史、美術、科学のいずれの博物館でも1970年代までは増加したが、80年代に入館者数を著しく増加させたのは美術館だけである。これは、バブル期の絵画ブームで、美術館が名画を盛んに購入したことも反映している。その後、美術館の入館者は減少する時期もあったが、最近では3000万人台を維持している。一方、科学博物館や歴史博物館に関しては、1980年以降は少子化の影響も受けほぼ横ばいであったものの、最近はやや増加傾向にある（図11.2.1）。

動物園の入場者数は減少に歯止め、水族館は堅調に推移

　動物園は、戦後、施設の充実や人口増加を背景に入園者数を増加させたが、1970年代に入ってからは入園者数が減少し始めた。とりわけ、86年の2941万人から98年までに1000万人以上減少した。これは、子どもの人口が70年代から減少傾向に転じたことの影響が大きい。しかし、最近になって新機軸の動物園の人気等もあり、減少に歯止めがかかっている。

　一方、水族館は成人にも人気があるため、館数も2002年にかけて増加した。入館者数も1977年から増加し、2000年代に入ってやや減少したものの、最近は堅調に推移している。これは巨大水槽等の技術革新による新たな展示方法の開発や海獣のショーといったアトラクションなどにより、子どもだけでなく大人も楽しめる施設となっているためである（図11.2.2）。

文化施設数は横ばい

　文化施設の全般的な動向を公立文化施設数でみると、2000年頃まではほぼ一貫して増加しており、施設数は1970年に比べて約7倍に増加している。こうした背景には、ふるさと創生事業など公的な支援によるところも大きいが、近年は新規施設の建設はほとんどなく、2200施設ほどで頭打ちとなっている（図11.2.3）。

表11.2　博物館数の推移

館数（館）

年	1975	90	93	96	99	2002	05	08	11	15	18
合　　計	409	799	861	985	1 045	1 120	1 196	1 248	1 262	1 256	1 286
総合博物館	62	96	109	118	126	141	156	149	143	152	154
科学博物館	52	81	89	100	105	102	108	105	109	106	104
歴史博物館	113	258	274	332	355	383	405	436	448	451	470
美術博物館	101	252	281	325	353	383	423	449	452	441	453
野外博物館	3	11	9	11	13	11	13	18	18	16	16
動　物　園	28	35	31	33	28	31	32	29	32	35	34
植　物　園	19	21	22	18	16	17	12	11	10	10	11
動 植 物 園	6	7	9	9	10	10	9	10	8	7	6
水　族　館	25	38	37	39	39	42	38	41	42	38	38

資料　文部科学省「社会教育調査」

図11.2.1　博物館等の入館者数の推移

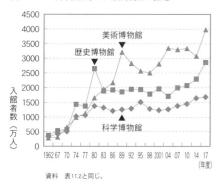

図11.2.2　動物園等の入館者数の推移

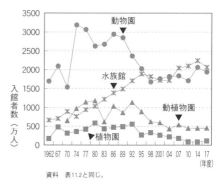

図11.2.3　公立文化施設数の推移

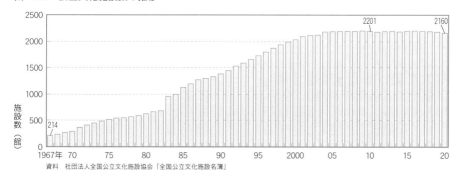

資料　社団法人全国公立文化施設協会「全国公立文化施設名簿」

11.3　出版
書籍・雑誌の発行部数は1998年以降減少、新刊点数も2014年以降減少

　書籍の（推定）発行部数は、第１次オイルショック後の1975～78年に大きく増加したが、その後は書籍離れが進み、90年代は発行部数がほとんど増えず、98年の出版不況を境に減少傾向が続いている。2004年からはやや回復したものの、08年から再び減少している。月刊誌・週刊誌は、書籍を上回る速度で発行部数が増えたが、やはり98年の出版不況から減少に転じている。書籍離れは、インターネットや電子書籍の普及の影響も大きい。ただし、90年代の後半から2000年代前半にかけて、書籍の発行部数は落ち込んだものの、新刊点数は大きく増加した。つまり、書籍の発行部数の減少を新刊書の数を増やすことでカバーしようとする傾向が見られた。しかし、近年は新刊点数も減少傾向を示しており、2020年は前年比4.5％の減少で、減少率も拡大している（図11.3.1、表11.3）。

社会科学・文学の割合が高い新刊書籍

　書籍の2020年の新刊点数を部門別に見ると、社会科学が20.5％、文学が17.6％、芸術・生活が17.6％などとなっており、社会科学や文学の割合が大きい。工学系はコンピュータ関連などの書籍が多い。一方、学習参考書は少子化の影響があるものの、減少傾向にあるわけではない。その新刊点数は、学習指導要領改訂などの影響も受ける（表11.3）。

新聞の発行部数は2000年前後で頭打ち

　新聞の発行部数は戦後一貫して増加してきたが、1990年代の後半から2000年代の初めにかけて5300万部台に達した後、発行部数は減少傾向を示しており、とくに2008年以降は減少が著しい。2020年には3509万部と、ピークの約３分の２となっている。これもインターネット等による影響が大きいと思われる。朝夕刊セットは80年代から停滞し、夕刊を分離する新聞社も出て、90年代からは減少してきている。75年には朝夕刊セットが45％を占めていたが、2020年には約21％に低下し、朝刊のみが約77％を占めている（図11.3.2）。

拡大を続ける電子書籍市場

　減少する紙媒体の書籍に対して、電子書籍の市場は一貫して増加傾向を示している。その市場規模は2002年の10億円から20年の4821億円へと、18年間で480倍以上の拡大をみせている。（20年は前年比28.6％増）。電子書籍を読むためのプラットフォームとしては、近年、スマートフォンが多く、タブレット、パソコン、電子書籍専用端末なども利用されている。電子書籍のコンテンツ自体もさらに充実してきており、今後も電子書籍市場は拡大していくことが予想される（図11.3.3）。

図11.3.1　書籍新刊点数と書籍出回り・雑誌
　　　　　推定発行部数

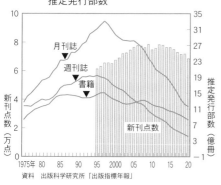

資料　出版科学研究所「出版指標年報」

図11.3.2　新聞の発行部数の推移

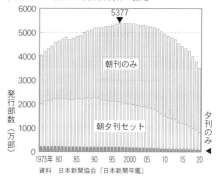

資料　日本新聞協会「日本新聞年鑑」

表11.3　書籍の部門別新刊点数と構成比

年　次	総記	哲学	歴史・地理	社会科学	自然科学	工学・工業	産業	芸術・生活	語学	文学	児童書	学習参考書
1995	1 262	2 806	4 076	12 509	4 198	4 960	2 144	9 360	1 450	11 682	3 466	3 389
2000	1 048	3 098	4 509	13 965	4 911	5 863	2 791	10 930	1 800	11 731	3 308	3 568
05	1 049	3 699	4 306	15 631	5 218	5 835	3 018	12 817	2 051	14 134	4 754	4 016
06	941	3 723	4 357	16 062	5 221	5 732	3 035	13 153	2 059	14 687	4 825	3 927
07	937	3 941	4 317	15 970	5 213	5 919	2 989	13 026	1 973	14 530	4 896	3 706
08	889	3 975	4 146	15 667	5 451	5 749	3 094	13 032	1 915	14 195	4 384	3 825
09	833	4 834	4 155	16 040	5 706	5 650	3 107	13 190	1 959	14 680	4 511	3 890
10	666	4 223	4 228	16 168	5 766	5 351	2 994	13 115	1 899	13 732	4 160	2 412
11	728	4 323	3 554	15 635	5 582	5 381	2 543	13 778	1 856	13 281	3 920	5 229
12	678	4 262	3 585	16 910	5 490	5 564	2 778	13 733	1 908	13 894	4 270	5 277
13	805	4 140	3 414	17 266	5 924	5 247	2 724	13 718	1 742	13 581	4 370	4 979
14	844	4 131	3 634	16 067	6 030	4 644	2 703	13 895	1 761	13 391	4 455	4 910
15	828	4 199	3 953	16 745	6 044	4 327	2 565	12 939	1 615	13 478	4 305	5 447
16	763	4 176	3 685	16 078	5 639	4 391	2 625	13 299	1 604	13 270	4 319	5 190
17	858	3 932	3 404	15 422	5 757	4 176	2 652	12 676	1 628	13 327	4 350	4 875
18	767	3 955	3 530	15 220	5 325	3 906	2 492	11 856	1 535	13 048	4 721	5 306
19	804	3 743	3 890	15 482	5 066	3 951	2 444	12 383	1 473	12 979	4 583	5 105
20	805	3 507	3 927	14 068	5 177	3 608	2 310	12 068	1 329	12 104	4 295	5 470
2020年構成比（%）	1.2	5.1	5.7	20.5	7.5	5.3	3.4	17.6	1.9	17.6	6.3	8.0
前年比（%）	0.1	−6.3	1.0	−9.1	2.2	−8.7	−5.5	−2.5	−9.8	−6.7	−6.3	7.1

資料　図11.3.1と同じ。

図11.3.3　電子書籍の市場規模の推移

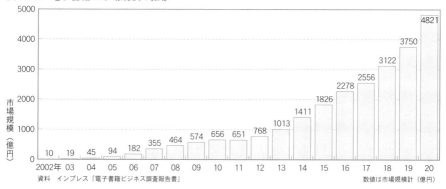

資料　インプレス「電子書籍ビジネス調査報告書」　　　　　　　　数値は市場規模計（億円）

11.4　映画
2000年代に入って入場者数は回復へ、2020年は大幅減
　映画館数の推移をみると、1950年代までは戦後の復興とともに増加を続けたが、60年の約7500館をピークに減少に転じ、93年には1734館にまで減少した。入場者数の減少はさらに著しく、60年に延べ約10億人あった入場者が、2000年には約1億3500万人と8分の1近くに激減している。映画産業の縮小に最も大きな影響を与えたのはテレビの出現で、その後のビデオの普及がさらに拍車を掛けた（表11.4、図11.4.1）。
　しかし、近年、とくに2012年以降は、映画館数・入場者数とも回復している。入場者数の回復には、公開本数の増加、CGや3Dに代表される技術革新を含んだコンテンツの充実、ヒット作の存在（01年の「千と千尋の神隠し」、16年の「君の名は。」など）、シネマコンプレックス（幾つものスクリーンを備えた映画館）が立地のよさや映画選択の利便性などによって浸透してきたこと、インターネットでの座席予約、シート等の設備の改善など多くの要因が考えられる。しかし2020年は、「鬼滅の刃」が歴代最高の興行収入を記録したものの、新型コロナウイルス感染拡大の影響で、休館・時短、入場者数の制限、新作映画の公開延期などにより、公開本数・入場者数・興行収入はいずれも大幅に減少した（表11.4）。

邦画が洋画を逆転
　映画の公開本数でみると、邦画は1960年頃は年間500本を超えていたが、その後は減少傾向で推移し、90年代初めには240本前後と約半分になった。これに対して、洋画は60年頃は年間200本前後であったが、バブル期の80年代後半に邦画を逆転し500本を超えた。しかし、90年代の後半になると邦画も再び増加傾向を示し、2006年には洋画を20年ぶりに上回り、現在に至っている。邦画の好調さは、アニメ作品をはじめとするヒット作に恵まれたことも影響しており、興行収入においても洋画を上回る傾向が定着していることにもみられる（表11.4）。

映画とDVDの鑑賞は代替関係から、補完関係へ
　社会生活基本統計によって映画館における映画の鑑賞率とDVD等による鑑賞率（行動者率）の関係をみると、1996年までは、DVD（当時はビデオ）などによる鑑賞率の上昇とともに、映画館における鑑賞率は低下しており、ビデオ等の普及が入場者を減少させたことを裏付けている。その後、両者はほぼ同様に動いており、最近は両者が代替的な関係にあるわけではない。上で述べた様々な要因の影響を受け、映画館での鑑賞に対する需要は、一定水準で存在していると考えられる。映画館における鑑賞率は女性の方が高く、DVDなどによる映画鑑賞率は男性の方が高い。これには就業率も影響していると思われる。また、視覚芸術としての美術館での鑑賞率は、低下傾向を示していたが、2016年には反転した（図11.4.2）。

表11.4　映画館数、公開本数、入場者数、興行収入

年次	映画館数 (スクリーン)	うちシネマコンプレックス	公開本数			入場者数 (100万人)	興行収入 （百万円）			平均料金 (円)
			総　数	邦　画	洋　画		総　数	邦　画	洋　画	
1960	7 457		763	547	216	1 014	72 798			72
70	3 246		659	423	236	255	82 488			324
80	2 364		528	320	208	164	165 918			1 009
90	1 836		704	239	465	146	171 910			1 177
2000	2 524	1 123	644	282	362	135	170 862	54 334	116 528	1 262
05	2 926	1 954	731	356	375	160	198 160	81 780	116 380	1 235
06	3 062	2 230	821	417	404	165	202 934	107 944	94 990	1 233
07	3 221	2 454	810	407	403	163	198 443	94 645	103 798	1 216
08	3 359	2 659	806	418	388	160	194 836	115 859	78 977	1 214
09	3 396	2 723	762	448	314	169	206 035	117 309	88 726	1 217
10	3 412	2 744	716	408	308	174	220 737	118 217	102 521	1 266
11	3 339	2 774	799	441	358	145	181 197	99 531	81 666	1 252
12	3 290	2 765	983	554	429	155	195 190	128 181	67 009	1 258
13	3 318	2 831	1 117	591	526	156	194 237	117 685	76 552	1 246
14	3 364	2 911	1 184	615	569	161	207 034	120 715	86 319	1 285
15	3 437	2 996	1 136	581	555	167	217 119	120 367	96 752	1 303
16	3 472	3 045	1 149	610	539	180	235 508	148 608	86 900	1 307
17	3 525	3 096	1 187	594	593	174	228 572	125 483	103 089	1 310
18	3 561	3 150	1 192	579	613	169	222 511	122 029	100 482	1 315
19	3 583	3 165	1 278	689	589	195	261 180	142 192	118 988	1 340
20	3 616	3 192	1 017	506	511	106	143 285	109 276	34 009	1 350

資料　日本映画制作連盟調べ

図11.4.1　映画館数及びテレビ等普及率

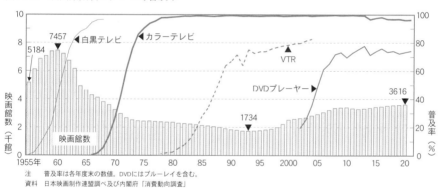

注　普及率は各年度末の数値。DVDにはブルーレイを含む。
資料　日本映画制作連盟調べ及び内閣府「消費動向調査」

図11.4.2　映画・美術鑑賞の行動者率（15歳以上）

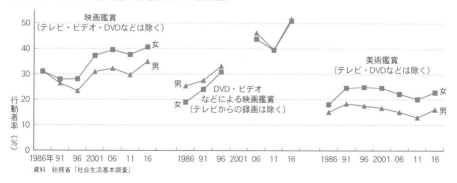

資料　総務省「社会生活基本調査」

11.5　芸術家と文化・芸術関係就業者
生活の余裕とともに著しい芸術家の増加

　戦後、芸術家の数（国勢統計における芸術・文化関係就業者数）は、国民の生活水準の上昇とともに著しく増加した。芸術家は戦中から戦後にかけて減少したため、1960年代までは戦前の芸術家数の水準への復帰という側面が強かったが、60年代の後半に入ると、高度経済成長などを背景とした生活の余裕が芸術への需要を呼び、それに応える形で芸術家が増えた。こうした増加の特徴として、戦後のテレビ・ラジオによる放送文化の発展、週刊誌ブーム、漫画ブーム、音楽教育ブーム等によって新しい分野における芸術関係就業者が増加したこと、各分野で女性の進出が著しく、現代の芸術活動の多くを女性が支えていることなどが挙げられる。

　文芸家・著述家の中では、テレビの普及や出版の多様化とともに、新しいタイプの著述家やシナリオライター等が大幅に増加した。画家・彫刻家の中には、漫画家・イラストレーターが含まれており、漫画ブーム等を反映して大きく増加している。音楽家には、作曲や演奏を主体とする音楽家と、主に個人に教授する音楽家の2種類あるが、とくに急増したのはピアノを中心とした後者の個人教師であり、女性の音楽家の多くはこの個人教師が占めている。2015年の芸術家数において、出版不況や少子化などによって、記者・編集者や女性の音楽の個人教師は減少したが、彫刻家・画家、俳優・舞踏家・演芸家、デザイナーなどは増加した（図11.5.1）。

パート・アルバイト比率の高い女性の音楽家

　音楽家を従業上の地位別にみると、雇人のない業主であるいわゆるフリーの音楽家の割合が最も高くなっている。正規職員の割合は男女でほとんど差はないが、パート・アルバイトの比率は女性の方が高くなっている（図11.5.2）。

存在感を増しつつある博物館でのボランティア

　文化庁では、「文化芸術に自ら親しむとともに、他の人が親しむのに役立ったり、お手伝いするようなボランティア活動」を、「文化ボランティア活動」と捉えている。多くの博物館は運営費が潤沢ではなく、ボランティアはそうした面からも重要な役割を果たしている。博物館におけるボランティアの登録数は、2015年までは増加傾向にあり、2002年の22,422人から15年の37,942人へと1.7倍となったが、2015年から18年にかけては減少している。ボランティアの登録方法には団体登録と個人登録があるが、とくに個人登録者の増加が大きい。また、団体登録では女性が男性の約1.3倍、個人登録では約1.7倍といずれも女性の方が多くなっている（図11.5.3、図11.5.4）。

図11.5.1　芸術・文化関係就業者数

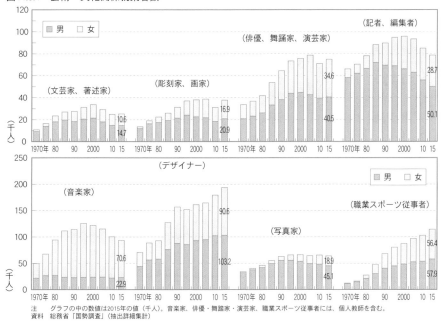

注　グラフの中の数値は2015年の値（千人）。音楽家、俳優・舞踊家・演芸家、職業スポーツ従事者には、個人教師を含む。
資料　総務省「国勢調査」（抽出詳細集計）

図11.5.2　音楽家の従業上の地位別就業者数（2015年）

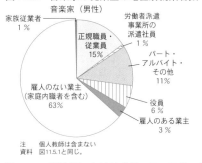

注　個人教師は含まない
資料　図11.5.1と同じ。

図11.5.3　博物館におけるボランティア数の推移

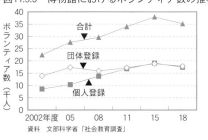

資料　文部科学省「社会教育調査」

図11.5.4　男女別文化ボランティア数（2018年）

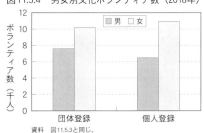

資料　図11.5.3と同じ。

第12章　余暇活動

12.1　生活時間の配分
1次活動、2次活動及び3次活動の時間の変化
　「社会生活基本統計」にみられる1991年から2016年にかけての行動の種類別生活時間の変化は以下のようにまとめられる（表12.1）。
　1次活動、すなわち、生理的に必要な活動の時間は、1991年から2016年にかけて、徐々に増加している。高齢者ほど身の回りの用事、食事に時間をかける傾向があり、高齢化の影響が認められる。
　2次活動、すなわち、社会生活を営む上での義務的な性格が強い活動の時間は下げ止まった。とくに、女性において、家事の時間が減る一方、仕事と通勤・通学の時間が増加した。これは、女性の労働力人口比率の上昇に見合った結果である。とはいえ、項目別には男女間で大きな相違がみられる。仕事と通勤・通学については男性の活動時間が長く、家事と買い物、育児については女性の活動時間が長い。
　3次活動、すなわち、各人の裁量で自由に行動する時間は、2011年まで増加傾向にあった。しかし、16年には男女ともわずかながら減少した。項目別には、11年から16年にかけて男女ともテレビ・ラジオ・新聞・雑誌（以下、テレビ等）の活動時間が減少し、休養と趣味・娯楽の活動時間が増加した。交際・付き合いの活動時間は男女とも減少し続けた。

有業者の晩の時間の過ごし方
　生活時間の長さだけでなく、活動のタイミングによっても一日の過ごし方は異なる。ここでは、20歳以上の有業者の晩の過ごし方に注目して、男女・都道府県別に有業者の平均帰宅（仕事からの帰り）時刻と平均就寝時刻を図12.1.1に示す。女の有業者の平均帰宅時刻（全国17：57）は、男のそれ（全国19：30）より約90分早い。しかし、平均就寝時刻には男女差がほとんどない（全国 男23：18、女23：09）。男には「帰宅時刻が早いほど就寝時刻も早くなる」という傾向（正の相関）があるのに対し、女にはそれほど強い相関がない。

新型コロナウイルス感染拡大による人の移動制限
　新型コロナウイルス感染症は、2021年9月においても通勤・通学を含む人流に影響を及ぼしている（図12.1.2）。半ば強制的に導入された在宅勤務が、感染拡大の収束後にも定着するかどうかは定かでない。もし、生産活動における在宅勤務の比率が従来よりも上昇すれば、通勤・通学時間が減少する。そのことは、余暇活動の時間に影響を及ぼすと予想される。

表12.1　男女別生活時間（15歳以上、週全体1日平均）　　　　　　　　（単位　時間・分）

行動の種類	男性						女性					
	1991	96	2001	06	11	16	1991	96	2001	06	11	16
［1次活動］	10.19	10.26	10.28	10.29	10.31	10.32	10.30	10.39	10.40	10.40	10.45	10.47
睡眠	7.50	7.52	7.49	7.47	7.46	7.42	7.34	7.36	7.35	7.32	7.33	7.32
身の回りの用事	0.56	0.58	1.02	1.06	1.09	1.12	1.15	1.19	1.23	1.25	1.30	1.32
食事	1.33	1.36	1.36	1.37	1.36	1.38	1.41	1.43	1.41	1.43	1.42	1.43
［2次活動］	7.33	7.15	6.55	7.02	6.51	6.52	7.46	7.21	7.04	7.06	6.59	7.04
通勤・通学	0.47	0.44	0.41	0.41	0.40	0.43	0.25	0.22	0.21	0.21	0.22	0.25
仕事	5.46	5.36	5.14	5.17	5.03	4.56	2.59	2.48	2.35	2.40	2.31	2.36
学業	0.36	0.29	0.27	0.25	0.25	0.28	0.30	0.24	0.22	0.20	0.22	0.26
家事	0.11	0.11	0.14	0.17	0.19	0.20	2.52	2.47	2.42	2.41	2.40	2.31
介護・看護	0.01	0.01	0.01	0.02	0.02	0.02	0.05	0.05	0.05	0.05	0.05	0.06
育児	0.03	0.03	0.04	0.05	0.05	0.06	0.22	0.20	0.23	0.23	0.24	0.26
買い物	0.09	0.12	0.14	0.15	0.17	0.17	0.33	0.34	0.35	0.35	0.36	0.35
［3次活動］	6.08	6.19	6.37	6.28	6.38	6.36	5.44	6.00	6.15	6.14	6.16	6.09
移動（通勤・通学を除く）	0.21	0.25	0.32	0.30	0.29	0.28	0.22	0.24	0.34	0.32	0.31	0.30
テレビ・ラジオ・新聞・雑誌	2.28	2.39	2.40	2.31	2.34	2.23	2.18	2.30	2.28	2.23	2.27	2.14
休養	1.20	1.13	1.18	1.23	1.30	1.37	1.23	1.16	1.20	1.26	1.30	1.36
学習・研究（学業以外）	0.13	0.10	0.12	0.11	0.12	0.11	0.11	0.10	0.11	0.10	0.10	0.10
趣味・娯楽	0.40	0.42	0.49	0.51	0.53	0.57	0.31	0.30	0.35	0.38	0.36	0.37
スポーツ	0.14	0.14	0.13	0.16	0.15	0.16	0.08	0.08	0.08	0.09	0.09	0.09
ボランティア活動・社会参加活動	0.05	0.04	0.04	0.05	0.04	0.04	0.05	0.04	0.05	0.05	0.04	0.04
交際・付き合い	0.31	0.28	0.26	0.20	0.18	0.15	0.27	0.27	0.27	0.24	0.21	0.19
受診・診療	0.08	0.07	0.07	0.08	0.07	0.07	0.10	0.09	0.10	0.11	0.10	0.09
その他	0.09	0.18	0.15	0.15	0.16	0.18	0.11	0.22	0.18	0.17	0.18	0.20

資料　総務省「社会生活基本統計」

図12.1.1　男女・都道府県別平均就寝時刻と平均帰宅時刻（平日・有業）

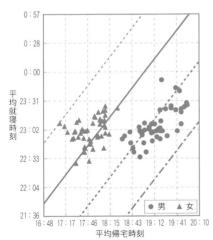

注0：男○、女△
注1：図中の直線は、低位のものから、就寝時刻−帰宅時刻＝3時間、4時間、5時間、6時間の線を表す。
資料：総務省「社会生活基本統計」2016年調査

図12.1.2　人の移動の対2019年同週比（2020年12月第1週〜2021年9月第2週）

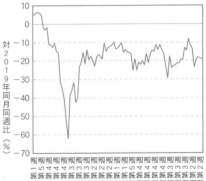

注　Agoop提供のデータをV-RESASによって集計した結果。詳細は以下のURL参照。
https://v-resas.go.jp/data-index/population

12.2　生活時間の曜日効果
曜日による総平均時間の比較

　平日と土曜日・日曜日では、仕事や趣味・娯楽に費やす時間に大きな違いがある（表12.2.1）。男女とも、有業者の方が無業者よりも平日と土曜日・日曜日の時間差が大きい。とくに、男性において顕著な差がある。その一因は、女性は有業者のパート・アルバイト比率が男性よりも高く、男性の有業者の平日の自由時間が短いことにあると考えられる。

　平日に比べて日曜における時間が長くなる活動は、男性ではテレビ等、睡眠、趣味・娯楽の順であり、女性では睡眠、テレビ等、趣味・娯楽の順となる。平日に仕事や通勤・通学に費やされる時間が、休日には睡眠や3次活動に向けられる。就業状態が同じ場合、女性の睡眠時間は男性のそれよりも短く、かつ、平日と土曜日・日曜日の差が男性より小さい。

　3次活動のうち、テレビ等と休養は心身を休める活動と位置付けられる。男性有業者については、これらの行動が土曜日・日曜日に大きく増える。女性有業者についても同様の傾向が認められるけれども、平日との差は男性のそれほど大きくない。

　これに対し、自由時間を利用した活発な行動としては、趣味・娯楽やスポーツが挙げられる。とくに、男性有業者においては、これらの行動時間は土曜日・日曜日に大きく増えている。女性有業者については、趣味・娯楽の行動時間が土曜日・日曜日に増えるが、スポーツの行動時間には平日と土曜日・日曜日とで大きな変化がない。

スマートフォン・パソコンなどの使用

　社会生活基本統計におけるスマートフォンやパソコンなどの使用とは、スマートフォンやパソコン、携帯電話、タブレット端末などを、仕事や学業以外の目的で、インターネットに接続して得られるサービスを使用することを指す。たとえば、通勤中に個人目的でインターネットを閲覧することがこれに含まれる。言い換えれば、表12.2.1の中の仕事・学業以外の活動におけるスマートフォンなどの利用が調査される。

　表12.2.2は、2016年における男女・就業状態・曜日・使用時間別の推定人口（度数分布）を示す。使用の有無については、男女・就業状態に関係なく、曜日による違いがほとんどない。これは、インターネットの利用には機材や回線接続のためのプロバイダ契約などが必要であり、それが備わっている世帯では毎日使うためであろう。しかし、使用時間については、土曜日・日曜日に6時間以上使用する有業者が多くなる。とくに、男の有業者は土日における6時間以上使用者数が平日のそれのほぼ2倍になる。

表12.2.1　男女・ふだんの就業状態・曜日別生活時間（20歳以上、1日平均）　　　（単位 時間・分）

行動の種類	男性						女性					
	有業			無業			有業			無業		
	平日	土曜日	日曜日	平日	土曜日	日曜日	平日	土曜日	日曜日	平日	土曜日	日曜日
［1次活動］	9.53	10.39	11.12	11.37	11.42	11.52	10.06	10.45	11.14	11.15	11.31	11.42
睡眠	7.15	7.49	8.14	8.20	8.26	8.33	7.02	7.33	7.55	7.48	8.01	8.11
身の回りの用事	1.07	1.12	1.15	1.24	1.21	1.22	1.31	1.32	1.35	1.34	1.33	1.32
食事	1.31	1.39	1.42	1.54	1.55	1.57	1.33	1.40	1.44	1.53	1.57	1.59
［2次活動］	9.51	5.59	4.12	2.01	1.42	1.32	9.39	6.56	5.55	5.06	4.35	4.24
通勤・通学	1.06	0.30	0.17	0.07	0.03	0.02	0.47	0.22	0.14	0.04	0.02	0.02
仕事	8.14	4.23	2.35	0.08	0.08	0.07	5.47	3.00	1.58	0.04	0.04	0.04
学業	0.08	0.03	0.03	0.27	0.10	0.09	0.10	0.05	0.05	0.12	0.04	0.03
家事	0.10	0.19	0.23	0.44	0.43	0.40	2.05	2.14	2.18	3.24	3.02	2.56
介護・看護	0.01	0.02	0.02	0.05	0.05	0.04	0.04	0.04	0.04	0.09	0.08	0.07
育児	0.05	0.14	0.16	0.03	0.02	0.02	0.21	0.25	0.24	0.36	0.28	0.27
買い物	0.08	0.28	0.38	0.26	0.31	0.28	0.25	0.45	0.53	0.39	0.47	0.46
［3次活動］	4.16	7.21	8.36	10.22	10.36	10.36	4.15	6.19	6.51	7.39	7.54	7.54
移動（通勤・通学を除く）	0.21	0.43	0.48	0.31	0.33	0.29	0.24	0.45	0.49	0.30	0.34	0.32
テレビ・ラジオ・新聞・雑誌	1.28	2.11	2.40	4.35	4.44	5.00	1.29	1.49	2.03	3.08	3.13	3.18
休養	1.17	1.50	2.07	1.54	2.01	1.59	1.14	1.37	1.45	1.49	1.53	1.55
学習・研究（学業以外）	0.05	0.08	0.10	0.20	0.17	0.15	0.06	0.07	0.08	0.12	0.10	0.10
趣味・娯楽	0.33	1.15	1.31	1.23	1.25	1.24	0.23	0.45	0.51	0.42	0.45	0.48
スポーツ	0.07	0.18	0.22	0.26	0.23	0.23	0.05	0.08	0.09	0.12	0.10	0.09
ボランティア活動・社会参加活動	0.02	0.06	0.10	0.06	0.08	0.11	0.02	0.05	0.07	0.05	0.06	0.07
交際・付き合い	0.11	0.27	0.26	0.13	0.20	0.18	0.13	0.32	0.30	0.19	0.23	0.22
受診・診療	0.04	0.04	0.01	0.19	0.14	0.07	0.06	0.07	0.03	0.17	0.12	0.06
その他	0.09	0.18	0.22	0.35	0.32	0.30	0.13	0.23	0.26	0.25	0.27	0.27

資料　総務省「社会生活基本統計」2016年調査

表12.2.2　男女・ふだんの就業状態・曜日別スマートフォン・パソコンなどの使用時間（20歳以上）　　　（単位 千人）

行動の種類	男性						女性					
	有業			無業			有業			無業		
	平日	土曜日	日曜日	平日	土曜日	日曜日	平日	土曜日	日曜日	平日	土曜日	日曜日
総数	36,978	37,188	37,109	12,092	11,856	11,978	29,036	29,129	29,041	23,366	23,241	23,311
1 使用しなかった	11,304	11,398	12,144	7,832	7,608	7,978	8,116	8,108	8,708	14,266	14,580	14,815
2 使用した	25,674	25,790	24,965	4,259	4,248	4,001	20,921	21,020	20,334	9,100	8,661	8,496
1時間未満	8,364	7,962	7,320	1,171	1,317	1,191	7,256	7,301	7,184	3,613	3,608	3,454
1～2時間未満	10,476	9,690	9,337	1,426	1,372	1,338	8,308	7,579	7,116	3,306	2,899	2,921
3～6時間未満	4,660	4,817	4,836	925	829	771	3,443	3,846	3,636	1,340	1,249	1,276
6～12時間未満	1,267	2,090	2,208	472	460	419	1,241	1,515	1,441	439	514	477
12時間以上	394	746	701	170	146	154	340	419	506	189	220	190

資料　総務省「社会生活基本統計」2016年調査

12.3　趣味・娯楽
趣味・娯楽行動者率の推移
　趣味・娯楽の行動者率は、1986年から91年に一旦上昇し、その後は低下した。しかし、2006年から16年にかけて、継続的に上昇した（図12.3.1）。男女差は縮小傾向にあり、2016年には、男子行動者率87.2％、女子行動者率は86.4％となり、両者の差は1％ポイントもない。

種目別趣味・娯楽行動者率の推移
　余暇に楽しむ趣味・娯楽の種類については男女差が見られる。
　男性の主な趣味・娯楽の行動者率を図12.3.2に示す（第11章で解説されている映画館での映画鑑賞を除く）。全体的に趣味・娯楽の行動者率は低下する傾向にある。ただし、種目別にみた趣味・娯楽の行動者率の低下幅は、スポーツよりも小さい。例外的に、テレビゲーム・パソコンゲームの行動者率は上昇傾向にあり、1986年の23％弱から2016年の40％強へと約20％ポイント上昇した。
　女性の主な種目別趣味・娯楽行動者率を図12.3.3に示す（映画鑑賞を除く）。2001年以降、低下傾向にあるものは、趣味としての読書、演芸・庭いじり・ガーデニング、カラオケ、和裁・洋裁である。逆に上昇しているのはテレビゲーム・パソコンゲームである。その他は、同水準で推移している。

ふだんの健康状態による年間行動日数の違い
　ふだんの健康状態は、年間の行動日数（頻度）に影響を及ぼすはずである。その例として、CDやスマートフォンなどによる音楽鑑賞（以下CDと略記）とカラオケについて、ふだんの健康状態別年間行動日数の構成比（相対度数）を比較する。前者は後者よりも身体的な負担が軽い行動とみなせる。健康状態別の総数と行動者総数の差を年間行動日数0とした。
　図12.3.4と図12.3.5はその結果を示す。全般的に、カラオケにおける年間行動日数0の構成比がCDのそれよりも高い。どちらの行動においても、健康状態が悪化すると年間行動日数0の構成比が上昇する点が類似している。CDにおいては、健康状態が悪化すると年間行動日数200日以上の構成比が低下する。カラオケでは、年間行動日数20日（月に2〜3回）以上の構成比は健康状態が悪化しても低下しない。

—— ☆☆☆ **行動者率** ☆☆☆ ——

　社会生活基本統計生活行動編における行動者率とは、ある特定の属性を持つ人口のうち、該当する種類の活動を過去1年間に少なくとも1回行った者（行動者）の比率（パーセント）である。

図12.3.1　男女別趣味・娯楽行動者率の推移

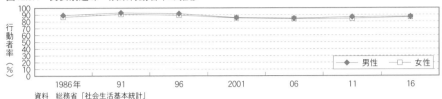

資料　総務省「社会生活基本統計」

図12.3.2　種目別趣味・娯楽行動者率（男）の推移

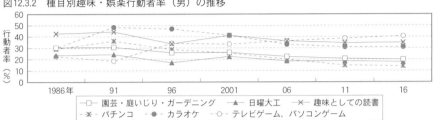

資料　図12.3.1と同じ。

図12.3.3　種目別趣味・娯楽行動者率（女）の推移

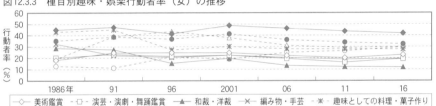

資料　図12.3.1と同じ。

図12.3.4　CDやスマートフォンなどによる音楽鑑賞の年間行動日数

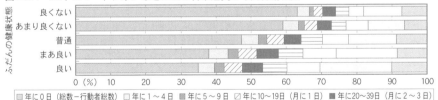

図12.3.5 カラオケの年間行動日数

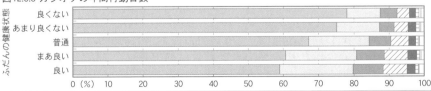

12.4　スポーツ
スポーツ行動者率の推移
　スポーツの行動者率の時系列は、2011年まで男女とも低下傾向で推移した。低下傾向は男性の方が顕著であった。しかし、16年には男女とも反転して、06年を上回った（図12.4.1）。種目別に11年と比べると、卓球やバドミントンの行動者率の上昇が大きかった。16年のリオデジャネイロ五輪開催も上昇の一因と考えられる。

種目別スポーツ行動者率の推移
　2011年から16年にかけて、スポーツ行動者率は上昇したけれども、個別には低下した種目もある（図12.4.2）。上昇の大きかった5種目は、ウォーキング・軽い体操（35.7％から42.1％）、器具を使ったトレーニング（9.9％から14.9％）、ジョギング・マラソン（8.6％から11.2％）、卓球（3.9％から5.9％）、バドミントン（4.0％から5.7％）であった。逆に、低下の大きかった5種目は、サイクリング（8.4％から7.6％）、ソフトボール（2.9％から2.4％）、ゴルフ（8.3％から8.1％）、ボウリング（12.1％から11.9％）、剣道（0.6％から0.5％）であった。総じて、行動者率の上昇した種目が多く、低下した種目も減少幅が小さかった。結果的にスポーツ全体の行動者率が上昇した。

スポーツ観覧の推移
　スポーツは観覧の対象でもある。スポーツ観覧（テレビなどによる観覧を除く）の行動者率は、男性で1986年（30％）から2011年（21.2％）にかけて10％ポイント程度低下し、女性では1986年（16.3％）から2011年（14.6％）の間、わずかな上下動はあるものの、ほとんど変化しなかった。しかし、2016年は男性25.2％、女性17.0％と男女とも反転し、06年の行動者率（男性24.7％、女性16.2％）を上回った（図12.4.1）。
　2021年夏、複数の都道府県に緊急事態宣言が発出される中で東京オリンピック・パラリンピックが開催された。自宅での観覧が中心となったので、21年10月に実施が予定されている社会生活基本調査で様子が捉えられる。
　プロ野球とJ1リーグ（J1）の年間入場者数を図12.4.3に、1試合当たり入場者数を図12.4.4に示す。2020年と21年は、新型コロナウイルス感染症拡大防止のために入場者が制限された。20年のプロ野球入場者数は約275万人（19年約2654万人）、J1リーグは約177万人（同約635万人）であった。プロ野球の1試合当たりの平均入場者数は約6,700人（同約3万人）、J1リーグは約5,800人（同約2万人）と減少した。21年においても入場制限が継続している。図12.4.3と図12.4.4には、21年9月30日現在における入場者数等も参考のため示されている。

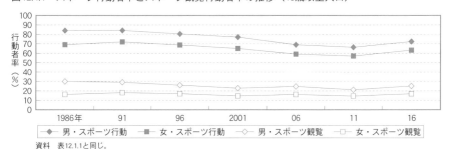

図12.4.1　スポーツ行動者率とスポーツ観覧行動者率の推移（15歳以上人口）

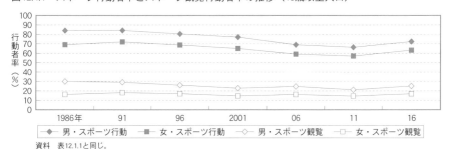

資料　表12.1.1と同じ。

図12.4.2　種目別スポーツ行動者率の推移

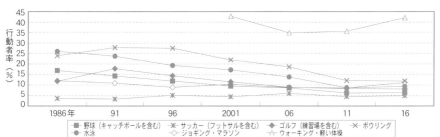

注　ウォーキング・軽い体操は、2001年から統合された（もとは、「運動としての散歩」と「軽い体操」）ので、2001年以降のみ表示。
資料　表12.1.1と同じ。

図12.4.3　プロ野球・Jリーグの入場者数

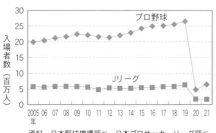

資料　日本野球機構調べ、日本プロサッカーリーグ調べ。
注：　2021年のデータは、同年9月30日までで集計した参考値。

図12.4.4　プロ野球・Jリーグの入場者数（1試合平均）

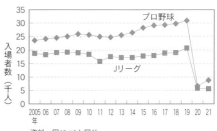

資料　図12.4.3と同じ。
注：　2021年のデータは、同年9月30日までで集計した参考値。

12.5　ボランティア活動
ボランティア活動・社会的参加活動の行動者率

　　総務省「社会生活基本統計」におけるボランティア活動・社会的参加活動（以下、ボランティア活動）は、報酬を目的とせず、自分の労力、技術、時間を提供して地域社会や個人・団体の福祉のために行う活動と定義される。2001年から16年までの男女別ボランティア活動行動者率を図12.5.1に示す。男性（10歳以上）の行動者率は2001年（約27％）から06年（約25％）に低下した後は約25％、女性（同）も同じ時期に低下（約31％から約27％）した後は約27％で推移した。

　　2016年における年齢別の行動者率を図12.5.2に示す。30歳まで行動者率が低下する傾向は男女に共通している。しかし、その後は男女に相違がみられる。男性は、概ね年齢が高くなるほどボランティア活動行動者率も高くなる。女性の行動者率は、45歳まで上昇し、その後は低下する。

　　図12.5.3は、2016年における都道府県別のボランティア行動者率を地図上に示している。上位からおよそ31％超、28％超、25％超、それ以外で4区分し、色の濃淡が行動者率の高低を示している。2016年は自然災害が多く発生した。年初に大雪、4月には熊本地震があり、梅雨の大雨に加えて6つの台風がわが国に上陸した。これらの事情が都道府県別のボランティア行動者率にも影響しているように見える。実際、熊本県における災害に関係した活動での行動者率（8.4%）は全国平均（1.5%）よりずっと高かった。

教育とボランティア活動等

　　ボランティア活動等と教育（最終学歴）との関連を調べるため、男女・教育・年齢階級別ボランティア活動・社会参加活動行動者率を図示する。

　　図12.5.4から、男性の場合、小・中学校卒、高校・旧中卒、短大・高専および大学卒、大学院修了の順に行動者率が高くなる。また、おのおのの教育水準の中で、加齢とともに行動者率が上昇する傾向がうかがえる。女性の場合、25〜29歳における教育による差は小さい。しかし、40歳までには教育による差が明白になる。すなわち、教育の水準が高いほど行動者率が高くなる。短大・高専卒と大学卒の行動者率に差があることが男性と異なる。また、おのおのの教育水準の中で、40歳以降は行動者率がほぼ一定になる点も男性と異なる。図12.5.5と図12.5.2の女性のグラフの様子が異なる理由は、女性の場合、高齢になるほど、大学卒者や大学院修了者の構成比が低くなるためである。一般に、高学歴ほど所得水準が高い。教育とボランティア活動等の間の相関は、所得が引き起こしている可能性もある。

図12.5.1　男女別ボランティア活動の行動者率

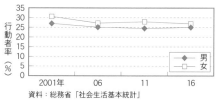

資料：総務省「社会生活基本統計」

図12.5.3　都道府県別ボランティア行動者率

注：　色の濃い順に、約31％超、約28％超、約25％超、約25％未満を表す。

資料：総務省「社会生活基本統計」（2016年調査）

図12.5.2　男女・年齢別ボランティア活動の行動者率

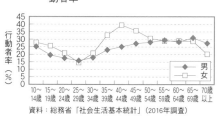

資料：総務省「社会生活基本統計」（2016年調査）

図12.5.4　教育・年齢階級別ボランティア活動等の行動者率（男）

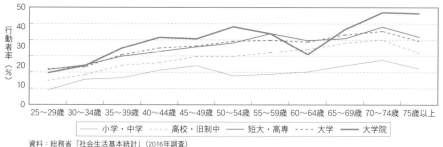

資料：総務省「社会生活基本統計」（2016年調査）

図12.5.5　教育・年齢階級別ボランティア活動等の行動者率（女）

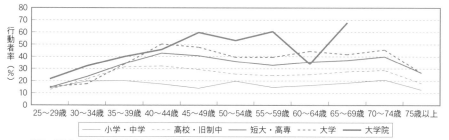

資料：総務省「社会生活基本統計」（2016年調査）

Ⅲ　経　済　活　動

第13章　国民経済

13.1　貨幣と交換される財・サービスだけが有価値な経済社会

国内総生産と国民経済計算

　貨幣経済は冷徹である。貨幣と交換された財・サービスのみが付加価値と呼ばれる。国内で生じた付加価値の総計が国内総生産（GDP：Gross Domestic Product）である。産出額（売上に相当）から中間投入（原材料、部品などの使用額）を差し引いて算出できる。

　GDPは家計、企業、および政府に分配される。それらは支出に回され、国内総支出（GDE：Gross Domestic Expenditure）となる。家計は民間最終消費（以下、民間消費）を行う。企業は民間企業設備投資（以下、設備投資）を行う。家計と企業は民間住宅投資も行う。政府は公的固定資本形成や政府最終消費（以下、政府消費）を行う。さらに、政府と企業は保有する在庫を変動させる。これらの支出に、純輸出（輸出 − 輸入）を加えるとGDEとなり、結局、GDPと等しい。このため、GDEはGDP（支出側）とも呼ばれる。2020年では539兆円（表13.1）。その過半が民間消費である。なお、設備投資、民間住宅投資、および公的固定資本形成の総称が総固定資本形成である。これに在庫変動を加えると総資本形成となる。

　国民経済計算（SNA：System of National Accounts）は、主として国連が定める基準に則って、一国経済の２つの側面を記録する。１つは、付加価値の生産、分配、および支出のためになされる全ての取引（フロー）。GDPはこの種の記録の１つだ。もう１つの側面は、それら取引の結果、時間を通じて蓄積される資産・負債残高（ストック）である。日本は2016年より2008SNAに依拠している。

年代を通じて鈍化する経済成長、2020年は大きなマイナス成長へ

　GDP（支出側）の増減のうち価格変化に起因する部分を取り除いたものが実質GDPである。実質GDPの変化は数量ベースの変化を示す。これとの対比で、価格変化を内包するGDPは名目GDPと呼ばれる。価格変化を勘案する際、従来は、基準年を固定した価格が参照されていた。2004年に、基準年を各年の前年として価格変化を計測していく連鎖方式に改められ、この方式でもって1980年までの各年の実質GDPが計算し直された。実質GDPの変化率は、経済の「成長率」として広く認識されており、また景気判断における重要な参照基準となっている。

　実質GDPの前年比変化率は1960年代には均してみると＋10％程度で推移した。まさに高度成長期と呼ばれる通りである。同変化率はバブル崩壊後の1990年代に大きく低下し、特に、国内にて金融システム不安が高まった1998年と1999年、グローバル金融危機の悪影響を受けた2008年と2009年、そして東日本大震災が発生した2011年においてはマイナスとなった。2012年以降、同変化率は７年連続でプラスとなったが、2020年には−4.5％と大きく反落した（図13.1.1）。新型コロナウイルス感染症（以下、新型コロナ）流行の悪影響によるものである。

表13.1　国内総生産（支出側）の構成（名目）

(単位10億円、％)

区　　分	1980年	90	2000	10	20	
民間最終消費支出	131 211	232 097	287 352	287 488	289 499	(53.8)
政府最終消費支出	36 755	61 445	88 607	97 075	113 185	(21.0)
民間住宅投資	16 179	26 097	25 164	16 868	20 021	(3.7)
民間企業設備投資	43 799	93 505	87 106	71 855	86 027	(16.0)
公的固定資本形成	24 139	35 213	40 255	25 626	30 449	(5.7)
民間在庫変動	1 170	1 653	−385	−126	289	(0.1)
公的在庫変動	−77	76	12	−23	−15	(0.0)
財貨・サービスの輸出	32 901	46 358	56 023	75 418	83 729	(15.6)
（控除）財貨・サービスの輸入	35 341	42 834	48 717	68 651	85 029	(15.8)
国内総生産（支出側）	250 636	453 609	535 418	505 531	538 155	(100.0)

注　1994年までは2008SNAで2011年基準、95年以降は2008SNAで2015年基準。2020年は確報値（2021年12月発表分）。括弧内は国内
　　総生産に占める割合。
資料　内閣府「国民経済計算年報」、「四半期別GDP速報」、「平成23年基準支出側GDP系列簡易遡及」

図13.1.1　国内総生産（支出側）の前年比変化率

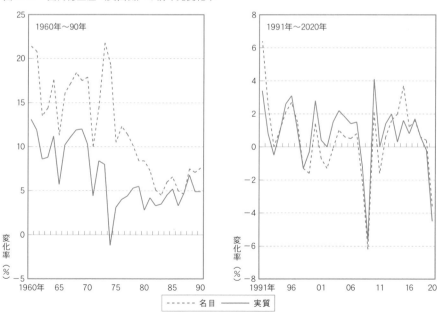

注　1980年までは1968SNAで1990年基準、1981年から1994年までは2008SNAで2011年基準、1995年以降は2008SNAで2015年基準。
　　2020年は確報値（2021年12月発表分）。実質の変化率は連鎖式による。
資料　表13.1と同じ

景気変動の主因、年代を通じて変化

　日本の実質GDPは、1980年代、総資本形成や民間消費といった内需が寄与するもとで、均してみると＋4.5％で力強く増加した（図13.1.2）。同年代前半においては、純輸出も増加に寄与した。バブルが崩壊した1990年以降、それら内需が伸び悩むもとで実質GDPの前年比変化率は小さくなった。2002年から2007年までの景気拡張期では、純輸出がけん引役を務めた一方で内需は伸び悩んだ。グローバル金融危機が発生した2008年と2009年は、純輸出と内需はいずれも落ち込んだ。この結果、実質GDPの同変化率はマイナスとなった。東日本大震災が発生した2011年においても、小幅なマイナスとなった。さらに、世界各国で新型コロナが大流行した2020年、同変化率は大幅なマイナスとなった。人の移動の減少が民間消費の大幅減を伴ったほか、企業収益の悪化や先行き不透明感の高まりが設備投資を減退させた。これらとは対照的に、政府消費の前年比変化率は大きめのプラスとなった（金額では2019年対比で約2.5兆円増）。同感染症に対する様々な施策を受けての増加であり、例えば、全世帯、学校、医療機関、および介護施設へのマスクの配布（約2千億円）を内包している。

13.2　分配
2019年の国民所得は401.8兆円

　名目GDPに、利子・配当所得を主とする財産所得の純受取や、海外からの雇用者報酬を加えると国民総所得（GNI）となる（表13.2）。これは従来の国民総生産（GNP）に等しい。GDPに含まれる固定資本減耗と生産・輸入品に課される税（間接税）は費用とみなされる。残りの雇用者報酬、個人事業主が得る混合所得および企業に帰属する営業余剰が生産活動の最終的な成果であり、これらの合計（国内純生産あるいは国内要素所得）に、海外からの雇用者報酬ならびに財産所得の純受取を加えたものを国民所得と言う。2019年の国民所得は401.8兆円であった。なお、個人事業主の所得が混合所得と言われるのは、これが労働所得と利潤の両方の性格を持っていると考えられるためである。

緩やかな上昇トレンドにある労働分配率

　国内純生産あるいは国内要素所得に占める雇用者報酬の割合を労働分配率と呼ぶ（図13.2）。労働分配率は1990年代に上昇したが、2000年代になると、賃金が伸び悩むもとで低下傾向に転じた。グローバル金融危機の悪影響による企業収益の減少を受けて労働分配率は2009年に一時的に上昇したものの、その後は緩やかな低下傾向をたどった。2016年、労働分配率は上昇に転じ、1980年以降の期間で総じてみると、相応に高い水準となっている。

図13.1.2　実質GDPの前年比変化率と項目別の寄与度

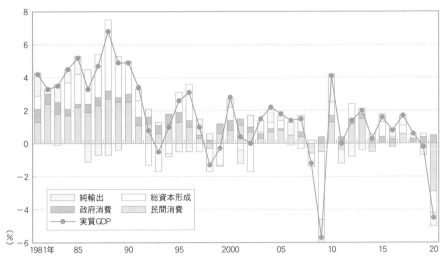

注　1994年までは2008SNAで2011年基準、1995年以降は2008SNAで2015年基準。2020年は確報値（2021年12月発表分）。
資料　表13.1と同じ

表13.2　国民所得

（単位　10億円）

区　　分	1980年	85	90	95	2000	10	19
雇用者報酬	129 516	171 912	227 448	265 945	269 761	251 044	286 785
海外からの雇用者報酬（純）	− 18	− 24	− 105	58	129	131	108
営業余剰・混合所得	67 283	83 212	109 221	107 359	108 239	97 992	93 290
海外からの財産所得（純）	− 30	1 238	2 877	4 374	7 617	13 335	21 588
国民所得（要素費用表示）	196 750	256 338	339 441	377 736	385 745	362 502	401 771

注　1994年までは1993SNAで2000年基準、1995年以降は2008SNAで2015年基準。
資料　内閣府「国民経済計算年報」

図13.2　労働分配率

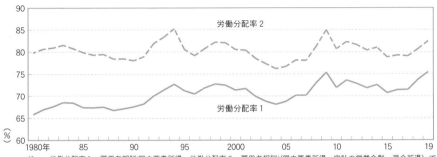

注　労働分配率１＝雇用者報酬/国内要素所得、労働分配率２＝雇用者報酬/（国内要素所得－家計の営業余剰・混合所得）である。1994年までは1993SNAで2000年基準、1995年以降は2008SNAで2015年基準。
資料　表13.2と同じ

13.3　経済活動別生産活動

　SNAでは主要な生産物の種類や生産技術の類似性によって分類される部門を経済活動と呼び、一般には産業部門と呼ばれることもある。経済活動には、利潤を目的に活動する市場生産者と、利潤を目的としない非市場生産者がある。日本のSNAでは市場生産者を「産業」と呼び、非市場生産者を政府サービス生産者（一般行政、公立学校など）と対家計民間非営利サービス生産者（私立学校など）としている。非市場生産者の営業余剰はないものとされる。

着実に進むサービス化

　名目ベースの付加価値で部門別構成比を算出すると、農林水産業が大幅に低下したほか、建設業も長い目でみれば低下している（表13.3.1上段）。1970年に36％だった製造業も低下を続けており、2019年は20.3％となった。一方、サービス業の構成比は増大し続けている。もっとも、サービス業は、2009年に製造業の構成比を上回って全産業の中で最大となった後に伸び悩んでいる。

　実質ベースで付加価値の増減をみると、製造業は2003年以降、高い伸びを示していたが、グローバル金融危機で景気後退に陥った2009年に大きく落ち込んだ（表13.3.1下段）。2011年には東日本大震災による影響もあって再び減少した。その後、増加傾向が続いている。非製造業では、不動産業が一貫して増加を続けたほか、サービス業もほぼ全ての年で増加した。消費税引き上げのあった2014年および2019年では、卸売・小売業の前年比伸び率はマイナスとなった。

　なお、2020年には、対面型産業と呼ばれる卸売・小売業および一部のサービス業における付加価値の生産が新型コロナの悪影響を受けてとても大きく落ち込んだ。

日本経済のサービス化、ドイツ並み

　経済のサービス化の進展について、経済協力開発機構（OECD）の分類に基づきながら国際比較を行うと、2019年における日本のサービス産業の比率は約70％とドイツに近い（表13.3.2）。主要国と比較すると、日本経済のサービス化はアメリカ、イギリス、およびフランスほどは進んでいない一方で、中国および韓国よりは進んでいる。中国については、2000年以降の大きな増加幅から、経済の急速なサービス化がみて取れる。

表13.3.1　経済活動別国内総生産の構成比（主要産業）

(単位　％)

年	産業計	農林水産業	製造業	建設業	卸売・小売業	金融・保険業	不動産業	サービス業
	名目付加価値（GDP）の構成比							
1970	96.0	6.1	36.0	7.7	14.4	4.3	8.0	9.6
80	94.2	3.6	28.0	9.2	15.1	5.4	9.0	14.2
90	94.0	2.5	26.5	9.8	13.2	7.0	9.7	16.0
2000	91.4	1.5	22.5	6.7	13.0	5.0	10.8	18.9
10	91.2	1.1	20.8	4.6	13.4	4.8	12.3	21.1
19	90.7	1.0	20.3	5.3	12.5	4.1	11.7	22.4
	実質付加価値（GDP）の増加率（2015年基準連鎖方式）							
03	1.6	−9.8	4.4	−4.5	0.5	1.2	1.5	1.9
04	2.3	−10.3	5.4	−3.3	4.6	−0.3	1.6	1.7
05	2.4	−0.3	4.9	−3.3	1.7	2.5	2.0	2.1
06	1.4	−1.4	3.8	−0.7	−4.7	−0.2	2.1	2.6
07	1.5	6.2	5.2	−7.1	−3.2	3.9	0.0	3.2
08	−1.3	7.6	−0.2	−7.1	−1.9	−14.4	0.6	0.6
09	−7.1	−7.6	−17.9	−1.8	−4.5	0.3	0.0	−3.3
10	4.2	−5.2	16.4	−5.1	2.7	0.1	1.4	0.2
11	−0.5	1.4	−3.0	0.8	2.0	−1.6	1.1	1.3
12	1.2	−1.0	2.1	−0.5	2.6	2.1	0.7	1.4
13	2.2	−1.6	−0.6	7.9	1.4	8.6	1.9	2.4
14	0.4	−5.7	2.3	1.9	−4.7	−0.3	1.5	0.2
15	1.8	−4.2	2.9	3.4	1.5	3.3	1.0	1.9
16	0.8	−8.1	0.1	4.6	−0.7	−1.8	0.3	2.9
17	2.1	0.7	4.1	2.1	3.1	2.0	0.7	−0.1
18	0.7	−6.5	3.7	−1.2	−2.4	0.4	0.3	0.8
19	−0.5	1.4	−0.9	−1.8	−1.5	−1.1	0.8	0.3

注1　1995年以降の「産業計」は、全産業から「公務」と「教育」を差し引いて算出。また、同様に「サービス業」は「宿泊・飲食サービス業」、「専門・科学技術、業務支援サービス業」、「保健衛生・社会事業」、および「その他のサービス」の合計から算出。
　2　表に掲載していない産業は、鉱業、電気・ガス・水道業、運輸業、宿泊・飲食サービス業、情報通信業、専門・科学技術・業務支援サービス業、公務、教育、保健衛生・社会事業、その他のサービス。
　3　1975年までは1968SNAで1990年基準、1980〜1994年は1993SNAで2000年基準、1995年以降は2008SNAで2015年基準。
資料　内閣府「国民経済計算年報」

表13.3.2　全付加価値に占めるサービス産業の割合

(単位　％)

年	日本	アメリカ	ドイツ	フランス	イギリス	イタリア	スペイン	韓国	中国
1970	—	—	—	59.6	—	—	—	43.8	24.5
80	—	—	—	64.8	—	—	—	48.0	21.9
90	—	—	—	69.2	69.6	65.8	—	51.4	32.0
2000	66.0	75.5	68.2	73.9	73.2	70.0	65.1	57.2	39.4
10	70.6	78.9	69.2	78.4	78.2	73.7	72.1	60.1	43.7
19	70.0	80.2	69.2	78.7	79.4	74.0	74.9	62.4	53.4
2000〜2019年の増加幅	〈4.0〉	〈4.7〉	〈1.1〉	〈4.8〉	〈6.1〉	〈4.0〉	〈9.8〉	〈5.2〉	〈14.0〉

注　サービス産業は、卸売・小売業、運輸・郵便業、宿泊・飲食サービス業、情報通信業、金融・保険業、不動産業、専門・科学技術、業務支援サービス業、公務、教育、保健衛生・社会事業、その他のサービス業を含む。
資料　OECD “OECD. Stat”

13.4　税・社会保障負担と貯蓄
趨勢的には増加しているが、国際的には低い国民負担率

　政府は財政支出や社会保障給付のための資金を賄うために、家計と企業に負担を求める。これには家計と企業が支払う租税に加えて家計による社会保障負担が含まれる。同負担は主として年金・医療保険に対するものである。

　これらの推移を負担率（国民所得あるいは家計可処分所得に対する比率）でみると、直接税負担率は1990年にかけて上昇した。バブル崩壊後、景気対策として減税がしばしば実施されるもとで、同負担率は低下した。グローバル金融危機で景気が大きく悪化した2008年から2010年にかけては、法人税収が急減したため、同負担率は落ち込んだ。その後、景気の改善を受けて税収が回復するもとで、同負担率は緩やかに上昇している。

　間接税負担率は、1989年の消費税導入以降、数度にわたる税率引き上げがなされるもとで、ごく緩やかな上昇傾向をたどっている（表13.4.1）。

　直接税・間接税に社会保障負担を加えた国民負担率は上昇傾向にある。なかでも社会保障負担は、高齢化による年金や医療費の増加を背景に増加している。2019年の国民負担率は過去最高となる43.6％に達している（図13.4）。国民負担率について国際比較を行うと、日本は、3割強に過ぎないアメリカと比べれば高い一方で、欧州各国と比べるとかなり低い（表13.4.2）。

低下傾向にある日本の貯蓄率

　分配された所得からは、利子・配当といった財産所得の支払・受払や税・社会保障料の支払・受取がなされる。家計では、手元に残った可処分所得から民間消費が行われる。その残りが貯蓄となる。かつて日本の最大の貯蓄主体は家計であったが、家計貯蓄率（可処分所得に対する比率）は低下傾向をたどっている。

　家計貯蓄率は1980年に17.7％であったが、時代を追うごと低下した。家計全体でみて所得が伸び悩んだ一方で、貯蓄を取り崩しながら生活する高齢者世帯が増加したためである。2014年、家計貯蓄率はマイナスの値（－1.3％）となった。その後、景気の改善によって所得が増加するもとで、家計貯蓄率は上昇に転じ、2019年には2.3％となった（表13.4.1）。

　貯蓄率の国際比較を行うと、かつて日本は先進国のなかで群を抜いて高かったが、最近では、スウェーデン、ドイツ、フランスといった欧州諸国やアメリカを大きく下回っている（表13.4.2）。

表13.4.1 国民負担率と貯蓄率

(単位 %)

区 分	1980年	90	2000	10	19
(A) 経済全体					
租税/国民所得	22.2	27.5	22.7	21.2	25.7
間接税/国民所得	9.0	10.3	10.0	9.9	11.6
直接税/国民所得	13.2	17.2	12.7	11.3	14.1
（租税＋社会保障負担）/国民所得	30.2	37.4	34.9	36.1	43.6
(B) 家計部門					
直接税/可処分所得	9.3	12.6	9.4	8.6	10.2
（直接税＋社会保障負担）/可処分所得	19.3	25.1	24.7	27.2	33.7
貯蓄/可処分所得（貯蓄率）	17.7	13.5	8.0	3.3	2.3

注　1980〜1994年は1993SNAで2000年基準、1995年以降は2008SNAで2015年基準。分母の国民所得は要素費用表示。1993SNAの社会
　　保障負担は、一般政府が受け取る。
　　現実社会負担、家計の可処分所得は、年金基金年金準備金の変動（受取）を加えたもの。間接税は生産・輸入品に課される税、
　　直接税は所得・富等に課される経常税である。
資料　内閣府「国民経済計算年報」

図13.4 国民負担率

注　1979年までは1968SNAで1990年基準、1980〜1994年は1993SNAで2000年基準、1995年以降は2008SNAで2015年基準。
資料　表13.4.1と同じ

表13.4.2 国民負担率と貯蓄率の国際比較

(単位 %)

区 分	日 本	フランス	ドイツ	スウェーデン	イギリス	アメリカ
租税/国民所得	26.1	42.7	32.1	53.5	37.0	23.4
（租税＋社会保障負担）/国民所得	44.3	68.3	54.9	58.8	47.8	31.8
家計の貯蓄/可処分所得（貯蓄率）	2.6	8.2	9.8	16.0	1.6	6.9

注　上段は2018年（度）、下段は2016年の数値。
資料　財務省「わが国税制・財政の現状全般」、内閣府「国民経済計算年報」、OECD "OECD. Stat"

13.5　資本の蓄積と貯蓄投資のバランス

　これまでみてきた経常的な取引のほかに、資本蓄積につながる資本的取引が存在する。この種の取引は、最終的な資金ポジション（純貸出あるいは純借入）とともに、SNAの資本調達勘定に記録される。

　資本の調達側は「貯蓄＋資本移転」である。一方、蓄積側は「総固定資本形成－固定資本減耗＋在庫品増加＋土地の純購入」である。資本移転には、国から自治体への公共事業補助金や相続税（資本税）などが含まれる。調達と蓄積の差が純貸出あるいは純借入であり、これがプラスの値であれば純貸出（資金余剰）、マイナスの値であれば純借入（資金不足）となる（図13.5）。

企業部門は大幅な資金余剰、政府は大幅な資金不足

　かつては企業部門が資金不足となる一方で家計部門が資金余剰であった（表13.5）。設備投資を行うため企業部門が家計部門から資金を借り入れる姿となっていた。しかし、1990年代後半以降、企業部門では、収益は増加する一方で設備投資や土地購入が抑制されたため、大幅な純貸出となっている。一方、家計では、貯蓄率が前述の通り低下しているため、純貸出の幅は縮小傾向にある。

　1990年代後半にかけて、バブル崩壊後の一連の景気対策を反映して、一般政府の純借入は急拡大した（図13.5）。2000年代に入ってからは、景気回復や財政再建への取り組みから縮小傾向に転じた。さらに、2006年には特殊要因によって一段と減少した。すなわち、一般政府に含まれる国債整理基金特別会計に対して、公的金融機関に分類される別の特別会計から資金の移転があった。同純借入は、2009年、グローバル金融危機による景気後退や経済対策を受けて再び拡大した後、2014年以降は、景気の改善による税収増ならびに消費税の引上げを反映して徐々に減少した。もっとも、2020年、様々な新型コロナ対策が同純借入の増加に寄与した。

国全体としては黒字が続く

　純貸出あるいは純借入を国全体で合計すると、海外の純借入あるいは純貸出になる。国全体が黒字ならば海外部門は赤字となる（図13.5）。この金額は国際収支表の経常収支に海外からの純資本移転（日本の場合、主として無償の資本援助によって赤字）を加えたものに等しい。

　海外部門は、2度の石油危機後の短い期間を除いて、赤字（日本の黒字）が続いている。純借入は2007年に名目GDPの4.5％まで拡大した。その後はグローバル金融危機を受けて世界経済が悪化するもとで輸出が減少したため、海外部門の純貸出は縮小した。その後、2015年の原油価格急落で経常収支が改善したことや、世界経済の回復に伴う輸出の増加を受けて、2019年まで拡大傾向にあった。

図13.5　純貸出（＋）/純借入（－）の推移（GDPに対する比、％）

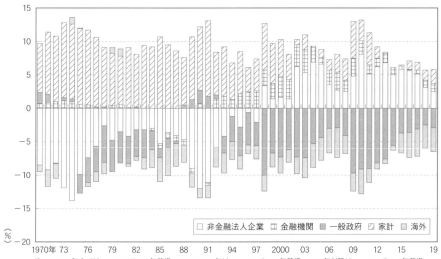

注　　1979年までは1968SNAで1990年基準、1980～1994年は1993SNAで2000年基準、1995年以降は2008SNAで2015年基準。
資料　内閣府「国民経済計算年報」

表13.5　企業と家計の資本調達勘定（実物取引）

（単位：10億円）

	1980年	90	2000	10	19
（1）非金融法人企業					
1　総固定資本形成	38 026	83 732	89 229	72 620	94 753
2　（控除）固定資本減耗	18 571	42 487	75 743	80 168	86 780
3　在庫変動	1 288	2 762	−381	−155	2 155
4　土地の購入（純）	141	16 968	2 042	−1 681	2 123
5　純貸出（＋）/純借入（−）	−8 557	−53 108	8 365	40 903	13 886
資産の変動	12 328	7 866	23 512	31 519	26 137
6　貯蓄（純）	10 088	5 530	20 094	28 305	23 542
7　資本移転等（受取）	2 628	2 911	4 866	3 768	3 887
8　（控除）資本移転等（支払）	389	575	1 448	554	1 292
貯蓄・資本移転による正味資産の変動	12 328	7 866	23 512	31 519	26 137
（2）家計（個人企業を含む）					
1　総固定資本形成	23 080	32 214	29 377	18 028	20 986
2　（控除）固定資本減耗	10 409	18 119	27 353	24 400	23 829
3　在庫変動	−44	−124	−18	−6	38
4　土地の購入（純）	−2 651	−22 629	−8 755	−417	−4 026
5　純貸出（＋）/純借入（−）	17 383	41 971	29 255	15 813	11 627
資産の変動	27 359	33 314	22 506	9 018	4 796
6　貯蓄（純）	28 093	35 970	24 668	9 493	6 878
7　資本移転等（受取）	131	203	447	1 423	720
8　（控除）資本移転等（支払）	865	2 859	2 609	1 898	2 803
貯蓄・資本移転による正味資産の変動	27 359	33 314	22 506	9 018	4 796

注　　1980年と1990年は1993SNAで2000年基準、2000年以降は2008SNAで2015年基準。
資料　図13.5と同じ

13.6　GDPの国際比較
為替レートによる比較

　為替レートによって米ドル換算したGDPの大きさを比べると、2019年、日本は5.1兆ドルであり、OECD加盟国の中では、アメリカ（21.4兆ドル）に次ぐ第2位に位置する。なお、OECDに加盟していない中国の同年のGDPは約14兆ドルである。

　ドル換算した日本の1人当たりGDP（2019年）は4.08万ドルとOECD加盟国中19位である（図13.6左）。OECD平均をわずかに上回っているに過ぎない。1位のルクセンブルグ（11.44万ドル）が突出しており、日本の2.8倍である。2位のスイス（8.53万ドル）、3位のアイルランド（8.10万ドル）、4位のノルウェー（7.58万ドル）がこれに続く。アメリカは6.51万ドルで6位である。

　物価の絶対水準は各国間で大きく異なるため、為替レートによるドル換算値によってGDPの国際比較を行うことは適切ではないとの批判がある。この点を踏まえ、購買力平価（PPP：Purchasing Power Parity）を用いて、GDPの国際比較を行うことがある。

購買力平価（PPP）によるGDP国際比較

　購買力平価とは、国ごとに類似の財・サービスの価格を調べ、特定の構成の財・サービス群の購入に必要な金額の観点から決められるレートである。日本の名目為替レートとドルに対するPPPの推移を比較すると、2000年から2010年にかけて、名目のドル円レートはICP[注1]によるPPPと比べて円高水準で推移していたが、その後は円安水準で推移しており、両者の動きは乖離している（表13.6）。

　PPPによる1人当たりGDP[注2]をOECD平均（＝100）と比較すると、日本は92であり、2019年の順位は21位（図13.6右）。ドル換算の19位よりもさらに低い。2016年以降、同平均を下回る状況が続いている。なお、アメリカとドイツは、2019年、それぞれ140と121であり、5位および10位となる。

注1　ICP（International Comparison Program）とは、各国の価格データを収集してGDP支出額を算出し、世界のPPPを推計する世界的な協力事業。
注2　例えば、ハンバーガーがアメリカで0.8ドル、日本で100円であれば、ハンバーガーのPPPは1ドル＝125円（＝100÷0.8）になる。このようなPPPをあらゆる商品やサービスについて求め、それらを利用してGDPを算出する。

図13.6　1人当たりGDPの上位10か国（2019年）

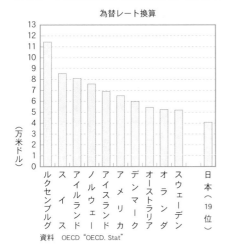

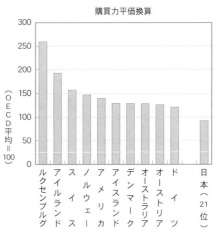

資料　OECD "OECD. Stat"

表13.6　購買力平価と1人当たり実質GDPの比較

	アメリカ	日本	ドイツ	フランス	イタリア	イギリス	日本（名目）
1．購買力平価（PPP）米ドルに対して							為替レート
年	米ドル	円	ユーロ	ユーロ	ユーロ	ポンド	円
2000	1.00	155	0.943	0.930	0.805	0.704	108
10	1.00	112	0.804	0.854	0.773	0.702	88
15	1.00	103	0.778	0.809	0.739	0.693	121
17	1.00	105	0.745	0.770	0.690	0.685	112
18	1.00	104	0.737	0.755	0.680	0.684	110
19	1.00	104	0.743	0.731	0.669	0.684	109
2．GDPに関する物価水準（OECD平均＝100）							1人当たり名目GDP（ドル）
2000	107	154	93	92	80	114	39 173
10	98	125	105	111	101	107	44 978
15	114	97	98	102	93	120	34 969
17	116	109	97	101	90	102	38 916
18	115	108	100	102	92	105	39 835
19	117	112	98	96	88	103	40 818
3．購買力平価による1人当たりGDP（OECD平均＝100）							1人当たり名目GDP（US＝100）
2000	147	111	111	106	110	107	108
10	141	102	115	104	101	106	93
15	140	101	118	101	91	105	62
17	138	96	122	102	96	105	65
18	139	94	122	103	95	104	63
19	140	92	121	106	96	105	63

注　物価水準は為替レートと購買力平価との比。
資料　図13.6と同じ

13.7　国民貸借対照表
調整額の考え方

　SNAの期末貸借対照表は、生産資産と呼ばれる機械設備に加えて、住宅や土地といった実物資産のほか、現金や証券といった金融資産および負債の残高を記録する（表13.7）。2019年末、主として生産資産と土地から構成される非金融資産は3323兆円であった。金融資産は8053兆円（うち株式は827兆円）、負債が7686兆円で、資産と負債の差である正味資産は3689兆円であった。これらの資産の期末残高を算出する際には、以下の通り、調整額を勘案する必要がある。

　ある固定資産のt年末の実質額をS_t、t年中の数量ベースの取引額（資本取引）をI_tとすると、$S_t = I_t + S_{t-1}$が成立している。これを金額ベースに書き換えると、それぞれの項に掛かる価格が異なる。S_tに掛かるのはt年末時点の価格、S_{t-1}に掛かるのはその1年前の価格、I_tに掛かるのはt年中の取引価格である。これらをそれぞれP_t、P_{t-1}およびP'_tとしよう。金額表示では等号が成立せず、$P_t S_t \neq P'_t I_t + P_{t-1} S_{t-1}$である。両辺の差、$A_t = P_t S_t - (P'_t I_t + P_{t-1} S_{t-1})$が調整額である。正の調整額は保有利得（キャピタル・ゲイン）、負の調整額は保有損失（キャピタル・ロス）と解釈できる。金融資産についても同じ関係が成立する。

　調整額（保有利得または損失）をみると、1980年代後半、土地、株式ともに巨額の利得が発生した（図13.7.1）。その後、土地は地価の下落もあって損失が続き、2005年まで15年連続で損失超となった。グローバル金融危機の経済悪化で再び損失超が続いたが、2014年以降は利得超となっている。土地に比べると株式はより頻繁に利得と損失を繰り返している。最近では、リーマンショックの2008年にバブル崩壊直後の1990年以来となる大幅な損失を計上した。その後、2019年まで利得超となる年が多かった。

国富は増加傾向

　正味資産は、非金融資産に金融資産と負債の差額である対外純資産を加えたもので、国全体の正味資産を国富と言う（図13.7.2）。

　国富は1970年末に296兆円でGDPの4倍であった。土地や株式の価格上昇とともに増加し、1990年末には3531兆円とGDPの8倍に達した。その後、バブル崩壊により国富は減少を続け、2004年末には3259兆円となった。この間、特に地価下落の影響が大きく、土地の資産額が国富に占める割合は、1990年の70％から2004年の40％まで低下した。国富は景気動向に応じて増減した後、2012年以降は緩やかに増加している。生産資産と対外純資産が国富を押し上げる傾向が続いている。

表13.7　国民貸借対照表

(単位　兆円)

区　分	2018年　期末残高 (S_{t-1})	2019年　資本取引 (I_t)	2019年　調整額 (A_t)	2019年　期末残高 (S_t)
1．非金融資産	3 246	10	67	3 323
生産資産	2 020	10	36	2 066
土地	1 220	0	31	1 250
2．金融資産	7 773	153	127	8 053
株式	765	−2	63	827
総資産	11 019	163	193	11 375
3．負債	7 430	133	124	7 686
4．正味資産	3 590	30	70	3 689
負債・正味資産	11 019	163	193	11 375

資料　内閣府「国民経済計算年報」

図13.7.1　土地と株式の調整額

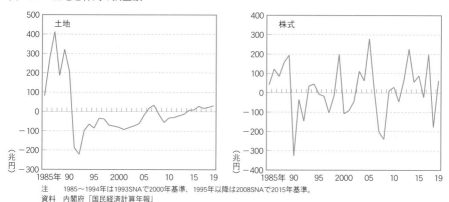

注　　1985～1994年は1993SNAで2000年基準、1995年以降は2008SNAで2015年基準。
資料　内閣府「国民経済計算年報」

図13.7.2　国富（正味資産）の推移

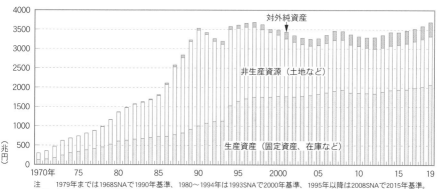

注　　1979年までは1968SNAで1990年基準、1980～1994年は1993SNAで2000年基準、1995年以降は2008SNAで2015年基準。
資料　内閣府「国民経済計算年報」

13.8　産業連関表
産業の相互関連を詳細に描く

　産業連関表は、一国（あるいは地域）で生産されるすべての財・サービスの費用構造や使用形態を記録することを通じて、産業間の相互連関を明らかにする。日本では、1955年以降、5年に1回、関係府省が共同して作成している。

　最新の2015年表は509行、391列からなる大きな体系である。産業連関表の中間投入部分は各産業部門の生産過程において使用される財・サービスの種類ごとの金額を示す。また、「粗付加価値」はSNAのGDP（生産側）に相当する。「最終需要」はSNAのGDE、すなわちGDP（支出側）に相当するとともに、財・サービスの構成を示している。

　産業連関表は、産業構造を明確に描き出す。ある特定の産業において需要面あるいは供給面の事情から発生した変化が、関連するほかの産業にどのように波及していくかを把握することが可能となる。また、最終需要のどの項目が生産を誘発しているのかについても、確認できるようになる。2015年について言うと、国内生産額1018兆円のうち、447兆円が民間消費、次いで226兆円が総資本形成、159兆円が政府消費、162兆円が輸出によって誘発された（表13.8.1）。

2015年表が描く日本の産業構造

　2015年の国内生産額1018兆円のうち中間投入額は470兆円。差額の548兆円が前述の「粗付加価値」であり、GDPに相当する。この付加価値の国内生産額に対する割合（粗付加価値率）は54％であった。

　中間投入の割合をみると、農林水産業、製造業、建設業、電力・ガス・水道で第2次産業からの投入が大きい（図13.8）。一方、第3次産業では第2次産業の投入は小さく、粗付加価値率が高い。なかでも、不動産、公務、商業、金融・保険の粗付加価値率が高い。

接続産業連関表による比較

　2005年、2011年、2015年を同一の基準で接続した接続産業連関表によると、国内生産額は、2005年から2011年にかけて、グローバル金融危機や東日本大震災といった歴史的な事象の悪影響を受けて減少した（表13.8.2）。特に、国内最終需要のうち総資本形成が約2割減となった。同金融危機の悪影響が減退するもとで、2012年末から景気拡大が始まった。これを反映して、2011年から2015年にかけては、最終需要の全ての項目ならびに中間需要がプラスの伸びとなった。

表13.8.1　最終需要項目別の生産誘発額（2015年）

（単位　10億円）

	家計外消費支出	民間消費	政府消費	総資本形成	在庫純増	輸出計	合計
農林漁業	239	6 484	855	2 312	178	2 820	12 888
鉱業	12	340	59	178	0	258	848
製造業	4 345	98 438	16 464	76 632	212	106 717	302 809
建設	70	1 940	674	57 687	2	463	60 837
電力・ガス・水道	541	17 821	3 191	3 871	15	3 739	29 179
商業	2 470	59 635	4 819	16 390	209	11 955	95 479
金融・保険	248	27 232	2 028	2 575	9	3 356	35 448
不動産	282	72 845	1 491	4 886	9	1 206	80 719
運輸・郵便	1 097	27 854	4 661	8 455	83	12 859	55 009
情報通信	931	25 791	5 417	14 550	− 16	3 300	49 975
公務	26	1 631	37 560	362	1	159	39 739
サービス	12 709	105 519	81 361	36 415	43	14 150	250 196
分類不明	107	1 880	590	1 466	4	645	4 693
合計	23 078	447 411	159 173	225 779	751	161 628	1 017 818

資料　総務省「平成27年（2015年）産業連関表」（13部門表）

図13.8　部門別投入構造（2015年）

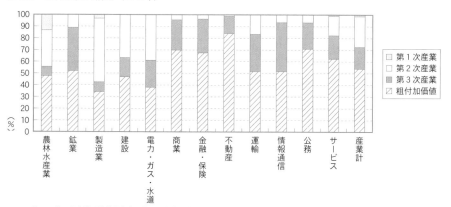

注　第1次産業は農林水産業、第2次産業は鉱業、製造業及び建設業、他を第3次産業とした。
資料　総務省「平成27年（2015年）産業連関表」（13部門表）

表13.8.2　接続産業連関表による比較

	名目金額（兆円）			構成比(%)			実質伸び率(%)	
	2005年	11	15	05	11	15	05〜11	11〜15
国内生産額	972.4	931.7	1007.9	100.0	100.0	100.0	− 4.9	5.6
中間需要	433.9	432.1	459.6	44.6	46.4	45.6	− 5.8	4.7
最終需要	611.5	583.5	650.4	62.9	62.6	64.5	− 3.2	7.3
国内最終需要	538.4	510.9	563.6	55.4	54.8	55.9	− 4.8	7.5
民間・政府消費	397.0	395.1	426.2	40.8	42.4	42.3	0.7	5.6
総資本形成	141.4	115.8	137.4	14.5	12.4	13.6	− 19.4	13.9
輸出	73.1	72.6	86.8	7.5	7.8	8.6	8.2	6.3
（控除）輸入	72.9	83.9	102.2	7.5	9.0	10.1	2.2	12.6

注　国内最終需要＝民間・政府消費＋総資本形成＋調整項だが、調整項は表に記載していない。
　　調整項は輸出業者に対する消費税の還付金額を指す。
資料　総務省「平成17-23-27年接続産業連関表」（13部門表）

13.9　県民経済計算
2018年度は実質でみて0.9％の増加

　2018年度の実質県内総生産（連鎖方式）をみると、全都道府県計で前年比＋0.9％と、2014年度にマイナス成長となった（－1.0％）後、4年連続でプラス成長となった。なお、2018年度、SNAによる日本全体の実質GDPの前年比変化率は＋0.2％であった。全都道府計との格差の背景には、基準年の差異（日本全体の実質GDPは2015年基準、県民経済計算は2011年基準）に加えて、県民経済計算では勘案すべき都道府県間取引の把握が不十分であることに起因して生じる誤差がある。

　伸び率が最も高かった県は佐賀県（＋6.3％）で、最も低かった県は愛媛県（－1.9％）となった。なお、東京都は＋0.5％、大阪府は＋0.1％となった。38県で増加、9県で減少となった。

1人当たり県民所得は横這い

　2018年度の1人当たり県民所得は、都道府県別では、東京都（541万円）が最も多い（図13.9.1）。これに、愛知県（373万円）、そして栃木県（348万円）が続く。7都県が、全都道府県平均（332万円）を上回った（図13.9.1）。最低は沖縄県の239万円で、東京都と沖縄県の間には2.3倍の所得格差がある。また、下位層には、沖縄県のほか、宮崎県、鹿児島県といった九州の県が目につく。

　2018年度の1人当たり県民所得は、全都道府県平均では、前年から0.9％の増加となった。前年比変化率が最も高かった県は佐賀県で＋5.7％。最も低かった県は岡山県で－2.0％。東京都は＋0.6％、大阪府は＋0.5％であった。36県で増加した。

所得格差は緩やかに拡大

　都道府県の所得格差について、年代ごとの変化をみると、1990年度から2000年度にかけて、1人当たり県民所得が全国的に増加するなかで、同所得が低い県の増加率は大きかった（図13.9.2）。したがって、1990年代は、所得水準の低い県が所得水準の高い都道府県に追いつこうとするかたちで、所得格差が緩やかに縮小したとみることができる。これに対し2000年度から2018年度にかけてはそのような関係が弱くなるとともに、1人当たり県民所得が減少した県の数は多くなった。特に、奈良県では10％近く減少した。

図13.9.1 1人当たり県民所得（2018年度）

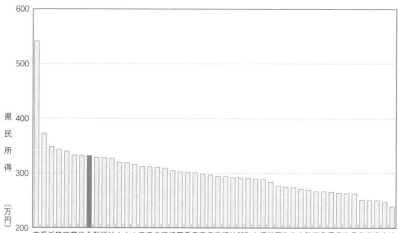

県民所得（万円）

東愛栃静富茨滋全群福神山大山三千広徳埼石香長京兵福岐新和山福岩佐北大秋熊島愛高奈長鹿青宮沖
京知木岡山城賀計馬井奈川口阪梨重葉島玉川川野都庫城島阜潟山形岡手賀道分田本根媛知良崎島森崎縄
　　　　　　　県　　奈　　　　　　　　　　　　　　　歌　　　　　　海　　　　　　　　　児
資料　内閣府「県民経済計算年報」

図13.9.2 1人当たり県民所得と変化率の関係

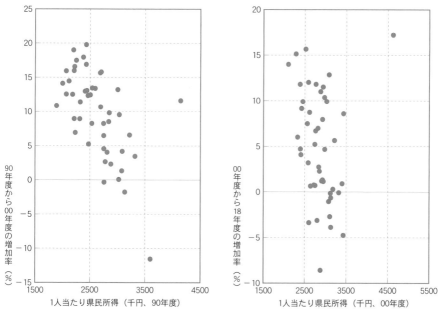

90年度から00年度の増加率（％）

1人当たり県民所得（千円、90年度）

00年度から18年度の増加率（％）

1人当たり県民所得（千円、00年度）

注　1990年度は1993SNAで1995年基準、2000年度は1993SNAで2000年基準、2018年度は2008SNAで2011年基準。
資料　図13.9.1と同じ

第14章　国際経済・貿易

14.1　世界経済の動向

　2020年以降の世界経済は新型コロナウイルス感染症に翻弄され続けている。特に20年第二四半期には世界経済が大きく混乱し、それを受けての世界経済予測は大変厳しいものであった（同年10月時点での世界経済成長見通しは−4.4パーセント）。2020年の世界経済成長率はまだ確定値ではないが、21年10月時点の予測は−3.1パーセントと上方修正されている（表14.1）。この背景には、中国が早期にコロナ流行を抑え込むことに成功しプラス成長を達成できたこと、感染対策のワクチンが年内に開発され、先進国を中心にワクチン接種が開始されたことなどが挙げられよう。また、2020年の実質世界輸出の伸び率は−7.9パーセントで、リーマンショック直後に次ぐ大幅な縮小となった（表14.1と図14.1）。21年に向けては回復が見込まれているものの、発展途上国ではいまだ厳しい感染状況が続いており、部品供給のサプライチェーンを通じて世界の製造業に影響をもたらし始めている。

コロナ禍を受けた米国経済の悪化と、大統領の交代

　米国経済は、2018年から2019年にかけて先進国全体を上回る経済成長率を達成し相対的な好調を保ってきたが、2020年には一転コロナ禍の影響を受けて、−3.4パーセントのマイナス成長となった。そのなかで大統領選挙が行われてバイデン大統領の新政権が誕生し、大型の経済対策への期待感の下で2021年以降強気の経済見通しが立てられている。米国の中央銀行であるFRBは、コロナ禍での経済減速を受けて金融緩和のスタンスを続けてきた。今後は経済の回復状況を判断しながら、緩和縮小と利上げのタイミングを探っていく局面にある。

コロナ禍の世界で分かれる明暗

　コロナ禍で2020年のユーロ圏は米国、日本よりもさらに深刻なマイナス成長に陥った。これまでユーロ圏経済の牽引力となってきたドイツでも、2020年は−4.6パーセントのマイナス成長となり、21年の見込まれる回復も弱い予想となっている。

　一方、新興国・発展途上国では、アジアのなかではインド、ブラジルを含む中南米の落ち込みが顕著である。かつてBRICSと言われて注目を集めてきた中国、インド、ブラジル、ロシアのなかで、2020年にプラス成長を維持できたのは中国だけとなった。その中国の成長見通しも22年には5パーセント台の中成長に留まることが予想されている。

表14.1　世界経済の概観

地　域	実質GDP成長率（%）								見通し（%）		
	2012	2013	2014	2015	2016	2017	2018	2019	2020	2021	2022
世　界　計	3.5	3.4	3.5	3.4	3.3	3.8	3.6	2.8	−3.1	5.9	4.9
先進国	1.2	1.4	2.0	2.3	1.8	2.5	2.3	1.7	−4.5	5.2	4.5
アメリカ合衆国	2.3	1.8	2.3	2.7	1.7	2.3	2.9	2.3	−3.4	6.0	5.2
日本	1.4	2.0	0.3	1.6	0.8	1.7	0.6	0.0	−4.6	2.4	3.2
イギリス	1.4	2.2	2.9	2.4	1.7	1.7	1.3	1.4	−9.8	6.8	5.0
ユーロ圏	−0.9	−0.2	1.4	2.0	1.9	2.6	1.9	1.5	−6.3	5.0	4.3
ドイツ	0.4	0.4	2.2	1.5	2.2	2.7	1.1	1.1	−4.6	3.1	4.6
フランス	0.4	0.6	1.0	1.0	1.0	2.4	1.8	1.8	−8.0	6.3	3.9
イタリア	−3.0	−1.8	−0.0	0.8	1.3	1.7	0.9	0.3	−8.9	5.8	4.2
ギリシャ	−7.1	−2.7	0.7	−0.4	−0.5	1.3	1.6	1.9	−8.2	6.5	4.6
韓国	2.4	3.2	3.2	2.8	2.9	3.2	2.9	2.2	−0.9	4.3	3.3
台湾	2.2	2.5	4.7	1.5	2.2	3.3	2.8	3.0	3.1	5.9	3.3
新興国・発展途上国	5.4	5.0	4.7	4.3	4.5	4.8	4.6	3.7	−2.1	6.4	5.1
アジア途上国	7.0	6.9	6.9	6.8	6.8	6.6	6.4	5.4	−0.9	7.2	6.3
ASEAN 5	6.2	5.0	4.7	5.0	5.1	5.5	5.4	4.9	−3.4	2.9	5.8
中国	7.8	7.8	7.4	7.0	6.9	6.9	6.8	6.0	2.3	8.0	5.6
インド	5.5	6.4	7.4	8.0	8.3	6.8	6.5	4.0	−7.3	9.5	8.5
中東・中央アジア	5.1	3.0	3.3	2.7	4.6	2.5	2.2	1.5	−2.8	4.1	4.1
中南米	2.9	2.9	1.3	0.4	−0.6	1.4	1.2	0.1	−7.0	6.3	3.0
ブラジル	1.9	3.0	0.5	−3.5	−3.3	1.3	1.8	1.4	−4.1	5.2	1.5
中・東ヨーロッパ	3.1	3.1	1.8	1.0	1.9	4.1	3.4	2.5	−2.0	6.0	3.6
ロシア	4.0	1.8	0.7	−2.0	0.2	1.8	2.8	2.0	−3.0	4.7	2.9
サハラ以南アフリカ	4.8	4.9	5	3.2	1.5	3	3.3	3.1	−1.7	3.7	3.8
実質世界輸出伸び率	3.2	3.6	3.6	3.1	2.3	5.4	3.7	0.9	−7.9	9.3	6.3

資料　IMF World Economic Outlook Database, October 2021.
　　　「先進国」、「新興国・発展途上国」などの国グループの分類はIMFによるもの。「中・東ヨーロッパ」は、Emerging and developing Europe。
　　　「世界実質輸出伸び率」は、財・サービスのもの。

図14.1　実質世界輸出の伸び率

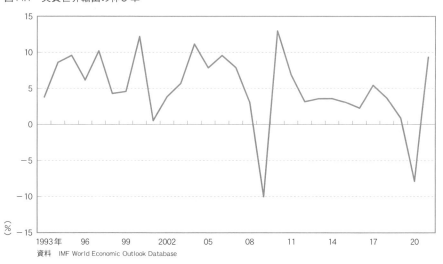

資料　IMF World Economic Outlook Database

14.2　日本の国際収支と為替レート

　世界経済の動きのなかで、日本の対外経済活動の姿を要約して示すのが国際収支表である。表14.2には、1996年から2015年までの５年おきとそれ以降20年までの各年の国際収支を示している。図14.2.1には、99年以降の経常収支とその内訳の推移を描いている。また、図14.2.2では、近年の為替レートの動きを、購買力平価に対比させて示している。

経常収支の動向

　日本の貿易・サービス収支は、長年に渡って黒字基調が続いてきたが、2011年から赤字に転じた。これは石油・天然ガスなど鉱物性燃料の輸入金額が拡大した要因が大きい。15年には前年夏からの原油安から赤字幅が大きく縮小し、16年には黒字に戻ったものの、19年から再び小幅な赤字に転じている。それに対して、海外の事業に投資することによって生まれた稼ぎを表す所得収支は、13年以降15兆円から20兆円の幅で安定した黒字を続けている。その結果、経常収支の近年の黒字は、そのほとんどが所得収支によるものとなっている。これは日本企業の積極的な海外展開を反映して海外の事業活動で稼ぐ所得が増えていることに加えて、現在の国内での働きによる稼ぎよりも過去の海外投資から生まれる収益に頼って生活する「金利生活者」国家となっている側面もあるといえよう。

金融収支の動向

　金融収支の黒字は、日本の対外資産の純取得（フロー）を表している。国際収支表の恒等式によって、金融収支は概ね経常収支とコインの表裏の関係にある。その内訳をみると、直接投資の大きさは近年10兆円から30兆円の幅で推移している。一方、証券投資は16年が黒字（対外投資超過）、17年は赤字（対内受入超過）に転じ、18年以降には再び黒字と大きく振れているのが特徴的である。

為替レートの推移

　図14.2.2には、近年の円ドルレートの動き（月中平均）と、1980年初頭を基準年にして日米の生産者物価指数（日本は国内企業物価指数）を使って作成した購買力平価の推移を示している。購買力平価と比較してみることによって、円高円安のタイミングが明瞭にわかる。2008年のリーマンショックを境にして円高の時期が続いたが、12年末からは円安方向への修正が起こり、14年秋以降の約１年半は一層の円安期となった。こうした２度にわたる円安修正の時期は、日本の金融緩和政策のタイミングと完全に一致している。16年に入って一時的に円高方向への修正も見られたが、その後は再び円安方向に戻して最近は安定的な推移となっている。

表14.2　日本の国際収支　　　　　　　　　　　　　　　　　　　　　　　　　　　　　　（単位：億円）

	1996	2000	2005	2010	2015	2016	2017	2018	2019	2020
経常収支（a+b+c）	74 943	140 616	187 277	193 828	165 194	213 910	227 779	195 047	192 732	175 347
(a) 貿易・サービス収支	23 174	74 298	76 930	68 571	−28 169	43 888	42 206	1 052	−9 318	−7 250
貿易収支	90 346	126 983	117 712	95 160	−8 862	55 176	49 113	11 265	1 503	30 106
サービス収支	−67 172	−52 685	−40 782	−26 588	−19 307	−11 288	−6 907	−10 213	−10 821	−37 357
(b) 第一次所得収支	61 544	76 914	118 503	136 173	213 032	191 478	206 843	214 026	215 749	208 090
(c) 第二次所得収支	−9 775	−10 596	−8 157	−10 917	−19 669	−21 456	−21 271	−20 031	−13 700	−25 492
資本移転等収支	−3 537	−9 947	−5 490	−4 341	−2 714	−7 433	−2 800	−2 105	−4 131	−1 842
金融収支（d+e+f+g+h）	72 723	148 757	163 444	217 099	218 764	286 059	188 113	201 361	248 843	153 955
(d) 直接投資	28 648	36 900	51 703	62 511	161 319	148 587	174 118	149 093	238 810	112 593
(e) 証券投資	37 082	38 470	10 700	127 014	160 294	296 496	−56 513	100 528	93 666	42 339
(f) 金融派生商品	8 011	5 090	8 023	−10 262	21 439	−16 582	34 523	1 239	3 700	8 662
(g) その他投資	−40 442	15 688	68 456	−89	−130 539	−136 662	9 467	−76 127	−115 372	−21 618
(h) 外貨準備	39 424	52 609	24 562	37 925	6 251	−5 780	26 518	26 628	28 039	11 980
誤差脱漏	1 317	18 088	−18 343	27 612	56 283	79 583	−36 866	8 419	60 242	−19 551

注　1996年～2013年の計数は、国際収支マニュアル第5版準拠統計を第6版の基準により組み替えたもの。
資料　財務省「国際収支統計・総括表」

図14.2.1　日本の経常収支の推移

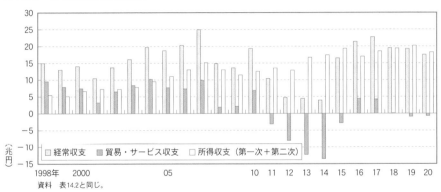

資料　表14.2と同じ。

図14.2.2　円ドル為替レートと購買力平価の推移（2007年以降）

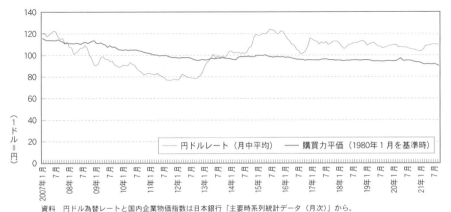

資料　円ドル為替レートと国内企業物価指数は日本銀行「主要時系列統計データ（月次）」から。
　　　米国の生産者物価指数（最終財）は米労働統計局作成（FRB St. Louisのウェブサイトから）。

14.3　日本の貿易

　輸出額は、世界経済の低迷や円高を反映して、2011年、12年と２年連続
して減少を続けたが、13年には円安に転じたこともあって増加に転じ、16
年の減少を経て17年以降拡大に転じていたが、19年、20年と再び減少が続
いた。一方、輸入額は11年以降も伸び続け、とくに13年、14年には、円安
が輸入金額を大幅に膨らませることになった（ドル建て契約の輸入は、円
安が進行すると、円建て換算金額で膨らむ）。しかし、15年、16年と原油
価格の低下から輸入額は減少に転じた後、17年、18年には経済活動の好調
を反映して増加し、19年、20年と減少が続いた。

地域別の輸出入

　図14.3.1は、日本の輸出の地域別構成を1985年から2010年までの５年お
きと、その後の各年について示している。85年には対米輸出が全体の37％
と４割近くを占めるまで膨み、その後も00年頃までは３割前後を占めてい
たが、その後は割合が低下し、10年以降は１割台になっている。これは、
この間に中国、アジアNIES、ASEANといったアジア地域への輸出が拡大
してきたことが大きい。

　一方、輸入の地域別構成は図14.3.2に示されている。輸入についても、
過去30年くらいのトレンドを追うと、アジア地域のシェア拡大が顕著で、
中国、アジアNIES、ASEANの合計で80年には２割強に留まっていたもの
が、00年以降は４割台にまで倍増している。このように、輸出、輸入の両
面でアジア地域内の貿易取引が拡大していることがみられ、その背景とし
てこの地域の経済活動の連携が進んでいることをうかがわせる。

品目別の輸出入

　図14.3.3をみると、一般機械、電気機器、輸送用機器の機械系製造業が
輸出総額に占める割合はあいかわらず高い比重を示しているが、1990年代
初めには７割を占めていたことと比べると、幾らか機械製品の輸出割合が
縮小した。これは、かつてのように日本国内で完成品まで組み立てて輸出
するパターンから、国内と海外で工程間分業を行って生産過程を分業する
パターンに変化してきたことを反映した結果である。近年、化学製品と原
料別製品の割合が増しているが、これもこうした製造業の国際分業が進ん
だためと考えられる。

　2010年から14年にかけて、輸入は大幅に増加したが、そのほとんどは鉱
物性燃料の輸入増加によるものであった。14年夏以降の原油価格下落を受
けて、15年以降は鉱物性燃料の輸入が大きく減少し、それが輸入額全体を
減少させることになった。（図14.3.4）。

図14.3.1　日本の地域別輸出額

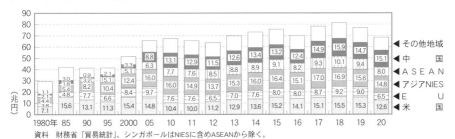

資料　財務省「貿易統計」。シンガポールはNIESに含めASEANから除く。

図14.3.2　日本の地域別輸入額

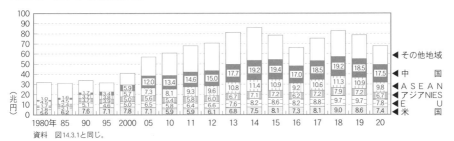

資料　図14.3.1と同じ。

図14.3.3　日本の品目別輸出額

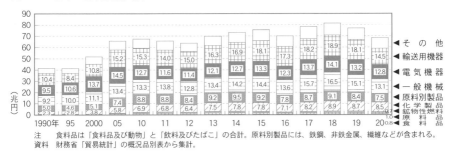

注　食料品は「食料品及び動物」と「飲料及びたばこ」の合計。原料別製品には、鉄鋼、非鉄金属、繊維などが含まれる。
資料　財務省「貿易統計」の概況品別表から集計。

図14.3.4　日本の品目別輸入額

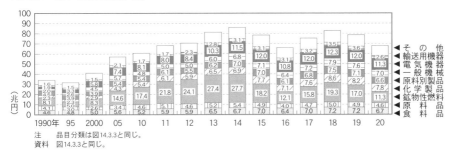

注　品目分類は図14.3.3と同じ。
資料　図14.3.3と同じ。

14.4　直接投資と海外資産
対外直接投資ネットフローの状況

　直接投資とは、企業活動を行うための外国法人の株式取得、長期貸付け、支店や工場の設立などのことである。日本から海外への直接投資を対外直接投資、海外から日本への直接投資を対内直接投資という。図14.4.1には、1996年以降の対外直接投資及び対内直接投資のネットフローを示している。

　日本の対外直接投資は、80年代後半に企業が生産拠点の海外展開を積極化したことから急増した。90年代前半には一服したが、後半は再び増加に転じた。とくに、2005年から08年にかけて顕著な増加がみられた。09、10年にはやや停滞したが、11年以降は一段と増加し、13年以降も高水準が続いている。19年には、対外直接投資が一層伸びる年となった。

　一方、外国企業の日本への投資である対内直接投資は、07、08年には盛り上がりをみせたが、その後は低迷を続けていた。しかし近年になって、再びやや多めに推移している。対内直接投資の低迷は、日本国内のビジネス環境全般の魅力の低さを反映したものではないかとも懸念される。

対外直接投資残高の地域別状況

　前述の対外直接投資のフローが積み上がって直接投資残高（ストック）となる。こうした直接投資残高に着目して、日本企業の海外展開の地域別状況を、図14.4.2で見てみよう。2020年末時点の日本企業の投資先としては、米国を中心とした北米地域が最大の投資先の地位を維持している。しかし、近年アジア地域と、EUを含むヨーロッパ地域への投資がほぼ匹敵する残高に近づいてきた。アジア地域のなかでは、中国への直接投資残高はほぼ横ばいとなっているのに対して、ASEAN地域への伸びが著しい。

対外資産、対外純資産の状況

　表14.4は、1996年から2010年までの5年おきと、その後の各年の対外資産、負債の残高と、その差額である対外純資産残高の推移を示す。20年末には、対外資産残高が1146.1兆円、対外負債残高が789.2兆円で、両者の差額の対外純資産残高は前年比ほぼ横ばいの357.0兆円となった。対外資産残高、対外負債残高ともに、概ね国際収支マニュアル第5版準拠の数字よりも僅かに膨らんだ数字となっているが、これはマニュアル第6版準拠から新たに金融派生商品の残高が資産、負債に両側に計上されるようになったためである。日本の対外資産残高の内訳では、対外直接投資が大きな割合を占めているのに対して、対外負債残高では、証券投資、その他投資がほとんどで、対内直接投資はごく僅かな割合に留まっている。

図14.4.1　対外・対内直接投資（ネットフロー額）

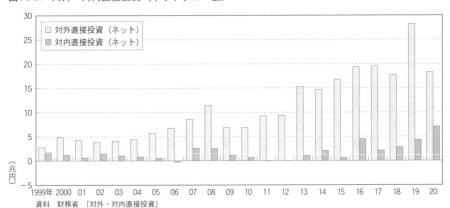

資料　財務省「対外・対内直接投資」

図14.4.2　日本の地域別対外直接投資残高

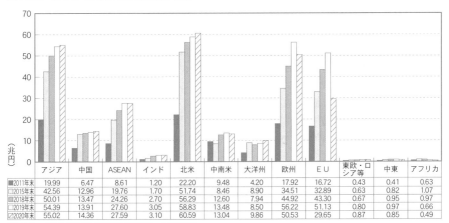

表14.4　日本の対外資産負債残高（暦年末）
国際収支マニュアル第6版準拠（BPM6）

（単位　10億円）

年末	資産残高						負債残高				対外純資産
		直接投資	証券投資	金融派生商品	その他投資	外貨準備		直接投資	証券投資	金融派生商品	その他投資	
1996	302 809	30 571	111 165	461	135 372	25 242	199 451	4 045	66 077	315	129 013	103 359
2000	341 520	32 307	150 115	381	117 239	41 478	208 473	6 096	101 609	366	100 402	133 047
05	506 664	46 079	249 493	3 104	108 544	99 444	325 965	12 377	181 959	3 921	127 709	180 699
10	561 448	68 925	269 207	4 287	129 700	89 330	305 542	18 735	152 051	5 267	129 488	255 906
11	583 100	75 565	262 639	4 188	140 192	100 517	317 359	18 824	157 481	5 641	135 413	265 741
12	658 927	91 232	308 099	4 623	145 509	109 464	359 625	19 227	180 504	5 326	154 568	299 302
13	797 686	119 302	361 253	8 207	175 394	133 529	471 955	19 551	252 008	8 656	191 739	325 732
14	942 381	142 017	409 939	56 288	183 057	151 080	578 971	23 748	285 081	59 555	210 586	363 409
15	949 919	151 852	423 314	45 080	181 121	148 553	610 702	24 770	320 544	45 692	219 696	339 217
16	986 289	158 885	441 421	43 451	199 971	142 560	649 982	28 232	325 214	45 471	251 066	336 306
17	1 013 364	175 141	463 596	33 880	198 340	142 406	684 062	28 926	376 721	33 971	244 444	329 302
18	1 018 047	181 882	450 942	32 137	212 809	140 276	676 597	30 683	351 191	30 698	264 026	341 450
19	1 090 549	204 168	494 979	34 301	212 579	144 521	733 534	34 330	396 243	33 305	269 656	357 015
20	1 146 126	205 971	525 786	44 698	225 458	144 214	789 156	39 669	426 022	42 349	281 116	356 970

注　平成25年末までの計数は、国際収支マニュアル第5版基準統計を第6版の基準により組み替えたもの。
資料　財務省「本邦対外資産負債残高の推移」

14.5　経済協力
ODA供与国としての先進国中の順位

　OECDのDAC（開発援助委員会）加盟29か国が2020年に供与した政府開発援助（ODA）の総額（支出純額ベース＝支出総額から貸付の返済額を差し引いた純額）は1568億ドルであったが、日本はその8.5％に当たる133億ドルを供与し、ドル建て金額ベースでみて米独英仏に次ぐ世界第5位の援助国であった（表14.5）。第6位にはトルコが迫ってきている。一方、ODAの対国民総所得（GNI）比（18年以降の数字は未発表のため、17年ベース）では、日本は0.23％でオーストラリア、ニュージーランドと並んで18位である。この水準は、高位にあるスウェーデン（1.02％）、ルクセンブルグ（1.00％）などの水準には遠く及ばず、DAC加盟国計の0.31％よりも低い水準である。

日本のODAの特徴

　日本政府は2003年にODA大綱を改め、途上国の自助努力の支援、人間の安全保障の視点、公平性の確保、日本の経験と知見の活用、国際社会における連携と協調の5つを基本方針として、貧困削減、持続的成長、地球的規模の問題への取り組み、平和の構築の4つの重点課題に対してODAを推進することとしている。

　19年ODA実績（支出純額）の内訳は、二国間ODAが6割強、国際機関を通じたODAが4割弱であった。二国間ODAの援助手法別内訳では、無償資金協力と技術協力の合計が7割、政府貸付等が3割となっている。かつては、日本のODAの特徴として、無償資金協力等の贈与の割合が少なく政府貸付等の割合が大きいことが指摘されていたが、近年は逆転している。

　図14.5には、日本の二国間ODA実績（支出総額ベース）の地域間配分の推移が示されている。1970年には、二国間ODAの9割以上がアジア地域に集中していたが、その後その割合は徐々に低下し、2000年代以降は概ね5割から6割の間で推移してきた。これに対して、70年代以降に比率を上げてきたのは中東、アフリカなどの地域である。また、90年代に入って社会主義圏が崩壊し東欧地域が援助対象地域として登場してきたが、欧州地域への二国間援助は2019年では0.5％に留まっている。

　このように、以前に比べるとアジア地域の割合は低下しているものの、日本の主要なODA先であることには変わりがない。2019年の東アジア地域における日本のODA先をみると、贈与と政府貸付等の合計（支出総額）で、フィリピンが第1位で、ミャンマー、インドネシア、ベトナム、タイと続いている。

表14.5　DAC諸国のODA動向（支出純額ベース）

金額（100万ドル）、GNI比（%）

	1990-91年 金額	1990-91年 GNI比	2000年 金額	2000年 GNI比	2010年 金額	2010年 GNI比	2015年 金額	2015年 GNI比	2016年 金額	2016年 GNI比	2017年 金額	2017年 GNI比	2018年 金額	2019年 金額	2020年 金額
オーストラリア	1 002	0.36	2 022	0.27	3 367	0.32	3 566	0.29	3 347	0.27	2 903	0.23	3 021	2 888	2 582
オーストリア	470	0.29	742	0.23	1 196	0.32	1 418	0.35	1 726	0.42	1 285	0.30	1 126	1 227	1 284
ベルギー	860	0.43	1 372	0.36	2 928	0.64	2 060	0.42	2 449	0.50	2 253	0.45	2 264	2 208	2 285
カナダ	2 537	0.45	2 812	0.25	4 657	0.34	4 413	0.28	4 173	0.26	4 369	0.26	4 619	4 535	4 954
チェコ共和国			39	0.03	220	0.13	233	0.12	299	0.14	330	0.15	301	309	293
デンマーク	1 186	0.95	2 766	1.06	2 624	0.91	2 659	0.85	2 452	0.75	2 455	0.74	2 458	2 541	2 556
エストニア			1		21	0.10	39	0.15	49	0.19	46	0.16	48	48	49
フィンランド	888	0.72	609	0.31	1 316	0.55	1 357	0.55	1 119	0.44	1 116	0.42	950	1 149	1 223
フランス	7 275	0.61	6 422	0.30	11 800	0.50	9 420	0.37	10 006	0.38	11 499	0.43	12 328	11 984	15 168
ドイツ	6 605	0.40	7 900	0.27	12 711	0.39	19 319	0.52	26 369	0.70	25 800	0.67	24 882	24 122	27 976
ギリシャ			344	0.20	414	0.17	241	0.12	375	0.19	312	0.16	276	368	235
ハンガリー	20				109	0.09	173	0.13	220	0.17	154	0.11	278	312	424
アイスランド	7		13	0.10	38	0.26	47	0.24	62	0.28	64	0.28	68	61	66
アイルランド	65	0.17	393	0.29	900	0.52	763	0.32	845	0.32	857	0.32	910	973	933
イスラエル			266		179	0.07	266	0.08	391	0.11	426	0.12	377	281	276
イタリア	3 371	0.30	2 317	0.13	2 790	0.15	4 188	0.22	5 278	0.27	5 919	0.30	4 870	4 260	4 219
日本	10 011	0.31	12 095	0.28	9 042	0.20	10 266	0.20	10 420	0.20	11 849	0.23	10 253	11 720	13 255
韓国	86	0.02	296	0.04	1 303	0.12	1 930	0.14	2 277	0.16	2 126	0.14	2 267	2 517	2 292
ラトビア					17	0.06	26	0.09	33	0.11	34	0.11	33	34	39
リトアニア					39	0.10	55	0.12	64	0.14	63	0.13	63	68	65
ルクセンブルグ	34	0.27	243	0.70	416	1.05	398	0.95	427	1.00	446	1.00	464	472	428
オランダ	2 527	0.90	5 248	0.84	5 998	0.81	6 200	0.75	5 369	0.65	5 193	0.60	5 484	5 292	5 143
ニュージーランド	98	0.24	252	0.25	369	0.26	454	0.27	452	0.25	431	0.23	542	555	526
ノルウェー	1 191	1.15	2 226	0.76	3 599	1.05	4 264	1.05	4 616	1.12	4 117	0.99	3 919	4 298	4 660
ポーランド	3		50	0.02	340	0.08	462	0.10	724	0.15	698	0.13	737	761	768
ポルトガル	174	0.27	477	0.26	612	0.29	332	0.16	365	0.17	391	0.18	374	382	348
スロヴァキア共和国			15	0.03	68	0.09	90	0.10	114	0.12	124	0.13	134	116	135
スロヴェニア					55	0.13	68	0.15	87	0.19	79	0.16	81	88	86
スペイン	1 113	0.22	2 044	0.22	5 273	0.43	1 470	0.12	4 444	0.34	2 608	0.19	2 490	2 709	2 650
スェーデン	2 062	0.90	2 427	0.80	4 029	0.97	6 889	1.40	4 752	0.94	5 261	1.01	5 662	5 205	6 012
スイス	806	0.34	1 632	0.32	2 361	0.39	3 407	0.51	3 560	0.53	3 138	0.47	3 045	3 095	3 525
トルコ			94	0.04	582	0.13	2 994	0.50	5 087	0.76	6 926	0.95	8 363	8 667	8 773
イギリス	2 919	0.30	5 579	0.32	12 680	0.57	16 846	0.70	18 168	0.70	18 731	0.70	19 354	19 354	18 078
アメリカ	11 328		14 314	0.10	34 641	0.20	33 248	0.17	36 551	0.19	36 201	0.18	34 390	32 981	34 725
DAC諸国計	54 813	0.33	74 651	0.22	125 856	0.31	136 180	0.30	151 045	0.32	150 737	0.31	147 205	146 482	156 829

注　DAC諸国は、OECD加盟国のうちOCEDガイドラインに沿ったODA政策を明示するなどしていると認定された国。ODA諸国計の数字は、その時点の対象国による合計。OCDE加盟国は現在37ヶ国ある。
資料　OECDウェブサイト上のNet Official Development Assistanceデータから。

図14.5　日本の二国間ODA実績（支出総額ベース）の地域別配分の推移

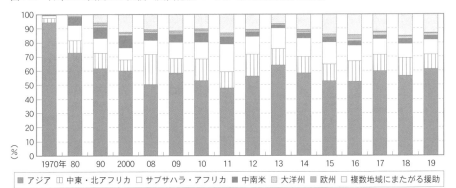

凡例：■ アジア　▨ 中東・北アフリカ　□ サブサハラ・アフリカ　■ 中南米　■ 大洋州　■ 欧州　□ 複数地域にまたがる援助

資料　外務省ウェブサイト「ODA白書」

第15章　労働・賃金

15.1　就業状態の推移
2020年の労働力人口は6868万人へと前年から18万人減少

　15歳以上人口は2011年には１億1117万人に達した。この１億1117万人を頂点としてほぼ横ばいの状況にある。

　労働力人口は、15歳以上人口のうち、仕事をもつ就業者と仕事を探している完全失業者を合わせた人口である。労働力人口は2000年代において人口高齢化（第２章人口を参照）に伴い減少傾向にあったが、10年代には増加に転じ、19年には6886万人に達し、20年には6868万人へと前年から18万人減少した（表15.1）。

非労働力人口のうち家事、通学の減少傾向が続く

　非労働力人口の内訳として、家事は10年の1672万人から20年の1314万人へと358万人減少（10年比で21.4％減）し、通学は10年の696万人から20年の588万人へと108万人減少（10年比で15.5％減）した（表15.1）。

20〜59歳の女性の労働力人口比率は70％を超えた

　2000年と20年の年齢階級別労働力人口比率を男女、年齢５歳階級別に比べると、男性では25〜59歳で若干低下し、女性では15歳以上のすべての年齢階級で上昇した。20年の女性の労働力人口比率は、20〜59歳で70％を超えている。00年から20年にかけて、女性の労働力人口比率は25〜44歳と50〜69歳で10％ポイント以上の上昇であった。とくに、30〜34歳と60〜64歳での上昇幅は20％ポイント以上であった（図15.1.1）。

2021年４月以降、就業者数は前年同月と比べて増加傾向にある

　コロナ禍による就業状態への影響として、2019年１月から21年６月までの就業者の対前年同月増減の推移をみる。就業者数は、20年４月から21年３月までは前年同月と比べて減少したが、21年４月以降は20年度の減少分を補うように増加傾向にある（図15.1.2）。

```
──────── ☆☆☆　就業状態の定義（労働力調査）　☆☆☆ ────────

　15歳以上人口について「月末１週間に収入を伴う仕事を１時間以上したかどうかの別」に
より、つぎのように分類した。
15歳以上人口 ── 労働力人口 ── 就業者 ── 従業者 ──── ＜おもに仕事＞
                                                  ＜通学のかたわらに仕事＞
                                                  ＜家事などのかたわらに仕事＞
                                         休業者 ──── ＜仕事を休んでいた＞
                            完全失業者 ──────── ＜仕事を探していた＞
                                                  ＜通学＞
              非労働力人口 ──────────────── ＜家事＞
                                                  ＜その他（高齢者など）＞

○労働力人口比率：15歳以上人口に占める労働力人口の割合
○完全失業率：労働力人口に占める完全失業者の割合
```

表15.1　就業状態別15歳以上人口、労働力人口比率

（単位　万人）

年	15歳以上人口	労働力人口			非労働力人口				労働力人口比率（％）
			就業者	完全失業者		家事	通学	その他	
1980	8 932	5 650	5 536	114	3 249	1 568	834	847	63.3
90	10 089	6 384	6 249	134	3 657	1 528	989	1 140	63.3
2000	10 836	6 766	6 446	320	4 057	1 775	815	1 466	62.4
10	11 111	6 632	6 298	334	4 473	1 672	696	2 106	59.6
15	11 110	6 625	6 401	222	4 479	1 528	678	2 274	59.6
16	11 111	6 673	6 465	208	4 432	1 497	656	2 278	60.0
17	11 108	6 720	6 530	190	4 382	1 457	656	2 269	60.5
18	11 101	6 830	6 664	166	4 263	1 377	621	2 264	61.5
19	11 092	6 886	6 724	162	4 197	1 327	599	2 270	62.1
20	11 080	6 868	6 676	191	4 204	1 314	588	2 302	62.0

注　数値は既公表値とは異なり、時系列接続用に補正した数値に置き換えた（比率は除く）。
資料　総務省「労働力統計」

図15.1.1　男女、年齢5歳階級別労働力人口比率

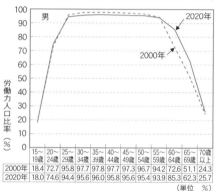

	15～19歳	20～24歳	25～29歳	30～34歳	35～39歳	40～44歳	45～49歳	50～54歳	55～59歳	60～64歳	65～69歳	70歳以上
2000年	18.4	72.7	95.8	97.7	97.8	97.7	96.7	96.7	94.2	72.6	51.1	24.3
2020年	18.0	74.6	94.4	95.6	96.0	95.8	95.6	95.4	93.9	85.3	62.3	25.7

（単位　％）

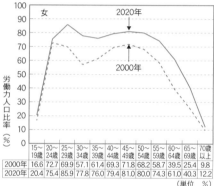

	15～19歳	20～24歳	25～29歳	30～34歳	35～39歳	40～44歳	45～49歳	50～54歳	55～59歳	60～64歳	65～69歳	70歳以上
2000年	16.6	72.7	69.9	57.1	61.4	69.3	71.8	68.2	58.7	39.5	25.4	9.8
2020年	20.4	75.4	85.9	77.8	76.0	79.4	81.0	80.0	74.3	61.0	40.3	12.2

（単位　％）

資料　表15.1と同じ。

図15.1.2　就業者数の対前年同月増減（2019年1月～20年7月）

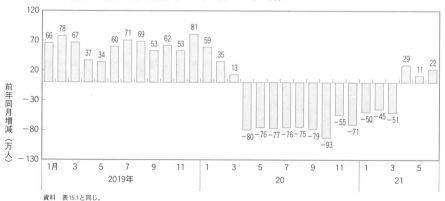

資料　表15.1と同じ。

15.2　産業別・職業別就業者
就業者数は農業、林業での減少と医療、福祉での増加が続く

　2010年から20年までの産業別就業者数の推移をみると、「農業、林業」などでは減少傾向にあり、「医療、福祉」と「教育・学習支援業」、「学術研究、専門・技術サービス業」、「情報通信業」などは増加した。「農業、林業」は10年の237万人から20年には200万人へと37万人の減少（10年比で15.6％減）であった。一方、「医療、福祉」は10年の656万人から20年には862万人へと206万人の増加（10年比で31.4％増）、「教育・学習支援業」は10年の290万人から20年の339万人への49万人の増加（10年比で16.9％増）、「学術研究、専門・技術サービス業」は10年の199万人から20年の244万人へと45万人の増加（10年比で22.6％増）、「情報通信業」は10年の197万人から20年の240万人へと43万人の増加（10年比で21.8％増）であった。19年から20年にかけて、就業者数が大きく減少した産業は、宿泊業、飲食サービス業であり、19年の420万人から20年の391万人へと29万人減少（前年比6.9％減）した（表15.2.1）。

2020年、宿泊業、飲食サービス業の就業者数は大幅に減少

　コロナ禍は、宿泊業、飲食サービス業の就業者数に大きな影響を及ぼした。2019年1月から21年6月までの宿泊業、飲食サービス業の就業者の対前年同月増減の推移をみると、就業者数は、前年同月と比べて20年1月から21年5月まで減少した（図15.2）。

専門的・技術的職業従事者は長期的に増加している

　2010年から20年までの職業別就業者数の推移をみると、農林漁業従事者、販売従事者、管理的職業従事者などは減少し、専門的・技術的職業従事者、事務従事者、サービス職業従事者などは増加した。農林漁業従事者は10年の253万人から20年には209万人へと44万人の減少（10年比で17.4％減）、販売従事者は10年の890万人から20年には848万人へと42万人の減少（10年比で4.7％減）、管理的職業従事者は10年の162万人から20年には128 万人へと34万人の減少（10年比で21.0％減）であった。一方、専門的・技術的職業従事者は10年の962万人から20年には1214万人へと252万人の増加（10年比で26.2％増）、事務従事者は10年の1237万人から20年には1351万人へと114万人の増加（10年比で9.2％増）、サービス職業従事者は10年の754万人から20年には828万人へと74万人の増加（10年比で9.8％増）であった。専門的・技術的職業従事者は、20年には就業者全体の18.2％を占めることになった（表15.2.2）。

表15.2.1　産業別就業者数

(単位　万人)

年	総数	農業、林業	非農林業	漁業	鉱業、採石業、砂利採取業	建設業	製造業	電気・ガス・熱供給・水道業	情報通信業	運輸業、郵便業	卸売業、小売業
2010	6 298	237	6 062	18	3	504	1 060	34	197	352	1 062
15	6 401	209	6 193	20	3	502	1 039	29	209	336	1 058
16	6 465	203	6 262	20	3	495	1 045	30	208	339	1 063
17	6 530	201	6 330	20	3	498	1 052	29	213	340	1 075
18	6 664	210	6 454	18	3	503	1 060	28	220	341	1 072
19	6 724	207	6 517	15	2	499	1 063	28	229	347	1 059
20	6 676	200	6 477	13	2	492	1 045	32	240	347	1 057
対前年増減率（%）											
2016	1.0	−2.9	1.1			−1.4	0.6		−0.5	0.9	0.5
17	1.0	−1.0	1.1			0.6	0.7		2.4	0.3	1.1
18	2.1	4.5	2.0			1.0	0.8		3.3	0.3	−0.3
19	0.9	−1.4	1.0			−0.8	0.3		4.1	1.8	−1.2
20	−0.7	−3.4	−0.6			−1.4	−1.7		4.8	0.0	−0.2

年	金融業、保険業	不動産業、物品賃貸業	学術研究、専門・技術サービス業	宿泊業、飲食サービス業	生活関連サービス業、娯楽業	教育、学習支援業	医療、福祉	複合サービス事業	サービス業（他に分類されないもの）	公務（他に分類されるものを除く）
2010	163	110	199	386	240	290	656	45	457	223
15	154	121	215	384	230	304	788	59	409	231
16	163	124	221	391	234	308	811	62	415	231
17	168	125	230	391	234	315	814	57	429	229
18	163	130	239	416	236	321	831	57	445	232
19	166	129	240	420	242	334	843	54	455	241
20	166	140	244	391	235	339	862	51	452	247
対前年増減率（%）										
2016	5.8	2.5	2.8	1.8	1.7	1.3	2.9		1.5	0.0
17	3.1	0.8	4.1	0.0	0.0	2.3	0.4		3.4	−0.9
18	−3.0	4.0	3.9	6.4	0.9	1.9	2.1		3.7	1.3
19	1.8	−0.8	0.4	1.0	2.5	4.0	1.4		2.2	3.9
20	0.0	8.5	1.7	−6.9	−2.9	1.5	2.3		−0.7	2.5

注1　数値は既公表値とは異なり、時系列接続用に補正した数値に置き換えた。
　2　対前年増減率（%）は、100万人未満の産業における数値を表示していない。
資料　総務省「労働力統計」

図15.2　宿泊業、飲食サービス業　就業者数の対前年同月増減（2019年1月～21年6月）

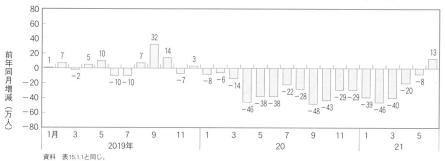

資料　表15.1.1と同じ。

表15.2.2　職業別就業者数

(単位　万人)

年	総数	管理的職業従事者	専門的・技術的職業従事者	事務従事者	販売従事者	サービス職業従事者	保安職業従事者	農林漁業従事者	生産工程従事者	輸送・機械運転従事者	建設・採掘従事者	運搬・清掃・包装等従事者
2010	6 298	162	962	1 237	890	754	125	253	925	224	299	413
15	6 401	145	1 059	1 262	856	789	126	223	887	218	299	447
16	6 465	147	1 085	1 282	855	805	127	217	880	218	299	458
17	6 530	144	1 111	1 295	862	808	124	217	889	219	302	464
18	6 664	134	1 131	1 311	864	844	131	222	912	218	298	475
19	6 724	128	1 174	1 319	856	850	132	217	907	221	293	491
20	6 676	128	1 214	1 351	848	828	133	209	868	216	292	481
対前年増減率（%）												
16	1.0	1.4	2.5	1.6	−0.1	2.0	0.8	−2.7	−0.8	0.0	0.0	2.5
17	1.0	−2.0	2.4	1.0	0.8	0.4	−2.4	0.0	1.0	0.5	1.0	1.3
18	2.1	−6.9	1.8	1.2	0.2	4.5	5.6	2.3	2.6	−0.5	−1.3	2.4
19	0.9	−4.5	3.8	0.6	−0.9	0.7	0.8	−2.3	−0.5	1.4	−1.7	3.4
20	−0.7	0.0	3.4	2.4	−0.9	−2.6	0.8	−3.7	−4.3	−2.3	−0.3	−2.0

注　数値は既公表値とは異なり、時系列接続用に補正した数値に置き換えた。
資料　表15.2.1と同じ。

15.3　従業上の地位別・雇用形態別就業者
2020年の雇用者は5973万人へと前年から31万人減少

　従業上の地位別就業者数を1980年からの長期的な推移でみると、自営業主と家族従業者は減少傾向にあり、雇用者は増加傾向にある。就業者のうち雇用者の占める割合は80年の71.7％から2020年の89.5％へと17.8％ポイント上昇した。雇用者は10年の5500万人から20年には5973万人へと473万人増加（10年比で8.6％増）した。雇用者のうち女性は、10年の2342万人から20年には2703万人へと361万人増加（10年比で15.4％増）し、雇用者のうち女性の占める割合は、80年の34.1％から2020年の45.3％へと11.2％ポイント上昇した。一方、自営業主は10年の582万人から20年には526万人へと56万人減少（10年比で9.6％減）、家族従業者は10年の190万人から20年には140万人へと50万人減少（10年比で26.3％減）した（表15.3.1）。

2020年の非正規の職員・従業員の占める割合は37.2％

　雇用形態別に2010年から20年までの雇用者数の増減をみると、正規の職員・従業員よりも非正規の職員・従業員の増加が大きい。正規の職員・従業員は10年の3374万人から20年の3529万人へと155万人増加（10年比で4.6％増）し、非正規の職員・従業員は10年の1763万人から20年の2090万人へと327万人増加（10年比で18.5％増）した。非正規の職員・従業員の内訳として、パート・アルバイトは10年の1196万人から20年の1473万人へと277万人増加（10年比で23.2％増）し、労働派遣事業所の派遣社員は10年の96万人から20年の138万人へと42万人増加（10年比で43.8％増）した。非正規の職員・従業員の占める割合は、10年の34.4％から20年には37.2％へと2.8％ポイント上昇した（表15.3.2）。

2020年3月から21年3月まで、非正規の職員・従業員は前年同月と比べて減少

　コロナ禍による就業状態への影響として、2019年1月から21年6月までの正規の職員・従業員と非正規の職員・従業員の対前年同月増減の推移をみる。正規の職員・従業員の増減には大きな変動はなく、増加傾向が続いている。一方、非正規の職員・従業員は、20年3月以降、前年同月と比べて減少がつづき、21年4月には増加に転じた。20年4月から21年3月までの20年度における非正規の職員・従業員の減少幅はすべての月で50万人を超えており、コロナ禍は非正規の職員・従業員の雇用により強く影響を及ぼした（図15.3）。

表15.3.1　従業上の地位別就業者数

(単位　万人)

年	就業者	自営業主		家族従業者	雇用者			雇用者の占める割合（％）	雇用者のうち女性の占める割合（％）
			雇有業主			男	女		
1980	5 536	951	186	603	3 971	2 617	1 354	71.7	34.1
90	6 249	878	193	517	4 835	3 001	1 834	77.4	37.9
2000	6 446	731	182	340	5 356	3 216	2 140	83.1	40.0
10	6 298	582	154	190	5 500	3 159	2 342	87.3	42.6
15	6 401	546	130	162	5 663	3 180	2 482	88.5	43.8
16	6 465	530	130	154	5 750	3 211	2 539	88.9	44.2
17	6 530	528	129	151	5 819	3 229	2 590	89.1	44.5
18	6 664	535	128	151	5 936	3 264	2 671	89.1	45.0
19	6 724	531	123	144	6 004	3 284	2 720	89.3	45.3
20	6 676	526	117	140	5 973	3 270	2 703	89.5	45.3

注　数値は既公表値とは異なり、時系列接続用に補正した数値に置き換えた。
資料　総務省「労働力統計」

表15.3.2　雇用形態別雇用者数

(単位　万人)

年	雇用者	役員を除く雇用者	正規の職員・従業員	非正規の職員・従業員	パート・アルバイト	労働者派遣事業所の派遣社員	契約社員・嘱託	その他	正規の職員・従業員の占める割合（％）	非正規の職員・従業員の占める割合（％）
2005	5 408	5 008	3 375	1 634	1 120	106	279	129	67.4	32.6
10	5 508	5 138	3 374	1 763	1 196	96	333	138	65.6	34.4
15	5 653	5 303	3 317	1 986	1 370	127	406	84	62.5	37.5
16	5 741	5 391	3 367	2 023	1 403	133	406	81	62.5	37.5
17	5 810	5 460	3 423	2 036	1 414	134	411	78	62.7	37.3
18	5 927	5 596	3 476	2 120	1 490	136	414	80	62.1	37.9
19	5 995	5 660	3 494	2 165	1 519	141	419	86	61.7	38.3
20	5 963	5 620	3 529	2 090	1 473	138	395	85	62.8	37.2

注1　表15.3.1と同じ。
　2　割合は「正規の職員・従業員」と「非正規の職員・従業員」の合計に占める割合を示す。
　3　詳細集計は基本集計の約4分の1の世帯が対象であることなどから、雇用者数は基本集計の数値と一致しない。
資料　総務省「労働力統計（詳細集計）」

図15.3　正規と非正規の職員・従業員の対前年同月増減（2019年1月〜21年6月）

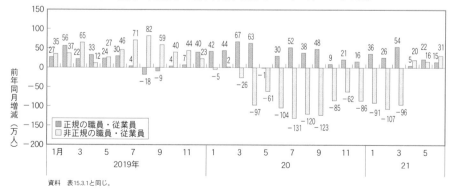

資料　表15.3.1と同じ。

15.4　完全失業者と求人状況
2020年の完全失業率は2.8％、有効求人倍率は1.18倍

　完全失業者は、仕事がなくて調査週間中に少しも仕事をしなかった者で、かつ仕事があればすぐ就くことができる状態にあり、調査週間中に仕事を探す活動や事業を始める準備をしていた者である。完全失業率は労働力人口に占める完全失業者の割合である。また、有効求人倍率は、公共職業安定所で扱った有効求人数を有効求職者数で除したものである。

　完全失業率を1980年からの長期的な推移でみると、完全失業率は90年代において次第に高まり、80年代の２％台から98年には４％の水準に達した。その後、2004年から完全失業率は低下傾向にあったが、07年を底に上昇し、09年と10年には5.1％に達した。11年以降、完全失業率は低下傾向にあり、18年2.4％、19年2.4％であったものの、20年には2.8％に上昇した。また、有効求人倍率は12年の0.80倍から上昇し続け、17年1.50倍、18年1.61倍、19年1.60倍と1980年代後半から90年代前半における水準に達したのち、20年には1.18倍に低下した（図15.4.1）。

2020年の追加就労希望就業者は228万人、潜在労働力人口は44万人

　労働力調査（詳細集計）は、18年１月から、未活用労働を含む就業状態区分を採用し、パートタイム等の就業者の中で仕事を追加したい者（追加就労希望就業者）や非労働力人口の中で仕事に就くことを希望しているが、今は仕事を探していない者等（潜在労働力人口）の区分を設けた。就業者のうち、追加就労希望就業者は20年に228万人（女性の占める割合64.9％）であった。非労働力人口のうち、潜在労働力人口は20年に44万人（女性の占める割合59.1％）であった。潜在労働力人口は拡張求職者５万人と就業可能非求職者38万人からなる。また、失業者のうち、「定年又は雇用契約の満了」及び「勤め先や事業の都合」などの理由で失業した深刻度の高い非自発的失業者は59万人（女性の占める割合39.0％）と、失業者210万人のうちの28.1％を占めている（表15.4）。

2020年４月の休業者は597万人

　コロナ禍による就業状態への影響として、2016年１月から21年６月までの完全失業者と休業者の推移をみる。緊急事態宣言が発出された20年４月において休業者は597万人となり、就業者の約１割を占めることになった。20年３月以降、完全失業者は緩やかな増加傾向にあるが、休業者の増加により、失業への移行は抑えられたことが推察される。休業者の水準は20年６月以降、20年２月以前の水準に戻りつつある（図15.4.2）。

図15.4.1　完全失業率と有効求人倍率

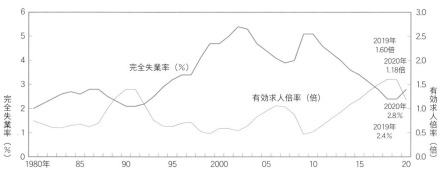

注1　数値は既公表値とは異なり、時系列接続用に補正した数値に置き換えた。
　2　2011年の数値は、東日本大震災で被災した岩手県、宮城県及び福島県の数値に関して補完的に推計した値である。
　3　有効求人倍率は新規学卒者を除きパートタイムを含む。
資料　総務省「労働力統計」、厚生労働省「一般職業紹介状況」

表15.4　男女別　追加就労希望就業者、非自発的失業者、拡張求職者、就業可能非求職者（2020年）

(単位　万人)

	男女計	男	女	女性の占める割合（％）
15歳以上人口	11 057	5 337	5 720	51.7
労働力人口	6 877	3 820	3 056	44.4
就業者	6 667	3 700	2 967	44.5
うち追加就労希望就業者	228	80	148	64.9
失業者	210	121	89	42.4
うち完全失業者	191	115	76	39.8
うち非自発的失業者	59	36	23	39.0
非労働力人口	4 181	1 517	2 664	63.7
うち潜在労働力人口	44	17	26	59.1
拡張求職者	5	2	4	80.0
就業可能非求職者	38	16	22	57.9

注1　「追加就労希望就業者」とは、就業時間が週35時間未満の就業者のうち、就業時間の追加を希望しており、追加できる者である。
　2　「非自発的失業者」とは、失業者のうち、「定年又は雇用契約の満了」及び「勤め先や事業の都合」により失業した深刻度の高い者である。
　3　「潜在労働力人口」とは、就業者でも失業者でもない者のうち、
　　　1か月以内に求職活動を行っており、すぐではないが2週間以内に就業できる者（拡張求職者）と
　　　1か月以内に求職活動を行っていないが、就業を希望しており、すぐに就業できる者（就業可能非求職者）からなる。
資料　総務省「労働力統計（詳細集計）」

図15.4.2　完全失業者と休業者

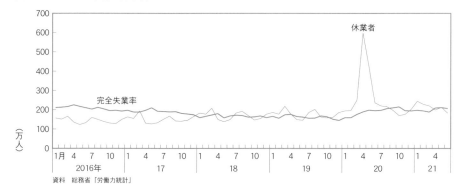

資料　総務省「労働力統計」

15.5　労働時間
2020年の一般労働者の実労働時間は160.4時間へと前年から4.4時間減少

　常用労働者は、労働時間の長短により、フルタイム労働者である一般労働者とパートタイム労働者に区分される。一般労働者の労働時間は、2012年（169.2時間/月）から18年（167.5時間/月）までの期間、ほぼ横ばいに推移して、19年には164.8時間/月、20年には160.4時間/月へと減少した。また、パートタイム労働者の労働時間は、12年の92.0時間/月から20年の79.4時間/月へと減少した。フルタイム労働者とパートタイム労働者を合わせた常用労働者全体の労働時間は緩やかに減少している。コロナ禍による休業による影響などを受けて、19年から20年への労働時間の減少は、一般労働者では4.4時間/月の減少、パートタイム労働者は3.7時間/月の減少であった。また、パートタイム労働者の占める割合は12年の28.8％から20年には31.1％へと2.5％ポイント上昇した（図15.5.1）。

一般労働者の所定外労働時間は20年に13.0％減

　労働時間は、正規の始業時刻と終業時刻の間の実労働時間である所定内労働時間と早出・残業、休日出勤等による所定外労働時間から成る。一般労働者に限定して、所定内労働時間と所定外労働時間の推移をみると、所定外労働時間は、13年の3.0％増、14年の4.8％増と増加が続いた。15年から19年までの期間において、所定内労働時間と所定外労働時間はともに大きな変動はなかった。20年の所定内労働時間は1.5％減、所定外労働時間は13.0％減であった。19年から20年への労働時間の減少は、所定外労働時間の減少によるところが大きい（図15.5.2）。

2019年の労働者１人平均年間休日総数は116.0日

　2019年（または18年会計年度）の年間休日総数の労働者１人平均年間休日総数は116.0日であり、年間休日総数階級の割合では100〜109日32.7％、110〜119日18.7％、120〜129日28.9％などであった。企業規模別に１企業平均年間休日総数をみると、1,000人以上は116.6日、300〜999人は114.9日、100〜299人は113.0日、30〜99人は108.3日と、企業規模が大きいほど１企業平均年間休日総数は多い（表15.5）。

　☆☆☆　**常用労働者、一般労働者、パートタイム労働者（毎月勤労統計調査）**　☆☆☆

　常用労働者は、給与を支払われる労働者のうち、調査期間の前２か月にそれぞれ18日以上雇い入れられた者である。常用労働者は一般労働者とパートタイム労働者に分けられ、パートタイム労働者は、１日の所定労働時間、あるいは所定労働日数が一般の労働者よりも短い者と定義されている。一般労働者は常用労働者のうちパートタイム労働者以外の者であり、フルタイム労働者と考えることができる。

図15.5.1　常用労働者　就業形態別平均月間実労働時間（事業所規模 5 人以上）

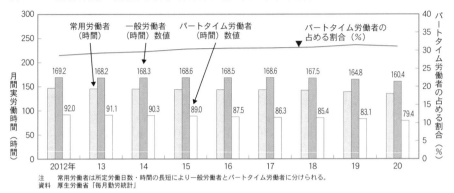

注　常用労働者は所定労働日数・時間の長短により一般労働者とパートタイム労働者に分けられる。
資料　厚生労働省「毎月勤労統計」

図15.5.2　一般労働者 労働時間指数（事業所規模 5 人以上）

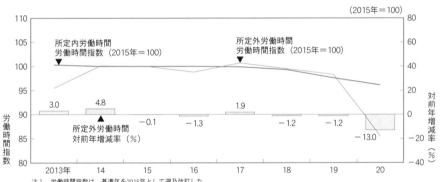

注1　労働時間指数は、基準年を2015年として遡及改訂した。
　2　対前年増減率は遡及改訂していないため、改定後の指数で計算したものと一致しないことがある。
資料　図15.5.1と同じ。

表15.5　企業規模別　年間休日総数階級割合、1 企業平均年間休日総数及び労働者 1 人平均年間
　　　　休日総数（2019年）

| 企業規模 | 全企業 (%) | 年間休日総数階級 | | | | | | | | 1 企業平均年間休日総数 (日) | 労働者 1 人平均年間休日総数 (日) |
		69日以下 (%)	70～79日 (%)	80～89日 (%)	90～99日 (%)	100～109日 (%)	110～119日 (%)	120～129日 (%)	130日以上 (%)		
総　数	100.0	1.6	3.1	4.7	7.4	32.7	18.7	28.9	2.9	109.9	116.0
1 000人以上	100.0	0.2	0.7	0.7	2.5	22.5	22.0	48.8	2.7	116.6	120.1
300～999人	100.0	0.3	1.4	1.9	3.2	27.4	21.0	41.6	3.3	114.9	117.2
100～299人	100.0	0.3	1.8	3.8	4.5	29.3	22.6	34.5	3.1	113.0	114.4
30～99人	100.0	2.1	3.7	5.4	8.9	34.7	17.2	25.2	2.8	108.3	109.6

注1：「1 企業平均年間休日総数」は、平成31年・令和元年（又は平成30会計年度）1 年間で、企業において最も多くの労働者に適用される年間休日総数を平均したものである。
　2：「労働者 1 人平均年間休日総数」は、平成31年・令和元年（又は平成30会計年度）1 年間で、企業において最も多くの労働者に適用される年間休日総数を、その適用される労働者により加重平均したものである。
資料　厚生労働省「令和 2 年就労条件総合調査」

15.6　賃金

2020年の一般労働者の名目賃金指数は101.6、実質賃金指数は99.3に下落

　現金給与総額は、定期給与（所定内給与と所定外給与）と特別給与（賞与、期末手当等）から成る。一般労働者における現金給与総額の実質賃金指数は、名目賃金指数を消費者物価指数（持家の帰属家賃を除く総合）で除して算出したものであり、2014年は消費税率の引き上げに伴う消費者物価指数の上昇から、名目賃金指数は上昇しているものの、実質賃金指数は低下した。名目賃金指数は17年101.5、18年103.1、19年103.4と上昇傾向にあったが、20年には101.6に下落した。実質賃金指数は16年101.1、17年101.0、18年101.4、19年101.1とほぼ横ばいに推移していたが、20年には99.3に下落した（図15.6.1）。

男性の40歳代、50歳代における雇用形態別の賃金格差は大きい

　常用労働者を雇用形態別に正社員・正職員と正社員・正職員以外とに分類して、1か月当たりの所定内給与の格差をみる。2019年の雇用形態別の所定内給与額をみると、男女ともにすべての年齢5歳階級において、正社員・正職員の給与額の方が多く、女性よりも男性の方が雇用形態間の賃金格差は大きい。男性の45〜59歳では1か月当たり15万円を超える格差が、女性の45〜59歳では1か月当たり10万円を超える格差が生じている。また、男女ともに正社員・正職員以外の給与額は、正社員・正職員の給与額の状況とは大きく異なり、年齢とともに多くなっていない。また、正社員・正職員の給与額を年齢階級でみると、男女ともに50〜59歳の所定内給与額が最も多くなっており、60〜64歳では少なくなっている。ただし、正社員・正職員以外の勤続年数は、正社員・正職員の勤続年数に比べて短いため、正社員・正職員以外の給与額には、勤続年数や仕事内容の違いによる影響もある（図15.6.2）。

2021年の地域別最低賃金はすべての都道府県で800円を超えた

　最低賃金制度とは、国が賃金の最低限度を定め、使用者は、その最低賃金額以上の賃金を支払わなければならないとする制度であり、最低賃金はほぼ毎年改定されている。最低賃金のうち地域別最低賃金は、各都道府県別に、産業や職種にかかわりなく定められており、所定内給与のうちの基本給に該当している。地域別最低賃金は、2002年から06年まではほぼ横ばいに推移していたが、07年以降は上昇し続け、21年の全国加重平均額は930円に達した。21年の最高額は1041円、最低額は820円であった。最高額と最低額との差は、2000年代前半までは100円程度であったが、13年以降は200円以上となり、21年は221円の差であった（図15.6.3）。

図15.6.1　一般労働者賃金指数（事業所規模5人以上）

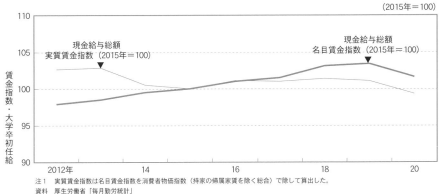

注1　実質賃金指数は名目賃金指数を消費者物価指数（持家の帰属家賃を除く総合）で除して算出した。
資料　厚生労働省「毎月勤労統計」

図15.6.2　男女、雇用形態、年齢5歳階級別所定内給与（2020年）

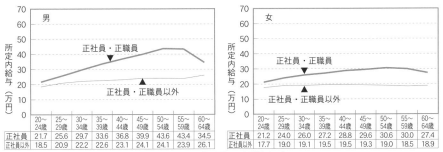

	20～24歳	25～29歳	30～34歳	35～39歳	40～44歳	45～49歳	50～54歳	55～59歳	60～64歳
正社員	21.7	25.6	29.7	33.6	36.8	39.9	43.6	43.4	34.5
正社員以外	18.5	20.9	22.2	22.6	23.1	24.1	24.1	23.9	26.1

	20～24歳	25～29歳	30～34歳	35～39歳	40～44歳	45～49歳	50～54歳	55～59歳	60～64歳
正社員	21.2	24.0	26.0	27.2	28.8	29.6	30.6	30.0	27.4
正社員以外	17.7	19.0	19.1	19.5	19.5	19.3	19.0	18.5	18.9

注　常用労働者10人以上を雇用する事業所に雇用される一般労働者の所定内給与を示す。
資料　厚生労働省「賃金構造基本統計」

図15.6.3　地域別最低賃金の全国加重平均額、最高額、最低額

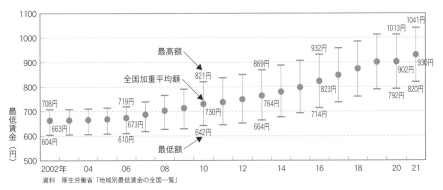

資料　厚生労働省「地域別最低賃金の全国一覧」

15.7　一般労働者の教育別・企業規模別給与
高卒と大卒の給与額の差は、男女とも50〜54歳で最も大きい

　フルタイム労働者である一般労働者に限定して、高校卒と高専・短大卒、大学卒に分類して、年齢階級別の１か月当たりの所定内給与をみると、男女ともにすべての年齢層において大学卒の給与額が最も多い。所定内給与の教育別格差が大きい年齢階級は男女とも50〜54歳であり、男性の場合、高校卒の34.5万円と大学卒の52.7万円では１か月当たり18.2万円の差、女性の場合、高校卒の23.4万円と大学卒の38.2万円では１か月当たり14.8円の差がある。また、教育と年齢階級の同じ区分で所定内給与を男女で比べると、男性は女性よりも高く、45〜59歳の大学卒で10万円以上の差がある（図15.7.1）。ただし、男女間には勤続年数や職種、雇用形態等の違いもあり、単純な比較によって男女間の格差を指摘することはできない。

女性の高校卒における企業規模別給与の格差は小さい

　教育別を高校卒と大学卒に限定して、男女、企業規模、年齢５歳階級別の所定給与をみる。男性の高校卒の場合、すべての年齢階級において大企業（1000人以上）のみ給与額が多い状況であり、中企業（100〜999人）と小企業（10〜99人）との給与格差は大きいとは言えない。例えば、企業規模別の給与格差の最も大きい55〜59歳において、１か月当たりで小企業32.1万円、中企業34.5万円、大企業40.1万円であり、小企業と中企業では2.4万円の差、中企業と大企業では5.6万円の差である。これに対して、女性の高校卒の場合は、企業規模と年齢階級による差は男性ほど大きくなく、給与格差の最も大きい55〜59歳において小企業と大企業は１か月当たり3.3万円の差である。

男性の大学卒における企業規模別給与の格差は大きい

　大学卒の場合、男女ともに企業規模の大きい方が給与額は多い。例えば、男性50〜54歳の場合、１か月当たりで小企業43.1万円、中企業50.8万円、大企業57.2万円であり、小企業と大企業では14.1万円の差である。女性50〜54歳の場合、１か月当たりで小企業32.0万円、中企業40.2万円、大企業40.1万円であり、小企業と大企業では8.1万円の差である。
　企業規模別の給与格差をみると、高校卒の女性を除いて、男女ともに、ほとんどの年齢階級において企業規模の大きいほど給与額が多い。企業規模別の給与格差が最も大きいのは、男性の大学卒である。また、女性は男性ほど企業規模別の給与格差はない（図15.7.2）。

図15.7.1　男女、教育、年齢5歳階級別所定内給与（2020年）

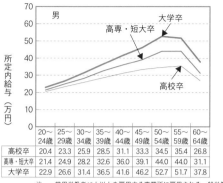
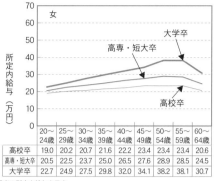

男

	20〜24歳	25〜29歳	30〜34歳	35〜39歳	40〜44歳	45〜49歳	50〜54歳	55〜59歳	60〜64歳
高校卒	20.4	23.3	25.9	28.5	31.1	33.3	34.5	35.4	26.8
高専・短大卒	21.4	24.9	28.2	32.6	36.0	39.1	44.0	44.0	31.1
大学卒	22.9	26.6	31.4	36.5	41.6	46.2	52.7	51.7	37.8

女

	20〜24歳	25〜29歳	30〜34歳	35〜39歳	40〜44歳	45〜49歳	50〜54歳	55〜59歳	60〜64歳
高校卒	19.0	20.2	20.7	21.6	22.2	23.4	23.4	23.4	20.6
高専・短大卒	20.5	22.5	23.7	25.0	26.5	27.6	28.9	28.5	24.5
大学卒	22.7	24.9	27.5	29.8	32.0	34.1	38.2	38.1	30.7

注　常用労働者10人以上を雇用する事業所に雇用される一般労働者の所定内給与を示す。
資料　厚生労働省「賃金構造基本統計」

図15.7.2　男女、教育、企業規模、年齢5歳階級別所定内給与（2018年）

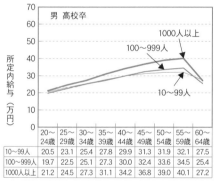
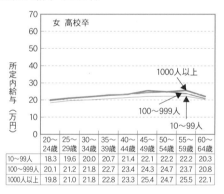

男 高校卒

	20〜24歳	25〜29歳	30〜34歳	35〜39歳	40〜44歳	45〜49歳	50〜54歳	55〜59歳	60〜64歳
10〜99人	20.5	23.1	25.4	27.8	29.9	31.3	31.9	32.1	27.5
100〜999人	19.7	22.5	25.1	27.3	30.0	32.4	33.6	34.5	25.4
1000人以上	21.2	24.5	27.3	31.1	34.2	36.8	39.0	40.1	27.2

女 高校卒

	20〜24歳	25〜29歳	30〜34歳	35〜39歳	40〜44歳	45〜49歳	50〜54歳	55〜59歳	60〜64歳
10〜99人	18.3	19.6	20.0	20.7	21.4	22.1	22.2	22.2	20.3
100〜999人	20.1	21.2	21.8	22.7	23.4	24.3	24.7	23.7	20.8
1000人以上	19.8	21.0	21.8	22.8	23.3	25.4	24.7	25.5	22.1

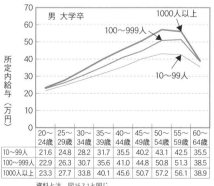
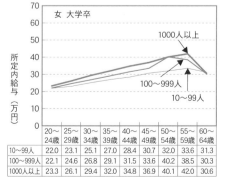

男 大学卒

	20〜24歳	25〜29歳	30〜34歳	35〜39歳	40〜44歳	45〜49歳	50〜54歳	55〜59歳	60〜64歳
10〜99人	21.6	24.8	28.3	32.6	35.5	40.2	43.4	43.5	35.5
100〜999人	22.9	26.3	30.7	35.6	41.0	44.8	50.8	51.3	38.5
1000人以上	23.3	27.7	33.8	40.1	45.6	50.7	57.2	56.1	38.9

女 大学卒

	20〜24歳	25〜29歳	30〜34歳	35〜39歳	40〜44歳	45〜49歳	50〜54歳	55〜59歳	60〜64歳
10〜99人	22.0	23.5	25.0	28.4	30.7	32.0	33.6	33.5	31.3
100〜999人	22.1	24.6	26.8	29.1	31.5	33.6	40.2	38.5	30.3
1000人以上	23.3	26.1	29.4	32.0	34.8	36.9	40.1	42.0	30.6

資料と注　図15.7.1と同じ

第16章　企業活動

16.1　企業等組織、産業別、規模別
企業等数で減少、常用雇用者数で増加

2014年から16年にかけて、企業等数は24.2万減少し、うち個人企業が11.1万の減少、法人企業が13.1万の減少となっている。法人企業の減少のうち、会社企業が12.1万の減少と大半を占めている。他方、2019年実施の令和元年経済センサス−基礎調査では、国税庁法人番号公表サイトの登録データが利用できたため、これまでの調査では捉えられなかった事業所を新規に把握することができた。企業等数については、この「新規把握事業所」についてのみ結果が公表されている（表16.1.1）。

常用雇用者の94.0％が法人企業で雇用

2016年調査では、海外を含む常用雇用者数では、株式・有限・相互会社が77.9％を占めている。常用雇用者数の94.0％が法人企業で雇用されており、個人企業での雇用は6.0％である（表16.1.1）。会社以外の法人の常用雇用者数が15.7％を占めているが、これは学校法人、医療法人、宗教法人、事業協同組合などによる雇用である。この中でNPO法人の増加が著しい。

常用雇用者数で最も増えているのは医療、福祉

2014年から16年にかけて常用雇用者数が最も増えたのは医療・福祉で、22.7万増の633.5万、しかし企業等数は0.6％減の29.4万となった。医療・福祉は、16年の企業等数の割合は7.6％（第7位）にとどまるものの、常用雇用者数の割合は13.2％（第3位）である。

常用雇用者数の総数で多いのは、卸売業・小売業と製造業である。いずれも企業等数が減少するとともに、常用雇用者数も減少している。常用雇用者数の減少がとりわけ多いのが製造業である（表16.1.2）。

会社企業の73.7％が常用雇用者10人未満

2016年に162.9万社あった会社企業のうち73.7％が常用雇用者規模10人未満の企業であるが、その常用雇用者数の構成は8.7％にとどまる。他方、常用雇用者数5000人以上の企業等数は0.03％に過ぎないが、常用雇用者数では18.9％を占める。資本金をみると、1000万円未満の企業規模が54.4％を占めるが、その常用雇用者数は13.3％である。他方、資本金50億円以上の企業等数は、0.1％にとどまる（表16.1.3）。

注：本章では、産業大分類の表記は紛れのないよう〇、〇を〇・〇とした。

表16.1.1　経営組織別の企業等数、増減数、常用雇用者数

経営組織別	実数（万）				企業等の増減数	常用雇用者の増減数	2019年新規把握	
	2014年		2016年				企業等数	企業等数構成比
	企業等数	常用雇用者数	企業等数	常用雇用者数				
総数	−409.8	4 809.9	385.6	4 793.1	−24.2	−16.8	45.0	100.0
法人	200.9	4 508.5	187.7	4 507.1	−13.1	−1.4	36.3	80.7
会社企業	175.0	3 777.7	162.9	3 755.7	−12.1	−22.0	31.7	70.5
株式・有限・相互会社	172.1	3 757.6	160.0	3 735.3	−12.1	−22.3	29.8	66.4
合名・合資会社	1.6	8.7	1.4	7.6	−0.2	−1.1	0.2	0.5
合同会社	1.2	11.5	1.5	12.9	0.2	1.4	1.6	3.7
会社以外の法人	25.8	730.8	24.8	751.4	−1.0	20.6	4.6	10.3
個人	209.0	301.4	197.9	286.0	−11.1	−15.4	8.7	19.3

注　企業等とは、事業・活動を行う法人（外国の会社を除く）又は個人経営の事業所をいう。常用雇用者数には海外を含む。
資料　総務省「平成26年経済センサス－基礎調査」、「平成28年経済センサス－活動調査」、「令和元年経済センサス－基礎調査」

表16.1.2　産業大分類別企業等数、常用雇用者数

産業大分類	実数（万）				企業等の増減数	常用雇用者の増減数	2019年	
	2014年		2016年				新規把握企業等数	構成比％
	企業等数	常用雇用者数	企業等数	常用雇用者数				
合計	409.8	4 809.9	385.6	4 793.1	−24.2	−16.8	45.0	100.0
農林漁業（個人経営を除く）	2.7	23.7	2.6	24.2	−0.1	0.5	0.8	1.8
鉱業、採石業、砂利採取業	0.2	1.9	0.1	1.9	0.0	−0.1	0.0	0.0
建設業	45.6	288.2	43.2	280.7	−2.5	−7.6	5.3	11.7
製造業	41.8	921.4	38.5	891.0	−3.3	−30.4	2.1	4.6
電気・ガス・熱供給・水道業	0.1	19.8	0.1	19.0	0.0	−0.9	0.3	0.7
情報通信業	4.6	148.0	4.4	150.7	−0.3	2.7	2.1	4.6
運輸業、郵便業	7.5	290.9	6.9	282.9	−0.6	−8.0	0.9	2.1
卸売業、小売業	90.8	944.4	84.2	938.8	−6.6	−5.6	6.5	14.5
金融業、保険業	3.2	141.5	2.9	145.2	−0.3	3.8	0.7	1.5
不動産業、物品賃貸業	32.3	93.4	30.3	94.9	−2.0	1.5	6.9	15.4
学術研究、専門・技術サービス業	19.6	129.9	19.0	133.8	−0.7	3.9	4.8	10.7
宿泊業、飲食サービス業	54.7	401.8	51.2	402.9	−3.5	1.1	3.1	7.0
生活関連サービス業、娯楽業	38.6	178.4	36.6	170.9	−2.0	−7.5	2.3	5.0
教育、学習支援業	12.0	162.5	11.4	167.6	−0.6	5.1	1.3	2.9
医療、福祉	30.1	610.8	29.4	633.5	−0.6	22.7	3.0	6.6
複合サービス事業	0.6	67.6	0.6	67.2	−0.1	−0.3	0.0	0.1
サービス業（他に分類されないもの）	25.5	385.6	24.3	387.9	−1.3	2.4	4.8	10.8

資料　表16.1.1と同じ。

表16.1.3　会社企業の常用雇用者別、資本金額別企業数及び常用雇用者数

常用雇用者規模	2016年企業等数(万)	構成比％	2016年常用雇用者数（万）	構成比％	資本金規模	2016年企業等数(万)	構成比％	2019年新規把握企業等数(万)	構成比％
合計	162.9	100.0	3 755.7	100.0	合計	162.9	100.0	31.69	100.0
0〜4人	91.6	56.2	139.7	3.7	300万円未満	10.67	6.5	6.96	22.0
5〜9人	28.5	17.5	188.1	5.0	300万〜500万円未満	56.53	34.7	9.20	29.0
10〜19人	19.3	11.8	261.7	7.0	500万〜1000万円未満	21.50	13.2	4.73	14.9
20〜29人	7.7	4.7	182.9	4.9	1000万〜3000万円未満	54.62	33.5	7.32	23.1
30〜49人	6.4	3.9	244.4	6.5	3000万〜5000万円未満	6.81	4.2	0.92	2.9
50〜99人	4.8	3.0	333.5	8.9	5000万〜1億円未満	4.66	2.9	0.76	2.4
100〜299人	3.2	2.0	527.1	14.0	1億〜3億円未満	1.54	0.9	0.28	0.9
300〜999人	1.0	0.6	535.2	14.3	3億〜10億円未満	0.73	0.5	0.10	0.3
1000〜1999人	0.2	0.1	272.4	7.3	10億〜50億円未満	0.36	0.2	0.04	0.1
2000〜4999人	0.1	0.1	360.0	9.6	50億円以上	0.22	0.1	0.02	0.1
5000人以上	0.1	0.03	710.9	18.9					

注　資本金不詳の企業を含むため、各階級の計は合計と一致しない。
資料　総務省「平成28年経済センサス－活動調査」、「令和元年経済センサス－基礎調査」

16.2　産業別にみた企業等数、事業所数、従業者数
企業等数は、卸・小売、宿泊・飲食サービス、製造、建設で大きく減少

　リーマンショック、東日本大震災を経て、消費税率が8％へ引き上げられた平成26年調査とその2年後の平成28年調査を比較してみると、企業等数は2014年から16年にかけ、5.9％減少した。

　産業別にみても企業等数は軒並み減少しており、企業等数10万以上の産業で減少数が最も多かったのが卸売業・小売業の6.9万減（7.2％減）で、減少寄与度でいうと、全体で−5.9％減のうち、実に−1.60に達している。次いで減少数の多かったのが、宿泊業・飲食サービス業の3.5万減、製造業の3.3万減、建設業の2.5万減で、減少寄与度でいうとそれぞれ−0.85、−0.81、−0.60である。企業等数5.9％減のうち、この4産業だけで減少率の65.4％を占めている（表16.2、図16.2.1）。

事業所数は軒並み減少、唯一の増加が医療・福祉

　事業所数は、2014年から16年にかけて22.7万減少した（0.4％減）。企業等数の減少率に比べると、事業所数の減少率は小さい。それでも、多くの産業で企業数が減少するとともに、事業所数も減少している。事業所数10万以上の産業で、特に事業所数の減少率が高いのが、不動産・物品賃貸業の0.9％減、製造業の0.6％減、建設業の0.5％減、宿泊業・飲食サービス業の0.5％減である。

　一方、2019年調査では、「新規把握事業所」が捉えられていることから、企業等として把握される事業所数も増え、538.9千事業所、519.6万事業従事者が新規把握となっている（表16.2、図16.2.2）。

従業者数は、卸・小売、製造などで減少、増加は医療・福祉で顕著

　国内従業者数は、2014年から16年にかけて1.8％減少した。事業所数の減少に伴い、従業者数も減少している。全体の減少率を高めている産業は、卸売・小売業の29.2万人減（2.6％減）、製造業の27.4万人減（2.8％減）宿泊業・飲食サービス業の25.8万人減（4.9％減）である。全体の減少率−1.8％の寄与度でいうと、卸売・小売業の−0.52、製造業の−0.49、宿泊業・飲食サービス業の−0.46である。このほか、建設業、生活関連サービス業、運輸業・郵便業での従業者数の減少も多かった。

　従業者数が100万人以上の産業で従業者数が増加したのは医療・福祉である。企業等数では6.3千減少したが、事業所数で5.6千増加、従業者数で13.3万増加（2.0％増）となった。増減寄与度でいうと、従業者数の増減率−1.85％に対し、医療・福祉の寄与度は+0.24となった（表16.2、図16.2.3）。

表16.2　産業大分類別企業等数、事業所数、従業員数（2014年、2016年、2019年新規把握）

産業大分類	企業等数（千）		国内事業所数（千）		国内従業者数（万人）		2019年新規把握	
	14年	16年	14年	16年	14年	16年	事業所数（千）	事業従事者数（万人）
合計	4 098	3 856	5 428	5 201	5 625	5 521	538.9	519.6
農林漁業（個人経営を除く）	27	26	31	30	35	35	8.5	9.4
鉱業、採石業、砂利採取業	2	1	2	2	2	2	0.2	0.1
建設業	456	432	518	492	381	367	57.6	44.2
製造業	418	385	538	509	982	954	23.3	37.4
電気・ガス・熱供給・水道業	1	1	4	5	20	19	3.2	1.2
情報通信業	46	44	66	63	159	160	23.0	33.4
運輸業、郵便業	75	69	132	126	314	302	11.8	26.3
卸売業、小売業	908	842	1 325	1 271	1 122	1 093	93.2	87.5
金融業、保険業	32	29	85	82	149	150	9.0	10.1
不動産業、物品賃貸業	323	303	377	344	147	145	72.8	26.5
学術研究、専門・技術サービス業	196	190	225	219	161	163	51.5	28.8
宿泊業、飲食サービス業	547	512	702	664	522	496	39.1	41.2
生活関連サービス業、娯楽業	386	366	475	457	241	228	28.6	20.5
教育、学習支援業	120	114	163	159	191	191	17.3	13.2
医療、福祉	301	294	407	412	679	692	40.3	59.4
複合サービス事業	6	6	47	47	71	71	0.5	1.1
サービス業（他に分類されないもの）	255	243	332	318	450	452	58.9	79.2

資料　総務省「平成26年経済センサス－基礎調査」、「平成28年経済センサス－活動調査」、「令和元年経済センサス－基礎調査」

図16.2.1　産業大分類別企業等の増減寄与度

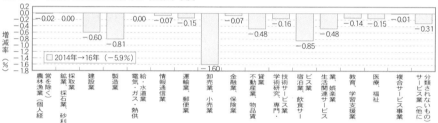

図16.2.2　産業大分類別事業所数の増減寄与度

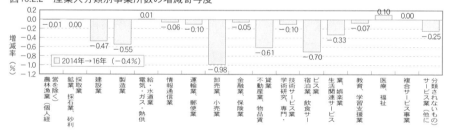

図16.2.3　産業大分類別従業者数の増減寄与度

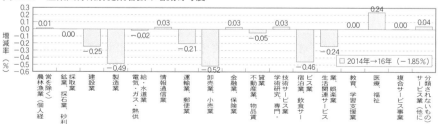

16.3　売上高の増減、利益率、付加価値率、労働分配率
卸売業・小売業、製造業の売上高割合が高い

　産業別の売上高を平成28年経済センサス－活動調査でみると、産業全体に占める売上高の割合は、卸売業・小売業が30.8％、製造業が24.4％で、これらで全体の55.2％を占めている。次いで、金融業・保険業の7.7％、医療・福祉の6.9％、建設業の6.7％である。

　令和元年経済センサス－基礎調査では、全体の売上高の結果は得られていないが、新規把握企業についてのみ、売上高が公表されている。その産業別割合は、卸売業・小売業が33.4％、製造業が13.7％で、これらで全体の47.1％を占めている。次いで、金融業・保険業の9.4％、建築業の7.8％、不動産業、物品賃貸業の5.7％である。全体傾向は似ているが、製造業や医療・福祉は、2016年よりかなり低い割合となっている。逆に、卸・小売業、不動産・物品賃貸業、金融・保険業などは高い。この違いには時点差もあるが、何よりも新規把握割合の違いが大きい（表16.3、図16.3.1）。

産業別1企業当たりの利益率は5～10％

　平成28年経済センサス－活動調査から、利益率、付加価値率などのデータは得られない。そのため、調査対象の産業、企業規模は異なるが、直近の状況を得ることができる2019年企業活動基本統計により、産業別の売上高営業利益率、売上高経常利益率をみた。売上高営業利益率と売上高経常利益率を比べると、両者にバブル期のような乖離は見られない。対象事業等数の少ない鉱業・採石業・砂利採取業、クレジットカード業・割賦金融業、個人教授所を除く各産業の売上高経常利益率は5％前後と全体の利益率に近い値となっている。そのうち最も高いのが、生活関連サービス業・娯楽業の9.1％である。対象企業数の最も多い製造業は6.0％である（図16.3.2）。

付加価値率の平均は18.0％、労働分配率の平均は50.1％

　企業活動基本統計から、付加価値率と労働分配率をみると、事業の特徴がよく表れる。付加価値額は売上高から原材料費等を引いて求められ、営業利益、人件費、賃借料、租税公課、支払特許料、減価償却費等からなる。

　付加価値額に占める人件費の割合が労働分配率であるが、飲食サービス業、サービス業（その他のサービス業を除く）は付加価値率が高く、労働分配率も高い。生活関連サービス業・娯楽業は、付加価値率は高いが、労働分配率は平均的である。仕入額の大きい卸売業・小売業は付加価値率が低く、労働分配率が高い。情報通信業は付加価値率が比較的高く、労働分配率も高い（図16.3.3）。

表16.3　産業別売上金額（2016、2019年新規把握企業）

企業産業小分類	全産業 （S公務を除く）	農林漁業 （個人経営を除く）	鉱業、採石業、 砂利採取業	建設業	製造業	電気・ガス・熱 供給・水道業	情報通信業	運輸業、 郵便業	卸売業、 小売業
2016年売上金額（千億円）	16 247.1	49.9	20.4	1 084.5	3 962.6	262.4	599.4	647.9	5 007.5
2016年売上金額割合%	100.0	0.3	0.1	6.7	24.4	1.6	3.7	4.0	30.8
2019年新規把握企業売上金額割合%	100.0	0.5	0.1	7.8	13.7	2.0	4.5	3.7	33.4

企業産業小分類	金融業、保険業	不動産業、 物品賃貸業	学術研究、 専門・技術 サービス業	宿泊業、 飲食サービ ス業	生活関連 サービス業、 娯楽業	教育、学習 支援業	医療、福祉	複合サー ビス事業	サービス業 （他に分類さ れないもの）
2016年売上金額（千億円）	1 251.2	460.5	415.0	254.8	456.6	154.1	1 114.7	95.9	408.5
2016年売上金額割合%	7.7	2.8	2.6	1.6	2.8	0.9	6.9	0.6	2.5
2019年新規把握企業売上金額割合%	9.4	5.7	3.8	1.8	2.3	0.5	3.6	0.3	4.7

資料　総務省「平成28年経済センサス－活動調査」、「令和元年経済センサス－基礎調査」

図16.3.1　産業別売上金額指数（2016年、2019年新規把握企業）全産業100

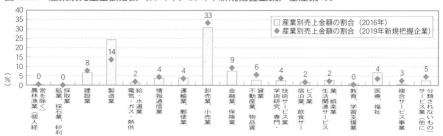

図16.3.2　企業活動基本調査（2020年）に見る産業別営業利益率と経常利益率

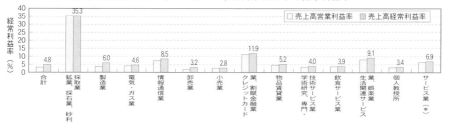

図16.3.3　企業活動基本調査（2020年)に見る産業別付加価値率と労働分配率

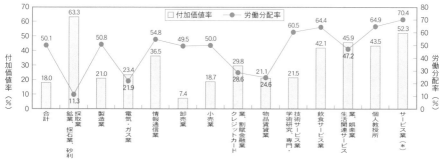

16.4　資本金規模および同規模推移
資本金 1 億円を超えると付加価値額はけた違いに大きく

　企業等数を資本金規模別に捉えると、その55.1％が資本金1000万円以下である。3000万円未満で89.2％に達し、5000万円未満では93.5％に上る。一方、資本金 1 億円以上の企業等数は1.8％、5000万円以上に広げても4.7％である。しかし、その階層の付加価値額で見ると、資本金 1 億円以上で57.6％、5000万円以上で67.5％となる。

　これは、資本金規模が大きくなるにつれて、 1 企業当たりの事業所数、従業者数が多くなるからである。その結果、 1 企業当たりの付加価値額は、1000万円以下の24.6（10億円）に対して、 1 億円以上では5,106.4（10億円）と実に207倍の高さに達している（表16.4）。

法制度変更の影響で資本金規模別の企業数は大きく変動

　1990年の商法と有限会社法の改正で、最低資本金は株式会社が1000万円、有限会社が300万円に引き上げられ、 5 年の経過措置期間後に実施された。そのため、96～97年度に資本金 1 千万円未満の株式会社を中心として企業数が大きく減少する一方、資本金 1 千万以上 5 千万円未満の企業数が大きく増加した。

　他方、2003年 2 月に最低資本金規制特例制度が創設され、資本金 1 円でも株式会社や有限会社を設立することが可能となった。さらに、06年 5 月施行の会社法によって最低資本金の規制が撤廃された。こうして、資本金 1 千万円未満の企業数が着実に増加し、 1 千万以上 5 千万円未満の企業数が減少してきている（図16.4.1）。

売上高経常利益率の規模別格差は拡大、2019年度以降は全規模で低下

　1990年代半ばまでは、資本金10億円以上と 1 千万円未満を別として、その間の規模の場合、売上高経常利益率にそれほど差がなかった。それが90年代半ばより差が出始め、98年の金融危機を経て2002年のIT不況以降拡大してきた。と同時に、 1 千万円未満と10億円以上との売上高経常利益率の格差も大きくなり、毎年 4 ～ 5 ％ポイントもの差が生じてきている。2019年度以降は、景気反転、コロナ禍の影響で全規模で低下（図16.4.2）。

　バブル崩壊以降低迷していた資本金 1 千万円未満の企業の利益率は、景気後退のたびにマイナス転落を繰り返してきたが、2011年以降ようやく 1 ％を超え、16年以降 2 ％をはっきり超えるところまできた。これが、急速な上昇を見せてきているのは、資本金10億円以上の企業層である。従業員 1 人当たり付加価値額では、資本金10億円以上が高く推移し、10億円未満では500万円から800万円での推移にとまっている（図16.4.3）。

表16.4　資本金規模別企業等数、事業所数、従業者数、付加価値額

資本金階級	企業等数 (千)	企業等数 割合 (%)	事業所数 (千)	従業者数 (千)	付加価値額 (10億円)	割合 (%)	1企業当たり		
							事業所数	従業者数 (人)	付加価値額 (10億円)
全体	1 508	100.0	2 631	39 898	244 181	100.0	1.7	26.5	161.9
1000万円以下	831	55.1	957	6 270	20 483	8.4	1.2	7.5	24.6
1 000〜3 000万円未満	514	34.1	790	9 740	42 099	17.2	1.5	18.9	81.9
3 000〜5 000万円未満	65	4.3	175	3 249	15 880	6.5	2.7	50.0	244.1
5 000〜1億円未満	44	2.9	211	4 599	24 057	9.9	4.8	103.4	541.2
1億円以上	28	1.8	469	15 795	140 728	57.6	17.0	573.1	5 106.4

資料　総務省「平成28年経済センサス－活動調査」

図16.4.1　資本金規模別企業数の推移（金融業、保険業を除く営利法人；千社）

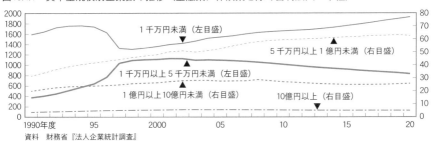

資料　財務省『法人企業統計調査』

図16.4.2　資本金規模別売上高経常利益率の推移（金融業、保険業を除く営利法人）

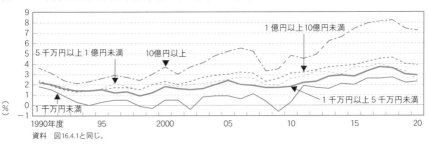

資料　図16.4.1と同じ。

図16.4.3　資本金規模別従業員1人当り付加価値の推移（金融業、保険業を除く営利法人）

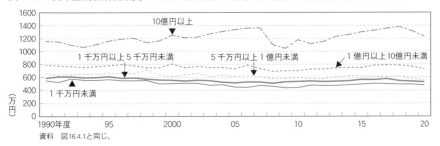

資料　図16.4.1と同じ。

16.5　法人企業の動向、企業収益の動向
2013年以降好転が続いていた収益率に陰り

　企業の収益性を売上高営業利益率でみると、全産業では1990年度の3.5％の後、バブル崩壊以降低迷を続けてきた。IT不況からの回復過程で2005年度にやや好転したものの翌年度以降再び低下し、08年のリーマンショックでさらに下がり、10年度には2.8％にまで低下した。その後、金融緩和の始まった13年度以降反転し、16年度には4.0％にまで改善した。しかし、18年度半ばには景気が山を越え、19年度、20年度と低下した。低下をけん引したのは製造業である。建設業、卸・小売業にも陰りが見える（図16.5.1）。

総資本営業利益率、１人当たり付加価値額で改善維持は建設業のみ

　総資本営業利益率も売上高営業利益率と同様の動きとなっていて、2010、11年度に低下したのち、13年度以降上昇している。これをけん引したのはとりわけ建設業で12年度以降急速に上昇し、14年度以降は、製造業の値をも上回り、最も高くなっている。製造業は13年度に上昇した後、横ばいが続いていたが、17年度、18年度に４％を超えたのち、19年度、20年度と急低下した。１人当たり付加価値額については、2000年度以降、全産業に比べて製造業における増加が突出しているが、東日本大震災の翌12年度以降は、建設業における増加も顕著となり、両者は競う形となったが、19年度、20年度は製造業が急減したため、建設業を下回った（図16.5.1）。

利益率の資本金規模の差は顕著

　資本金規模別の売上高営業利益率は、小規模企業ほど低い。アベノミクスの影響を受けて2013年度からの収益性の改善が見られるが、それは主に資本金10億円以上の階層である。総資本営業利益率や１人当たり付加価値額についても同様である。1990年度に比べて１人当たり付加価値額が改善したのは、10億円以上の階層のみで、10億円未満は依然下回っている。2013年度以降、資本金５千万円以上は一定の改善がみられたが、資本金５千万円未満は厳しいままであった。そして、こうした差がついたまま19年度、20年度は階層とも一斉に低下した（図16.5.2）。

1990年度以降すべての資本金階層において自己資本比率が上昇

　資本金規模別に自己資本比率をみると、1995年度以降は資本金１千万円以上のすべての階層において顕著な改善が見られる。とくに、１千万円以上10億円未満での改善が顕著で、３倍近い上昇である。これに対し、１千万円未満では上昇が緩やかである。
　一方、資本金１千万円以上の各階層では自己資本比率は上昇したものの、自己資本経常利益率については低迷を続けている（図16.5.2）。

図16.5.1　主要産業の財務指標

売上高営業利益率（%）

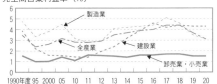

1人当たり付加価値額（十万円）

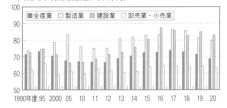

自己資本比率（%）

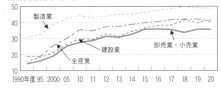

総資本営業利益率（%）

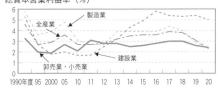

自己資本経常利益率（%）

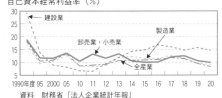

資料　財務省「法人企業統計年報」

図16.5.2　資本金規模別にみた財務指標

売上高営業利益率（%）

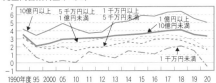

1人当たり付加価値額（十万円）

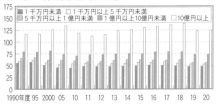

自己資本比率（%）

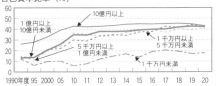

総資本営業利益率（%）

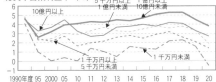

自己資本経常利益率（%）

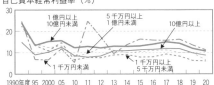

資料　図16.5.1と同じ。

16.6　事業所数の地域分布
民営事業所は6398.9千、うち新規把握事業所は1187.5千

　冒頭で述べたように、令和元年経済センサス－基礎調査では、従来の新設事業所より幅広く事業所を捉えていることから、「新規把握事業所」というが用いられた。この新規把握事業を含めた民営事業所数は6398.9千で、うち存続事業所数が5211.4千（81.4％）、新規把握事業所が1187.5千（18.6％）である。この合計が、2019年の我が国の民営事業所数である（図16.6）。

事業所は、東京に14.3％、主要4都府県に33.8％が集中

　本社・本店あるいは親企業がどこにあろうと、地域の経済活動はその地域に属する事業所によって展開される。そのため、各地の事業活動、従事者の動向は、事業所をベースに捉えることが必要である。事業所数をみると、東京が913.9千で全国6398.9千事業所の14.3％を占めている。事業所数が東京に次いで多いのは、大阪の513.8千（8.0％）、神奈川の369.4千（5.8％）、愛知の363.8千（5.7％）、埼玉の284.6千（4.4％）、福岡の260.2千（4.1％）、北海道の259.2千（4.1％）、兵庫の253.2千（4.0％）である。平成28年経済センサス－活動調査に比べると東京の割合がやや下がり、神奈川と愛知の順位が変わるなど、一定の変化が表れている。埼玉、福岡、北海道、兵庫の割合がやや高まっていることも注目される。これまで把握されていなかった事業所が、新たに把握されてきたことによる変化と考えられる（図16.6）。

2016年からの事業所数の増加率は14.7％

　国税庁法人番号公表サイトを利用して事業所の新規把握が行われたため、都道府県いずれにおいても、2016年に実施された平成28年経済センサス－活動調査より事業所数が増えている。全体で14.7％の増加である。多かったのは、東京の33.3％増、大阪の21.6％増、神奈川の20.2％増である。続いて高いのは、埼玉の17.4％増、京都の16.9％増、福岡の16.7％増、沖縄の16.3％増である（表16.6）。

2019年事業所数に対する廃業事業所の割合は18.6％

　令和元年経済センサス－基礎調査では、都道府県別の休業事業所数、廃業事業所数も公表されている。ここでは、2019年の事業所数（存続、新規把握）に対する廃業事業所の割合をとると18.6％となる。廃業事業所の割合が高いのは、東京の30.0％、大阪の24.9％、神奈川の21.8％である。この3都府県は、事業所数の増加率が高いが、廃業事業所の割合も高いことが特徴的である。廃業事業所の割合が続いて高いのは、沖縄の20.3％、福岡の19.7％、京都の19.6％である（表16.6）。

図16.6　都道府県別の事業所数、存続事業所数、新規把握事業所数

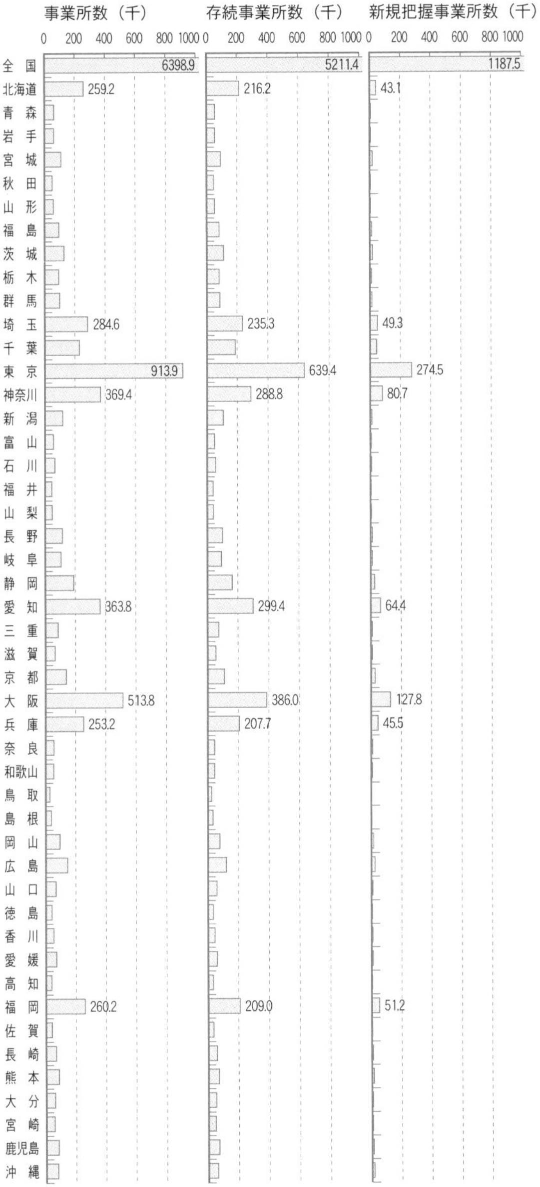

事業所数（千）／存続事業所数（千）／新規把握事業所数（千）

都道府県	事業所数（千）	存続事業所数（千）	新規把握事業所数（千）
全国	6398.9	5211.4	1187.5
北海道	259.2	216.2	43.1
埼玉	284.6	235.3	49.3
東京	913.9	639.4	274.5
神奈川	369.4	288.8	80.7
愛知	363.8	299.4	64.4
大阪	513.8	386.0	127.8
兵庫	253.2	207.7	45.5
福岡	260.2	209.0	51.2

注　事業所数には事業内容等不詳の事業所を含む
資料　総務省「令和元年経済センサス－基礎調査」

表16.6　1企業、1事業所当たり従業者数

都道府県名	2019年 都道府県別事業所数（千）	2019年 全国を1とした指数	都道府県名	事業所 2016年からの事業所増減率 %	事業所 廃業割合 %
全　国	6398.9	1.00	全　国	14.7	18.6
北 海 道	259.2	0.04	北 海 道	11.2	16.6
青 森 県	62.4	0.01	青 森 県	5.6	12.4
岩 手 県	61.7	0.01	岩 手 県	3.8	11.0
宮 城 県	111.2	0.02	宮 城 県	9.0	16.5
秋 田 県	51.5	0.01	秋 田 県	4.1	10.3
山 形 県	58.8	0.01	山 形 県	4.0	10.2
福 島 県	94.8	0.01	福 島 県	7.6	12.7
茨 城 県	128.8	0.02	茨 城 県	9.2	13.3
栃 木 県	93.1	0.01	栃 木 県	5.4	11.4
群 馬 県	100.5	0.02	群 馬 県	9.3	13.3
埼 玉 県	284.6	0.04	埼 玉 県	13.4	17.3
千 葉 県	230.8	0.04	千 葉 県	17.4	18.7
東 京 都	913.9	0.14	東 京 都	33.3	30.0
神奈川県	369.4	0.06	神奈川県	20.2	21.8
新 潟 県	119.2	0.02	新 潟 県	3.7	9.6
富 山 県	56.3	0.01	富 山 県	6.9	12.3
石 川 県	65.4	0.01	石 川 県	6.7	12.6
福 井 県	45.3	0.01	福 井 県	6.8	12.3
山 梨 県	47.4	0.01	山 梨 県	9.9	13.9
長 野 県	115.0	0.02	長 野 県	6.6	11.3
岐 阜 県	106.1	0.02	岐 阜 県	5.7	11.5
静 岡 県	189.9	0.03	静 岡 県	8.6	13.7
愛 知 県	363.8	0.06	愛 知 県	12.7	17.7
三 重 県	84.6	0.01	三 重 県	6.6	11.9
滋 賀 県	63.8	0.01	滋 賀 県	12.7	14.8
京 都 府	138.7	0.02	京 都 府	16.9	19.6
大 阪 府	513.8	0.08	大 阪 府	21.6	24.9
兵 庫 県	253.2	0.04	兵 庫 県	13.9	18.3
奈 良 県	55.5	0.01	奈 良 県	15.2	17.9
和歌山県	54.4	0.01	和歌山県	12.9	16.9
鳥 取 県	27.7	0.00	鳥 取 県	4.9	12.4
島 根 県	36.9	0.01	島 根 県	4.0	11.1
岡 山 県	94.1	0.01	岡 山 県	12.8	16.7
広 島 県	145.4	0.02	広 島 県	10.9	16.4
山 口 県	67.5	0.01	山 口 県	7.6	12.7
徳 島 県	40.4	0.01	徳 島 県	9.0	15.7
香 川 県	52.4	0.01	香 川 県	9.5	14.7
愛 媛 県	70.5	0.01	愛 媛 県	8.1	13.6
高 知 県	38.4	0.01	高 知 県	7.7	13.2
福 岡 県	260.2	0.04	福 岡 県	16.7	19.7
佐 賀 県	40.3	0.01	佐 賀 県	5.7	10.9
長 崎 県	67.7	0.01	長 崎 県	7.2	13.4
熊 本 県	85.9	0.01	熊 本 県	15.9	16.9
大 分 県	60.4	0.01	大 分 県	10.9	13.7
宮 崎 県	56.2	0.01	宮 崎 県	6.8	13.2
鹿児島県	82.8	0.01	鹿児島県	7.2	13.2
沖 縄 県	78.7	0.01	沖 縄 県	16.3	20.3

資料　図16.6と同じ。

第17章　食料・農林水産業

17.1　食料需給
1 億2600万人の「食」を支えるために
　我が国においては、1 億2600万人の食を支えるため、毎年膨大な量の食料が供給されている。カロリー源として最も大きな地位を占めるのは穀類、とりわけ米であるが、2019年度においては830万トンが供給されている。もう 1 つの柱である小麦の供給量は647万 3 千トンで、そのうち国内生産量は、前年度に比べ35.6％増加したものの、供給量の16.0％にあたる103万 7 千トンに過ぎない。国境措置に違いもあり、米の供給量に占める国内生産量の割合が98.2％であるのと対照的である。
　品目別にみて、供給量として最も多いのは野菜であり、1460万 1 千トンが供給されている。これを 1 人 1 日当たりにすると244.7gとなるが、健康維持の観点から目標とすべき摂取量とされる350グラムには不十分な水準である。
　農産物は、直接口に入るものの他、家畜の飼料や加工原料として迂回的に消費者に届けられるものも多い。穀類ではトウモロコシを中心に1483万 4 千トンが家畜の飼料に振り向けられ、供給量に占める割合は44.8％となっている。豆類では供給量の 6 割を超える271万 9 千トンが植物油等加工用の原料となっている（表17.1）。

品目別では米を始め多くの品目で減少
　食料消費は総体として減少傾向となってきたが、構成する主要な食料の2019年度の 1 人 1 年当たり品目別供給量は、肉類、牛乳及び乳製品、魚介類が前年度に比べ増加している（図17.1）。かつて供給熱量の 4 割以上を占めていた米の供給量は、1962年度の118.3kgをピークに減少を続け、2019年度は53.2kgとピーク時の半分以下となっている。
　この半世紀で供給量が大きく増加したのは牛乳及び乳製品である。最近では2009年度を底に増加傾向で推移している。
　魚介類の供給量は、02年度以降減少を続けており、10年度に肉類に並ばれ11年度には逆転された。その肉類は、消費者の低価格志向・健康志向の高まり等により鶏肉の需要が高まってくるなど、その内訳には変動があるものの、肉類総体としてはほぼ一貫して増加している。
　果実の供給量は、01年度をピークに、多少の増減はあるが減少傾向で推移している。
　野菜の供給量は、1968年度の123.1kgをピークに減少傾向が続き、2015年度には牛乳及び乳製品に逆転された。19年度の野菜の供給量は89.5kgと前年度に比べ減少を示しており、牛乳及び乳製品との差は更に拡がっている（図17.1）。

表17.1　我が国の食料供給の全体像（2019年度食料需給表—抜粋）

	国内生産量	輸入量	国内消費仕向量	国内消費仕向量の内訳				1人当たり供給			
				飼料用	種子用	加工用	純食料	1年当たり数量	1日当たり		
									数量	熱量	たんぱく質
	千トン	千トン	千トン	千トン	千トン	千トン	千トン	kg	g	kcal	g
穀　　類	9 456	24 918	33 145	14 834	74	4 885	10 994	87.1	238.1	816.8	18.6
米	8 154	870	8 300	393	38	279	6 716	53.2	145.4	497.4	8.9
小　　麦	1 037	5 462	6 473	780	19	269	4 076	32.3	88.3	304.5	9.3
い　も　類	3 148	1 179	4 307	5	145	1 169	2 599	20.6	56.3	39.6	1.0
で ん ぷ ん	2 513	151	2 643	0	0	560	2 077	16.5	45.0	162.1	0.0
豆　　類	303	3 645	4 056	84	11	2 719	1 123	8.9	24.3	96.5	7.5
野　　菜	11 590	3 031	14 601	0	0	0	11 298	89.5	244.7	67.7	3.0
果　　実	2 697	4 466	7 068	0	0	20	4 291	34.0	92.9	63.5	0.8
肉類（鯨肉を除く）	3 398	3 254	6 554	0	0	0	4 226	33.5	91.6	177.6	17.0
鶏　　卵	2 650	113	2 753	0	83	0	2 217	17.6	48.0	68.2	5.9
牛 乳・乳 製 品	7 362	5 238	12 413	29	0	0	12 053	95.5	261.0	164.4	8.4
飲 用 向 け	3 997	0	3 991	0	0	0	3 938	31.2	85.3	53.7	2.7
乳製品向け	3 321	5 238	8 338	0	0	0	8 100	64.2	175.4	110.5	5.6
れ ん 乳	38	2	37	0	0	0	37	0.3	0.8	2.4	0.1
粉　　乳	160	14	162	0	0	0	162	1.3	3.4	13.4	1.2
チ ー ズ	44	296	339	0	0	0	338	2.7	7.3	26.1	1.9
バ タ ー	65	24	84	0	0	0	84	0.7	1.8	12.9	0.0
魚　介　類	3 783	4 210	7 192	1 552	0	0	3 193	25.3	69.1	91.2	13.6
海　藻　類	83	46	127	0	0	21	106	0.8	2.3	5.0	0.6
砂　糖　類							2 254	17.9	48.8	190.5	0.0
粗　　糖	145	1 208	1 284	0	0	1 284	0	0.0	0.0	0.0	0.0
精　　糖	1 852	450	2 267	2	0	21	2 219	17.6	48.1	187.9	0.0
含みつ糖	27	9	32	0	0	0	32	0.3	0.7	2.4	0.0
糖 み つ	82	150	222	149	0	70	3	0.0	0.1	0.2	0.0
油　脂　類	2 038	1 156	3 159	104	0	466	1 833	14.5	39.7	351.9	0.0
み　　そ	483	0	464	0	0	0	461	3.7	10.0	18.2	1.2
し ょ う ゆ	740	2	700	0	0	0	696	5.5	15.1	11.6	1.2
その他　食料　計	2 323	1 802	4 130	3 009	0	451	574	4.5	12.4	15.2	0.9

注　食料需給表の主要部分を抜粋したものであるため計算過程が省かれており、個々の数値は突合しない。
資料　農林水産省「食料需給表」令和元年度確定値

図17.1　国民1人1年当たり供給純食料の推移

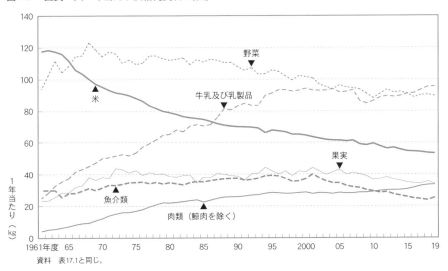

資料　表17.1と同じ。

17.2　食料自給率
食料自給率はカロリーベースが38％、生産額ベースは66％

　「食料自給率が40％を切った」と大きく報道されたのが2006年度であった。その後の３年間は40％台に戻し、10年度から15年度までの６年間は39％台が続いたが、19年度は前年度に比べ１ポイント増加し38％となった。ここでいう食料自給率とは「供給熱量（オリジナルカロリー）ベースの総合自給率」のことを意味する。この指標は、生命維持のために必要なカロリーを国内産でどれだけ賄っているかという食料安全保障的な発想に基づき、各品目の重量を供給熱量に換算し、国産供給熱量を輸入も含めた総供給熱量で除して算出したものである。

　しかし、こうした算出方式だとカロリーの低い野菜などが過小に評価されてしまう弊害もあるため、生産額ベースの自給率も算出の上公開されている。19年度の生産額ベースの総合自給率は前年度と同じ66％となっている（図17.2.1）。

　なお、2020年３月に新たな食料・農業・農村基本計画が閣議決定され、その中で示された、我が国の食料の潜在生産能力を評価する指標である「食料自給力指標」では、カロリーの高いいも類中心の作付で農地を最大限活用すれば、国民１人１日当たり2586キロカロリーの熱量供給が可能とされている。

食料自給率が低下した要因

　図17.2.2は、1965年度と2019年度について、縦軸に各品目の供給熱量シェア、横軸にそれぞれの国産と輸入の割合をとったものである。両年度を比較すると、総熱量はほとんど変わっていないが、内容は大きく変化している。まず、目につくのが米の地位の低下である。1965年当時はカロリーの４割以上を米から得ていたのに対し、最近では約２割にまで減っている。様々な政策を駆使して米の国内生産を高水準で維持してきたものの、その食生活上の位置づけが低下したことが自給率低下の最大の要因である。

　一方、カロリーベースで役割が最も高まったのは畜産物である。もっとも、畜産物は国内産であっても、その生産過程で投入される飼料の大部分は外国産である（飼料自給率25％）。飼料を海外に依存せざるを得ない畜産物や、原料を海外に依存する油脂類の消費が増加したことも、カロリーベースの自給率が押し下げられたもう１つの要因である。

　また、食料消費の高度化・多様化に、国内の農業生産も質的・量的に対応してきたが、食料需要のすべてを国内で賄うことはできていない。国土・農地の狭さから、国内で必要な生産量を確保できないことに併せて、非効率で高コストの麦・大豆・飼料穀物については、国際競争力の観点から輸入に依存せざるを得ない状況であったことも、自給率低下要因の１つである（図17.2.3）。

図17.2.1　食料自給率の推移

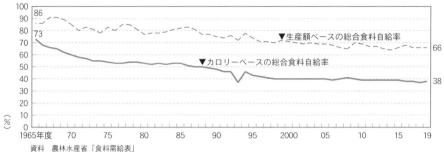

資料　農林水産省「食料需給表」

図17.2.2　カロリーベースの自給率の内訳の変化

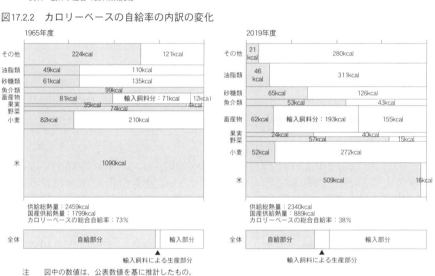

注　図中の数値は、公表数値を基に推計したもの。
資料　図17.2.1と同じ。

図17.2.3　輸入量の推移

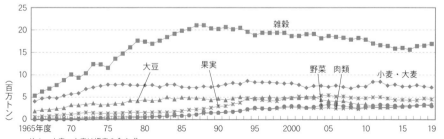

注1　小麦・大麦は裸麦を含まず。
　2　雑穀は、とうもろこし、こうりゃん、その他雑穀の合計。
　3　肉類は、鯨肉を除く。
資料　図17.2.1と同じ。

17.3　食生活の変化
「食の外部化」が進んでいる
　我が国の食生活の変化を反映して、長期的に米の消費が減少する一方、畜産物等の消費が増加し、それが食料自給率の低下につながったことは「17.2食料自給率」でみたとおりであるが、図17.3.1に示す支出の品目別構成割合によれば、肉類が極端に増えているわけではない。
　一方で、外食や調理食品の増加で「食の外部化」が進展しており、特に外食は1970年代に大きく増加した。95年以降2019年までは外食の割合は16〜17％で推移するとともに、調理食品もほぼ一貫して増加しており、食料費支出の約3割を外食と調理食品が占めるに至っている。
　このことから、食の外部化の進展という形で食事の形態が変化するなかで、供給が増加した肉類の多くは、外食や調理食品を通じて消費されていると推測される。我が国では、食生活の「内容」と「形態」双方が互いに関連し合いながら変化してきたことがうかがえる。
　しかしながら、新型コロナウイルスに伴う外出自粛等の影響で、2020年の外食割合は前年に比べ4.4ポイント減少し、12.5％となっている。一方で、肉類、魚介類等の調理用食材をはじめ、菓子、酒類など、家庭内消費の飲食費支出の割合が増加に転じている（図17.3.1）。

「食の外部化」を世帯類型別にみると
　食の外部化の状況を世帯類型別に細かくみると、いずれの類型でも年を追うごとに外部化が進んでいるが、とりわけ共働き世帯や単身世帯が高い外部化率を示している。外食チェーン店の増加やコンビニ弁当・惣菜の増加など、中食・外食の供給体制が整ってきたことを背景に、おしなべて食の外部化が進んでいることがみてとれる。
　一方で、2020年の傾向を見ると、新型コロナウイルスに伴う外出自粛等の影響から、いずれの類型でも外食割合が減少に転じており、特に外食比率が高かった単身世帯でその低下が顕著で、これに代替する形で調理食品の割合が高まっている（表17.3）。

エンゲル係数の上昇が続く
　我が国のエンゲル係数は、家計収入の増加に伴う自由裁量的な消費支出の増加により、戦後一貫して低下してきた。しかし、1995年に23％を下回って以降は、家計収入の減少に伴い家計消費支出が減少する一方、食料消費支出の落ち込みは相対的に小さいため、エンゲル係数は下げ止まっていることに注目する必要がある。近年では、2005年の21.5％を底に上昇傾向で推移しており、20年は26.0％と1980年代の水準まで上昇している（図17.3.2）。
　図17.3.3は、20年の世帯主の年齢階級別のエンゲル係数を10年前の10年と比較したものであり、20年は、いずれの年齢階級もエンゲル係数が高くなっており、年齢が高くなるほどその差が開いている。

図17.3.1　飲食費支出の構成割合の推移

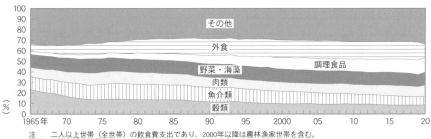

注　　二人以上世帯（全世帯）の飲食費支出であり、2000年以降は農林漁家世帯を含む。
資料　総務省「家計調査」

表17.3　世帯類型別にみた食の外部化率の推移　　　　　　　　　　　　　　　　　　　　（単位　％）

		1985年	90	95	2000	05	10	15	16	17	18	19	20
全世帯 （二人以上）	調理食品	6.5	8.1	9.4	10.8	11.8	11.9	12.6	13.0	13.2	13.4	13.8	14.1
	外　食	14.1	15.6	16.2	16.9	16.7	16.9	16.7	16.4	16.3	16.6	16.9	12.5
	計	20.6	23.7	25.6	27.7	28.6	28.7	29.2	29.4	29.6	30.0	30.7	26.6
専業主婦世帯	調理食品	6.1	7.9	9.2	10.6	11.2	10.8	11.2	11.9	12.1	12.2	12.9	13.3
	外　食	15.3	16.9	18.1	19.1	20.1	21.1	21.2	20.3	20.6	20.4	20.4	14.8
	計	21.4	24.8	27.3	29.7	31.3	31.9	32.4	32.2	32.8	32.6	33.2	28.1
共働き世帯	調理食品	6.9	8.6	10.0	11.3	12.4	12.1	12.6	13.0	12.8	13.2	13.5	13.9
	外　食	18.4	19.7	21.1	22.8	24.1	22.6	23.6	23.4	22.7	22.7	23.3	17.8
	計	25.3	28.3	31.1	34.1	36.5	34.7	36.1	36.4	35.5	35.9	36.8	31.6
夫婦高齢者世帯	調理食品			8.9	10.3	11.5	11.5	11.9	12.2	12.6	12.6	13.4	13.6
	外　食			10.2	10.1	11.0	11.0	11.2	10.9	11.1	10.7	10.5	7.1
	計			19.1	20.4	22.5	22.5	23.2	23.2	23.7	23.2	23.9	20.6
単身世帯	調理食品				12.7	13.2	13.5	15.5	16.2	16.6	16.8	16.4	18.4
	外　食				40.0	37.8	31.6	29.5	28.0	27.5	26.6	27.4	19.6
	計				52.7	51.0	45.1	45.0	44.3	44.0	43.5	43.8	38.0

注1　食の外部化率とは、飲食料支出に占める調理食品と外食の割合
　2　専業主婦世帯は、勤労者世帯の核家族のうち有業人員が1人の世帯
　3　共働き世帯は、勤労者世帯の核家族のうち有業人員が2人の世帯
　4　夫婦高齢者世帯は、65歳上の夫婦一組の世帯
資料　総務省「家計調査」

図17.3.2　1世帯当たり年平均1月間の消費支出とエンゲル係数の推移

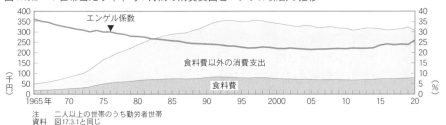

注　　二人以上の世帯のうち勤労者世帯
資料　図17.3.1と同じ

図17.3.3　世帯主の年齢階級別にみたエンゲル係数の推移

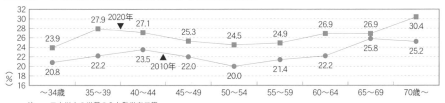

注　　二人以上の世帯のうち勤労者世帯
資料　図17.3.1と同じ

17.4　農業生産

2019年の農業産出額は８兆8938億円

　2019年の農業産出額は８兆8938億円で、前年に比べ1.8％減少し、９兆円を切り、ピーク時である1984年の約４分の３の水準となっている。

　我が国の農業生産は、国民への食料の安定供給を目的としつつ、生活の変化に対応して拡大してきた。60年代には主食である米の完全自給を達成するため増産が図られたが、「17.1食料需給」で述べたように、その後、米の消費は減少に転じ、大幅な過剰在庫を抱えることになった。70年以降は生産調整を実施し、需要に見合う水準にまで米の生産を抑制し続けてきた。近年、低下傾向で推移してきた米の価格は、2015年以降上昇に転じており、19年の米の産出額は１兆7426億円と４年続けて増加したものの、1984年の３兆9300億円の４割強の水準となっている。

　最も大きなウエイトを占めるのは畜産である。近年では、2003年の２兆3289億円を底に04年以降は増加傾向が続き、19年の畜産の産出額は３兆2107億円で、過去最高の1984年の３兆2897億円に匹敵する高い水準となっている。

　畜産に次いで大きなウエイトを占めるのが野菜であり、2019年は２兆1515億円となっている（図17.4.1、図17.4.2）。

地域別にみると米の主産地における減少が大きい

　地域別の農業産出額について、1990年と2019年とを比較すると、北海道は増加、その他の地域はいずれも減少している。

　米が主要な生産品目である東北では１兆９千億円から26％減少し１兆４千億円、北陸では７千億円から39％減少し４千億円となった。他方、北海道では、米の産出額は減少したものの、野菜や畜産の産出額が増加したことから、2019年は1990年を12％上回る１兆３千億円となっている（表17.4）。

　なお、19年の地域別の農業産出額を18年と比較すると、北陸がわずかに増加し、その他の地域はいずれも減少となっている。

農産物価格は上昇傾向

　農産物の価格は、近年、概ね上昇傾向で推移している。

　米の価格は、2012年に東日本大震災後の需給混乱により上昇した後、翌13年は豊作であったにもかかわらず、生産者団体の販売価格が高水準であったため上昇した。その後、中食・外食産業を中心としたコメ離れから14年、15年と下落し、16年以降は上昇傾向が続いていたが、20年は下落している。

　20年は野菜、果実、麦の価格が上昇したことから、農産物の総合指数は111.0と19年を1.7ポイント上回った（図17.4.3）。

図17.4.1　品目別に見た農業産出額の推移

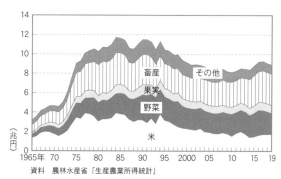

資料　農林水産省「生産農業所得統計」

図17.4.2　2019年の農業産出額の内訳

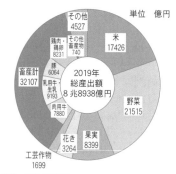

資料　図17.4.1と同じ。

表17.4　全国農業地域別・品目別農業産出額（名目）

		米		野　菜		果　実		畜　産		その他		合　計	
		産出額	増減率	産出額	増減率	産出額	増減率	産出額	増減率	産出額	増減率	産出額	増減率
		億円	%	億円	%	億円	%	億円	%	億円	%	億円	%
全国	1990年	31 959		25 880		10 451		31 303		15 334		114 927	
	2019年	17 426	▲45.5	21 515	▲16.9	8 399	▲19.6	32 107	2.6	9 491	▲38.1	88 938	▲22.6
北海道	1990年	2 008		1 574		69		4 765		2 759		11 175	
	2019年	1 254	▲37.5	1 951	24.0	71	2.9	7 350	54.2	1 932	▲30.0	12 558	12.4
東北	1990年	8 757		2 682		1 859		4 836		1 327		19 461	
	2019年	4 876	▲44.3	2 345	▲12.6	2 147	15.5	4 358	▲9.9	593	▲55.3	14 319	▲26.4
北陸	1990年	4 543		767		171		957		418		6 856	
	2019年	2 561	▲43.6	551	▲28.2	153	▲10.5	693	▲27.6	209	▲50.0	4 167	▲39.2
関東・東山	1990年	5 356		8 147		1 971		6 088		3 374		24 936	
	2019年	3 247	▲39.4	6 753	▲17.1	1 874	▲4.9	5 479	▲10.0	2 065	▲38.8	19 418	▲22.1
東海	1990年	1 794		2 740		678		2 649		2 273		10 134	
	2019年	1 010	▲43.7	2 079	▲24.1	544	▲19.8	2 088	▲21.2	1 379	▲39.3	7 100	▲29.9
近畿	1990年	1 975		1 543		1 018		1 442		689		6 667	
	2019年	1 290	▲34.7	1 086	▲29.6	946	▲7.1	925	▲35.9	407	▲40.9	4 654	▲30.2
中国・四国	1990年	3 014		2 837		1 723		3 270		1 303		12 147	
	2019年	1 636	▲45.7	2 392	▲15.7	1 359	▲21.1	2 677	▲18.1	610	▲53.2	8 674	▲28.6
九州・沖縄	1990年	3 476		4 251		1 856		7 817		4 010		21 410	
	2019年	1 611	▲53.7	4 359	2.5	1 305	▲29.7	8 774	12.2	2 448	▲39.0	18 497	▲13.6

資料　農林水産省「生産農業所得統計」
注　全国の数値は県間・地域間で流通した種子等の中間生産物を控除しているので各地域の数値を単純に合計した数値とは一致しない。

図17.4.3　農産物価格指数の推移

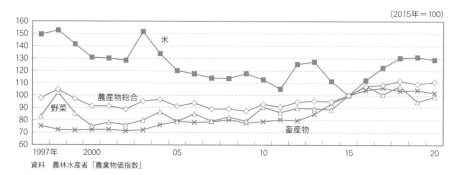

資料　農林水産省「農業物価指数」

17.5　農地と担い手
農地面積・作付面積は減少
　農業生産の基盤である農地（耕地）は、1965年の600万haから2019年には440万haへと27％減少した（図17.5.1の実線）。同様に、農作物の作付面積も743万haから402万haへと46％減少した。もともと耕地面積の狭い我が国では、米の裏作として小麦を作付けるなど、耕地の利用率を高める努力が続けられてきた。しかし、1994年以降、耕地利用率は100％を切り、最近は92％を下回る水準が続いている。地域別には、特に四国の低下が著しく、1965年の149.3％から、2019年には84.0％へと65.3ポイント減少している。（図17.5.1、表17.5.1）。

農家戸数は175万戸
　農業の担い手である農家の動きをみると、総農家戸数は、1965年には567万戸であったが、2020年には175万戸となった。このうち、販売農家は103万戸、自給的農家は72万戸となっている（図17.5.2）。
注釈：2020年農林業センサスでは、法人格のある販売農家について主副業別の区分による分類を取りやめたことから、販売農家の主副業別の統計は廃止となっている。

１戸当たりの経営規模は拡大、担い手への農地の集積が進む
　農地・農家共に減少するなかで、個々の経営規模は拡大している。1970年と2020年を比較すると、１戸当たりの経営耕地面積は全国平均で2.7倍に、離農跡地の集積が進んだ北海道では4.9倍に拡大している。経営部門別にみると、水稲は2.9倍にとどまるが、土地の制約の少ない畜産ではケタ違いの伸びをみせている（表17.5.2）。
　また、大規模経営への農地の集積も進んでおり、担い手の１つとみられる経営耕地面積5ha以上の農業経営体が経営する経営耕地面積の割合は、2005年の43％から2020年は66％へと大幅に増加し、経営耕地の過半が同規模階層に集積されたことになる（図17.5.3）。

農業の６次産業化が進む
　我が国農業の空洞化が進むなか、一方で、第１次産業である農業に、２次産業・３次産業の要素を取り込んで農業・農村を活性化しようとする、いわゆる「６次産業化」に着目した取り組みが進んでいる。法律の制定などバックアップ体制も整備され、農業者が中心となって営業している加工・販売、観光事業等の売上高は、2019年度は２兆773億円に達している（表17.5.3）。
　また、11年度から開始された「総合化事業計画」の認定件数も、20年度には2,591件に増えている（図17.5.4）。

図17.5.1　農作物作付面積の推移（田畑計）

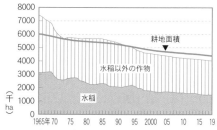

注　1973年以前は沖縄県を含まない。
資料　農林水産省「耕地及び作付面積統計」

表17.5.1　耕地利用率の推移

	1965年	1975	1985	1995	2005	2019	ポイント差 2019-1965
全国	123.8	103.3	105.1	97.7	93.4	91.4	▲32.4
北海道	101.2	97.9	99.1	99.2	99.6	98.9	▲2.3
東北	112.1	99.5	98.7	92.7	87.4	83.6	▲28.5
北陸	105.7	95.9	97.1	91.8	88.7	89.4	▲16.3
関東・東山	135.9	106.4	110.6	99.2	91.7	90.7	▲45.2
東海	124.3	101.9	101.9	94.1	90.9	88.9	▲35.4
近畿	120.0	99.9	101.7	94.4	88.5	87.7	▲32.3
中国	126.5	98.4	99.1	91.4	81.1	76.0	▲50.5
四国	149.3	113.6	116.5	102.2	93.0	84.0	▲65.3
九州	149.1	118.3	124.0	108.8	104.3	101.9	▲47.2

注　耕地利用率とは、耕地面積を「100」とした作付（栽培）延べ面積の割合をいう。
資料　農林水産省「耕地及び作付面積統計」

図17.5.2　総農家数の推移

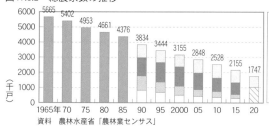

資料　農林水産省「農林業センサス」

表17.5.2　農家一戸当たりの平均規模の推移

		1970年	80	90	2000	10	20	20年/70年
経営耕地（ha）	全国	0.95	1.01	1.41	1.60	1.96	2.55	2.7倍
	北海道	5.36	8.10	11.88	15.98	21.48	26.21	4.9
	都府県	0.81	0.82	1.10	1.21	1.42	1.78	2.2
経営部門別（全国）	水稲（ha）	0.62	0.60	0.72	0.84	1.05	1.80	2.9
	乳用牛（頭）	5.9	18.1	32.5	52.5	67.8	93.9	15.9
	肉用牛（頭）	2.0	5.9	11.6	24.2	38.9	58.2	29.1
	養豚（頭）	14.3	70.8	272.3	838.1	1436.7	2119.4	148.2
	採卵鶏（羽）	70	…	1 583	28 704	44 987	66 883	955.5
	ブロイラー（羽）	3 408	…	27 210	35 175	44 791	61 435	18.0

注1　経営耕地および水稲は、1980年までは総農家、1990年以降は販売農家（2020年は農業経営体）の数値である。
2　水稲の1990年以前は水稲を収穫した農家、2000年以降は販売目的で水稲を作付けた農家（2020年は農業経営体）の数値である。
3　養豚、採卵鶏およびブロイラーの2010年は2009年、2020年は2019年の数値である。
資料　農林水産省「農林業センサス」、「畜産統計」、「畜産物流通統計」

図17.5.3　経営耕地面積規模別の経営耕地面積集積割合の推移（全国）

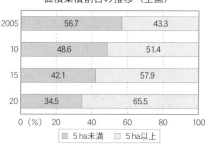

注　農業経営体の経営耕地面積規模別割合を5ha未満と5ha以上に分けたものである。
資料　農林水産省「農林業センサス」

表17.5.3　農業の6次産業化の規模（全国）

	販売金額	事業体数	従事者数
	百万円	事業体	百人
農業生産関連事業計	2 077 254	64 070	4 377
農産物の加工	946 841	32 400	1 921
農産物直売所	1 053 366	23 650	1 934
観光農園	35 943	5 290	337
農家民宿	5 409	1 360	57
農家レストラン	35 696	1 360	128

資料　農林水産省「6次産業化総合調査」（令和元年度）

図17.5.4　「総合化事業計画」の認定件数の推移（全国）

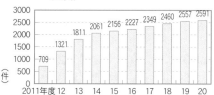

注　2011年度以降の認定件数の累積値を示す。
資料　農林水産省調べ

17.6　林業
我が国の国土の３分の２は森林
　我が国は、国土の約３分の２が森林に覆われた世界有数の森林国である。我が国の国土面積3780万haのうち、森林面積は2505万ha（国土面積の66％）に達する。森林のうち、1020万haが人工林となっており、所有形態別には、私有林が1439万ha（森林面積の57％）、国有林が766万ha（同31％）、公有林が300万ha（同12％）となっている（図17.6.1、表17.6.1）。

森林資源は量的には充実してきたが
　我が国の森林の蓄積は、2017年に約52億m^3となった。これは、戦後復興の過程で精力的に進められた植林による人工林が成長した結果であり、本格的に利用可能な概ね50年生以上の森林は年々増加しつつある。一方で、労働力不足や林業経営の悪化から間伐等の管理が十分に行われない森林も増加しており、森林資源の維持・管理が課題となっている（図17.6.2、表17.6.2）。

木材需要量は増加傾向
　木材需要量は、高度経済成長期を通じて増大を続け、1973年には過去最高の１億2102万m^3を記録した。その後、バブル崩壊やそれに伴う景気後退により96年以降は減少傾向に入り、2009年の木材需要量は前年比19％減の6480万m^3と、1950年代の水準にまで落ち込んだ。2010年以降は、住宅着工戸数の増加等により７千万m^3台に回復し、19年は昨年に引き続き８千万m^3を超えた（図17.6.3）。

用途別木材需要量は紙原料が第１位
　木材需要は、かつては建築用材としての製材需要が中心であり、1965年の製材需要量は全体の６割を超えていたが、徐々にシェアを落とし2019年には31％となった。一方、紙の原料であるパルプチップの需要は増加しており、19年には全体の約40％を占めている。19年におけるその他の用途別需要量の割合は、合板用材が13％、その他用材が５％、燃料材（薪炭材）が13％などとなっている（図17.6.3）。

木材自給率は33％
　木材（用材）自給率は、国産材供給の減少と木材輸入の増加により、1950年代以降低下を続け2000年に過去最低の18.2％となった。その後、国産材の供給量は増加傾向で推移したのに対し、木材の輸入量は大きく減少したことから、木材自給率は回復傾向が続いており、2019年は33.4％と上昇傾向が続いている（図17.6.3）。

図17.6.1　国土面積と森林面積

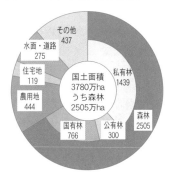

資料　農林水産省「平成30年度 森林・林業白書」、
　　　国土交通省「平成30年度土地に関する動向」
　　　（数値は平成29年）

表17.6.1　森林資源の現況（平成29年3月31日現在）
（単位：面積 万ha、蓄積 百万m³）

区 分		総数	人工林	天然林	その他
面積	総 数	2 505	1 020	1 348	137
	民有林 計	1 739	792	875	72
	民有林 公有林	300	133	153	14
	民有林 私有林	1 439	659	722	58
	国有林	766	229	473	64
蓄積	総 数	5 242	3 308	1 932	2
	民有林 計	4 016	2 795	1 220	1
	民有林 公有林	616	397	218	1
	民有林 私有林	3 400	2 398	1 002	0
	国有林	1 226	513	712	1

注　私有林には、公有林以外の民有林を含む。
　　その他は、伐採跡地、未立木地、竹林である。
資料　農林水産省「令和元年度 森林・林業白書」

図17.6.2　森林蓄積の推移

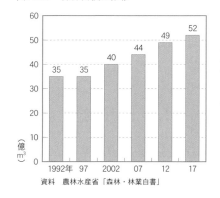

資料　農林水産省「森林・林業白書」

表17.6.2　森林管理の状況

	年度	2010年	15	16	17	18	19
間伐実績 （千ha）	民有林	445	341	319	304	269	268
	国有林	110	112	121	106	101	98
	計	556	452	440	410	370	365

	年度	2000年	05	10	15	16	17	18	19
林道開設 （新設）量 （km）	民有林	1 088	513	337	238	217	193	175	162
	国有林	99	138	97	175	147	163	129	131
	計	1 187	651	434	413	364	356	305	294

資料　農林水産省「令和2年度 森林・林業白書」

図17.6.3　木材の用途別需要量と用材自給率の推移

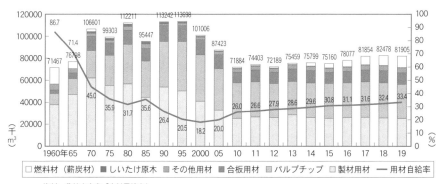

資料　農林水産省「木材需給表」
注　　燃料材（薪炭材）の2014年以降は、木質バイオマス発電施設等における燃料用チップを含む。

17.7　水産業
漁業・養殖業の生産量と産出額は減少傾向

　我が国は、国土面積の約12倍、447万平方キロメートル、世界第6位の排他的経済水域を擁する海洋大国である。古くからさまざまな漁業が営まれ、すぐれた魚食文化を育みながら、タンパク質の多くを魚介類から得てきた。しかし、近年の漁業・養殖業の生産量は、1984年の1282万トンをピークに95年頃にかけて急速に減少した。その後も緩やかな減少傾向が続いており、2019年の生産量は420万トン（図17.7.1）、産出額ベースで1兆4676億円となった（図17.7.2）。

　長期間の推移をみると、生産量では沖合漁業の減少が最も大きい。これは、1960年代後半以降、マイワシ等の資源の増大により、まき網漁業を中心に漁獲量が大きく増加したものの、その後は資源量が減少したことに伴い、生産量が急減して回復していないことによる。また、産出額でみると遠洋漁業の減少が著しい。これは、70年代後半から米国・旧ソ連等各国で排他的経済水域が設定され、これらの漁場からの撤退が相次いだこと、90年代以降も資源状況の悪化や国際的な漁業規制の強化といった背景があったことによる。

食用魚介類自給率は55%

　食用魚介類の自給率は、1964年度の113%をピークに長期間低下傾向で推移したが、その後、国内生産量の減少が緩やかになったことや水産物の輸入量が減少したことから、2000〜02年度の53%を底に10年度まで上昇傾向で推移した。その後は多少の変動はあるものの、低下傾向で推移しており、19年度は、前年を4ポイント下回る55%となった（図17.7.3）。

タンパク源は魚から肉にシフト

　魚介類と肉類の国民1人1日当たり摂取量の推移をみると、魚介類が2002年以降、減少傾向にあるのに対し、肉類は一定の変動をみせつつも、基調として増加傾向にあり、06年には初めて肉類の摂取量が魚介類を上回った。以降、肉類の摂取量は増加し続け、19年には103gと2000年に比べ32%増加した。

　一方、魚介類の摂取量は2019年には64gと2000年に比べ30%減少し、19年の魚介類の摂取量は肉類の摂取量を3割以上下回っている（図17.7.4）。

　19年のそれぞれの摂取量を年齢階層別にみると、魚介類は年齢が高くなるとともに摂取量が増加する傾向にある。一方、肉類の摂取量は15〜19歳をピークに年齢が高くなるとともに大きく減少している（図17.7.5）。

図17.7.1　漁業・養殖業の生産量の推移

資料　農林水産省「漁業・養殖業生産統計」

図17.7.2　漁業・養殖業の産出額の推移

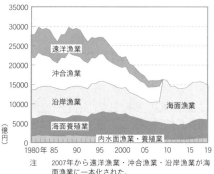

注　2007年から遠洋漁業・沖合漁業・沿岸漁業が海面漁業に一本化された。
資料　農林水産省「漁業産出額」

図17.7.3　魚介類の国内生産量・輸入量、自給率の推移

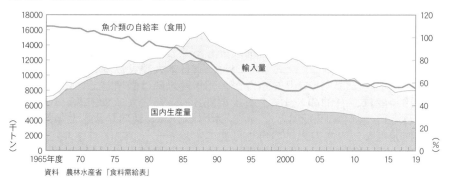

資料　農林水産省「食料需給表」

図17.7.4　国民1人1日当たり魚介類と肉類の摂取量の推移

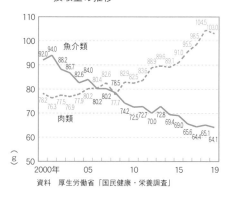

資料　厚生労働省「国民健康・栄養調査」

図17.7.5　年齢階層別にみた1人1日当たり魚介類と肉類の摂取量（2019年）

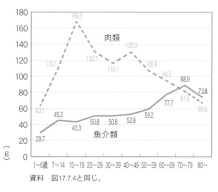

資料　図17.7.4と同じ。

第18章　資源・エネルギー・水

18.1　エネルギー需給
エネルギー自給率は12.4%、原子力激減、化石燃料の割合は89%（うち石油42%）

　1次エネルギー消費（石油換算トン）の推移を長期的にみると、基本的には景気拡大期に増加、後退期に若干減少する傾向はあるものの、ほぼ増加傾向で推移し、2004年度は5.43億トンと過去最高の水準となった。その後は景気悪化の影響もあり、基本的にはやや減少傾向で推移している。

　エネルギー自給率は、1970年代前半に低下し、75年度には13%となったが、石油代替エネルギーの導入努力もあり、その後は持ち直し、近年は16〜18%で推移していた。しかし、東日本大震災以降は、原子力が激減したため、2012年度のエネルギー自給率は1965年度以降最低の7.3%まで低下したが、その後は、増加傾向にある（図18.1.1）。

　1次エネルギー消費のエネルギー源別構成比の推移を長期的にみると、高度成長期には石油の割合が増大し、1970年代は70%を超えていた。その後、石油危機を契機とした脱石油政策もあって、80年度以降は天然ガスや原子力の割合が増加していた。しかし、東日本大震災以降、原子力は激減し、2014年度には、ゼロとなったが、15年度以降は微増している。その結果2019年度は、石油の42.4%、石炭の25.3%、天然ガスの21.5%を合計した化石燃料の割合は89.2%となった。水力が3.5%、地熱発電、太陽熱利用、廃棄物発電などの水力以外の再生可能エネルギー（ソフトエネルギーとも呼ばれる）は全体として増加傾向にあり、4.6%に達した（図18.1.2）。

日本のエネルギー消費量は世界で5番目
　2018年の世界全体の1次エネルギー消費量は142.8億トンである。最も多く消費している国は、中国で32.0億トン（世界全体消費量の22.4%、以下同じ）、次いでアメリカ22.3億トン（15.6%）、インド9.2億トン（6.4%）、ロシア7.6億トン（5.3%）、日本4.3億トン（3.0%）である。続いて、ドイツ3.0億トン（2.1%）、カナダ3.0億トン（2.1%）、ブラジル2.9億トン（2.0%）、韓国2.8億トン（2.0%）である（図18.1.3）。

日本の省エネルギーは世界のトップレベル
　マクロレベルでの省エネルギーを示すGDP当たりエネルギー消費量（エネルギー消費原単位）（2018年）をみると、日本は69トン/GDP（2010年価格：百万米ドル）であり、イギリス（61トン）に次いで世界第2位である。以下、イタリア（70トン）、ドイツ（77トン）、スペイン、フランスと欧州の国が続く（図18.1.4）。世界平均は173トンである。

図18.1.1　1次エネルギー消費とエネルギー自給率の推移

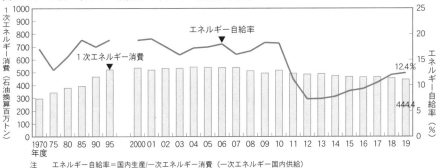

注　エネルギー自給率＝国内生産/一次エネルギー消費（一次エネルギー国内供給）
資料　日本エネルギー経済研究所計量分析ユニット（EDMC）「エネルギー・経済統計要覧」、経済産業省/EDMC「総合エネルギー統計」

図18.1.2　国内の一次エネルギー別構成比の推移

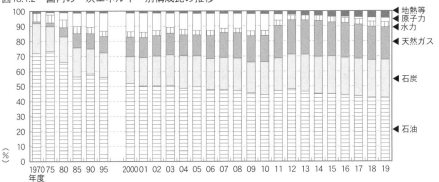

注　1次エネルギー源とは、自然界に存在しているエネルギー源を指し、図に掲げられたものである。
　　1次エネルギーを変換したものが2次エネルギーで電気、ガソリン等を指す。
資料　図18.1.1と同じ

図18.1.3　主要国の一次エネルギー消費量比較
（2018年）

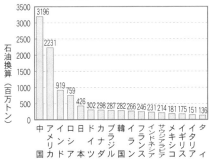

資料　日本エネルギー経済研究所　計量分析ユニット（EDMC）「エネル
ギー・経済統計要覧」
国際エネルギー機関（International Energy Agency）「World Energy
Balances」よりEDMC集計

図18.1.4　主要国のGDP当たり一次エネルギー消
費量比較（2018年）

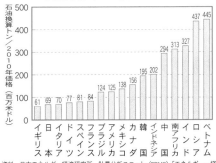

資料　日本エネルギー経済研究所　計量分析ユニット（EDMC）「エネルギー・経
済統計要覧」
国際エネルギー機関（International Energy Agency）「World Energy Balances」
世界銀行（World Bank）「World Development Indicators」等よりEDMC算出

18.2　石油
原油輸入は1990年半ば以降長期的に減少傾向
　原油輸入は、1960年代から70年代前半まで原油価格が低位で推移していたこともあり、高度成長期に伴なって、右肩上がりに増加した。73年の第1次石油危機、79年の第2次石油危機による原油価格の高騰は、省エネルギー、代替エネルギー開発を進展させ、80年代の半ばにかけて原油輸入の減少をもたらした。その後、80年代後半から90年代半ばにかけて、原油価格の低下に伴い、原油輸入は再び増加したが、それ以降は、減少傾向で推移している。(図18.2.1)。

原油価格は上昇基調から下落傾向にあったが2017年以降再び上昇傾向の後、19年以降再び下落傾向
　原油輸入価格(1バーレル当たり、年平均)を長期的にみると、石油危機前は2〜4ドルという低価格であったが、2度の石油危機を経て、1980年代前半には28〜37ドルにまで上昇した。その後、80年代後半から、石油危機後の省エネルギー、代替エネルギー開発の進展による需要の減少を背景に16〜23ドルに低下したが、2000年以降急騰し、08年には102ドルに達した。リーマンショックの起きた09年には61ドルまで急落したものの、その後上昇傾向に転じ、12年には115ドルに達した後、下落傾向の後、17年以降再び上昇の後、19年以降再び下落傾向にある(図18.2.1)。

原油の中東依存度は90%
　原油の輸入先は、高度成長期には中東依存度が8割を超えていたが、石油危機を契機に輸入先の多様化を図ったこともあり、1980年代には7割程度にまで低下した。しかし、その後、東南アジア地域等における国内需要増大を背景として、これらの地域の原油産出国からの輸入が減少したことによって、中東依存度は再び上昇し、2019年度では89.6%となった。東南アジア地域(インドネシアなど)は0.9%、その他は9.5%、中東依存度は石油危機以前の状況に戻っている(図18.2.2)。

中東からの輸入の約8割はサウジアラビアとアラブ首長国連邦
　中東地域からの原油輸入は、1974年度までイランが最大の割合であったが、その後急速に減少し、サウジアラビアとアラブ首長国連邦の割合が拡大した。最大の輸入先は、85年度以降はアラブ首長国連邦、2004年度以降はサウジアラビアとなっている。中東地域からの原油輸入の国別割合(20年度)は、サウジアラビアが42.9%(中東地域全体における比率、以下同じ)、アラブ首長国連邦が35.0%で、この2か国で約8割を占める。このほか、クウェート10.0%、カタール9.3%などである(図18.2.3)。

図18.2.1　原油輸入量と輸入価格（CIF価格）

資料　エネルギー経済研究所　計量分析ユニット「データバンク」
　　　財務省「日本貿易月表」

図18.2.2　原油輸入の地域別構成比と中東依存度の推移

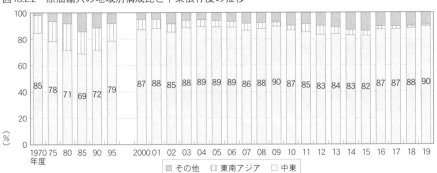

資料　エネルギー経済研究所　計量分析ユニット「エネルギー・経済統計要覧」
　　　経済産業省「資源・エネルギー統計年報」

図18.2.3　中東地域からの原油輸入の中東地域国別構成比（2020年度）

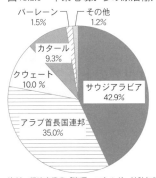

バーレーン
1.5%
その他
1.2%
カタール
9.3%
クウェート
10.0 %
サウジアラビア
42.9%
アラブ首長国連邦
35.0%

資料　経済産業省「資源・エネルギー統計年報」

18.3　電力事情
発電量はゆるやかな減少傾向、電源構成の大宗は火力
　発電電力量は、かつては堅調に増加し、07年度には1兆1950億kwhに達したが、その後は減少傾向にあり、20年度は、2000年度以降で最も低い9490億kwhであった（図18.3.1）。
　電源構成は、火力が一貫して大宗を占めて推移している。水力の割合が趨勢的に低下する反面、原子力の割合が増加してきたが、東日本大震災以降、原子力が激減し、2020年度は、全体の83.3％が火力発電、水力発電が9.1％、原子力発電が3.9％となっている。地熱発電、風力発電、太陽光発電などの水力以外の再生可能エネルギー（ソフトエネルギーとも呼ばれる）は全体として増加傾向にあり、2020年度には、3.7％に達した（図18.3.2）。

世界の総発電量は増加傾向、電源構成の大宗は火力（石炭、天然ガス等）
　世界の総発電量は増加傾向にあり、2018年には、26,619TWhに達した。18年の実績を国または地域別にみると、最も多く発電している国は中国で7,149TWh（世界全体の発電量の26.9％、以下同じ）、次いでアメリカ4,434TWh（16.7％）、欧州主要国（ドイツ、イギリス、イタリア、フランス、スペイン）計2,105TWh（7.9％）、インド1,583TWh（5.9％）、ロシア1,113TWh（4.2％）、日本1,050TWh（3.9％）などである。（図18.3.3）。
　世界の電源構成（2018年）は、全体の64.2％が火力発電（石炭38.2％、天然ガス23.1％、石油2.9％）と大宗を占め、水力発電が15.8％、原子力発電が10.2％、地熱発電、風力発電、太陽光発電などの水力以外の再生可能エネルギー（ソフトエネルギーとも呼ばれる）が9.8％である（図18.3.4）。

日本の電力消費量は世界で4番目
　2018年の世界全体の電力消費量は19.2億トンである。最も多く消費している国は中国で5億1,684万トン（世界全体消費量の26.9％、以下同じ）、次いでアメリカ3億3,541万トン（17.5％）、インド1億330万トン（5.4％）、日本8,130万トン（4.2％）、ロシア6,531万トン（3.4％）である。続いて、韓国4,569万トン（2.4％）などである（図18.3.5）。

日本の最終エネルギー消費における電力化率は世界のトップレベル
　主要国の最終エネルギー消費における電力化率（％）（2018年）をみると、日本は28.7％で世界第1位である。次いで、ベトナム（27.0％）、中国（25.1％）、韓国（25.1％）、フランス（25.0％）である。続いて、南アフリカ（24.8％）、スペイン（23.8％）、カナダ（21.9％）などである。電力化率の低い国には、インド（17.0％）、インドネシア（14.8％）、ロシア（12.7％）などがある。世界平均は19.3％である（図18.3.6）。

図18.3.1　発電電力量の推移

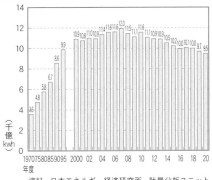

資料　日本エネルギー経済研究所　計量分析ユニット
「データバンク」、電気事業連合会「電気事業便覧」

図18.3.2　電源構成の推移

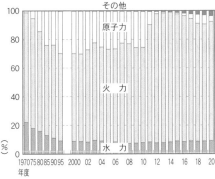

資料　図18.3.1と同じ

図18.3.3　世界の総発電量の推移

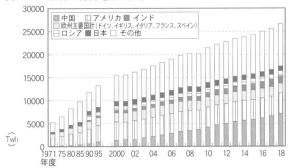

資料　日本エネルギー経済研究所　計量分析ユニット（EDMC）「エネルギー・経済統計要覧」
国際エネルギー機関（International Energy Agency）「World Energy Balances」より
EDMC集計

図18.3.4　世界の電源構成（2018年）

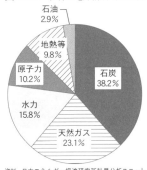

資料　日本エネルギー経済研究所計量分析ユニット
（EDMC）「エネルギー・経済統計要覧」
国際エネルギー機関（International Energy
Agency）「World Energy Balances」よりEDMC集計

図18.3.5　主要国の電力消費量（2018年）

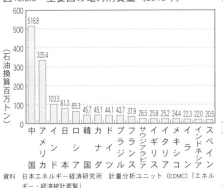

資料　日本エネルギー経済研究所　計量分析ユニット（EDMC）「エネル
ギー・経済統計要覧」
国際エネルギー機関（International Energy Agency）「World Energy
Balances」よりEDMC集計

図18.3.6　主要国の最終エネルギー消費における
電力化率（2018年）

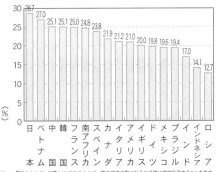

注　最終エネルギー消費とは、二次エネルギー等を経済活動や社会生活等に直接利用することを指す。
資料　日本エネルギー経済研究所　計量分析ユニット（EDMC）「エネルギー・経済統計要覧」
国際エネルギー機関（International Energy Agency）「World Energy Balances」よりEDMC集計

18.4　地球温暖化と再生可能エネルギー
世界の平均気温は上昇傾向

　20世紀初頭より、世界の年平均気温（陸域における地表付近の気温と海面水温の平均）は上昇傾向にあり、2016年の世界の年平均気温の1981〜2010年平均を基準とした偏差は＋0.35℃で、1891年の統計開始以降、最も大きい値となったが、2020年は＋0.34℃と若干低下した（図18.4.1）。気象庁によれば、地球温暖化の支配的な原因は、人間活動による温室効果ガスの増加である可能性が極めて高く、温室効果ガスのなかでも、二酸化炭素（CO_2）は地球温暖化に及ぼす影響が最も大きい。

世界のCO_2排出量は増加傾向

　世界のCO_2排出量は増加傾向にあり、2018年には、335.1億トンに達した。18年の実績を国または地域別にみると、最も多く排出している国は中国で95.3億トン（世界全体の排出量の28.4％、以下同じ）、次いでアメリカ49.2億トン（14.7％）、インド23.1億トン（6.9％）、欧州主要国（ドイツ、イギリス、イタリア、フランス、スペイン）計19.1億トン（5.7％）、ロシア15.9億トン（4.7％）、日本10.8億トン（3.2％）などである。長期のトレンドで見ると、中国、インドのCO_2排出量の増加が顕著である（図18.4.2）。気象庁によれば、CO_2排出量を減らすには化石燃料の消費を減らす必要があり、この観点からCO_2を排出しない再生可能エネルギーの導入が重要となる。

世界の再生可能エネルギー導入量は増加傾向

　世界の再生可能エネルギー導入量は増加傾向にあり、2020年には、約7億5742万トンに達した。20年の実績を国または地域別にみると、最も多く導入している地域は欧州で、1億9960万トン（世界全体の導入量の27.5％、以下同じ）、次いで中国1億8610万トン（22.5％）、アメリカ1億4689万トン（21.0％）、ブラジル4791万トン（6.9％）、インド3417万トン（4.6％）、日本2704万トン（3.5％）などである（図18.4.3）。

世界の風力発電の導入量は太陽光発電の約1.1倍

　2019年の世界の風力発電導入量は6億2270万kwである。最も多く導入している国は中国で2億1048万kw（世界全体の導入量の33.8％、以下同じ）、次いでアメリカ1億358万kw（16.6％）、ドイツ6082万kw（9.8％）、インド3751万kw（6.0％）などである（図18.4.4）。一方2019年の世界の太陽光発電導入量は5億8642万kwである。最も多く導入している国は中国で2億549万kw（世界全体、導入量の35.0％、以下同じ）、次いでアメリカ6230万kw（10.6％）、日本6184万kw（10.5％）などである（図18.4.5）。

図18.4.1　世界の年平均気温偏差の推移（1891〜2020年）

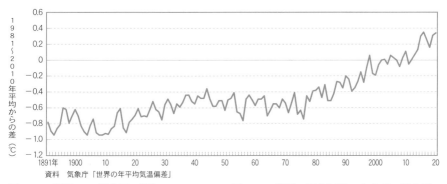

資料　気象庁「世界の年平均気温偏差」

図18.4.2　世界のCO₂排出量の推移

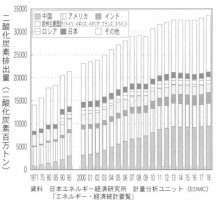

資料　日本エネルギー経済研究所　計量分析ユニット（EDMC）
「エネルギー・経済統計要覧」
国際エネルギー機関（International Energy Agency）「World
Energy Balances」、「CO₂ Emissions from fuel combustiones」
よりEDMC推計

図18.4.3　世界の再生可能エネルギー導入量の
推移

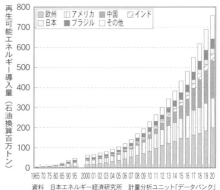

資料　日本エネルギー経済研究所　計量分析ユニット「データバンク」
BP（British Petroleum）「BP Statistical Review of World Energy」

図18.4.4　世界の風力発電導入量比較（2019年）

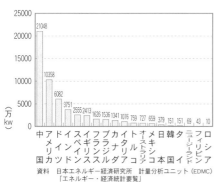

資料　日本エネルギー経済研究所　計量分析ユニット（EDMC）
「エネルギー・経済統計要覧」
BP（British Petroleum）「BP Statistical Review of World
Energy」よりEDMC集計

図18.4.5　世界の太陽光発電導入量比較（2019年）

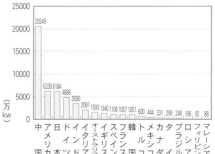

資料　日本エネルギー経済研究所　計量分析ユニット（EDMC）
「エネルギー・経済統計要覧」
BP（British Petroleum）「BP Statistical Review of World
Energy」よりEDMC集計

18.5　水使用量
約３分の２が農業用水
　2017年の取水量ベースによる水の使用量（工業用水は淡水補給量、農業用水量は一部推計）は、約793億m³であった。農業用水、生活用水の増加を受けて、1996、97年までは全体として増加傾向にあったが、その後の農業用水、生活用水及び工業用水の減少により、全体として減少傾向が続いている。17年の内訳は、生活用水が146億m³で18.4％、工業用水が110億m³で13.9％、農業用水が537億m³で67.7％と、農業用水が約３分の２を占めている（図18.5.1）。

我が国の水道普及率は98％
　上水道の給水人口は、2019年度末現在、１億2135万人で、普及率は96.2％と高い水準である。上水道に、簡易水道と専用水道を加えた水道全体の給水人口は１億2377万人で、普及率は98.1％に達する。水道の水源を18年度についてみると、ダムが47.7％、河川水が25.2％、井戸が19.3％などとなっており、取水の74.3％がダム、河川水などの地表水である（図18.5.2）。

製造業淡水用水の大口使用はパルプ・紙・紙加工品製造業、化学工業等
　2019年の製造業（従業者30人以上の事業所）の用水量（淡水のみ）は１日当たり2532万m³であった。また、１事業所当たりでは、約550m³であった。水源の構成比は、公共水道が49.5％、その他（井戸水等）が50.5％である。製造業淡水用水の使用状況を産業別に見ると、パルプ・紙・紙加工品製造業が26.5％、化学工業が22.0％、鉄鋼業が13.6％で、これらの産業で約６割を占めている。公共水道では、化学工業、鉄鋼業、パルプ・紙・紙加工製造業の３産業で67％、その他（井戸水等）では、パルプ・紙・紙加工製造業、化学工業の２産業で54％を占めている（表18.5）。

ミネラルウォーターの消費量は10年前に比べて1.6倍に増加
　ミネラルウォーターの消費量は右肩上がりで増加しており、2020年は418万kl（輸入を含む）となった。うち、国産は前年比5.6％増の384万kl、輸入は前年比6.1％減の34万kl（輸入率8.1％）である。ミネラルウォーターの消費量は10年前（2010年の252万kl）に比べ1.7倍に増加している（図18.5.3）。
　また、ミネラルウォーターの１人当たり消費量は、20年で33.3リットルと10年前の19.7リットルから大幅に増加しているが、イタリアの192.0リットル（2019年、以下同様）、フランスの147.4リットル、アメリカの119.0リットルと比べると低い水準にある。

図18.5.1　形態別水使用量の推移

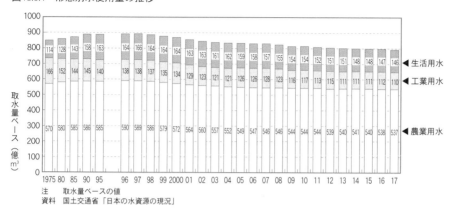

注　　取水量ベースの値
資料　国土交通省「日本の水資源の現況」

図18.5.2　水道の水源別構成比（2018年度）

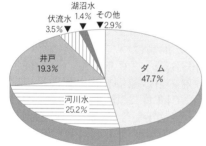

資料　公益社団法人　日本水道協会

表18.5　製造業の産業別用水量（2019年）

（千m³/日）

区　分	淡水用水量合計	構成比	公共水道	その他	1事業所当たり
全 製 造 業 計	25 316	100.0	12 540	12 776	0.550
パルプ・紙.等	6 713	26.5	1 883	4 830	4.314
化 学 工 業	5 563	22.0	3 550	2 013	2.479
石油・石炭製品	773	3.1	761	12	7.580
鉄 　 鋼 　 業	3 439	13.6	2 914	525	2.760
その他の製造業	8 828	34.9	3 432	5 396	0.216

注　従業者30人以上の製造業事業所。
資料　経済産業省「2020年 工業統計表（産業別）」

図18.5.3ミネラルウォーターの消費量と輸入率の推移

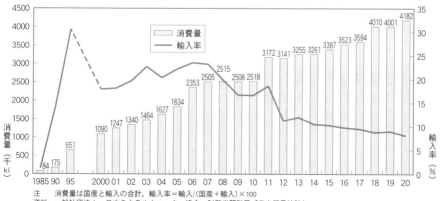

注　消費量は国産と輸入の合計。輸入率＝輸入/(国産＋輸入)×100
資料　一般社団法人　日本ミネラルウォーター協会、財務省関税局「日本貿易統計」

第19章　建　　設

19.1　建設活動

2020年度は建設投資全体で2.5％減の60.9兆円となる見込み

　国土交通省が2021年10月に公表した「建設投資見通し」によれば、20年度の建設投資（名目値）は、政府投資は前年度比5.4％増を示す一方、民間投資は同7.1％減となっており、総額としては前年度比2.5％減の60兆9,000億円となる見込みである。

　21年度の総額は62兆6,500億円（前年度比2.9％増）となる見通しである。このうち政府投資は24兆5,300億円（前年度比2.4％増）、民間投資は38兆1,200億円（同3.2％増）。政府投資は前年度の補正予算等に係る投資が見込まれており、民間投資は前年度に新型コロナウイルス感染症の影響で減少した需要の回復が想定されることにより、政府・民間共に投資額は増加する見通しである。

建設投資の対GDP比率は11％程度

　建設投資（実質値、2015年度基準）の過去最高はバブル景気に沸いた1990年度の93.9兆円（政府30.1兆円、民間63.8兆円）であった。その後、バブル崩壊に伴う民間投資の冷え込みや政府の財政難等により建設投資は減少の一途をたどり、2001年度に60兆円台、04年度に50兆円台、08年度に40兆円台となり、10年度には45兆円を割り込んだが、11年度における東日本大震災の復興需要を契機に増加に転じた。20年度は56.4兆円（政府22.1兆円、民間34.3兆円）の見込みである（図19.1.1）。

　また、建設投資（名目）が国内総生産（名目）に占めるGDP比率については、バブル期の90年度は18.0％であったが、その後は年々低下し、2005年度に10％を割り、10年度は8.3％と過去最低を記録した。その後、震災復興需要や景気回復等により15年度からは10％台に回復し、20年度（見込み）は11.4％、21年度（見通し）は11.2％であった（図19.1.2）。

建設業就業者数は500万人前後で推移、建設業許可業者数は微増

　建設業就業者数は、1997年の685万人をピークとして、その後減少が続いていたが、2010年代に入り震災復興事業等による建設投資の回復に伴い就業者数減少に歯止めがかかり、最近10年間は500万人前後（20年は492万人）で推移している。一方、建設業許可業者数は、2000年代になって趨勢としては減少傾向（ピーク時は2000年3月末の60.1万業者）にあるが、20年3月末は47.2万業者（前年比0.9％増）、21年3月末は47.4万業者（同0.3％増）の微増を示している（図19.1.3）。

図19.1.1　建設投資（実質）の推移

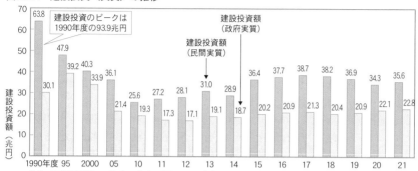

注1　建設投資額の2019及び2020年度は見込み、2021年度は見通し［実質値は2015（平成27）年度価格］。
　2　2015年度以降は「建築補修（改装・改修）投資額」も建設投資額に計上。
資料　国土交通省「令和3年度（2021年度）建設投資見通し」

図19.1.2　建設投資のGDP比率（名目）の推移

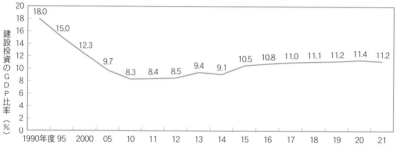

注1　建設投資のGDP比率（名目）は、国内総生産（名目値）のうち建設投資（名目値）が占める割合。
　2　現在公表されている国内総生産（GDP）には「建築物リフォーム・リニューアル投資額」は含まれていな
　　いため、上記比率は「建築補修（改装・改修）投資額」分を除いた建設投資額で算出。
　3　建設投資額の2019及び2020年度は見込み、2021年度は見通し［実質値は2015（平成27）年度価格］。
資料　国土交通省「令和3年度（2021年度）建設投資見通し」

図19.1.3　建設投資（実質）と建設業就業者数等の推移

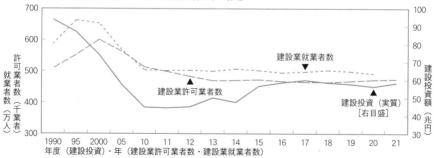

注1　建設投資の実質値は2015（平成27）年度価格。2019・2020年度は見込み、2021年度は見通し。
　2　2015年度以降は「建築補修（改装・改修）投資額」も建設投資額に計上。
　3　建設業就業者数は年平均。2011年は東日本大震災により補完的に推計した数値。
　4　建設業許可業者数は各年3月末時点の数。
資料　国土交通省「令和3年度（2021年度）建設投資見通し」・「建設業許可業者の現況」、総務省「労働力統計」

19.2　工事種類別建設投資
建築と土木の割合は6対4

　建設投資（実質）の2021年度見通しを建築投資と土木投資に大別すると、建築：土木＝61：39で建築が約6割を占める。17年度～20年度の建築割合は67％（17年度）、66％（18年度）、65％（19年度）、62％（20年度）で推移しており、減少傾向が続いている。工事発注者が民間主体である建築が減少する一方、公共主体の土木が増加していることがわかる。

　なお、国土交通省では令和元年度の建設投資見通し作成時に「リフォーム・リニューアル」の投資額を15年度分まで遡り建設投資額（建築）に含め、その内訳として発表し、令和2年度時点でその内訳名称を「リフォーム・リニューアル」から「建築補修（改装・改修）」へ変更した。

　ちなみに「建築補修（改装・改修）」とは、既存建築物の増築、一部改築・改修工事等のことであり、劣化等の維持・修理に加え、従前の建築物の機能や耐久性を高めるものを含む（図19.2.1）。

建築の住宅、非住宅、建築補修（改装・改修）の比は41：39：20

　2021年度の建築投資（実質）を住宅投資、非住宅投資、建築補修（改装・改修）投資に3分類すると、41：39：20となっている。住宅投資は人口減少や住宅ストックの充実等により低迷が続いているが、木造住宅の建替え需要もあるため一定量は維持されている。他方、民間設備投資が中心の非住宅投資は、景気の影響を受けやすい性質を有している。また、建築補修（改装・改修）は建築投資の2割前後で推移している（図19.2.1）。

建築は民間投資、土木は政府投資が主体

　発注者別にみると、住宅投資では民間：政府＝97：3で、圧倒的に民間投資が多い。また、非住宅投資では民間：政府＝72：28で、やはり民間投資が中心で約7割、建築補修（改装・改修）投資でも民間投資が約8割を占める。一方、土木投資では民間：政府＝25：75と、政府投資が全体の4分の3を占めている（図19.2.1）。

公共工事は道路が最多、民間土木工事では鉄道、発電用土木が中心

　公共工事について建設工事受注動態統計調査報告により目的別工事分類を受注額割合でみると、2020年度の公共工事で最も多いのは道路で30％を占め、治山・治水の13％、教育・病院の12％がこれに次ぐ。民間土木工事について、工事種類別分類による受注額割合をみると、鉄道が26％と最も多く、発電用土木の21％、電線路の18％が続いている。前年度と比較すると、公共工事の2位（教育・病院14％）と3位（治山・治水12％）が20年度は僅差で逆転しているが、全般的には同様な傾向にある（図19.2.2）。

図19.2.1　建設投資（実質）の工事種類別割合（2021年度見通し）

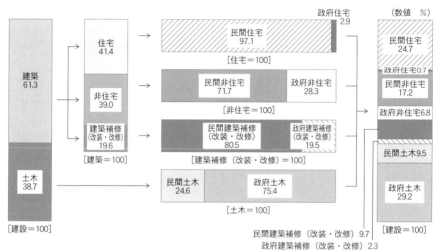

注　建設投資は2021年度見通し。実質値（2015年度価格）
資料　国土交通省「令和3年度（2021年度）建設投資見通し」

―――――――――― ☆☆☆　**建設投資推計**　☆☆☆ ――――――――――

　建設市場を示す指標は、建設活動過程の切り口により、受注ベース、着工ベース、出来高ベース等がある。「建設投資」は、その内の出来高ベースにより建設市場を把握したものである。種々の既存統計値を加工・推計することにより作成され、過去の実績、当該年度の予測、名目・実質値等が公表されている。

図19.2.2　建設工事の目的・種類による分類（2019・2020年度）

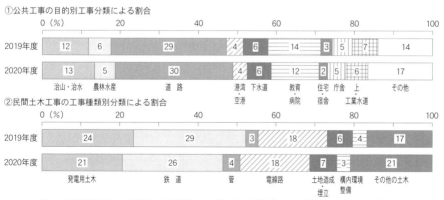

注　公共工事は1件500万円以上の公共機関からの受注工事。民間土木工事は1件500万円以上の民間等からの受注工事。
資料　国土交通省「建設工事受注動態統計調査報告」

19.3　地域別建設投資
建設投資の半分が大都市地域に集中

　建設総合統計年度報を用いて2020年度の建設工事費（出来高ベース）を地域別割合でみると、南関東が26％と最多であり、次いで近畿13％、中部12％、九州、東北が11％となっている。東北は、東日本大震災以降、復興事業に伴い割合が増加傾向にあったが、15年度をピークに減少している。他方、最も低い地域は四国の3％、次いで北陸5％、中国、北海道が6％と続く。南関東・近畿・中部を合わせると51％となり、建設投資のほぼ半分が3大都市地域を含む地域（14都府県）に集中している。ただし、東日本大震災前の10年度の割合（56％）からは減少している（図19.3.1）。

　総務省「人口推計」（20年10月時点）によると、人口の地域別割合は南関東29％、近畿16％、中部12％で合計は57％。一方、東北と北海道の人口割合はそれぞれ7％と4％であるが、上記の建設投資の地域別割合（東北11％、北海道6％）と比べると、東北・北海道は人口比よりも高い建設投資割合を示していることがわかる。

3大都市地域は民間建築、北海道・東北は公共土木の割合が高い

　上記統計を用いて、2020年度の建設工事費（出来高ベース）の地域ごとの傾向を比較する。公共（公共土木及び公共建築）と民間（民間建築及び民間土木）で分類すると（数値の単位は四捨五入しており、合計数値と内訳計が一致しないケースもある）、公共の割合が高い地域は北海道67％、東北65％、四国58％、北陸56％、中国50％、九州49％の順となっている。一方、公共の割合が低い地域は、南関東33％、近畿41％、中部42％である。このうち、北海道は、従来から公共の割合がとりわけ高い地域であったが、東北は、震災復興事業を背景として公共工事の割合が増大する中で、14年度から18年度までは北海道を上回っていたが、19年度・20年度は北海道が最も公共割合の高い地域となっている（図19.3.2）。

　なお、同統計によれば20年度における全国の民間建設工事の33％を南関東、14％を近畿、12％を中部が占め、3大都市を含む地域で全国の民間建設工事の約6割を占めている。

　次に、建設工事費を建築と土木に分けると、建築の割合が高い地域は、南関東65％、近畿60％、九州53％、中部52％、北関東49％であり、土木の割合が高い地域は東北67％、北海道65％、北陸59％、四国57％、中国54％である。民間建築の建設工事費に占める割合は、南関東58％、近畿50％などが目立ち、逆に公共土木は北海道60％、東北57％が半数を超えるなど、各地域の特色が現われている。

図19.3.1　建設工事の地域別割合の推移

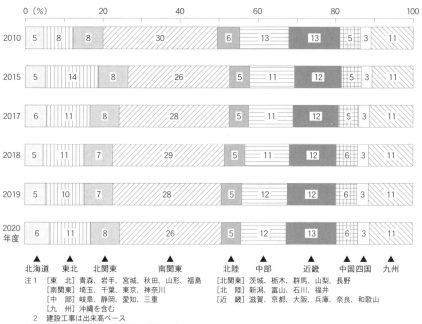

注1　[東　北] 青森、岩手、宮城、秋田、山形、福島　　　[北関東] 茨城、栃木、群馬、山梨、長野
　　 [南関東] 埼玉、千葉、東京、神奈川　　　　　　　　[北　陸] 新潟、富山、石川、福井
　　 [中　部] 岐阜、静岡、愛知、三重　　　　　　　　　[近　畿] 滋賀、京都、大阪、兵庫、奈良、和歌山
　　 [九　州] 沖縄を含む
　2　建設工事は出来高ベース
　資料　国土交通省「2020年度建設総合統計年度報」

図19.3.2　各地域の建設工事の種類別内訳（2020年度）

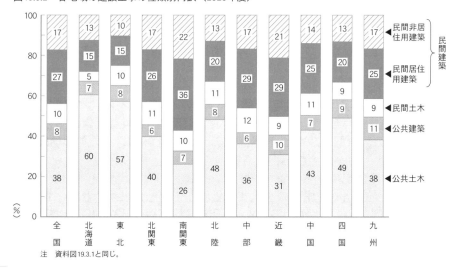

注　資料図19.3.1と同じ。

19.4　新設住宅着工戸数
2020年度は前年度比8.1％減で２年連続減少

　2020年度の新設住宅着工戸数は、前年度比8.1％減の81万戸となり、２年連続減少した（図19.4.1）。16年度〜19年度でみると、前年度比プラス（16年度5.8％増、18年度0.7％増）、前年度比マイナス（17年度2.8％減、19年度7.3％減）が交互になっていたが、20年度のマイナスは新型コロナウイルスの感染拡大の影響を受けているものと推察される。

　過去に遡ると、高度経済成長期の72年度には186万戸、バブル景気の90年度には167万戸、消費税増税前の駆込み需要があった96年度は163万戸、という時期は特異ケースといえるが、1967〜2008年度の42年間に100万戸を下回ることはなかった。また、2000年度以降に限っても06年度までは120万戸前後で推移しており、09年度以降の100万戸割れはリーマンショックの影響に加え、構造的な要因によるところが大きい。主な要因としては、第１に、我が国が本格的な人口減少、少子高齢化時代に入り、住宅の空き家が増加していること。総務省「平成30年住宅・土地統計調査」（５年に１回実施）によれば、住宅総戸数6,241万戸に対し、空き家が849万戸（13.6％）に達している。第２に、住宅一次取得世代（25〜39歳）の人口が減少し、その層の雇用・所得環境が以前に比べ悪化していることがあげられる。

利用関係別では貸家が大幅減少

　2020年度の新設住宅着工戸数を利用関係別にみると、貸家が30.3万戸（全体の37.3％）と最多で、持ち家が26.3万戸（同32.4％）、分譲住宅が23.9万戸（同29.4％）、給与住宅が0.7万戸（同0.9％）と続く。前年度との比較では、給与住宅以外は減少している。減少要因としては、貸家は節税メリットの縮小、持ち家は新型コロナウイルス感染拡大の影響などが考えられる（図19.4.1）。

３大都市圏シェアは新設住宅全体で６割強、分譲マンションでは８割強

　新設住宅着工戸数を地域別にみると、首都圏28.6万戸（全体の35.2％）、近畿圏12.8万戸（同15.8％）、中部圏9.4万戸（同11.6％）、その他地域30.4万戸（同37.5％）と、３大都市圏で６割強を占めた（図19.4.2）。

　また、新設住宅のうち分譲マンションは10.8万戸で、前年度比3.1％減となった。販売価格や在庫率の高止まり継続が影響したと思われる。地域別では、首都圏5.5万戸（全国比50.8％）、近畿圏2.4万戸（同22.6％）、中部圏0.9万戸（同8.5％）、その他2.0万戸（同18.1％）と、３大都市圏で８割を超えている（図19.4.3）。

図19.4.1　新設住宅着工戸数（総数・利用関係別）の推移

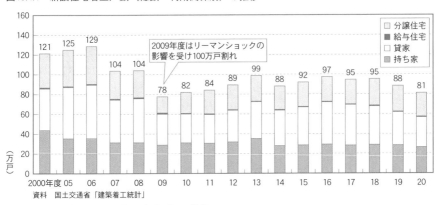

資料　国土交通省「建築着工統計」

図19.4.2　新設住宅着工戸数（地域別）の推移

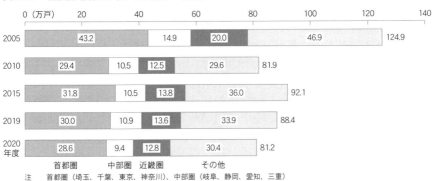

注　　首都圏（埼玉、千葉、東京、神奈川）、中部圏（岐阜、静岡、愛知、三重）
　　　近畿圏（滋賀、京都、大阪、兵庫、奈良、和歌山）
資料　図19.4.1と同じ。

図19.4.3　分譲マンション着工戸数（総数・地域別）の推移

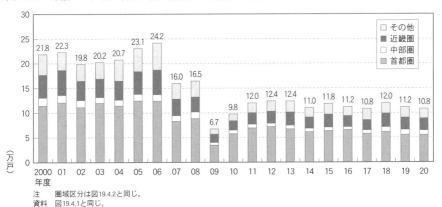

注　　圏域区分は図19.4.2と同じ。
資料　図19.4.1と同じ。

19.5　非居住用建築物着工床面積
非居住用建築物の着工床面積は前年度比6.4％減の4490万m²

　事務所、店舗、工場、倉庫等の非居住用建築物の着工床面積（民間および公共の両者を含む）は、景気変動との関連性が高く、バブル景気の90年度には1億2700万m²に達したが、バブル崩壊後は8千万m²台に落ち、2000年度前後からは6千万から7千万m²の状況が続いた。さらに、08年度のリーマンショック後は4千万m²台に急落したが、12年度以降は概ね5千万m²で推移してきた。20年度は前年度比6.4％減の4,490万m²と3年連続の減少となった（図19.5.1）。

使途別では倉庫が2年連続最多

　2020年度における非居住用建築物の着工床面積を使途別にみると、その他（1289万m²）を除いて最も多いのは倉庫1186万m²であり、次いで事務所609万m²、工場594万m²、店舗406万m²、学校の校舎224万m²、病院・診療所183万m²と続いている。前年度と比べると工場（23.1％減）、その他（15.2％減）、病院・診療所（11.2％減）、事務所（6.7％減）など減少が目立ち、増加を示したのは倉庫（18.3％増）のみであった。倉庫は19年度・20年度と続けて使途別で最多を示した（図19.5.1）。

　次に、非居住用建築物着工床面積の使途別の構成比について、06年度以降の15年間について5年ごとの平均値でその趨勢をみると、店舗が減少傾向にあり、事務所と工場がほぼ横ばい、倉庫が増加している。倉庫の伸びに関しては、高速道路等の交通インフラの整備進展により高機能、マルチテナント型の物流施設整備が堅調であったとみられ、背景にはeコマースの普及による需要拡大の影響が大きいと考えられる（図19.5.2）。

産業別では運輸業が製造業を抜いて最多

　建築物の用途について、非居住用建築物の着工床面積を産業別に分類して構成比の推移をみると、前年度を上回ったのが、運輸業（4.9ポイント増）、不動産業（1.0ポイント増）、卸売業・小売業（0.8ポイント増）、農林水産業（0.4ポイント増）、その他のサービス業（0.4ポイント増）、鉱業・建設業等（0.3ポイント増）、教育・学習支援業（0.2ポイント増）など。一方、前年度を下回ったのが製造業（3.8ポイント減）、宿泊業・飲食サービス業（2.2ポイント減）、その他（0.9ポイント減）、公務（0.6ポイント減）、医療・福祉（0.4ポイント減）。19年度までは製造業が最多であったが、20年度は運輸業が最多に浮上した。減少した産業の中でも、新型コロナウイルス感染拡大の影響を最も受けたのは宿泊業・飲食サービス業とみられるが、製造業などにも影響があったものと推測される（図19.5.3）。

図19.5.1　非居住用建築物着工床面積の推移（使途別）

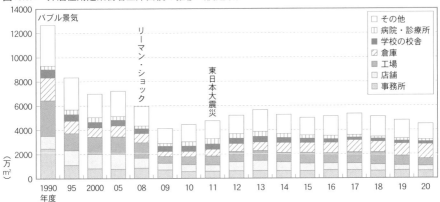

注　　非居住用建築物の着工床面積を主な使途別に分類しその推移を示したものであり、民間および公共の両者を含む。
資料　国土交通省「建築着工統計」

図19.5.2　非居住用建築物着工床面積の使途別構成比

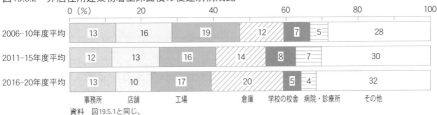

資料　図19.5.1と同じ。

図19.5.3　非居住用建築物着工床面積の産業別構成比

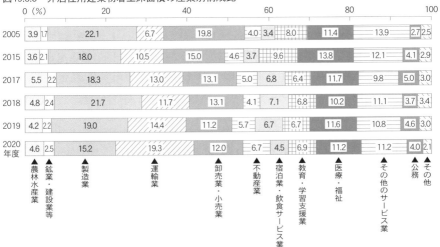

注　　「その他のサービス業」には、「電気・ガス・熱供給・水道業」、「情報通信業」、「金融業、保険業」を含む。
資料　図19.5.1と同じ。

第20章　製　造　業

20.1　製造業の概要
国内総生産の20.3％を占める製造業

　2019年における日本国内の名目国内総生産（GDP）は561兆円であり、そのうち製造業は114.0兆円で全体の20.3％を占める。

　製造業の名目GDPについて過去の推移をみると、2005年から08年まで金額は110兆円を超える水準を維持しており、製造業割合も21％を上回る年が続いていたが、リーマン・ショック後の09年には金額が100兆円を切り、製造業割合も19.0％まで低下した。10年にはその反動で一時持ち直したものの、11年から13年までは100兆円を下回る水準が続いた。13年以降は、18年まで金額では微増が続き、18年には115.1兆円、割合で20.7％まで回復した。ただし19年にかけては金額、割合ともに微減となっている。（図20.1.1）。

マイナスの寄与に転じた製造業

　2019年の実質国内総生産（ただし統計上の不突合は含まない）の対前年増加率は、−0.4％であった。産業別の寄与度をみれば、製造業、商業・運輸、その他産業の寄与度はいずれも−0.2％であるのに対し、サービス業のみ0.2％となっている。

　製造業の寄与度についていえば、05年から07年にかけては0.9％、0.7％、1.0％とプラスの寄与が続いたのち、リーマン・ショックの影響による大きな変動を経て、12年以降16年までは−0.1から0.6％と低位で安定して推移した。その後17年、18年には、いずれも0.8％とサービス業を上回り最も寄与度の高い部門となっていたが、前述のように19年にはマイナスの寄与に転じている。（図20.1.2）。

事業所数だけでなく従業者数も減少

　経済産業省の工業統計調査より、従業者4人以上の製造業事業所数の推移をみれば、1995年以降一貫して減少傾向が続いており、95年には38.8万事業所であったものが、2019年には18.2万事業所と半分以下まで減少している。一方、従業者数（ただし従業者4人以上の製造業事業所における従業者数）は、13年以降増加を続けていたものの、19年には6年ぶりに減少に転じ、前年から約6万人減少し合計772万人となっている（図20.1.3）。

図20.1.1　製造業の名目国内総生産の推移

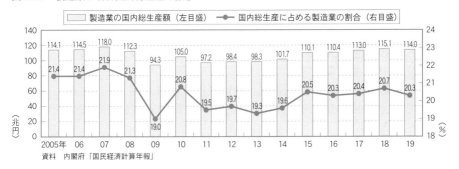

資料　内閣府「国民経済計算年報」

図20.1.2　実質国内総生産額の対前年増加率および産業別寄与度

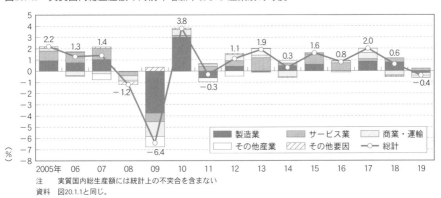

注　実質国内総生産額には統計上の不突合を含まない
資料　図20.1.1と同じ。

図20.1.3　製造業の事業所数・従業者数の推移

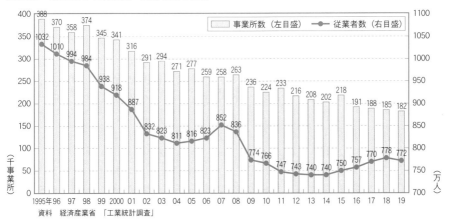

資料　経済産業省「工業統計調査」

20.2　産業別の出荷額・事業所数・従業者数
輸送用機械器具の出荷額等が全体の2割強を占める

　経済産業省の工業統計調査（従業者4人以上の事業所）によると、2019年における製造品出荷額等（製造品出荷額、加工賃収入額、くず廃物の出荷額及びその他の収入額の合計）は322.5兆円であった。これを産業中分類別にみると、輸送用機械器具が68.0兆円（構成比21.1%）と最も多く、次いで、食料品29.9兆円、化学29.3兆円、生産用機械20.9兆円の順となっている（表20.2）。

製造業全体にわたる事業所数の減少

　2019年の産業別製造品出荷額等の前年比をみれば、金額が減少した部門が24部門中16部門であったものの、対14年比では、逆に24部門中17部門で金額が増加していた。対14年比でもっとも増加率が高いのは生産用機械器具（25.7%）、次いではん用機械器具（20.4%）、食料品（15.1%）であった。これに対して事業所数の前年比は24部門中22部門で減少、対14年比では全部門で減少しており、事業所数については製造業全体にわたる明らかな減少傾向をみることができる（表20.2）。

食料品と輸送用機械器具の従業者数が全体の3割弱を占める

　2019年の産業別従業者数をみれば、食料品が113.7万人（構成比14.7%）、輸送用機械器具が106.5万人（構成比13.8%）と、この2部門が突出して高い。従業者数の14年から19年の変化率をみれば、24部門中17部門では従業者数が増加している一方、7部門では減少しており、製造業全体では4.2%の増加という結果であった（図20.2.1）。

生産用機械器具製造業の拡大

　2014年から19年にかけての製造品出荷額等および従業者数の増加率が最も高かった生産用機械器具について、その変化の内訳を明らかにするために、産業小分類別（ただしロボット製造業のみ、その他部門から抜き出して別掲）の製造品出荷額等の変化率をみたところ、ロボット製造業（95.0%）、半導体・フラットパネルディスプレイ製造装置（81.4%）の2部門の変化率が突出して高いものであった。この2部門の増加額合計は2.1兆円と、生産用機械器具全体の増加額4.3兆円の約半分を占めており、この2部門が生産用機械器具部門の急成長を牽引していたことがわかる（図20.2.2）。

表20.2　製造業の産業別出荷額等の前年比

産業中分類	製造品出荷額等			事業所数		
	2019年実数 (兆円)	前年比 (%)	対2014年比 (%)	2019年実数	前年比 (%)	対2014年比 (%)
合計	322.5	2.8	5.7	181 877	− 1.7	−10.1
食料品製造業	29.9	0.3	15.1	23 648	3.2	−12.8
飲料・たばこ・飼料製造業	9.6	1.8	0.1	3 898	1.7	− 5.6
繊維工業	3.7	2.3	− 3.4	10 586	−4.5	−21.2
木材・木製品製造業（家具を除く）	2.8	2.0	11.5	4 613	−4.4	−16.8
家具・装備品製造業	2.0	2.2	3.7	4 578	2.9	−17.5
パルプ・紙・紙加工品製造業	7.7	1.8	10.2	5 338	−0.5	−10.6
印刷・同関連業	4.8	0.4	−10.5	9 661	2.3	−17.2
化学工業	29.3	1.8	7.9	4 650	0.8	− 0.4
石油製品・石炭製品製造業	13.8	7.8	−25.8	915	0.3	− 1.7
プラスチック製品製造業（別掲を除く）	13.0	0.2	12.4	12 119	−0.7	− 6.3
ゴム製品製造業	3.3	0.1	4.0	2 256	−1.7	−10.7
なめし革・同製品・毛皮製造業	0.3	2.1	− 6.3	1 057	−7.8	−24.2
窯業・土石製品製造業	7.7	2.1	4.4	9 024	1.1	+ 9.5
鉄鋼業	17.7	4.8	− 7.6	4 015	−0.8	− 4.9
非鉄金属製造業	9.6	6.0	2.0	2 475	0.0	− 4.6
金属製品製造業	16.0	0.9	14.6	25 094	−0.5	− 6.4
はん用機械器具製造業	12.2	1.5	20.4	6 615	−0.4	− 7.4
生産用機械器具製造業	20.9	5.4	25.7	18 273	−0.9	− 4.2
業務用機械器具製造業	6.8	1.9	− 4.0	3 727	−1.3	−10.4
電子部品・デバイス・電子回路製造業	14.1	12.5	2.2	3 789	−1.9	+11.2
電気機械器具製造業	18.2	3.0	7.0	8 306	−0.6	− 7.2
情報通信機械器具製造業	6.7	2.9	−22.2	1 183	−1.8	−21.2
輸送用機械器具製造業	68.0	3.0	13.2	9 538	−2.0	+ 8.4
その他の製造業	4.5	7.6	14.9	6 519	2.9	−12.4

資料　経済産業省「工業統計調査」

図20.2.1　産業別従業者数の比較

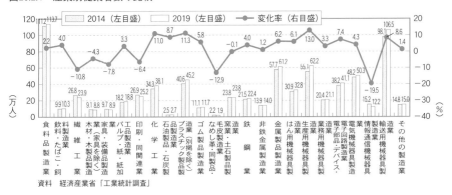

資料　経済産業省「工業統計調査」

図20.2.2　産業小分類別生産用機械器具製造業の製造品出荷額等比較

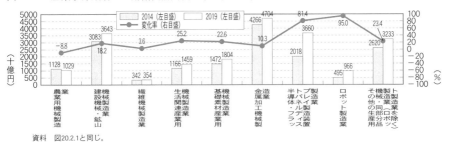

資料　図20.2.1と同じ。

20.3　地域別の事業所数・従業者数・出荷額
製造事業所数は前年に比較して43道県で減少

　2019年の製造業の事業所数（従業者4人以上の事業所）は18.2万事業所、前年比1.7％の減少であった。地域別にみると、大阪が15,522事業所と最も多く、以下、愛知（15,063）、埼玉（10,490）、東京（9,887）、静岡（8,786）の順となっている。前年比をみると、47都道府県中43の道県で減少しており、特に沖縄（4.9％減）、宮崎（4.2％減）、鹿児島（4.1％減）、長崎（3.6％減）、熊本（3.3％減）など、九州・沖縄地方で減少幅の大きい地域が散見される（図20.3.1）。

従業者数は前年に比較して37都道府県で減少

　2019年に製造業に従事していた従業者数（従業者4人以上の事業所）は772万人、前年比0.8％の減少であった。地域別にみると、愛知の85万人を筆頭に、大阪（44万人）、静岡（41万人）、埼玉（39万人）、兵庫（36万人）と続いている。前年比をみると、37の都道府県で減少しており、減少幅は沖縄（5.0％減）、長崎（2.7％減）、山形（2.6％減）、鹿児島（2.6％減）の順で大きい。

　一方で、三重（1.6％増）、滋賀（1.4％増）、和歌山（1.3％増）、京都（0.3％増）を含む近畿地方では全体で0.2％増、愛媛（2.1％増）、徳島（0.5％増）を含む四国地方では全体で0.6％増と増加している地方もあり、地方によって変化の傾向が大きく異なっていたことがわかる（図20.3.2）。

地域によって大きく異なる産業の構成

　2019年の出荷額等を地域別にみれば、第1位の愛知が47.9兆円と、2位の神奈川（17.7兆円）以下を大きく引き離している。また2018年に第3位であった大阪と第4位であった静岡の順位が入れ替わり、第3位静岡（17.2兆円）、第4位大阪（16.9兆円）となっている。

　1位の愛知、2位の神奈川、3位の静岡をはじめとする14都県では、輸送用機械器具が出荷額等構成比の第1位であり、平均出荷額が大きい県が多い。一方、製造品出荷額等の順位でいえば47位の沖縄、46位の高知、45位の鳥取をはじめとする10道県では、食料品製造業が出荷額等構成比の第1位であり、平均出荷額が小さい県が多い。このように、産業の構成や事業所規模分布は地域によって大きく異なっていたことがわかる。（表20.3）。

図20.3.1　2019年都道府県別の事業所数と前年比

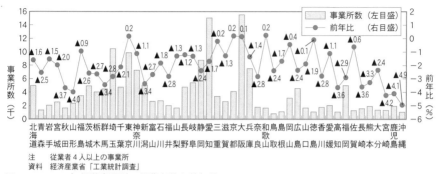

注　従業者4人以上の事業所
資料　経済産業省「工業統計調査」

図20.3.2　2019年都道府県別の従業者数と前年比

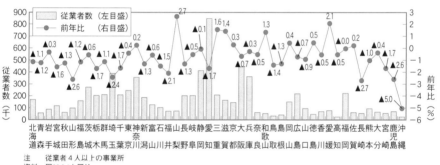

注　従業者4人以上の事業所
資料　図20.3.1と同じ。

表20.3　都道府県別の出荷額等順位

都道府県	2019年出荷額等(十億円)	平均出荷額(百万円)	出荷額等順位 2018年	出荷額等順位 2019年	1位 産業	1位 構成比	2位 産業	2位 構成比	3位 産業	3位 構成比	都道府県	2019年出荷額等(十億円)	平均出荷額(百万円)	出荷額等順位 2018年	出荷額等順位 2019年	1位 産業	1位 構成比	2位 産業	2位 構成比	3位 産業	3位 構成比
全　国	322 533	1 773	－	－	輸送	21%	食料	9%	化学	9%	三　重	10 717	3 154	9	9	輸送	25%	電子	14%	化学	12%
北海道	6 049	1 214	19	19	食料	37%	石油	13%	鉄鋼	7%	滋　賀	8 048	3 070	15	14	輸送	13%	化学	13%	電気	9%
青　森	1 727	1 287	41	40	食料	22%	非鉄	16%	電子	15%	京　都	5 659	1 371	20	21	飲料	15%	電子	11%	その他	9%
岩　手	2 626	1 278	33	33	輸送	25%	食料	14%	電子	9%	大　阪	16 938	1 091	3	4	化学	10%	金属	9%	輸送	9%
宮　城	4 534	1 793	24	24	食料	15%	輸送	12%	石油	12%	兵　庫	16 263	2 166	5	5	化学	13%	鉄鋼	12%	輸送	11%
秋　田	1 286	780	43	43	電子	29%	食料	11%	生産	8%	奈　良	2 122	1 190	36	36	食料	15%	輸送	11%	プラ	8%
山　形	2 846	1 217	29	30	電子	18%	情報	12%	食料	12%	和歌山	2 648	1 591	32	32	石油	21%	鉄鋼	20%	化学	14%
福　島	5 089	1 460	22	22	化学	11%	情報	10%	輸送	9%	鳥　取	782	960	45	45	食料	19%	電子	17%	紙パ	13%
茨　城	12 581	2 554	8	7	化学	13%	食料	12%	生産	10%	島　根	1 237	1 114	44	44	電子	20%	情報	14%	鉄鋼	13%
栃　木	8 966	2 220	12	13	輸送	15%	電気	11%	飲料	10%	岡　山	7 704	2 448	14	15	石油	16%	化学	14%	輸送	13%
群　馬	8 982	2 005	13	12	輸送	37%	食料	11%	化学	9%	山　口	9 742	2 128	11	11	化学	30%	輸送	18%	石油	15%
埼　玉	13 758	1 312	6	6	輸送	15%	食料	13%	化学	13%	徳　島	1 908	1 752	39	39	化学	23%	食料	12%	電子	8%
千　葉	12 518	2 634	7	8	石油	23%	化学	18%	食料	9%	香　川	2 712	1 529	31	31	非鉄	16%	食料	13%	輸送	11%
東　京	7 161	724	16	16	輸送	11%	電気	11%	印刷	9%	愛　媛	4 309	2 097	26	25	非鉄	17%	石油	13%	紙パ	13%
神奈川	17 746	2 442	2	2	輸送	21%	石油	13%	化学	11%	高　知	586	540	46	46	食料	17%	生産	11%	窯業	11%
新　潟	4 959	981	23	23	食料	14%	金属	11%	生産	9%	福　岡	9 912	1 979	10	10	輸送	34%	食料	11%	鉄鋼	9%
富　山	3 912	1 479	27	27	化学	20%	生産	13%	金属	11%	佐　賀	2 070	1 589	38	37	食料	17%	化学	12%	電子	10%
石　川	3 006	1 094	28	28	生産	25%	食料	11%	繊維	6%	長　崎	1 719	1 087	40	41	輸送	20%	食料	18%	電子	10%
福　井	2 259	1 112	35	35	電子	15%	化学	11%	繊維	8%	熊　本	2 852	1 484	30	29	生産	17%	輸送	14%	食料	14%
山　梨	2 482	1 483	34	34	生産	30%	電子	9%	食料	9%	大　分	4 299	3 136	25	26	輸送	20%	鉄鋼	18%	非鉄	8%
長　野	6 158	1 292	18	18	電子	18%	生産	18%	情報	9%	宮　崎	1 635	1 223	42	42	食料	20%	飲料	13%	電子	11%
岐　阜	5 914	1 092	21	20	輸送	20%	プラ	9%	生産	9%	鹿児島	1 994	1 026	37	38	食料	34%	飲料	12%	電子	15%
静　岡	17 154	1 952	4	3	輸送	25%	電気	11%	化学	10%	沖　縄	486	459	47	47	食料	38%	飲料	14%	窯業	14%
愛　知	47 924	3 182	1	1	輸送	56%	電気	6%	鉄鋼	5%											

注　「平均出荷額」は、2019年の各地域の1事業所当たり平均出荷額等を表している。
資料　図20.3.1と同じ。

20.4　製造業の輸出
大きく減少した輸出

　製造業の活動は、国内需要のみならず輸出にも大きく依存している。まず輸出額の2016年以降の変化をみれば、16年の70.0兆円から17年（78.3兆円）・18年（81.5兆円）と輸出総額は増加したものの、19年には76.9兆円、20年には68.4兆円と急速に落ち込んでいる。20年の輸出額減少は、新型コロナウイルスの影響であると推測される。

　20年の品目別輸出額をみれば、輸送用機器が14.5兆円と最も大きいが、19年からの落ち込みが大きく、一般機械（13.1兆円）、電気機器（12.8兆円）との差が縮まっている。また化学製品は19年の8.7兆円から20年には8.5兆円と下落幅が小さいため、化学製品の輸出額が鉄鋼や非鉄金属といった原料別製品の輸出額を1兆円程度上回る結果となっている。（図20.4.1）。

機械産業を中心とした輸出構造

　次に、延長産業連関表より輸出額の国内生産額に対する割合（輸出比率）をみると、電子部品、生産用機械、電気機械、業務用機械、輸送機械で2018年値が0.3を上回っており、機械産業を中心とした輸出構造をみることができる。16年から18年にかけての変化としては、業務用機械の輸出比率上昇幅が突出して高いことがわかる（図20.4.2）。

輸出に大きく依存する製造業

　例えば、輸出される乗用車の生産に使用された自動車部品は、直接的には輸出額に含まれないものの、輸出向けの生産であるといえる。産業連関表を用いて輸出が生み出す生産波及効果を求めることにより、このような間接的な輸出額を把握することができる。2018年の間接輸出額は、自動車部品・同付属品（13.1兆円）、鉄鋼（11.4兆円）、プラスチック・ゴム製品（3.7兆円）、電子部品（3.7兆円）の順で大きいという結果であった。これらの財は、直接輸出額の最も大きな乗用車の中間財として使用されるものであり、乗用車の輸出にけん引される形で他の製造業部門の生産が拡大していたことがわかる（図20.4.3）。製造業全体では、直接輸出額70.6兆円に対し間接輸出額は55.5兆円となっており、両者の合計126.1兆円は、製造業全体の国内生産額319.3兆円の39.5％を占める（いずれも延長産業連関表より生産者価格評価の金額）。このことからも、我が国の製造業が輸出に大きく依存する構造であることがわかる。

図20.4.1　品目別輸出額の推移

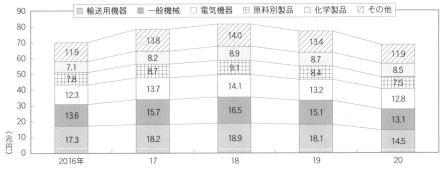

資料　財務省「貿易統計」

図20.4.2　製造品国内生産額に占める輸出の割合

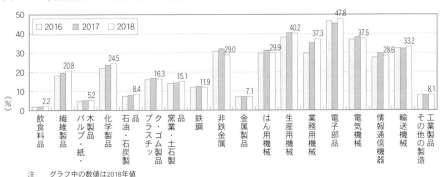

注　グラフ中の数値は2018年値
資料　経済産業省「延長産業連関表」

図20.4.3　2018年産業別直接輸出と間接輸出

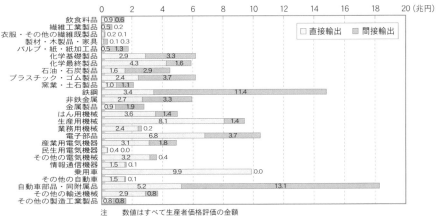

注　数値はすべて生産者価格評価の金額
資料　図20.4.2と同じ。

20.5　製造業の海外展開
新型コロナウイルスの影響で激減した対外直接投資

　2020年の対外直接投資額は、製造業7.3兆円、非製造業5.1兆円と、19年の製造業11.7兆円、非製造業13.0兆円に比較して大幅に減少した。ただし、製造業の減少幅が非製造業の減少幅に比較して小さかったため、18年以来2年ぶりに製造業の直接投資額が非製造業を上回っている。

　地域の内訳をみれば、製造業の対外直接投資額は、欧州で19年の5.9兆円から20年に1.7兆円と最も大きく減少した。またアジアでも約1兆円の減少がみられた一方、北米およびその他地域では逆に増加しており、地域によって大きく異なる結果となった（図20.5.1）。

2019年度の製造業現地法人売上高は2018年度に比較して減少

　経済産業省の海外事業活動基本調査によれば、海外に進出した製造業の海外現地法人売上高は、2018年度に139兆円と過去最高の水準であったが、19年度には122兆円まで減少した。この結果は14年度以降でもっとも少ない金額であった。

　また19年度の海外生産比率も、国内全法人（製造業）ベースで23.4%、海外進出企業（製造業）ベースで37.2%と、いずれも前年に比べて大きく低下しており、日系企業の海外生産活動の縮小が明らかとなった。（図20.5.2）。

前年比では減少したものの長期的には拡大傾向にある海外生産

　製造業の国内全法人の売上高を分母とした海外生産比率を業種別にみれば、2019年度では輸送機械が44.2%と突出して高く、情報通信機械（28.7%）、はん用機械（28.2%）が続く。

　18年度から19年度への変化をみれば、情報通信機械を除く全ての業種で海外生産比率が低下している一方、10年度と19年度の比較では、はん用機械以外の全ての業種で19年度の海外生産比率が10年度を上回っており、長期的には海外生産活動は拡大していたことがわかる。

　業種別の海外生産比率が10年度以降で最も高まった時期をみれば、機械産業の多くは13年度から15年度にピークをむかえているのに対し、繊維、木材紙パ、石油・石炭、窯業・土石、鉄鋼、非鉄金属といった素材産業のピークは18年度に集中しており、業種の性質によって海外進出時期が異なっていたことがわかる（表20.5）。

図20.5.1　対外直接投資額

資料　日本銀行「国際収支統計」

図20.5.2　現地法人売上高・海外生産比率の推移

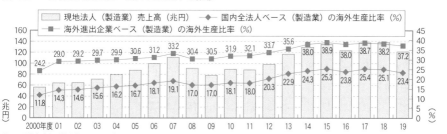

注　国内全法人（製造業）ベースの海外生産比率＝現地法人（製造業）売上高／（現地法人（製造業）売上高＋国内法人（製造業）売上高）×100.0
　　海外進出企業（製造業）ベースの海外生産比率＝現地法人（製造業）売上高／（現地法人（製造業）売上高＋本社企業（製造業）売上高）×100.0
資料　経済産業省「海外事業活動基本調査」、財務省「法人企業統計調査」

表20.5　業種別海外生産比率の推移（国内全法人ベース（製造業））

（単位：％）

	10年度	11年度	12年度	13年度	14年度	15年度	16年度	17年度	18年度	19年度
食料品	5.0	4.9	5.7	8.3	11.4	12.2	10.6	11.4	10.7	9.8
繊維	6.2	8.3	11.9	12.3	12.4	12.9	11.1	14.0	14.2	13.2
木材紙パ	4.5	4.3	4.7	5.7	7.8	9.7	8.2	9.8	10.3	10.0
化学	17.4	18.5	19.5	20.5	22.4	19.4	18.0	20.1	19.8	18.0
石油・石炭	2.4	5.2	9.8	12.5	10.1	9.6	6.3	12.8	17.4	3.1
窯業・土石	13.6	10.7	15.2	16.2	14.1	17.4	16.3	19.0	19.5	17.4
鉄鋼	11.2	10.2	11.5	13.6	14.5	14.0	17.6	19.3	20.8	20.0
非鉄金属	14.7	14.8	15.3	17.5	19.1	18.8	19.0	20.7	21.5	18.1
金属製品	3.9	3.7	5.3	6.2	8.1	6.4	5.7	7.9	7.2	6.7
はん用機械	28.3	24.8	26.6	27.6	34.2	33.8	32.9	31.9	29.2	28.2
生産用機械	11.1	11.5	11.8	13.6	14.6	15.7	13.9	15.9	14.7	14.4
業務用機械	13.8	15.0	18.4	18.4	19.6	18.5	16.2	17.0	17.5	17.0
電気機械	11.8	12.8	14.3	17.7	17.2	17.3	14.5	16.3	15.3	14.6
情報通信機械	28.4	26.7	28.3	30.4	30.7	29.4	27.3	29.3	27.8	28.7
輸送機械	39.2	38.6	40.2	43.7	46.9	48.8	46.1	47.2	46.9	44.2
その他の製造業	9.1	11.5	12.8	14.8	12.0	12.0	14.3	12.6	13.4	12.5

注　各業種の最大値に濃い青色を、最小値に薄い青色を付している。
資料　図20.5.2と同じ。

20.6　新型コロナウイルスの製造業への影響
輸送機械を中心とした大幅な生産減少
　製造業の国内生産への新型コロナウイルスの影響をみるために、2020年以降のデータが公表されている鉱工業指数を用いて、生産指数の変化をみたところ、19年から20年にかけての変化率は－10.35％であった。13年以降19年までの変化率が±３％程度の範囲内に入っていたことと比較すれば、新型コロナウイルスの影響により、我が国の製造業は大幅に生産を減少させたといえる。また産業別の寄与度をみれば、大まかに区分した７部門の全てが生産減に寄与しており、特に輸送機械の寄与度が他の部門に比較して高いことが明らかとなった（図20.6.1）。

働き方や生活様式の変化に伴って生産を増やした品目も
　上述のように2019年から20年にかけて製造業全体の生産は激減しているものの、詳細な品目別の変化をみれば、生産指数が上昇した品目もいくつか存在する。変化率の上位10品目には、有線通信機器、無線通信機器をはじめとしてその中間財となる品目が多く含まれており、これらはコロナ禍における通信機器需要の増加を反映したものと推測される。また、玩具、水産・野菜食料品、麺類、乳製品といった家庭内で消費される品目も含まれており、新型コロナウイルスによる働き方や生活様式の変化を反映した結果となっている（表20.6）。

影響の大きさや影響を受けた時期は業種によって大きく異なる
　より詳細な変化を明らかにするために、動きが特徴的な４つの業種について、2019年４月以降21年７月までの月次の生産指数をみたところ、輸送機械工業では20年４月から５月にかけての生産の落ち込みが他の３業種に比較して最も大きく、21年７月時点でもコロナ禍以前の水準には回復していないことがわかる。電気・情報通信機械工業では、20年４月から５月にかけての指数の低下幅が輸送機械工業に次いで大きかったものの、21年７月時点ではコロナ禍以前と同水準まで回復している。食料品・たばこ工業では、明らかな指数の低下はみられず、安定して推移していることがわかる。電子部品・デバイス工業では、20年５月に指数が低下したものの、その後すぐに回復し、21年以降はコロナ禍以前を大きく上回る水準で推移している。このように、新型コロナウイルスの影響の大きさや影響を受けた時期は業種によって大きく異なっており、明暗がわかれる結果となった（図20.6.2）。

図20.6.1　生産指数の変化および産業別寄与度

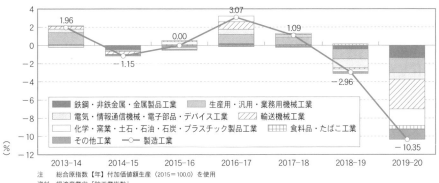

注　総合原指数【年】付加価値額生産（2015＝100.0）を使用
資料　経済産業省「鉱工業指数」

表20.6　2019年から2020年にかけての生産指数変化率上位・下位10品目

	変化率上位10品目			変化率下位10品目	
順位	品目	変化率	順位	品目	変化率
1	有線通信機器	13.2%	1	バス	−44.5%
2	電子部品	10.9%	2	時計	−35.9%
3	玩具	4.4%	3	金属加工機械	−35.0%
4	水産・野菜食料品	4.1%	4	航空機部品	−29.2%
5	無線通信機器	3.7%	5	電子計算機	−28.5%
6	集積回路	3.1%	6	鋼管	−23.3%
7	半導体・フラットパネルディスプレイ製造装置	2.8%	7	基礎素材産業用機械	−20.4%
8	麺類	2.4%	8	楽器	−20.3%
9	電子回路	2.2%	9	皮革製品	−20.3%
10	乳製品	1.1%	10	化粧品	−19.7%

注　総合原指数【年】付加価値額生産（2015＝100.0）を使用
資料　図20.6.1と同じ。

図20.6.2　主な業種の月次生産指数推移

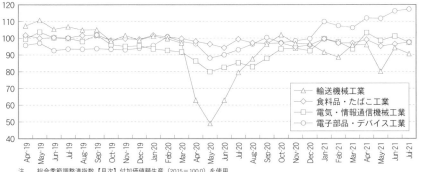

注　総合季節調整済指数【月次】付加価値額生産（2015＝100.0）を使用
資料　図20.6.1と同じ。

第21章　サービス業

21.1　産業サービス化の進展

　一国の産業構造は所得水準と密接に関係している。これを経験的に明らかにした「ペティ＝クラークの法則」によると、経済の発展に伴い、労働力人口は物の採取や製造をする部門からサービスを提供する部門に移動し、それとともに産業構造が変化していく。我が国の産業も、この法則に従って、伝統的な第１次産業から第２次産業へ、さらに第３次産業（サービス業）へとウェイトが移っている。

第３次産業の就業者のウェイトは70％を超える

　就業者の産業別構成を労働力調査からみれば、1960年には第１次産業が30％、第２次産業が28％、第３次産業が42％であったが、2020年には第３次産業は72％にまで上昇した。この間、高度成長期に急速に拡大した製造業は、1973年の石油危機以降、石油化学、鉄鋼などを中心に成長が鈍化し、就業者はバブル崩壊以降の20年間、減少傾向にある。2020年において第２次産業の就業者は1537万人であり、1965年にほぼ近い水準となっている。また、第１次産業の就業者は一貫して減少し、2020年には215万人にまで落ち込んでいる。他方、商業やサービス業等の第３次産業の就業者は一貫して増加し、20年には4803万人となった（図21.1.1）。

　国内総生産を経済活動別にみると、第３次産業の構成は2010年に73％に達した後、やや下落しつつも70％台前半の割合を維持しており、19年の第３次産業の占める割合は73％となっている（図21.1.2）。

ライフスタイルの変化とソフト化がサービス化を促進

　サービス化の重要な要因は、消費者の需要の変化である。とくに1970年代後半以降、所得水準の向上、余暇時間の増大、共働き夫婦の増加などに伴い、消費者のライフスタイルは大きく変化し、その結果サービスに対する需要が高まった。家計調査によれば、家計消費に占めるサービスへの支出の割合は1970年の27％から2019年には42％となっている。しかしながら2020年は、新型コロナウイルス感染症の影響により、外食や旅行、行楽が控えられ、ライフスタイルに大きな変化が見られたこともあり、サービスへの支出の割合は90年代前半の水準となる39％にまで減少している（図21.1.3）。

　改めて1970年代から長期的にサービス化が進展したもう１つの要因を紹介すると、経済活動の「ソフト化」が挙げられる。1970年代から電子技術やロボット技術の進歩により、企業経営において省力化と高付加価値化が進み、売上高に占める販売費、研究開発費等の間接的な経費が増加し（図21.1.4）、その結果としてソフトウェアや情報を提供する産業が伸びた。さらに、近年ではICT技術とビッグデータを活用した様々なサービスが登場し、社会の情報化、サービス化が一段と加速している。

注：本章では産業大分類の表記は、紛れのないよう、「○、○」を「○・○」としている。

図21.1.1　産業別就業者数

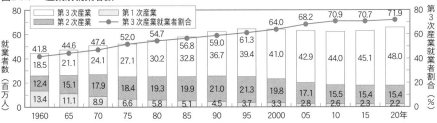

注1　第1次産業：「農業、林業」「漁業」「鉱業、採石業、砂利採取業」
　　　第2次産業：「建設業」「製造業」
　　　第3次産業：「電気・ガス・熱供給・水道業」「情報通信業」「運輸業、郵便業」「卸売業、小売業」「金融業、保険業」「不動産業、物品賃貸業」
　　　「学術研究、専門・技術サービス業」「宿泊業、飲食サービス業」「生活関連サービス業、娯楽業」「教育、学習支援業」
　　　「医療、福祉」「複合サービス事業」「サービス業（他に分類されないもの）」「公務（他に分類されるものを除く）」
注2　第3次産業就業者割合は、第3次産業就業者数を、第1次産業、第2次産業、第3次産業の就業者数の合計で割って算出した。
資料　総務省「労働力調査年報」

図21.1.2　経済活動別国内総生産の構成

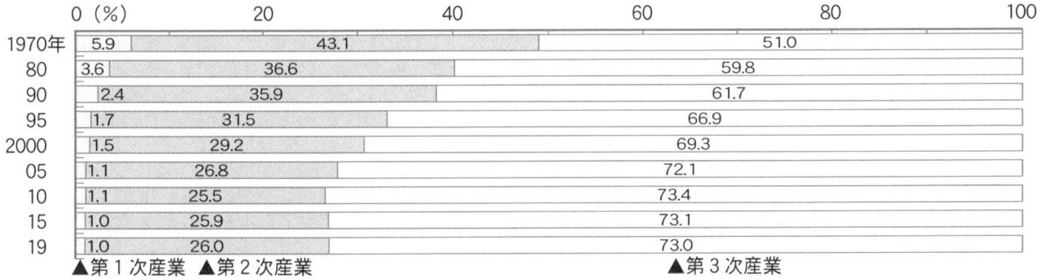

	0 (%)	20	40	60	80	100
1970年	5.9	43.1		51.0		
80	3.6	36.6		59.8		
90	2.4	35.9		61.7		
95	1.7	31.5		66.9		
2000	1.5	29.2		69.3		
05	1.1	26.8		72.1		
10	1.1	25.5		73.4		
15	1.0	25.9		73.1		
19	1.0	26.0		73.0		

▲第1次産業　▲第2次産業　　　　　　　　　　　　　　　▲第3次産業

注1　1970年は平成2年基準、1980年〜1990年は平成12年基準、1995年〜2018年は平成23年基準による。
注2　第1次産業：「農林水産業」
　　　第2次産業：「鉱業」「製造業」「建設業」
　　　第3次産業：「電気・ガス・水道・廃棄物処理業」「卸売・小売業」「運輸・郵便業」「宿泊・飲食サービス業」「情報通信業」「金融・保険業」
　　　「不動産業」「専門・科学技術、業務支援サービス業」「公務」「教育」「保健衛生・社会事業」「その他のサービス」
資料　内閣府「国民経済計算年報」

図21.1.3　財・サービス別家計消費支出の内訳（2人以上の世帯）

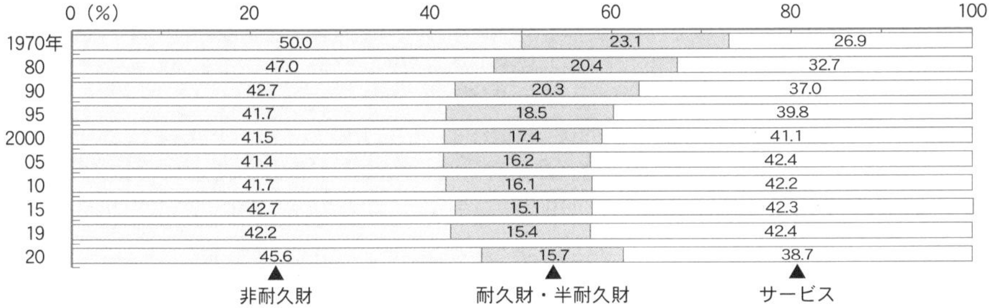

	0 (%)	20	40	60	80	100
1970年	50.0		23.1		26.9	
80	47.0		20.4		32.7	
90	42.7		20.3		37.0	
95	41.7		18.5		39.8	
2000	41.5		17.4		41.1	
05	41.4		16.2		42.4	
10	41.7		16.1		42.2	
15	42.7		15.1		42.3	
19	42.2		15.4		42.4	
20	45.6		15.7		38.7	

　　　　　▲　　　　　　　　　　　▲　　　　　　　　　　▲
　　　　非耐久財　　　　　　　耐久財・半耐久財　　　　サービス

注　2004年以前は農林漁家世帯を除く。
資料　総務省「家計調査年報」

図21.1.4　売上高販売管理費比率（全産業）

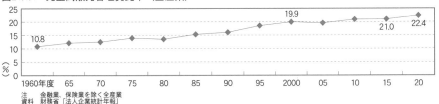

注　金融業、保険業を除く全産業
資料　財務省「法人企業統計年報」

21.2　サービス業（第３次産業）の範囲

　産業分類では、コーリン・クラークが提唱した分類が有名である。そこでは、第３次産業は、物を採取・生産する産業に含まれない残余の産業から構成される。

　今日の我が国の標準産業分類では、第３次産業には、電気・ガス・熱供給・水道業、情報通信業、運輸業・郵便業、卸売業・小売業、金融業・保険業、不動産業・物品賃貸業、学術研究・専門・技術サービス業、宿泊業・飲食サービス業、生活関連サービス業・娯楽業、教育・学習支援業、医療・福祉、複合サービス事業、サービス業（他に分類されないもの）及び公務が含まれる。

サービス業の変遷と産業分類の改定

　2002年３月及び07年11月に、日本標準産業分類がサービス業を中心に大幅に改定（第11回、第12回改定）された（表21.2）。それまで多岐にわたるサービス業が、大分類「Lサービス業」として一括されていたが、この２回の改定で「Lサービス業」をベースとして多くの大分類が再編・新設された。

　第11回改定以前は、電気・ガス、運輸・通信、商業、金融、不動産、公務を除いた、言わば「その他の第３次産業」である「Lサービス業」を狭義のサービス業として捉えていた。２回にわたる産業分類の大幅改定において、情報通信業、医療・福祉、教育・学習支援業、宿泊業・飲食サービス業、複合サービス事業、学術研究・専門・技術サービス業、生活関連サービス業・娯楽業の大分類が新設され、「Lサービス業」がサービス活動を代表するとの従来の捉え方は大きく見直された。

　さらに、2013年10月には第13回改定が行われた。子ども・子育て関連三法の施行に伴い、小分類に「幼保連携型認定こども園」を新設するとともに、ネイルサービス業等６つの細分類の新設等を行った。

　サービス業のデータを中長期の時系列で利用する際には、特に、サービス業を中心とした大幅な改定となった第11回と第12回の改定の内容を理解し、産業分類改定に伴う産業の再編成等に十分な注意を払うことが必要である。

　また、産業連関表の供給・使用表（Supply Use Table）体系への移行に向け、各種統計調査を念頭に生産物の定義を統一化するための生産物分類の設定が進められサービス分野の産業の大分類のうち、「I卸売業、小売業」を除く「F電気・ガス・熱供給・水道業」から「Rサービス業（他に分類されないもの）」までの12大分類の生産の成果として、産出された生産物（統合分類（394分類）と詳細分類（782分類））がサービス分野の生産物分類として2019年４月にまとめられ（表21.2）、令和３年に実施された経済センサスにおいてその導入が図られたところである。そして2021年現在、サービス以外の生産物分類の設定とそれに併せて産業分類の見直しの検討が進められているところである。

表21.2　日本標準産業分類の第11回改定以降におけるサービス業大・中分類項目の対照表及び生産物分類の統合分類数、詳細分類数

第11回改定（2002年3月）	第12回改定（2007年11月）・第13回改定（2013年10月）	生産物分類 統合分類数	生産物分類 詳細分類数
G　電気・ガス・熱供給・水道業	F　電気・ガス・熱供給・水道業	13	17
H　情報通信業	G　情報通信業	71	98
37通信業	37通信業		
I　運輸業	H　運輸業、郵便業	51	93
	49郵便業（信書便事業を含む）		
J　卸売・小売業	I　卸売業、小売業	―	―
58自動車・自転車小売業	59機械器具小売業		
59家具・じゅう器・機械器具小売業	60その他の小売業		
60その他の小売業	61無店舗小売業		
K　金融・保険業	J　金融業、保険業	38	79
61銀行業	62銀行業		
63郵便貯金取扱機関、政府関係金融機関	63協同組織金融業		
64貸金業、投資業等非預金信用機関	64貸金業、クレジットカード業等非預金信用機関		
65証券業、商品先物取引業	65金融商品取引業、商品先物取引業		
L　不動産業	K　不動産業、物品賃貸業	33	80
	70物品賃貸業		
	L　学術研究、専門・技術サービス業	53	140
	71学術・開発研究機関		
	72専門サービス業（他に分類されないもの）		
	73広告業		
	74技術サービス業（他に分類されないもの）		
M　飲食店、宿泊業	M　宿泊業、飲食サービス業	4	12
70一般飲食店	76飲食店		
71遊興飲食店	77持ち帰り・配達飲食サービス業		
	N　生活関連サービス業、娯楽業	45	94
	78洗濯・理容・美容・浴場業		
	79その他の生活関連サービス業		
	80娯楽業		
N　医療、福祉	O　教育、学習支援業	21	43
O　教育、学習支援業	P　医療、福祉	25	46
P　複合サービス事業	Q　複合サービス事業	―	―
Q　サービス業（他に分類されないもの）	R　サービス業（他に分類されないもの）	32	69
80専門サービス業（他に分類されないもの）	91職業紹介・労働者派遣業		
81学術・開発研究機関	92その他の事業サービス業		
82洗濯・理容・美容・浴場業			
83その他の生活関連サービス業			
84娯楽業			
88物品賃貸業			
89広告業			
90その他の事業サービス業			
R　公務（他に分類されないもの）	S　公務（他に分類されるものを除く）	―	―
S　分類不能の産業	T　分類不能の産業	―	―

注1　第11回改定と第12回改定の中分類は変更のあった中分類のみ掲載。第13回改定では中分類の変更はない。
注2　生産物の分類数には、主たる産業が特定されない生産物に該当する統合分類8分類、詳細分類11分類は含まれない。

21.3　サービス業の概況
全産業の企業のうち78％がサービス業（公務を除く。以下同じ。）

　我が国で活動している民営の企業、事業所に対する悉皆調査である「経済センサス―活動調査（2016）」によれば、全産業での企業数は385.6万企業で、そのうちサービス業は301.3万企業と78.1％を占めている。内訳を見てみると、最も多いのが卸売業・小売業で84.2万企業、次が宿泊業・飲食サービス業の51.2万企業、第3位が生活関連サービス業・娯楽業の36.6万企業となっている。2012年の数値と比較してみると、サービス業全体は－5.8％であるが、卸売業・小売業は－9.4％、宿泊業・飲食サービス業は－6.2％、生活関連サービス業・娯楽業は－5.1％となっており、特に卸売業・小売業の減少が目立っている。

　なお、医療・福祉など一部を除き、ほぼすべての産業で企業等の数が減少しているが、主な要因として、後継者難などにより個人企業の廃業が相次いでいることなどが挙げられる。（表21.3.1）。

　事業所数でみると、全産業では534.1万事業所（事業内容が不明なものを除く）となっており、そのうちサービス業は435.9万事業所と81.6％を占めている。この数値を2012年と比較すると、－1.0％と企業等数の減少幅に比べ小さくなっており、平均的にみると全体の数が減少する中で企業等の規模が拡大していることがうかがわれる（表21.3.2）。

　従業者数をみると、サービス業は4393.5万人となっており、これは全産業の77.3％を占めている（表21.3.2）。

売上高は全産業の約7割

　産業全体の売上高は1624.7兆円で、そのうちサービス業は1112.9兆円と68.5％を占めている。中でも卸売業・小売業が500.8兆円と最も大きく、次いで金融業・保険業の125.1兆円、医療・福祉の111.5兆円となっている。なお、全産業の中でも卸売業・小売業は最も売上高が大きい産業であり、全産業の30.8％を占めている。ちなみに、第2位の製造業と第3位の金融業・保険業の売上高を合わせると全産業の63％を占めることとなる。

　2011年と比較すると、産業全体では21.7％の伸びとなっているが、サービス業ではそれを上回る23.1％の伸びとなっている。内訳をみると、卸売業・小売業は20.6％、金融業・保険業は9.8％であるのに対し、医療・福祉は49.6％と売上げを大幅に伸ばしており、高齢化の進行に伴い医療や介護サービスへの需要が大幅に高まっていることが見て取れる（表21.3.3）。

表21.3.1　産業大分類別企業数等の推移

産 業 大 分 類	企業等数			
	2012年	2016年	増減率（%）	合計に占める割合(%)
合　　　計	4 128 215	3 856 457	▲6.6	100.0
第　一　次　産　業　（　A　～　B　）	24 616	25 992	5.6	0.7
第　二　次　産　業　（　C　～　E　）	904 095	817 893	▲9.5	21.2
第　三　次　産　業　（　F　～　R　）	3 199 504	3 012 572	▲5.8	78.1
A～B　農林漁業（個人経営を除く）	24 616	25 992	5.6	0.7
C　鉱業、採石業、砂利採取業	1 766	1 376	▲22.1	0.0
D　建　　設　　業	468 199	431 736	▲7.8	11.2
E　製　　造　　業	434 130	384 781	▲11.4	10.0
F　電気・ガス・熱供給・水道業	759	1 087	43.2	0.0
G　情　報　通　信　業	45 440	43 585	▲4.1	1.1
H　運輸業、郵便業	75 783	68 808	▲9.2	1.8
I　卸　売　業、小　売　業	930 073	842 182	▲9.4	21.8
J　金融業、保険業	32 419	29 439	▲9.2	0.8
K　不動産業、物品賃貸業	329 449	302 835	▲8.1	7.9
L　学術研究、専門・技術サービス業	192 062	189 515	▲1.3	4.9
M　宿泊業、飲食サービス業	545 801	511 846	▲6.2	13.3
N　生活関連サービス業、娯楽業	385 997	366 146	▲5.1	9.5
O　教育、学習支援業	116 051	114 451	▲1.4	3.0
P　医　　療、福　　祉	276 972	294 371	6.3	7.6
Q　複　合　サ　ー　ビ　ス　事　業	6 469	5 719	▲11.6	0.1
R　サービス業(他に分類されないもの)	262 229	242 588	▲7.5	6.3

資料　総務省「平成28年経済センサス－活動調査」

表21.3.2　産業大分類別事業所数の推移及び従業者数

産 業 大 分 類	事業所数				従業者数
	2012年	2016年	増減率（%）	合計に占める割合(%)	2016年（人）
総事業所数（事業内容等不詳を含む）	5 768 489	5 578 975	▲3.3	—	56 872 826
合　　　計	5 453 635	5 340 783	▲2.1	100.0	43 935 342
第　一　次　産　業　（　A　～　B　）	30 717	32 676	6.4	0.6	363 024
第　二　次　産　業　（　C　～　E　）	1 021 123	949 385	▲7.0	17.8	12 574 460
第　三　次　産　業　（　F　～　R　）	4 401 795	4 358 722	▲1.0	81.6	43 935 342
A～B　農林漁業（個人経営を除く）	30 717	32 676	6.4	0.6	363 024
C　鉱業、採石業、砂利採取業	2 286	1 851	▲19.0	0.0	19 467
D　建　　設　　業	525 457	492 734	▲6.2	9.2	3 690 740
E　製　　造　　業	493 380	454 800	▲7.8	8.5	8 864 253
F　電気・ガス・熱供給・水道業	3 935	4 654	18.3	0.1	187 818
G　情　報　通　信　業	67 204	63 574	▲5.4	1.2	1 642 042
H　運輸業、郵便業	135 468	130 459	▲3.7	2.4	3 197 231
I　卸　売　業、小　売　業	1 405 021	1 355 060	▲3.6	25.4	11 843 869
J　金融業、保険業	88 831	84 041	▲5.4	1.6	1 530 002
K　不動産業、物品賃貸業	379 719	353 155	▲7.0	6.6	1 462 395
L　学術研究、専門・技術サービス業	219 470	223 439	1.8	4.2	1 842 795
M　宿泊業、飲食サービス業	711 733	696 396	▲2.2	13.0	5 362 088
N　生活関連サービス業、娯楽業	480 617	470 713	▲2.1	8.8	2 420 557
O　教育、学習支援業	161 287	167 662	4.0	3.1	1 827 596
P　医　　療、福　　祉	358 997	429 173	19.5	8.0	7 374 844
Q　複　合　サ　ー　ビ　ス　事　業	33 357	33 780	1.3	0.6	484 260
R　サービス業(他に分類されないもの)	356 156	346 616	▲2.7	6.5	4 759 845

資料　表21.3.1に同じ。

表21.3.3　産業大分類別の売上高の推移

産 業 大 分 類	売上高				
	2011年（百万円）	2015年（百万円）	増減率（%）	合計に占める割合(%)	1企業当たり売上高(万円)
合　　　計	1 335 508 287	1 624 714 253	21.7	100.0	46 206
第　一　次　産　業　（　A　～　B　）	3 884 692	4 993 854	28.6	0.3	20 148
第　二　次　産　業　（　C　～　E　）	427 183 949	506 770 418	18.6	31.2	65 261
第　三　次　産　業　（　F　～　R　）	904 439 646	1 112 949 982	23.1	68.5	40 994
A～B　農林漁業（個人経営を除く）	3 884 692	4 993 854	28.6	0.3	20 148
C　鉱業、採石業、砂利採取業	714 500	2 044 079	186.1	0.1	159 320
D　建　　設　　業	83 384 100	108 450 918	30.1	6.7	26 493
E　製　　造　　業	343 085 349	396 275 421	15.5	24.4	108 304
F　電気・ガス・熱供給・水道業	21 871 668	26 242 446	20.0	1.6	2 629 504
G　情　報　通　信　業	47 616 605	59 945 636	25.9	3.7	157 590
H　運輸業、郵便業	54 971 022	64 790 606	17.9	4.0	100 238
I　卸　売　業、小　売　業	415 122 173	500 794 256	20.6	30.8	63 024
J　金融業、保険業	113 927 926	125 130 273	9.8	7.7	460 190
K　不動産業、物品賃貸業	35 663 570	46 055 311	29.1	2.8	16 552
L　学術研究、専門・技術サービス業	28 905 972	41 501 702	43.6	2.6	23 937
M　宿泊業、飲食サービス業	19 980 711	25 481 491	27.5	1.6	5 709
N　生活関連サービス業、娯楽業	37 313 822	45 661 141	22.4	2.8	13 372
O　教育、学習支援業	13 919 827	15 410 056	10.7	0.9	14 573
P　医　　療、福　　祉	74 537 763	111 487 956	49.6	6.9	40 381
Q　複　合　サ　ー　ビ　ス　事　業	7 474 813	9 595 527	28.4	0.6	171 379
R　サービス業(他に分類されないもの)	33 133 774	40 853 581	23.3	2.5	25 130

資料　表21.3.1に同じ。

21.4　サービス業の特徴
非正規職員の割合が高い

　サービス業における非正規職員の割合を見てみよう。ここでは、正社員・正職員以外の職員を非正規職員とし、加えて、派遣職員の規模をある程度反映するため、他産業への「出向・派遣」を当該産業における非正規職員に加え集計した。

　サービス業で働く非正規職員は、1924.2万人と非正規職員全体の85％を占めている。その中でも卸売業・小売業は546.5万人と、すべての産業を通じて最も多く非正規職員が働いている。非正規職員の割合でサービス業の内訳をみていくと、最も高い割合の産業は宿泊業・飲食サービス業で78.3％となっている（表21.4.1）。

一極集中の度合いが高い

　サービス業は三大都市圏、特に東京圏（東京都、神奈川県、埼玉県、千葉県）への集中度が大きい。事業所数でみると、49.0％が三大都市圏に立地しており、中でも東京圏に25.8％が立地している。

　従業者数をみると、サービス業では、56.1％が三大都市圏に集中しており、特に東京圏には32.8％が集中している。参考までに製造業をみると、三大都市圏は48.8％、東京圏は19.6％となっている。

　売上高をみると、サービス業では三大都市圏が実に65.9％を占めており、中でも東京圏は44.0％と全体の4割を超える売上げとなっている。これに対し製造業は、三大都市圏で50.4％、うち東京圏で18.7％と、サービス業ほど集中度合いが高くない。サービス業の内訳をみると、東京圏への集中度は情報通信業が70.6％と高く、次いで、学術研究、専門・技術サービス業が61.5％、不動産業・物品賃貸業が52.7％となっている（表21.4.2）。

　東京都への集中度もみておこう。サービス業で東京都に立地している事業所は12.3％、従業員数で18.1％、売上高で33.1％となっている。実にサービス業全体の売上の3割が東京都に集中していることが分かる。

女性従業者の比率が高い

　サービス業は、従業者数に占める女性の比率が高い。女性従業者比率は、製造業が29.9％であるのに対し、サービス業は49.8％と約5割に達する。中でも医療・福祉は72.6％と非常に高く、従業者の約4分の3は女性となっている。このほか、宿泊業・飲食サービス業、生活関連サービス業・娯楽業、金融業・保険業、そして教育・学習支援業で女性従業者比率が5割を超えている（図21.4）。

表21.4.1　産業大分類別雇用者数（事業従事者ベース）

| | 雇用者数 | | 割合 | | (参考) 所属ベースでの割合 | |
	正社員・正職員[1]	正社員・正職員以外[2]	正社員・正職員	正社員・正職員以外	正社員・正職員	正社員・正職員以外
合　　　　計	29 189 466	22 577 845	56.4	43.6	59.5	40.5
第 一 次 産 業 （ A ～ B ）	146 492	152 323	49.0	51.0	50.1	49.9
第 二 次 産 業 （ C ～ E ）	8 468 614	3 183 870	72.7	27.3	77.6	22.4
第 三 次 産 業 （ F ～ R ）	20 574 360	19 241 652	51.7	48.3	54.5	45.5
A～B 農林漁業（個人経営を除く）	146 492	152 323	49.0	51.0	50.1	49.9
C 鉱業、採石業、砂利採取業	14 325	3 203	81.7	18.3	86.5	13.5
D 建　　設　　業	2 407 224	607 223	79.9	20.1	82.4	17.6
E 製　　造　　業	6 047 065	2 573 444	70.1	29.9	75.8	24.2
F 電気・ガス・熱供給・水道業	163 979	19 690	89.3	10.7	93.2	6.8
G 情　報　通　信　業	1 285 161	375 679	77.4	22.6	87.0	13.0
H 運　輸　業、郵　便　業	2 162 831	974 808	68.9	31.1	71.9	28.1
I 卸　売　業、小　売　業	5 273 132	5 464 903	49.1	50.9	51.3	48.7
J 金　融　業、保　険　業	1 132 713	391 637	74.3	25.7	79.0	21.0
K 不動産業、物品賃貸業	625 681	376 871	62.4	37.6	65.9	34.1
L 学術研究、専門・技術サービス業	1 224 018	399 827	75.4	24.6	81.1	18.9
M 宿泊業、飲食サービス業	1 015 715	3 673 491	21.7	78.3	22.1	77.9
N 生活関連サービス業、娯楽業	837 578	1 153 399	42.1	57.9	43.6	56.4
O 教　育、学　習　支　援　業	779 076	939 748	45.3	54.7	46.7	53.3
P 医　　療、福　　祉	4 253 875	2 755 019	60.7	39.3	61.5	38.5
Q 複 合 サ ー ビ ス 事 業	292 224	177 381	62.2	37.8	62.6	37.4
R サービス業(他に分類されないもの)	1 528 377	2 539 199	37.6	62.4	46.7	53.3

注　公表値（所属ベース）の「正社員・正職員」から、同「他への出向・派遣」を除いている。
　　公表値（所属ベース）の「正社員・正職員以外の雇用者」に、同「他からの出向・派遣」を加えている。
資料　総務省「平成28年経済センサス‐活動調査」

表21.4.2　大分類別事業所、従業者数及び売上高の集中度

(%)

| | 事業所数 | | | 従業者数 | | | 売上高 | | |
	三大都市圏	東京圏[3]	東京都	三大都市圏	東京圏[3]	東京都	三大都市圏	東京圏[3]	東京都
合　　　　計	48.5	25.1	11.6	54.1	30.2	15.8	61.8	37.9	26.2
第 一 次 産 業 （ A ～ B ）	19.2	8.3	1.4	18.1	7.4	1.0	17.0	7.5	1.1
第 二 次 産 業 （ C ～ E ）	47.3	22.5	8.8	47.9	21.5	8.3	51.3	21.8	8.1
第 三 次 産 業 （ F ～ R ）	49.0	25.8	12.3	56.1	32.8	18.1	65.9	44.0	33.1
A～B 農林漁業（個人経営を除く）	19.2	8.3	1.4	18.1	7.4	1.0	17.0	7.5	1.1
C 鉱業、採石業、砂利採取業	23.6	10.6	4.2	27.1	16.8	9.5	19.8	11.9	1.1
D 建　　設　　業	43.2	23.0	8.1	45.9	26.1	12.4	54.6	32.3	19.5
E 製　　造　　業	51.8	21.9	9.6	48.8	19.6	6.7	50.4	18.7	4.7
F 電気・ガス・熱供給・水道業	37.1	17.1	8.5	42.0	21.0	11.6	41.5	19.9	5.1
G 情　報　通　信　業	65.9	45.4	34.5	78.6	62.2	51.7	86.0	70.6	63.9
H 運　輸　業、郵　便　業	49.6	26.9	11.6	56.0	32.4	13.8	65.9	42.4	24.3
I 卸　売　業、小　売　業	47.0	23.7	11.1	54.8	30.8	16.7	67.1	43.4	33.9
J 金　融　業、保　険　業	45.9	24.1	12.6	59.4	37.9	26.9	68.5	50.0	40.4
K 不動産業、物品賃貸業	55.7	31.6	15.8	63.3	39.4	23.9	74.8	52.7	40.1
L 学術研究、専門・技術サービス業	54.4	31.1	18.4	63.3	41.8	26.5	77.6	61.5	49.6
M 宿泊業、飲食サービス業	49.9	25.9	12.8	55.7	31.3	16.2	56.4	33.4	19.2
N 生活関連サービス業、娯楽業	45.8	24.1	9.9	53.2	30.2	13.7	59.8	37.9	23.1
O 教　育、学　習　支　援　業	52.5	27.2	11.0	60.3	35.1	19.1	61.5	37.9	23.6
P 医　　療、福　　祉	50.2	26.5	11.3	49.3	26.1	10.9	50.7	30.1	18.2
Q 複 合 サ ー ビ ス 事 業	33.1	13.9	5.1	37.8	18.8	6.8	34.0	16.4	5.6
R サービス業(他に分類されないもの)	45.5	22.6	10.9	59.1	35.5	21.5	66.8	45.7	32.4

注　東京圏：東京都、神奈川県、埼玉県、千葉県
資料　表21.4.1と同じ。

図21.4　産業大分類別女性従業者比率

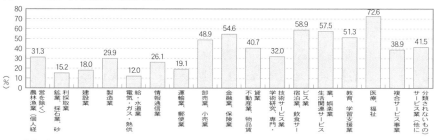

資料　表21.4.1と同じ。

21.5　近年のサービス業の動向

新型コロナウイルス感染症の影響

　2019年末、中国湖北省武漢市で肺炎のクラスター感染が報告された。後に新型コロナウイルス感染症と呼ばれることになるこの感染症は、世界的な広がりをみせ、我が国でも感染者数は急速に増加し、2020年4月16日には、全都道府県に緊急事態宣言が発出された。その後、数次の感染拡大と収束を繰り返し、我が国経済、特にサービス産業はより大きな影響を受けることとなった。以下、その売上高の動向をみてみる。

（2020年1月から2021年8月までの動向）

　新型コロナウイルスの国内感染が確認された2020年1月から2021年8月まで、サービス産業動向調査の「サービス産業計」の売上高の動向を確認してみる。感染者の増加が顕著となった2020年3月から売上高の前年同月比の減少が現れ始め、緊急事態宣言が発出された4月から5月にかけて前年同月比で急激に減少し、5月には調査開始以来最低となる−23.2%を記録した。

　その後、緊急事態宣言が解除され、GOTO施策などもあり2020年後半は持ち直しが見られた。

　2021年に入り、前年同月比は前年の反動もあってプラス圏となっているものの、数次に渡る感染拡大もあり、また、延期されたオリンピック・パラリンピックが7月から8月にかけて開催されたものの無観客となり、売上高の金額水準そのものは通常年と比較すれば低水準で推移している（図21.5）。

　2021年の各産業の直近の状況を確認してみる。前年の激減の反動増を除いて状況を確認できる、各産業の前々年同月比（対2019年比）は、特に、「運輸業、郵便業」（2021年8月の前々年同月比−16.7%）、「宿泊業、飲食サービス業」（同−46.4%）、「生活関連サービス業、娯楽業」（同−30.4%）、「教育、学習支援業」（同−16.6%）で大きなマイナスとなっており、新型コロナウイルス感染症第5波の影響が色濃く表われていることが分かる（表21.5）。

図21.5　サービス産業動向調査「サービス産業計」の売上高及び前年同月比の推移

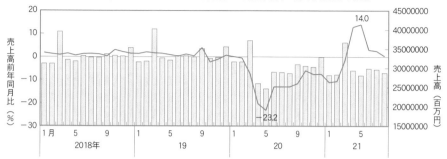

表21.5　2021年における産業中分類別月間売上高の前々年同月比（対2019年同月比）

[%]

産業（中分類）	2021年							
	1月	2月	3月	4月	5月	6月 速報	7月 速報	8月 速報
サービス産業計	▲11.0	▲11.1	▲8.7	▲10.1	▲12.5	▲10.3	▲10.8	▲12.7
情報通信業	1.1	▲0.5	2.4	▲0.4	▲2.2	▲2.7	▲4.8	▲2.2
通信業	▲1.8	▲2.9	▲3.3	▲4.1	▲4.5	▲6.6	▲6.3	▲4.7
放送業	▲8.1	▲6.7	▲7.6	▲8.4	▲5.7	▲5.9	▲8.6	▲5.3
情報サービス業	5.5	4.0	6.8	6.7	1.7	1.6	▲4.0	1.6
インターネット附随サービス業	12.0	8.5	5.5	0.7	3.9	2.7	8.4	0.2
映像・音声・文字情報制作業	▲7.1	▲11.5	▲0.5	▲9.4	▲12.3	▲11.1	▲9.9	▲10.0
運輸業、郵便業	▲16.9	▲16.7	▲19.2	▲10.6	▲16.3	▲13.5	▲13.0	▲16.7
鉄道業	▲49.4	▲47.5	▲44.2	▲45.8	▲48.6	▲46.1	▲43.5	▲49.6
道路旅客運送業	▲39.9	▲41.0	▲35.1	▲39.0	▲46.2	▲41.5	▲34.2	▲43.3
道路貨物運送業		▲2.8	1.6	▲2.6	▲6.5	▲1.1	▲1.3	▲2.9
水運業	▲20.1	▲22.7	▲14.2	▲18.8	▲18.6	▲13.6	▲11.5	▲13.9
倉庫業	▲5.4	▲8.5	▲1.3	▲5.0	1.8	9.5	6.2	5.4
運輸に附帯するサービス業	▲11.6	▲8.9	▲29.4	16.1	▲1.3	▲7.0	▲6.6	▲9.9
航空運輸業（信書便事業を含む）	▲61.0	▲60.8	▲50.1	▲49.6	▲59.8	▲57.6	▲54.8	▲57.9
不動産業、物品賃貸業	▲1.9	▲6.2	0.4	▲6.4	▲4.1	▲4.7	▲8.0	▲10.3
不動産取引業	0.6	▲12.7	▲3.3	▲13.5	▲4.0	▲8.1	▲17.2	▲18.0
不動産賃貸業・管理業	▲2.5		▲0.1	▲2.6	▲2.8	▲3.3	▲2.4	▲4.0
物品賃貸業	4.0	▲4.7	2.0	▲1.6	▲2.5	1.1	▲3.2	▲8.3
学術研究、専門・技術サービス業[1]	▲7.8	▲1.8	▲0.9	▲2.0	▲3.7	▲0.4	▲3.2	▲1.5
専門サービス業（他に分類されないもの）[2]	▲1.4	▲1.9	▲0.1	▲3.7	▲8.7	▲0.1	▲4.3	▲5.2
広告業	▲20.8	▲4.7	0.4	▲4.2	▲7.2	▲11.7	▲4.1	0.7
技術サービス業（他に分類されないもの）	▲1.2	0.4	▲2.1	1.1	3.4	6.5	▲1.5	3.7
宿泊業、飲食サービス業	▲39.5	▲38.0	▲32.9	▲37.5	▲45.8	▲43.7	▲32.4	▲46.4
宿泊業	▲49.8	▲51.1	▲37.9	▲46.7	▲50.0	▲51.0	▲35.3	▲46.4
飲食店	▲41.4	▲39.3	▲35.2	▲39.3	▲49.7	▲47.1	▲34.7	▲50.3
持ち帰り・配達飲食サービス業	▲7.2	▲4.6	▲4.4	▲5.8	▲6.5	▲5.7	▲9.0	▲13.1
生活関連サービス業、娯楽業	▲26.1	▲27.1	▲28.5	▲28.8	▲27.0	▲29.2	▲24.9	▲30.4
洗濯・理容・美容・浴場業	▲16.3	▲13.6	▲13.4	▲13.6	▲18.8	▲14.0	▲13.1	▲19.6
その他の生活関連サービス業[3]	▲53.8	▲58.9	▲50.3	▲58.7	▲61.2	▲61.9	▲55.8	▲62.0
娯楽業	▲21.3	▲20.2	▲24.5	▲22.6	▲18.7	▲21.6	▲17.6	▲22.6
教育、学習支援業[4]	▲7.0	▲8.0	▲10.1	12.0	▲14.4	▲9.2	▲9.4	▲16.6
うち社会教育、職業・教育支援施設	▲28.4	▲24.8	▲22.9	▲24.5	▲36.3	▲28.7	▲27.7	▲36.1
うち学習塾、教養・技能教授業	▲4.6	▲5.7	▲5.8	▲9.3	▲7.7	▲5.3	▲6.2	▲7.7
医療、福祉	▲3.9	▲3.1	0.2	▲0.6	▲3.3	0.2	▲3.1	▲0.4
医療業	▲5.3	▲4.0	0.0	▲1.4	▲4.3	0.0	▲4.1	▲0.9
保健衛生[5]	▲3.9	▲4.4	▲17.8	0.7	▲7.4	▲3.9	1.1	14.4
社会保険・社会福祉・介護事業[6]	▲0.4	▲0.7	1.5	1.6	▲0.6	1.1	▲0.5	0.3
サービス業（他に分類されないもの）[7]	▲4.1	▲5.8	▲1.2	▲3.7	▲7.3	▲0.9	▲4.0	▲0.5
廃棄物処理業	12.4	10.3	14.5	11.0	8.8	11.1	2.9	12.4
自動車整備業	▲13.9	▲13.9	▲10.7	▲4.4	▲16.4	▲8.7	▲11.4	▲7.1
機械等修理業（別掲を除く）	▲9.1	▲10.1	▲0.2	▲9.1	▲14.2	4.3	5.6	3.8
職業紹介・労働者派遣業	▲5.4	▲7.9	▲2.0	▲4.3	▲8.3	▲0.8	▲5.4	▲2.5
その他の事業サービス業	▲4.0	▲5.1	▲1.8	▲4.1	▲6.6	▲2.1	▲2.5	▲1.5
その他のサービス業	▲25.5	▲36.9	▲40.2	▲50.5	▲46.3	▲42.5	▲41.5	▲38.2

注1　「学術・開発研究機関」を除く。
注2　「純粋持株会社」を除く。
注3　「家事サービス業」を除く。
注4　「学校教育」を除く。
注5　「保健所」を除く。
注6　「社会保険事業団体」及び「福祉事務所」を除く。
注7　「政治・経済・文化団体」、「宗教」及び「外国公務」を除く。

第22章　交通・運輸

22.1　国内輸送の動向

旅客輸送量は2018年度に過去最高

　国内旅客輸送量（自家用自動車、軽自動車および旅客船を含まない）を輸送人キロ（１人が１キロ移動することで１単位とする指標）でみると、1960年度の2330億人キロ（自家用自動車および軽自動車を含まない）から90年度の5321億人キロへと急激に増加した。その後は若干の増減はあるものの5000億人キロ台で推移してきた。しかし、2011年度以降は増加傾向が続き、18年度に過去のピークであった07年度5730億人キロも上回り、6113億人キロと最も高くなった（図22.1.1）。

旅客輸送における航空の分担率が上昇

　1960年度における人キロベースの分担率をみると、鉄道が79.1％、自動車が20.6％と、この両者でほとんどを占めており、航空はわずか0.3％であった。その後、自動車は70年度にかけて25.4％まで上昇した後は低下し、2019年度は11.0％となった。これに対して、航空の分担率は急上昇して2000年度には14.6％となってほぼ自動車（14.9％）に並んだ。その後一時低下したが、近年は上昇傾向にあり19年度は15.9％となった。鉄道の分担率は70％前後で推移し、19年度は73.1％である（図22.1.2）。

　なお、自動車輸送については自家用自動車による輸送の割合が非常に高いにもかかわらず、2010年度以降は、自家用自動車が自動車輸送統計の対象から除かれている。09年度の結果でみると、営業用自動車による輸送量814億人キロに対して、自家用自動車は約10倍の8174億人キロを運んでおり、それを含めれば、自動車の分担率は65.7％にも及ぶ。

貨物輸送は自動車と内航海運が大部分を担う

　貨物輸送をトンキロベースでみると、1990年度ごろまでは急激に増加し、その後は緩やかな増加傾向で推移した。しかし、2007年度の5822億トンキロをピークに減少傾向にあり、09年度は5236億トンキロとなった。輸送分担率をみると、1960年度には内航海運が46.0％、鉄道が39.0％、自動車が15.0％であったのに対し、09年度では自動車が63.9％、内航海運が32.0％、鉄道が3.9％と、自動車が６割を占めた。2010年度より、「自動車輸送統計年報」の調査方法などが変更されたため、09年度以前の数値とは連続しないものの、19年度は、総輸送量4044億トンキロのうち自動車が52.9％、内航海運が42.0％、鉄道が4.9％、航空が0.2％となっており、自動車と内航海運で約95％を占めている（図22.1.3）。

図22.1.1　輸送機関別国内旅客輸送人キロ

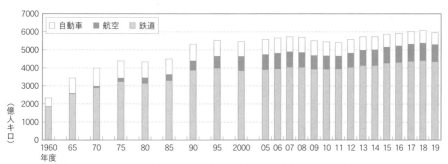

注　自動車輸送統計調査の調査方法および集計方法が2010年度より変更されたため、2009年度以前とは連続しない。
資料　国土交通省ホームページ「交通関連統計資料集」「自動車輸送統計年報」「鉄道輸送統計年報」「航空輸送統計年報」、
　　　（一財）運輸政策研究機構「交通経済統計要覧」

図22.1.2　国内旅客輸送の分担率

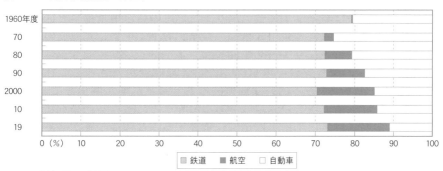

資料　図22.1.1と同じ。

図22.1.3　輸送機関別国内貨物輸送トンキロ

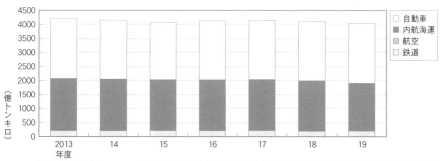

資料　国土交通省ホームページ「自動車輸送統計年報」「鉄道輸送統計年報」「内航船舶輸送統計年報」「航空輸送統計年報」
　　　（一財）運輸政策研究機構「交通経済統計要覧」

22.2　自動車・道路
自家用乗用車保有台数の伸びは鈍化
　我が国の自動車保有台数は、これまで一貫して増え続けてきており、そのなかでもとくに高い割合を占める自家用乗用車（主に個人、世帯、企業が利用）の保有台数に着目すると、1975年3月末の1581万台から20年3月末には6170万台へと、この45年間に約4倍となった。ただし、増加率は低下傾向にあり、近年は前年比で1％弱の増加となっている。

　1世帯当たりの自家用乗用車保有台数をみると、1975年3月末に0.475台であったが、96年に1.000台に達し、06年には1.112台とピークになった。その後は保有台数の増加が世帯数の増加を下回り、2021年には1.037台となっている（図22.2.1）。

1世帯当たりの保有台数は地域差が大きい
　1世帯当たりの自家用乗用車保有台数を都道府県別にみると、2021年3月末には、39県において1世帯当たり1台以上の自家用乗用車を保有しているが、東京、大阪、神奈川、京都、兵庫、埼玉、千葉、北海道の8都道府県では、1世帯当たり1台を下回っている（図22.2.2）。最も多い福井の1.715台に対し、最も少ない東京は0.422台と地域差が大きい。これには人口密度や鉄道、バス等の公共交通機関のサービス水準が関係して、「自動車がなければ生活できない」地域もあるためと考えられる。高齢化社会を迎えるなかで、自家用乗用車に過度に依存することには問題があり、地域公共交通の活性化および再生への取り組みが課題となっている。

2000年以降、道路整備は鈍化
　戦後、モータリゼーションを支える道路の整備は急速に進められてきた。1970年以降の安定成長期においても、道路特定財源制度の下で一般道路（一般国道、都道府県道、市町村道）の整備がされるとともに、有料道路制度の下で高速自動車国道が着実に整備されてきた。

　高速自動車国道は、2000年の道路実延長（6,617km）と比較すると、その35年前の65年は189kmで3％という低水準であった。このことから、いかに急速に建設が進められたかがわかる。しかし、2005年度に日本道路公団をはじめとする道路関係4公団が民営化された影響などから、実延長の伸びは安定化している。2018年4月1日現在8,923kmとなっている。

　一般道路は、2009年度以降、道路特定財源が一般財源化されている。2018年の実延長は、一般国道（55,698km）、都道府県道（129,721km）、市町村道（1,030,424km）と、2000年以降ほとんど変化がない（図22.2.3）。

図22.2.1　自家用乗用車保有状況の推移（各年3月末）

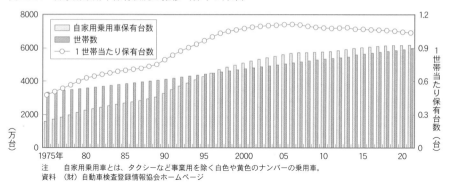

注　自家用乗用車とは、タクシーなど事業用を除く白色や黄色のナンバーの乗用車。
資料　（財）自動車検査登録情報協会ホームページ

図22.2.2　1世帯当たり自家用乗用車の保有台数（2021年3月末）

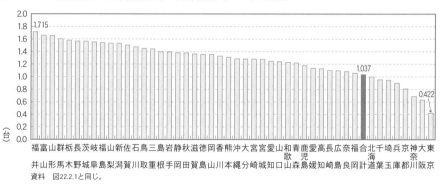

資料　図22.2.1と同じ。

図22.2.3　道路延長の推移（各年4月1日現在）

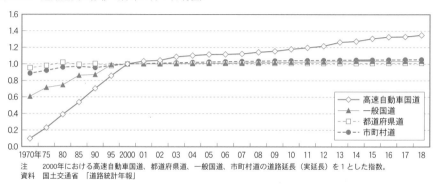

注　2000年における高速自動車国道、都道府県道、一般国道、市町村道の道路延長（実延長）を1とした指数。
資料　国土交通省「道路統計年報」

22.3　鉄道
輸送人員は着実に増加

　1987年4月に国鉄が分割民営化されてJR各社が発足した。当時の好景気の影響もあり、85〜90年度にかけて鉄道全体では年間200億人を輸送するまでに拡大した（図22.3.1）。その後、2008年度には230億人となったものの、リーマンショック後の景気後退や東日本大震災などの影響によって、09〜11年度は減少に転じた。しかしその後は回復し、19年度は251億人を輸送するに至っている。ただし、20年度は新型コロナウイルス感染症の影響（コロナ禍）を大きく受けることが予想される。

　2000年度以降の定期旅客と定期外旅客を比較すると、定期外旅客の増加が大きい。なお、旅客1人当たりの輸送距離は、1960年度の15.0kmから75年度の18.4kmへと伸びたが、80年度以降は17km台でほとんど変化は見られず、2019年度も17.3kmであった。

新幹線の延伸に伴い旅客輸送が増加

　東海道新幹線が1964年に開業して以来、列車キロ（列車の運行本数と運行距離を示す指標）と輸送人キロ（旅客数とその移動距離を示す指標）は順調に増加してきた（図22.3.2）。1997年度の北陸新幹線（高崎〜長野）、02年度の東北新幹線（盛岡〜八戸）、04年度の九州新幹線（新八代〜鹿児島中央）の開業により列車キロが増加し、それに伴い旅客輸送人キロも増加している。その後、2010年度に東北新幹線の八戸〜新青森、九州新幹線の博多〜新八代が開業したこともあり、列車キロ、旅客輸送人キロともに増加している。その後、北陸新幹線の金沢延伸（2015年3月）、北海道新幹線の新函館北斗駅までの部分開業（2016年3月）の効果もあって、列車キロは増加し続け、19年度は1億6204万キロとなった。しかし、19年度の輸送人キロは993億人キロで、ピーク時である18年度の1036億よりも減少した。なお、2020年3月末現在の新幹線営業キロは2997.1kmである。

鉄道貨物輸送の主役はコンテナ輸送

　鉄道貨物輸送は、道路網整備に伴うトラック輸送が著しく伸びたため、1970年度には634億トンキロあったものが、急速に減少し、85年には221億トンキロと15年間で3分の1になった。東日本大震災のあった2011年度以降、17年度には217億トンキロまで回復したものの、18年度には、7月豪雨、台風21号、および北海道胆振東部地震の影響もあり194億トンキロに落ち込んだ。なお、かつては貨車により、石油、石炭、セメントなどを運ぶ「車扱（しゃあつかい）」が主流であったが、近年ではコンテナの割合が上昇し、2019年度では車扱が8.1％、コンテナが91.9％となっている（図22.3.3）。

図22.3.1　鉄道旅客輸送人員

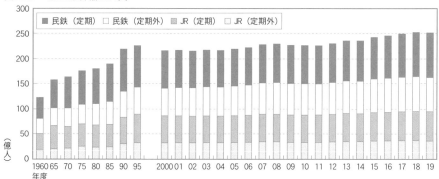

注1　定期とは、通勤・通学定期乗車券で一定区間を往復する旅客。
　　2　定期外とは、定期券以外の券種を用いて利用する旅客。
　　3　JRは1986年度までは国鉄の値。
資料　国土交通省「鉄道輸送統計年報」

図22.3.2　新幹線の列車キロと輸送人キロの推移

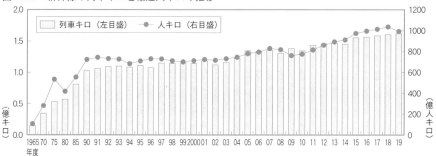

注　　新幹線は北海道、東北、上越、東海道、北陸、山陽、九州の各線の合計であり、重複は除く。
資料　図22.3.1と同じ。

図22.3.3　鉄道貨物輸送トンキロ

注1　1970年度のコンテナは、小口扱いである。
　　2　JRは1986年は国鉄であり、有賃、無賃を含む。それ以降は有賃のみ。
　　3　2011年度より、JRと民鉄の数値の公表を取り止めたため、コンテナ及び車扱の計の数値を表示する。
資料　図22.3.1と同じ。

22.4　航空
国内航空輸送は大幅な落ち込み
　国内の航空旅客は2002年度頃まで増加し、その後は07年度まで概ね横ばい傾向であった。しかし、2008年のリーマンショック以降は、幹線とローカル線の旅客数およびローカル線の貨物重量を中心に減少傾向が続いた。2011年以降は回復を見せたものの、20年に発生したコロナ禍により、国内航空輸送は大幅に落ち込んだ。
　旅客数をみると、幹線は増加傾向に転じ、2017年度に4366万人のピークとなったものの、コロナ禍によって 20年度は1500万人にまで減少した。ローカル線も同様に、ピークである18年度の6047万人から20年度は1877万人まで減少した。貨物輸送については、2017年度までほぼ横ばいであったものの、18年度に幹線の貨物重量が低下し、20年度はコロナ禍によって、大幅に低下した。ローカル線は2008年度以降減少傾向が続いていたが、20年度にはさらに落ち込んだ（図22.4.1）。

コロナ禍の影響を受ける国際航空輸送
　我が国の航空会社による国際航空輸送は、2001年の米国同時多発テロ、08年のリーマンショックなどのイベントの影響により、11年度は1259万人まで減少した。一方、貨物輸送は09年度以降回復傾向にあったが、2011年3月の東日本大震災の影響を受けて11年度は減少した。このように国際航空輸送は、イベントから直接影響を受ける傾向がある。
　2012年度以降、国際輸送量は旅客と貨物のいずれも増加傾向に転じた。旅客数は2018年度に2340万人でピークとなり、貨物重量は17年度に176万トンでピークとなった（図22.4.2）。しかし、コロナ禍により、20年度の旅客数は81万人となり、大幅に落ち込んだ。その一方で、2020年度の貨物輸送量は137万トンであり、旅客数と比較して減少の割合は小さい。

国際旅客輸送の動向はアジアとの流動に依存
　我が国の航空会社が輸送する国際旅客を方面別にみると、アジア（中国、韓国を除く）の割合が大きい。その割合は2003年度の26.9%から17年度の44.2%へと14年間で約17ポイント拡大している。中国、韓国を含めれば、18年度のシェアは71.3%に達する。とくに、中国は2018年度には457万人とこれまでに最も高い旅客数となっている。ただし、シェアをみると、中国向けは2011年度（22.1%）、韓国向けは08年度（15.1%）をピークとして低下傾向にあった。2020年度は、コロナ禍の影響で全体としての旅客者数が減ったため、その内訳も大幅に変化した。韓国向けが0.2%まで落ち込んだ一方で、米大陸が30%と大きな割合を占めた（図22.4.3）。

図22.4.1　国内定期航空輸送実績

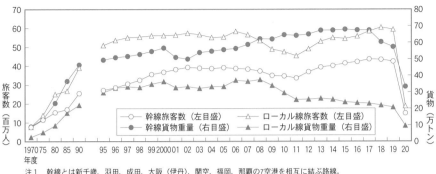

注1　幹線とは新千歳、羽田、成田、大阪（伊丹）、関空、福岡、那覇の7空港を相互に結ぶ路線。
　　2　ローカル線とは、幹線以外の路線。
　　3　貨物重量は超過手荷物・郵便を含まない。
　資料　国土交通省「航空輸送統計年報」

図22.4.2　国際航空輸送実績

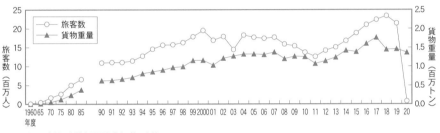

注1　本邦国際航空運送事業者8社の実績。
　　2　貨物重量は超過手荷物・郵便物を含まない。
　資料　図22.4.1と同じ。

図22.4.3　我が国航空企業の国際航空・方面別輸送実績

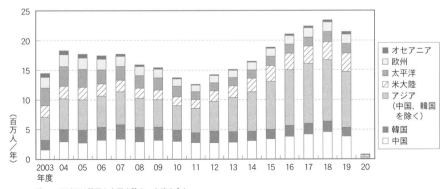

注　　アジアは韓国と中国を除き、台湾を含む。
　資料　図22.4.1と同じ。

22.5　海運・港湾
人々の生活を支える海運

　四面を海に囲まれ、資源をほとんど持たない日本は、食料やエネルギーの多くを海外諸国との貿易に依存し、産業活動や日常生活を成り立たせており、海運による外国貿易量は堅調に増加してきた。一方、内国貿易にともなう海運輸送量は2000年以降、減少ののち横ばい傾向にある。2009年には、前年のリーマンショックの影響により海運輸送量は急激に減少した。近年はいずれも横ばいで推移してきたが、2019年は前年に比べ減少し、外国貿易量は12億1613万トン（対前年2.7％減）、内国貿易量は15億3096万トン（対前年2.6％減）であった。

　我が国の貿易においては、輸出よりも輸入の方が重量は多い。これは、日本では重量が重い食料品や原材料を外国から仕入れ、それを加工し、付加価値をつけて再び外国へ輸出するという貿易構造であることが要因である（図22.5.1）。

長距離フェリーの輸送台数も減少

　長距離フェリー（片道航路300km以上のもの）は2000年度には21の航路があり、普通トラックを147万台、乗用車・その他を95万台運んでいたが、その後は航路数の減少もあって、輸送台数は減少してきた。2010年度以降、「乗用車・その他」は増減を繰り返しているが、普通トラックはやや増加傾向にある。2020年度（11航路）の輸送台数は、普通トラックが117万台、「乗用車・その他」は大幅に減少し、53万台であった（図22.5.2）。

コンテナ船の大型化とコンテナ取扱量

　近年、増加するコンテナ海上輸送量に効率的に対応するため、海運業界は船舶の大型化を進めてきた。2016年にパナマ運河の拡張工事が完成したこともあり、ネオパナマックス船は19年現在647隻と、フルコンテナ船全体の32％を占めるに至った。パナマ運河を通過できない超大型のポストパナマックス船も、2012年の1隻から143隻へと急増している（図22.5.3）。

　一方、世界の港湾におけるコンテナ取扱量を比較すると、国別（2018年）では、1位の中国が2億2583万TEUであるのに対し、日本は6位で2243万TEU、港湾別（2019年速報値）では、1位の上海港が4330万TEUであるのに対し、京浜港（東京港・川崎港・横浜港）は816万TEUである。

　現在、我が国では、大型船舶に対応する水深と設備を有する国際コンテナ戦略港湾（京浜港、阪神港）への整備を進めるとともに、港湾の中長期政策「PORT 2030」のもと、グローバルバリューチェーンを支える輸送網の構築やICTを活用した港湾のスマート化・強靱化などに取り組んでいる。

図22.5.1　全国港湾取扱貨物量

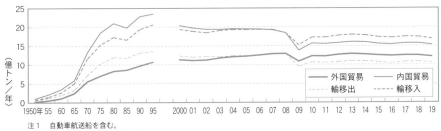

注1　自動車航送船を含む。
　2　内国貿易には鉄道連絡線を含む。
資料　国土交通省「港湾統計年報」

図22.5.2　長距離フェリー輸送の推移

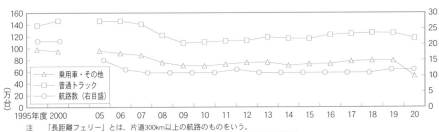

注　「長距離フェリー」とは、片道300km以上の航路のものをいう。
資料　国土交通省「海事レポート」、（一財）運輸政策研究機構「交通経済統計要覧」

図22.5.3　世界のコンテナ船の船型の動向

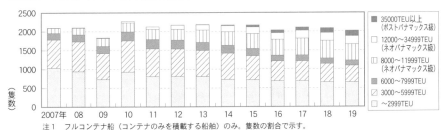

注1　フルコンテナ船（コンテナのみを積載する船船）のみ。隻数の割合で示す。
　2　TEU（twenty-foot equivalent unit）とは、コンテナ船の積載能力などを表す単位で、長さ20フィートのコンテナ1個分を1TEUとする。
資料　（社）日本港湾協会「数字でみる港湾2020」、「国際輸送ハンドブック」より国土交通省港湾局作成

第23章　観　　光

23.1　日本人の旅行・観光消費動向

2020年の国内旅行は新型コロナウイルス感染症拡大の影響により大きく減少

　2020年の日本人1人当たりの観光・レクリエーション目的の国内宿泊旅行の回数は0.7回、日帰り旅行の回数は0.7回、宿泊数は1.2泊となった（図23.1.1）。出張や帰省を含めた延べ宿泊旅行者数は1億6070万人で前年比48.4％減少、国内日帰り旅行者数は延べ1億3271万人で前年比51.8％減少となった（図23.1.2）。

　旅行消費額についてみると、宿泊、日帰り別では、宿泊旅行消費額は7兆7723億円で前年比54.7％減少、日帰り旅行消費額は2兆2015億円で前年比53.9％減少となった（図23.1.3）。また、日本人の国内旅行全体の消費額を延べ旅行者数で除した日本人国内旅行の1人1回当たり旅行支出は33,993円で、前年に比べ9.0％減少した。これを宿泊、日帰り別にみると、宿泊旅行では48,365円で前年比12.2％減少、日帰り旅行では16,589円で前年比4.3％減少となった。

　20年は新型コロナウイルス感染症拡大の影響により、宿泊旅行、日帰り旅行ともに旅行者数、旅行消費額が大きく減少した。

海外旅行者数は5年ぶりの減少

　2020年の日本人の海外旅行者（出国者）数は317万人で前年比84.2％の減少となった。日本人海外旅行者数は16年以降増加を続けていたが、新型コロナウイルス感染症拡大防止のための渡航制限等により、5年ぶりに減少に転じた（図23.1.4）。

図23.1.1　日本人1人当たりの国内宿泊旅行、日帰り旅行の回数および宿泊数の推移

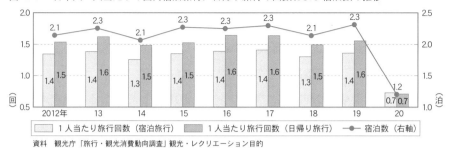

資料　観光庁「旅行・観光消費動向調査」観光・レクリエーション目的

図23.1.2　国内旅行　延べ旅行者数

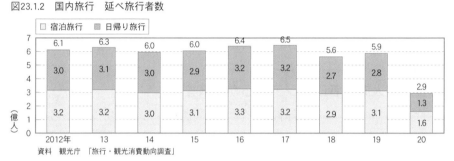

資料　観光庁「旅行・観光消費動向調査」

図23.1.3　国内旅行　旅行消費額

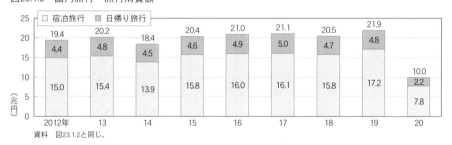

資料　図23.1.2と同じ。

図23.1.4　日本人海外旅行者（出国者）数の推移

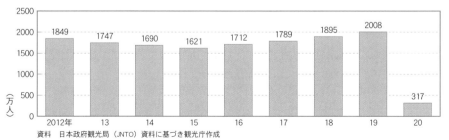

資料　日本政府観光局（JNTO）資料に基づき観光庁作成

23.2　訪日外国人旅行者の動向
訪日外国人旅行者は大きく減少

　2020年の訪日外国人旅行者数は、新型コロナウイルス感染症拡大の影響により412万人（対前年比87.1％減）となった（図23.2.1）。

　外国人旅行者受入数については、各国・地域ごとに異なる統計基準により算出されているため、比較する際には統計基準の違いに注意する必要があるが、19年の外国人旅行者受入数は、前年に引き続き、フランスが8932万人で１位となり、スペインが8351万人で２位、米国が7926万人で３位であった。日本は3188万人で12位（アジアで３位）となった（図23.2.2）。

訪日外国人旅行者はアジアからが約８割

　2020年の訪日外国人旅行者数を国・地域別にみると、アジアからの訪日外国人旅行者数が332万人となり、訪日外国人旅行者数全体に占める割合は80.6％となった。このうち東アジアでは、中国が107万人と主要22市場[注1]のうちで最も多く、台湾（69万人）、韓国（49万人）、香港（35万人）と続き、全体の63％を占めた。東南アジアでは、ASEAN（東南アジア諸国連合）の主要６か国（タイ、シンガポール、マレーシア、インドネシア、フィリピン、ベトナム）からの訪日外国人旅行者数が69万人となった。

　北米からの訪日外国人旅行者数は27万人となり、このうち米国は22万人となった。欧州からの訪日外国人旅行者数は24万人となり、このうち主要５か国（英国、フランス、ドイツ、イタリア、スペイン）では15万人となった。オーストラリアからの訪日外国人旅行者数は14万人となった。その他の地域では、南米が1.8万人、アフリカが0.7万人であった（図23.2.3）。

注1　韓国、中国、台湾、香港、タイ、シンガポール、マレーシア、インドネシア、フィリピン、ベトナム、インド、オーストラリア、米国、カナダ、メキシコ、英国、フランス、ドイツ、イタリア、ロシア、スペイン、中東地域の計22か国・地域のことを指す。

図23.2.1　訪日外客数の推移

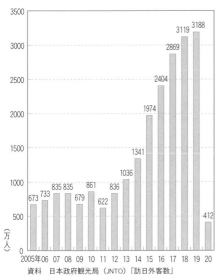

資料　日本政府観光局（JNTO）「訪日外客数」

図23.2.3　訪日外国人旅行者の内訳
　　　　　　（2020年（令和2年））

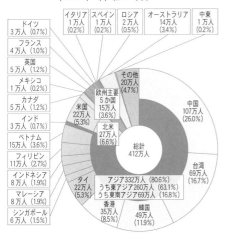

※　（　）内は、訪日外国人旅行者全体に対するシェア
※　その他には、アジア、欧州等各地域の国であっても記載のない国・地域が含まれる。
※　数値は、それぞれ四捨五入によっているため、端数において合計とは合致しない場合がある。
※　日本政府観光局（JNTO）資料より観光庁作成

図23.2.2　外国人旅行者受入数ランキング
　　　　　　（2019年（令和元年））

資料　国連世界観光機関（UNWTO）
注1　本表の数値は2021年5月時点の暫定値である。
注2　★印を付した国は2019年の数値が未発表であるため、2018年の数値を採用した。
注3　本表で採用した数値は、日本、ロシア、韓国、ベトナム、台湾、豪州を除き、原則的に1泊以上した外国人訪問者数である。
注4　外国人訪問者数は、数値が追って新たに発表されたり、さかのぼって更新されることがあるため、数値の採用時期によって、そのつど順位が変わり得る。
注5　外国人旅行者数は、各国・地域ごとに日本とは異なる統計基準により算出・公表されている場合があるため、これを比較する際には注意を要する。
　　　（例：外国籍乗員数（クルー数））について、日本の統計には含まれないが、フランス、スペイン、中国、韓国等の統計には含まれている）

23.3　訪日外国人の消費動向

訪日外国人旅行者の大幅な減少に伴い消費額も大きく減少

　訪日外国人旅行者による日本国内における2020年の消費額については、新型コロナウイルス感染症拡大の影響により訪日外国人消費動向調査が4－6月期、7－9月期、10-12月期の調査を中止したため、20年1－3月期の調査結果を用いて試算したところ、7446億円となった（表23.3.1）。また、訪日外国人旅行者1人当たりの旅行支出は、20年は185,413円となった。

　20年の訪日外国人旅行消費額（試算値）を国籍・地域別にみると、中国が2536億円となり、全体の34.1％を占めた。次いで、台湾1084億円（14.6％）、香港576億円（7.7％）、米国456億円（6.1％）、韓国429億円（5.8％）となり、これら上位5か国・地域で全体の68.3％を占めた（図23.3.1）。

費目別にみる訪日外国人旅行者の消費動向

　2020年1－3月期の訪日外国人旅行消費額を費目別にみると、全体に占める割合では、宿泊費が30.6％と最も高かった。各費目の構成比は宿泊費、飲食費、娯楽等サービス費が前年より増加、交通費、買い物代が前年より減少した（図23.3.2）。

表23.3.1　訪日外国人旅行者による消費の推移

年	訪日外国人旅行消費額
2013年（平成25年）	1兆4167億円
2014年（平成26年）	2兆278億円
2015年（平成27年）	3兆4771億円
2016年（平成28年）	3兆7476億円
2017年（平成29年）	4兆4162億円
2018年（平成30年）	4兆5189億円
2019年（令和元年）	4兆8135億円
2020年（令和2年）	7446億円

資料　観光庁「訪日外国人消費動向調査」
注1　2017年までは空港を利用する旅客を中心に調査を行っていたが、短期滞在の傾向があるクルーズ客の急増を踏まえ、2018年からこうした旅客を対象とした調査も行い、調査結果に反映したため、2018年以降と2017年以前の数値との比較には留意が必要である。
注2　新型コロナウイルス感染症の影響により、2020年4～6月期、7～9月期、10～12月期の調査を中止し、2020年1～3月期の調査結果を用いて、2020年年間値を試算したため、2020年と2019年以前の数値との比較には留意が必要である。

表23.3.2　国籍・地域別の外国人旅行者の1人当たり旅行支出（費目別、2020年1-3月期）

国籍・地域		総額	訪日外国人1人当たり旅行支出（円／人）					
			宿泊費	飲食費	交通費	娯楽等サービス費	買物代	その他
全国籍・地域		184 135	56 653	44 480	18 672	11 899	52 279	152
一般客	韓国	87 900	28 486	26 679	7 851	5 451	19 380	52
	台湾	159 722	49 479	36 696	15 196	10 495	47 822	34
	香港	168 544	48 931	43 876	18 193	7 374	50 092	78
	中国	256 566	62 620	55 202	19 922	18 279	100 233	310
	タイ	139 715	37 959	31 642	17 780	5 199	46 928	207
	シンガポール	182 664	67 918	46 065	23 174	8 619	36 151	736
	マレーシア	123 935	39 305	27 451	15 238	6 020	35 921	0
	インドネシア	153 448	47 204	30 850	22 342	12 748	40 054	249
	フィリピン	103 287	29 124	26 111	12 584	4 778	30 673	16
	ベトナム	263 497	96 618	73 179	18 974	14 351	59 978	396
	インド	191 373	82 671	54 354	22 845	4 088	27 414	0
	英国	205 332	82 677	51 375	32 891	16 521	21 816	52
	ドイツ	192 165	88 532	47 473	27 885	8 422	19 639	215
	フランス	189 911	72 119	44 409	26 909	16 685	29 775	13
	イタリア	229 426	88 557	58 182	31 023	20 623	31 041	0
	スペイン	190 762	65 016	46 980	34 480	19 960	23 501	825
	ロシア	157 432	46 227	40 013	16 388	7 394	47 411	0
	米国	208 402	86 792	58 355	27 028	11 409	24 668	149
	カナダ	180 290	74 368	46 689	24 200	10 309	24 709	14
	オーストラリア	238 826	90 015	61 835	32 014	28 020	26 942	0
	その他	193 127	75 185	51 607	26 435	10 419	29 376	105
クルーズ客		31 019	0	1 319	307	33	29 360	0

資料　表23.3.1.と同じ。
注1　2020年は4-6月期、7-9月期、10-12月期の調査を中止したため、1-3月期のデータを用いている。

図23.3.1　訪日外国人旅行者の消費額の国籍別内訳（2020年）

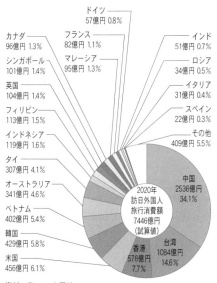

資料　表23.3.1.と同じ。
注　新型コロナウイルス感染症の影響により、2020年4～6月期、7～9月期、10～12月期の調査を中止し、2020年1～3月期の調査結果を用いて、2020年年間値を試算したため、2020年と2019年以前の数値との比較には留意が必要である。

図23.3.2　費目別にみる訪日外国人旅行消費額

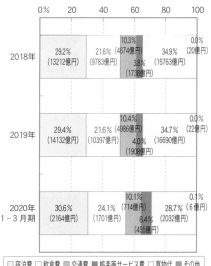

資料　表23.3.1.と同じ。
注1　（　）内は費目別旅行消費額。
注2　2020年は4-6月期、7-9月期、10-12月期の調査を中止したため、1-3月期のデータを用いている。

23.4　国内での宿泊状況

2020年の国内の延べ宿泊者数は減少

　新型コロナウイルス感染症拡大の影響により、延べ宿泊者数は日本人、外国人ともに大幅な減少となった。

　日本国内のホテル・旅館等における延べ宿泊者数は、2020年は前年比44.3％減の３億3165万人泊であった（図23.4.1）。

　日本人延べ宿泊者数は、前年比35.2％減の３億1131万人泊であり、宿泊先を都道府県別にみると、最も多いのは東京都、次いで北海道、大阪府、神奈川県、静岡県であった（図23.4.2）、外国人延べ宿泊者数は、前年比82.4％減の2035万人泊であり、外国人延べ宿泊者数は07年の調査開始以降最も少なかった。宿泊先を都道府県別にみると、最も多いのは東京都、次いで大阪府、北海道、京都府、千葉県であった（図23.4.3）。

客室稼働率も大幅な低下

　2020年の宿泊施設の客室稼働率は、全国平均で34.3％となり、調査開始以降、最も低い値となった。

　宿泊施設のタイプ別にみると、旅館で25.0％、リゾートホテルで30.0％、ビジネスホテルで42.8％、シティホテルでは34.1％であり、19年と比べると全体的に落ち込むなか、ビジネスホテルやシティホテルの客室稼働率は、旅館やリゾートホテルよりも落ち込み幅が大きかった（表23.4）。

月別にみる延べ宿泊者数および客室稼働率の推移

　政府は、国内旅行需要を喚起するため、感染拡大防止策の徹底を図りつつ、2020年７月よりGo Toトラベル事業を推進している。これにより、日本人延べ宿泊者数、宿泊施設の客室稼働率ともに、20年４、５月を底に、20年11月まで持ち直しをみせたが、その後、再度の感染拡大や緊急事態宣言の再発出、Go Toトラベル事業の一時停止措置等を受けて低い水準で推移している（図23.4.4）。

図23.4.1　延べ宿泊者数の推移

資料　観光庁「宿泊旅行統計調査」
（　）内は構成比を表している。

表23.4　宿泊施設タイプ別客室稼働率の推移（％）

	全体	旅館	リゾート ホテル	ビジネス ホテル	シティ ホテル
2012年	54.8	35.5	48.0	67.3	72.5
13	55.2	33.4	52.3	69.5	75.7
14	57.4	35.2	54.0	72.1	77.3
15	60.3	37.0	56.0	74.2	79.2
16	59.7	37.1	56.9	74.4	78.7
17	60.5	37.5	57.5	75.3	79.5
18	61.2	38.8	58.3	75.5	80.2
19	62.7	39.6	58.5	75.8	79.5
20	34.3	25.0	30.0	42.8	34.1

資料　図23.4.1と同じ。

図23.4.2　都道府県別日本人延べ宿泊者数（2020年）

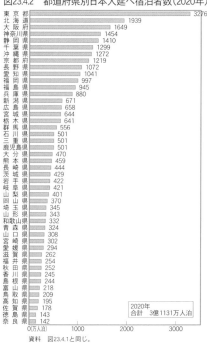

資料　図23.4.1と同じ。

図23.4.3　都道府県別外国人延べ宿泊者数（2020年）

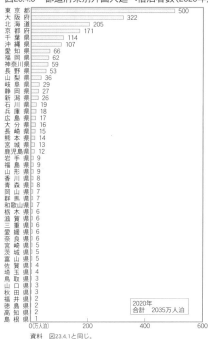

資料　図23.4.1と同じ。

図23.4.4　月別延べ宿泊者数の推移

資料　図23.4.1と同じ。
2021年1月～5月は第2次速報値、2021年6月は第1次速報値。

第24章　情報・通信

24.1　インターネットの普及
個人のインターネット利用率は約8割

　我が国におけるインターネット利用は、1980年代は研究者や研究機関等での利用にとどまっていたが、90年代にはインターネット接続サービスを提供するプロバイダも生まれ、企業での利用も始まった。接続料も次第に低価格化が進み、ブロードバンドサービスも始まり、2000年以降は個人の利用も急速に増え、情報通信社会に不可欠な基本インフラとなっている。

　個人のインターネット利用率（6歳以上人口に占める利用者の割合）をみると、2002年に57.8％と5割を超え、この10年ほどは約8割で推移しており、20年は83.4％であった（図24.1.1）。

縮小してきた世代間のデジタル・ディバイド

　インターネット利用率を年齢階級別にみると、2020年では13歳から59歳までの各年齢階級で利用率が約95〜99％となっているが、60歳以上では高年齢になるほど利用率が低く、60歳代は82.7％、70歳代は59.6％、80歳以上は25.6％となっている。これを5年前の2015年と比べると、60歳以上の各年齢階級で、利用率がそれぞれ5〜6ポイント上昇している。インターネット利用に関する世代間の格差（デジタル・ディバイド）は、依然として存在しているが、次第に縮小する傾向にある（図24.1.2）。

約8割を超える世帯がスマートフォンを保有

　世帯における情報通信機器の保有状況をみると、2020年は、「モバイル端末」の保有率（保有する世帯の割合）は96.8％となっており、このうち「スマートフォン」が86.8％、スマートフォン以外の「携帯電話・PHS」が40.1％となっている。このほか、「パソコン」が70.1％、「固定電話」が68.1％、「タブレット型端末」が38.7％などとなっている。

　世帯の保有状況の推移をみると、「スマートフォン」は、10年前の2010年の保有率は約1割（9.7％）であったが、その後急速に普及し、20年には8割強まで上昇している。一方、「携帯電話・PHS」は、2011年は約9割（89.4％）の世帯が保有していたが、20年には保有率が約4割に低下している。また、「タブレット型端末」の保有率は、2010年は7.2％であったが、その後上昇し、20年には約4割となっている（図24.1.3）。

図24.1.1　インターネット利用率の推移

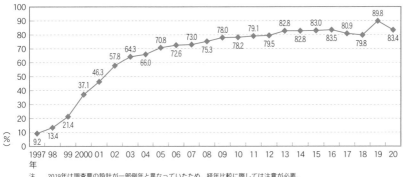

注　2019年は調査票の設計が一部例年と異なっていたため、経年比較に際しては注意が必要。
資料　総務省「通信利用動向調査」、「情報通信白書」

図24.1.2　年齢階級別インターネット利用者の割合

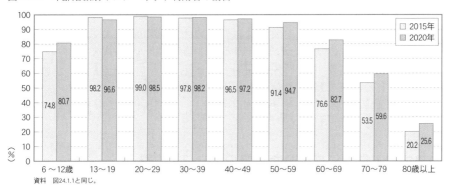

資料　図24.1.1と同じ。

図24.1.3　世帯の情報通信機器の保有状況

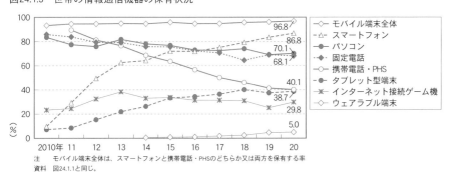

注　モバイル端末全体は、スマートフォンと携帯電話・PHSのどちらか又は両方を保有する率
資料　図24.1.1と同じ。

24.2　インターネットの利用
利用目的で最も多いのは「電子メールの送受信」

　2020年のインターネット利用者の利用目的・用途をみると、最も多いのは「電子メールの送受信」で77.7％の人が利用している。次いで「情報検索（天気情報、ニュースサイト、地図・交通情報などの利用）」が76.4％、「ソーシャルネットワーキングサービスの利用」が73.8％となっている。続いて、「商品・サービスの購入・取引」、「ホームページやブログの閲覧、書き込み、または開設・更新」、「動画投稿・共有サイトの利用（YouTube、ニコニコ動画など）」が5割を超える利用率となっている（表24.2）。

「ソーシャルネットワーキングサービスの利用」は20歳代で9割

　主なコミュニケーション手段である「電子メールの送受信」と「ソーシャルネットワーキングサービスの利用」について年齢階級別の利用率をみると、前者は、50歳代の86.7％をピークに20歳代から60歳代までの世代で8割を超えているのに対し、後者は、13歳以上から40歳代で8割を超え、20歳代では90.4％と約9割となっている。30歳代以下の世代では「ソーシャルネットワーキングサービスの利用」が「電子メールの送受信」を上回り、40歳代以上の世代では両者の利用率が逆転している。

　また、「動画投稿・共有サイトの利用」は、6〜12歳で最も利用率が高く、年齢が上がるに従い低くなっている（図24.2.1）。

コロナ禍で急速に拡大した企業のテレワーク導入

　テレワークを導入している企業の割合は、2011年以降おおむね増加傾向で推移してきたが、新型コロナウイルス感染症の拡大の影響により、2020年（8月末時点）では47.5％となり、前年の20.2％の倍以上の水準に急速に拡大した。導入していないが今後導入予定がある企業を含めると、全体の6割近くになっている（図24.2.2）。

　このテレワークを導入している企業の割合を、テレワークの形態別（複数回答）にみると、在宅勤務を導入する企業の割合が、2020年に41.5％と前年の10.2％から大幅に拡大しており、在宅勤務の導入拡大がテレワークの拡大に寄与している（図24.2.3）。

　さらに産業別に、テレワークを導入している企業の割合をみると、いずれの産業においても前年より大幅に拡大している。特に情報通信業では92.7％と9割を超えており、不動産業と金融・保険業でも7割近い水準となっている（図24.2.4）。

表24.2　インターネット利用者の利用目的・用途別利用率（複数回答）

	(%)
	2020年
電子メールの送受信	77.7
ホームページやブログの閲覧、書き込み、または開設・更新	57.7
ソーシャルネットワーキングサービスの利用	73.8
業務目的でのオンライン会議システムの利用	15.5
動画投稿・共有サイトの利用（YouTube、ニコニコ動画など）	54.2
オンラインゲームの利用	32.0
情報検索（天気情報、ニュースサイト、地図・交通情報などの利用）	76.4
eラーニング	14.6
オンライン診療の利用	1.4
商品・サービスの購入・取引（計）	59.4
金融取引	19.3
商品・サービスの購入・取引（デジタルコンテンツを除く）	50.0
デジタルコンテンツの購入・取引	16.0
インターネットオークション・フリーマーケットアプリによる購入・取引	21.2
電子政府・電子自治体の利用（電子申請、電子申告、電子届出）	9.9
その他	6.1

注　数値は無回答を除いて算出している
資料　総務省「通信利用動向調査」

図24.2.1　インターネット利用者の年齢階級別主な目的・用途の利用率

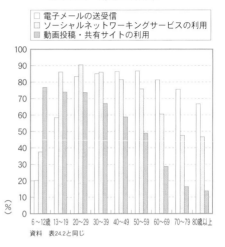

資料　表24.2と同じ

図24.2.2　企業のテレワーク導入状況

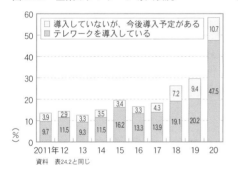

資料　表24.2と同じ

図24.2.3　テレワークの形態別導入状況（複数回答）

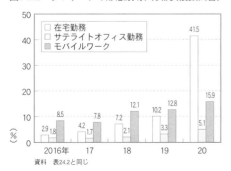

資料　表24.2と同じ

図24.2.4　産業別テレワーク導入状況

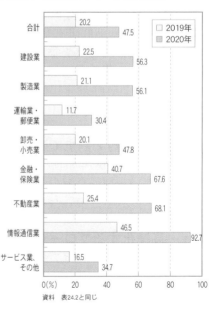

資料　表24.2と同じ

24.3　電話・データ通信
契約数の増加と高速化が進む携帯電話

　1979年にサービスを開始した携帯電話は、90年代に通信方式がアナログからデジタルに移行して以降、契約数は増加を続け、2001年度末には固定電話を上回り、20年度末には1億9433万件となった（図24.3.1）。

　通信システムの内訳をみると、この10年で、3Gから、より高速のLTEへの交代が進んだ。LTEの契約数は2015年度末に携帯電話全体の契約数の5割を超え、20年度末には1億5437万件となり、一方、3Gは20年度末には2584万件まで減少した。また、2019年度からサービスが始まった5Gの契約数は、20年度末には1419万件に増加した（図24.3.2）。

　なお、2021年6月末の契約数をみると、LTEは1億4962万件、5Gは2244万件となっており、20年度末からの3か月間で、LTEは475万件減少、5Gは825万件増加し、LTEから5Gへの交代が始まっている。

緩やかな減少が続く固定電話の契約数

　固定電話の契約数は、2020年度末は全体で5284万件となっており、1996年度末を境に緩やかな減少で推移している。

　内訳をみると、2003年のIP電話サービスの開始以降、従来の固定電話と同等品質で通常の市外局番が割り当てられる「0ABJ型」IP電話（「ひかり電話」など）の契約が増加し、これに伴いNTT東西加入電話の契約数は減少を続け、2020年度末には、NTT東西加入電話が1573万件、0ABJ型IP電話が3568万件となった（図24.3.1）。

2000年度末の約2割まで減った公衆電話

　公衆電話は、1990年代前半までは80万台が設置されていたが、携帯電話の普及に伴い長期的な減少が続いている。2020年度末は14.6万台となり、2000年度末の水準（70.7万台）の2割程度となっている（図24.3.3）。

拡大・高速化するブロードバンド接続

　世帯向けのブロードバンド接続は、当初は1996年にサービスを開始したCATV接続であったが、2000年以降、既存の電話回線を利用して高速通信を実現するDSLサービスが始まり、さらに、伝送能力の高い光ファイバーケーブルによるサービス（FTTH）が01年度に始まった。以後、FTTHの契約数が増加を続け、20年度末には3502万件となり、固定回線によるブロードバンド接続の主流となっている（図24.3.4）。

図24.3.1　電話契約数の推移

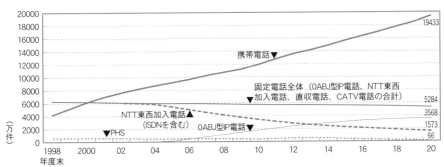

資料　総務省「情報通信白書」、「電気通信サービスの契約数及びシェアに関する四半期データの公表」

図24.3.2　移動通信システム別の契約数の推移

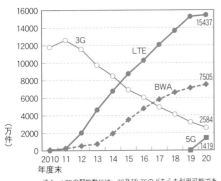

注1　LTEの契約数には、3G及びLTEのどちらも利用可能である携帯電話の契約数が含まれる。
注2　5Gの契約数には、LTE及び5Gのどちらも利用可能である携帯電話の契約数が含まれる。
資料　図24.3.1と同じ

図24.3.4　固定回線ブロードバンド契約数の推移

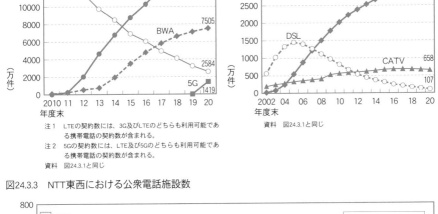

資料　図24.3.1と同じ

図24.3.3　NTT東西における公衆電話施設数

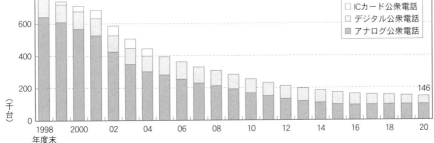

注　アナログ公衆電話には、赤電話、青電話及び黄電話を含む。NTT東西はIC型を2005年度末で終了。
資料　総務省「情報通信白書」

24.4　放送サービス
NHK受信契約の半数を超えた衛星放送の受信契約

地上テレビジョン放送の利用状況について、NHKの受信契約数でみると、2020年度末に4477万件となり、前年度（4523万件）より46万件減少した。契約数の減少は2005年以来。内訳は、衛星契約（衛星及び地上波による放送の受信契約）が2274万件（前年より15万件減少）、地上契約（地上波による放送のみの受信契約）が2203万件（同31万件減少）であった。衛星契約数は、1989年の新設以来増加を続け、2019年度末にはNHK受信契約の半数を超えたが、20年度末は初めての減少となった。（図24.4.1）。

4K・8K放送も始まった衛星放送

衛星放送には、放送衛星を使用するBS放送と、通信衛星を使用するCS放送がある。さらにCS放送は、BS放送と同じ軌道の通信衛星を使用する東経110度CS放送と、軌道位置の異なる東経124/128度CS放送に分かれる。BS放送と東経110度CS放送は、共通の受信環境で視聴できる。

NHKを除く民間放送会社による衛星放送の契約数をみると、2020年度末で、WOWOW（BS放送）の契約数は279万件、スカパー！の契約数（東経110度CSと東経124/128度CSの合計）は303万件となった。WOWOWと東経110度CSスカパー！の契約数は、近年ほぼ横ばいで推移しているが、東経124/128度CSは減少傾向が続いている（図24.4.2）。

高解像度画質の4K・8K放送は、2015年度から東経124/128度CSで、18年度からBSと東経110度CSで実用放送が始まっており、一方、受信側は、4K対応テレビなどの対応機器が21年8月に出荷台数が累計1千万台を超えるなど、視聴可能な環境が拡大している。

ケーブルテレビの普及率は5割強で推移

ケーブルテレビ（CATV）は、地上放送の難視聴地域向けの放送メディアとして1955年に始まり、近年では、自主放送番組や衛星番組などの多様なチャンネルを提供するとともに、インターネット接続サービスやIP電話等の通信サービスも提供している。

ケーブルテレビの加入世帯数は増加を続けてきており、2009年度末には2541万件とNHKの地上契約数（2418万件）を上回ったが、近年は緩やかな増加となり、20年度末の加入世帯数は3117万世帯となった。また、ケーブルテレビの普及率は、2010年以降、50％を上回る水準で推移しており、20年度末は52.4％となっている（図24.4.3）。

図24.4.1 NHK放送受信契約数

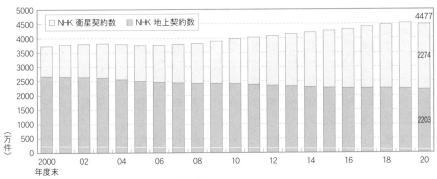

資料 総務省「情報通信白書」、NHK「放送受信契約数統計要覧」

図24.4.2 衛星放送契約数（NHKを除く）

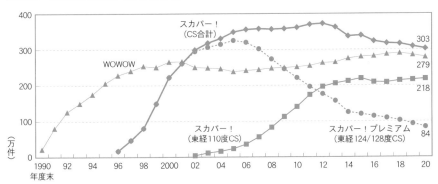

注 「CS合計」は東経124/128度CSと東経110度CSを合わせた契約件数。
資料 総務省「情報通信白書」、「衛星放送の現状」

図24.4.3 ケーブルテレビの加入世帯数と普及率

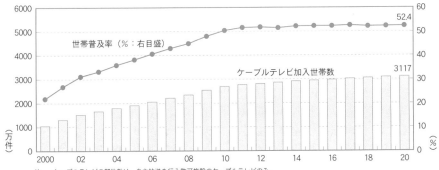

注 ケーブルテレビの契約数は、自主放送を行う許可施設のケーブルテレビのみ。
2007年度末からはIPマルチキャスト方式による放送にかかる契約数も含まれる。
資料 総務省「情報通信白書」、「ケーブルテレビの現状」

24.5　情報通信業
情報通信業に係る売上高は約52兆円

　情報通信業を営む企業（アクティビティベース：主業か否かを問わず少しでも情報通信業を営んでいる企業）の数は、2019年度末で5,714社であり、事業所数は2万6463事業所、従業者数は165万1373人であった。

　売上高をみると、情報通信業を営む企業全体の売上高は70兆3384億円であり、このうち、情報通信業のアクティビティに係る売上高（当該業種売上高）は51兆6459億円であった（表24.5）。

　前年度と比べると、企業数は1.8％の減少、情報通信業に係る売上高は1.2％の増加となった。売上高は近年増加傾向が続いている（図24.5.1）。

インターネット附随サービス業の売上高が大幅増加

　情報通信業に係る2019年度の売上高51兆6459億円の構成比をみると、電気通信業が34.0％で最も大きく、次いでソフトウェア業が31.6％、情報処理・提供サービス業が13.9％となっている。これら3業種で全体の79.4％と、約8割を占めている。（表24.5）。

　業種別の売上高を前年度と比べると、インターネット附随サービス業が17.1％の増加となっている一方、広告制作業が41.3％の減少、音声情報制作業が14.9％の減少となっている。構成比の大きい3業種については、電気通信業が0.6％の減少、ソフトウェア業が5.0％の増加、情報処理・提供サービス業が2.5％の減少であった（表24.5）。インターネット附随サービス業の内訳をみると、「課金・決済代行業」、「ショッピングサイト運営業及びオークションサイト運営業」の売上高の増加が顕著であった。

通信・放送業の売上高は18兆3759億円

　通信・放送業全体の2019年度の売上高は18兆3759億円で、前年度に比べ5.3％の増加となった。内訳をみると、電気通信事業が14兆8726億円で7.0％の増加、放送事業（NHKを含む）が3兆5033億円で1.4％の減少であった（図24.5.2）。放送事業の内訳は、民間放送事業が2兆2523億円、有線テレビジョン放送事業が5137億円、NHKが7373億円であった。

　電気通信事業の売上高の内訳（構成比）は、音声伝送・データ伝送の別にみると、音声伝送が全体の29.2％、データ伝送が49.3％となっている。また、固定通信・移動通信の別にみると、固定通信が28.5％、移動通信が49.9％となっている（図24.5.3）。なお、移動通信によるデータ伝送（携帯、PHS、又はBWAによるデータ伝送）は、全体の33.0％を占めている。

表24.5　情報通信業の企業数・売上高等（アクティビティベース、2019年度）

（単位　社、人、億円）

	企業数	事業所数	従業者数	売上高	当該業種売上高	対前年増加率(%)	構成比(%)
全体	5 714	26 463	1 651 373	703 384	516 459	1.2	99.6
電気通信業	389	2 324	183 203	206 812	175 520	−0.6	34.0
民間放送業	358	1 579	41 299	26 676	21 662	−8.2	4.2
有線放送業	197	733	24 043	15 114	5 140	−0.5	1.0
ソフトウェア業	2 940	10 901	891 872	298 129	162 988	5.0	31.6
情報処理・提供サービス業	1 923	10 387	709 731	194 099	71 599	−2.5	13.9
インターネット附随サービス業	707	4 260	237 775	140 932	41 296	17.1	8.0
映像情報制作・配給業	437	1 691	54 056	25 519	8 913	−1.5	1.7
音声情報制作業	103	261	9 754	4 863	1 218	−14.9	0.2
新聞業	131	2 041	40 531	15 668	12 726	−3.8	2.5
出版業	348	2 833	79 082	31 368	8 756	−8.0	1.7
広告制作業	185	687	23 651	7 297	2 295	−41.3	0.4
映像・音声・文字情報制作に附随するサービス業	201	932	31 747	9 607	2 293	10.7	0.4

注1　アクティビティベースは、主要か否かを問わず少しでも情報通信業を営んでいる企業の集計値。
注2　「当該業種売上高」とはアクティビティに係る売上高。
資料　総務省「情報通信白書」、総務省・経済産業省「情報通信業基本調査」

図24.5.1　情報通信業の企業数・売上高の推移

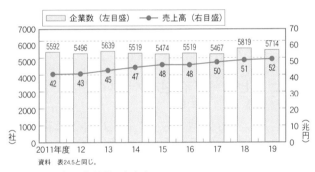

資料　表24.5と同じ。

図24.5.2　通信・放送業の売上高

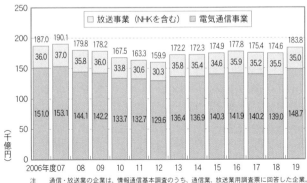

注　通信・放送業の企業は、情報通信基本調査のうち、通信業、放送業用調査票に回答した企業。
資料　表24.5と同じ。

図24.5.3　電気通信事業の売上高の内訳（構成比）

資料　表24.5と同じ。

24.6　情報セキュリティ
インターネット利用で最大の不安は「個人情報の漏えい等」

　2020年の調査では、12歳以上のインターネット利用者の約4分の3が、インターネットを利用する際に不安を感じる（「不安を感じる」又は「どちらかといえば不安を感じる」）と回答している（図24.6.1）。

　不安の具体的内容をみると、不安を感じると回答した人の91.6％が「個人情報やインターネット利用履歴の漏えい」を挙げ、最も多くなっている。次いで「コンピュータウイルスへの感染」が63.4％、「架空請求やインターネットを利用した詐欺」が52.9％などとなっている（図24.6.2）。

個人の6割以上が「迷惑メール・架空請求メール」を受信

　個人のインターネット利用時の過去1年間の被害等の状況（2020年）をみると、「迷惑メール・架空請求メールを受信」が61.4％で最も多く、次いで「ウェブ閲覧履歴などに関連する広告表示」が33.5％などとなっており、広告表示に不安を抱く割合も多い（図24.6.3）。

　なお、インターネットを利用している企業では、過去1年間に「何らかの被害を受けた」と回答した企業が54.1％と半数を超えている。

前年より大幅に増加したコンピュータ不正アクセスの届出

　2020年に情報処理推進機構（IPA）に届出のあった、コンピュータ不正アクセスの件数は187件で、このうち被害のあった届出の件数は143件となっており、いずれも前年より大幅に増加している（図24.6.4）。

過去最多となったサイバー犯罪の検挙件数

　コンピュータやそのネットワークを利用して行われる犯罪（サイバー犯罪）で検挙された件数は、増加傾向で推移しており、2020年の検挙件数は9,875件と、過去最多となった。

　内訳をみると、「不正アクセス禁止法違反」は609件で、このうち「識別符号（パスワード）窃用型」が576件であった。また、「不正指令電磁的記録（コンピュータ・ウイルス）に関する罪、コンピュータ・電磁的記録対象犯罪」は563件であった（図24.6.5）。

　また、2020年のインターネットバンキングに係る不正送金事犯による被害は、発生件数1,734件、被害総額約11億3300万円となり、前年に比べると件数、被害額ともに減少した（図24.6.6）。

図24.6.1　インターネット利用時に不安を感じる人の割合（2020年）

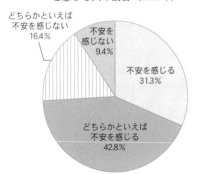

資料　総務省「情報通信白書」

図24.6.2　インターネット利用時に感じる不安の内容（複数回答）（2020年）

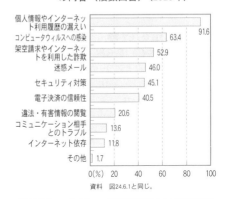

資料　図24.6.1と同じ。

図24.6.3　個人のインターネット利用時の被害等の状況（複数回答）（2020年）

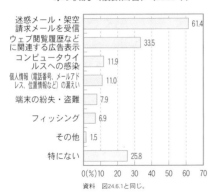

資料　図24.6.1と同じ。

図24.6.4　コンピュータ不正アクセス届出状況

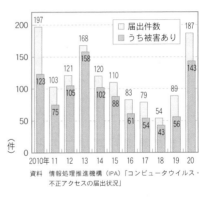

資料　情報処理推進機構（IPA）「コンピュータウイルス・不正アクセスの届出状況」

図24.6.5　サイバー犯罪の検挙件数

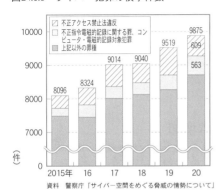

資料　警察庁「サイバー空間をめぐる脅威の情勢について」

図24.6.6　インターネットバンキングに係る不正送金事犯の件数及び被害額

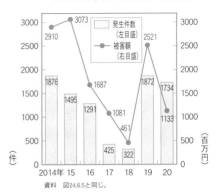

資料　図24.6.5と同じ。

第25章　商　　業

25.1　商業の概要
国内総生産の12.6％を占める商業

　2019年における我が国の名目国内総生産（GDP）は561兆円であるが、このうち、商業（卸売業、小売業）は70.4兆円で全体の12.6％を占め、製造業の126.9兆円、サービス業の120.7兆円に次ぐ割合となっている。卸売業と小売業の割合は、それぞれ53.3％、46.7％であり、卸売業の割合が高い。16年以降、小売業の割合が縮小傾向にあるのに対し、卸売業は、やや拡大傾向で推移してきたが、19年は、卸売業が縮小し、小売業が拡大した（図25.1.1）。

卸売業の事業所数、従業者数は横ばいで推移

　総務省、経済産業省の「平成28年経済構センサス―活動調査」によれば、卸売業の事業所数は、2016年において36万5千事業所であり、1986年のピーク時に比べ20％強の減少となった。また、産業全体に占める事業所数の割合は6.8％であり、このところ横ばい基調で推移している。
　卸売業に携わる従業者数は394万人で、最も多かった1996年の506万人に比べ、20％強の減少となった。また、産業全体に占める従業者数の割合は、事業所数とほぼ同様の6.9％の割合であった（図25.1.2）。

小売業の事業所数はこのところ横ばい基調で推移

　小売業の事業所数は、2016年において99万事業所と初めて100万の大台を下回り、ピークであった1981年の178万1千と比較すると、44.4％の大幅な減少となった。産業全体に占める割合は、14年比微増となったものの、このところ横ばい基調で推移している。
　小売業に携わる従業者数は765万4千人で、1996年以降、ゆるやかな減少傾向で推移している。また、産業全体に占める従業者数の割合は13.5％で、事業所数同様、14年比は微増であったが、このところ横ばい基調で推移している。近年、小売業においては、事業所数の大幅減少に対し、従業者数の減少はわずかであり、小売業の業態変化等に伴う雇用形態の多様化傾向が見て取れる（図25.1.3）。

小売業の1事業所当たりの従業者数は増加

　小売業について、1事業所当たりの従業者数をみると、2014年は7.8人となった。1970年代は3.7人程度であったが、80年代は4.5人程度、2006年には6.9人、12年には7.6人、16年には7.7人と年々増加しており、中小零細小売店の廃業に伴い、事業所規模が拡大している（図25.1.3）。

図25.1.1　卸売業・小売業の付加価値額および国内総生産に対する構成比

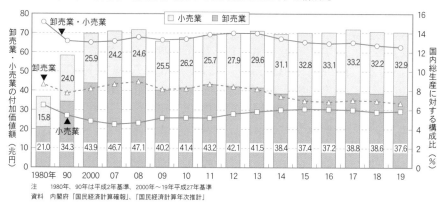

注　　1980年、90年は平成2年基準、2000年～19年平成27年基準
資料　内閣府「国民経済計算確報」、「国民経済計算年次推計」

図25.1.2　卸売業の事業所数・従業者数および全産業に対する構成比

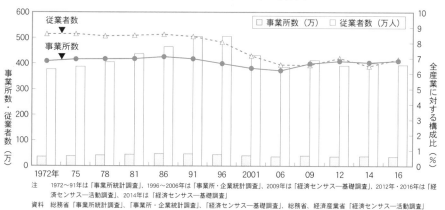

注　　1972～91年は「事業所統計調査」、1996～2006年は「事業所・企業統計調査」、2009年は「経済センサス―基礎調査」、2012年・2016年は「経済センサス―活動調査」、2014年は「経済センサス―基礎調査」
資料　総務省「事業所統計調査」、「事業所・企業統計調査」、「経済センサス―基礎調査」、総務省、経済産業省「経済センサス―活動調査」

図25.1.3　小売業の事業所数・従業者数および全産業に対する構成比

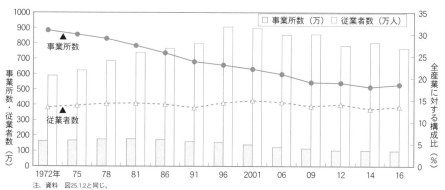

注、資料　図25.1.2と同じ。

25.2　事業所数、従業者数の地域分布
大都市圏に集中する卸売事業所、全都道府県で14年比が減少

　2016年の卸売業の事業所数について地域別にみると、東京が54,057事業所と最も多く、以下、大阪（36,071）、愛知（25,054）、福岡（17,506）、神奈川（15,312）、北海道（15,311）、埼玉（14,486）、兵庫（12,834）千葉（10,721）、広島（9,594）の順となり、東京都及び政令指定都市が所在する道府県で全国の7割を占めるなど大都市圏に集中している。

　また、14年との増減率をみると、徳島の7.6％減を筆頭に、三重、熊本の7.4％減、岐阜、佐賀の6.7％減、京都の6.1％減などとなっており、すべての都道府県で減少となっている（図25.2.1、図25.2.2）

　次に、卸売業に携わる従業者数について地域別にみると、東京が105万人と最も多く、全体の27％を占めている。次いで、大阪の45万人、愛知の28万人、神奈川、福岡の17万人と続き、これら上位の5都府県で全体の5割強の割合を占めている。

　また、14年との増減率をみると、佐賀の16.7％減を筆頭に、熊本の8.6％減、京都の8.0％減、奈良、徳島の7.2％減、北海道の6.9％減など、愛媛を除く46都道府県で減少となっている（図25.2.1、図25.2.2）。

東京の小売事業所数が全国の1割を占める、14年比は減少

　小売業の事業所数について地域別にみると、卸売業同様、人口の多い大都市圏に集中しており、なかでも東京が96,671事業所で全体の約1割を占め最も多く、以下、大阪（63,526）、愛知（52,056）、神奈川（50,962）、埼玉（42,365）、福岡（42,014）、兵庫（41,309）、北海道（40,902）、千葉（36,296）、静岡（31,999）の順となっている。

　また、14年との増減率をみると、熊本の6.2％減をはじめ、大阪、兵庫の4.9％減、徳島の4.7％減、東京の4.5％減、高知の4.4％減、茨城、群馬の4.3％減、島根の4.2％減、福井の4.0％減など、すべての都道府県で減少となった。

　次に、小売業に携わる従業者数について地域別にみると、東京が90万人と最も多く、以下、大阪54万人、神奈川49万人、愛知44万人、埼玉39万人、千葉34万人、北海道33万人、兵庫32万人、福岡31万人と続き、大都市圏で多くなっている。

　また、14年との増減率をみると、鹿児島の10.1％減を筆頭に、高知の9.8％減、岩手、静岡の7.4％減、福井、熊本の7.3％減、香川の6.7％減、東京の6.6％減、山形の6.5％減など微増の沖縄を除く46都道府県で減少となっている（図25.2.3、図25.2.4）。

図25.2.1　卸売業の都道府県別の事業所数、前回比伸び率

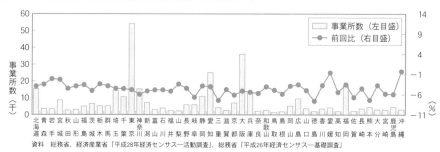

資料　総務省、経済産業省「平成28年経済センサス―活動調査」、総務省「平成26年経済センサス―基礎調査」

図25.2.2　卸売業の都道府県別の従業者数、前回比伸び率

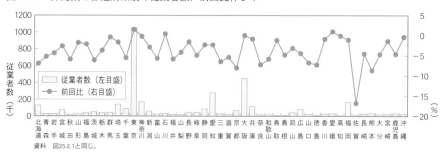

資料　図25.2.1と同じ。

図25.2.3　小売業の都道府県別の事業所数、前回比伸び率

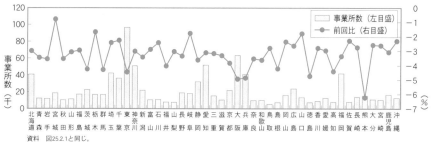

資料　図25.2.1と同じ。

図25.2.4　小売業の都道府県別の従業者数、前回比

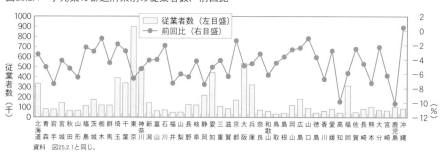

資料　図25.2.1と同じ。

25.3　業種別の販売動向
2年連続の減少となった商業販売額
　経済産業省の「商業動態統計」によると、2020年における商業販売額は503.1兆円、前年比9.5%減と2年連続の減少となった。

　このうち、卸売業販売額は356.7兆円、同12.2%減と2年連続の減少、また、小売業販売額は146.5兆円で、同3.2%減と4年振りの減少となった。

　小売業販売額は、新型コロナウイルス感染症の影響などから、第Ⅱ四半期は大幅な販売減がみられた（表25.3）。

卸売業では鉱物・金属材料卸、食料・飲料卸をはじめ全ての業種で減少
　卸売業について業種別にみると、鉱物・金属材料卸が、原油、液化天然ガス、石炭の価格低下による輸入減並びに、鉄鋼製品の輸出入減などにより前年比21.8%の減少、各種商品卸売業が原油の価格下落による輸入減並びに、自動車向け鉄鋼の国内外向け需要減などにより19.2%の減少、食料・飲料卸は、食料品の輸入減や国内外食産業向けの減少などにより同4.0%の減少となった。また、機械器具卸が、原動機の輸出入減、工作機械の国内向け減、自動車部品及び自動車の輸出入減などにより同16.4%の減少、医薬品・化粧品卸が、化粧品の国内向け需要減などにより同6.0%の減少となった（表25.3、図25.3.1）。

小売業では、各種商品小売、自動車小売、燃料小売などが減少
　小売業について業種別にみると、各種商品小売（百貨店など）が、新型コロナウイルス感染症の影響から衣料品が不振だったことなどにより同15.5%減と6年連続の減少、織物・衣服・身の回り品小売が、新型コロナウイルス感染症の影響による外出機会の減などにより同16.8%減と3年連続の減少、自動車小売が、普通車や軽乗用車、小型車が不調だったことなどにより同8.8%減と2年振りの減少、燃料小売がガソリンなどの石油製品価格の低下により同9.5%減と2年連続の減少となった。

　一方、医薬品・化粧品小売は、ドラッグストアが堅調だったことなどにより同1.3%増と9年連続の増加、機械器具小売がエアコン、洗濯機、冷蔵庫などの生活家電やテレビなどのAV家電が好調だったことなどにより同2.6%増と4年連続の増加となった。

　また、飲食料品小売は、内食需要の高まりや継続が見られたことなどにより同1.3%増と14年連続の増加となった。このほか、無店舗小売も食料品や家庭用品が堅調だったことなどにより同3.5%増と3年連続の増加となった（表25.3、図25.3.2）。

表25.3　業種別商業販売額の推移

年	商業計	卸売業	各種商品卸売業	繊維品卸売業	衣服・身の回り品卸売業	農畜産物・水産物卸売業	食料・飲料卸売業	建築材料卸売業	化学製品卸売業
				販売額 (10億円)					
2016年	442 283	302 406	35 372	2 988	4 826	22 135	46 378	16 061	15 058
17	455 954	313 439	36 989	2 955	4 494	22 751	48 008	16 304	15 911
18	471 550	326 585	38 100	3 027	4 147	23 654	50 561	17 307	16 547
19	459 975	314 928	33 037	2 909	3 803	23 663	49 275	18 200	15 676
20	503 116	356 658	21 790	2 117	3 985	33 386	52 895	20 902	21 176
				前年比増減率 (%)					
2016年	-3.9	-5.3	-8.1	-12.3	-15.7	-4.4	2.1	0.0	-6.7
17	3.1	3.6	4.6	-1.1	-6.9	2.8	3.5	1.5	5.7
18	3.4	4.2	3.0	2.4	-7.7	4.0	5.3	6.2	4.0
19	-2.5	-3.6	-13.3	-3.9	-8.3	0.0	-2.5	5.2	-5.3
20	-9.5	-12.2	-19.2	-22.4	-20.7	-3.6	-4.0	-10.3	-12.1

年	鉱物・金属材料卸売業	機械器具卸売業	産業機械器具卸売業	自動車卸売業	電気機械器具卸売業	その他の機械器具卸売業	家具・建具・じゅう器卸売業	医薬品・化粧品卸売業	その他の卸売業 (注1)
				販売額 (10億円)					
2016年	40 084	63 345	10 742	12 555	34 742	5 307	2 466	24 984	28 709
17	43 631	66 183	11 170	12 884	36 674	5 455	2 365	25 206	28 644
18	47 709	68 010	11 774	13 072	37 946	5 218	2 259	24 877	30 388
19	43 616	68 415	11 072	12 674	39 496	5 173	2 172	25 626	28 537
20	46 167	90 541	18 449	14 493	49 634	7 966	4 122	28 193	31 384
				前年比増減率 (%)					
2016年	-11.1	-4.7	-7.5	-3.7	-3.9	-6.4	-5.8	-2.2	-8.3
17	8.8	4.5	4.0	2.6	5.6	2.8	-4.1	0.9	-0.2
18	9.3	2.8	5.4	1.5	3.5	-4.3	-4.5	-1.3	6.1
19	-8.6	0.6	-6.0	-3.0	4.1	-0.9	-3.9	3.0	-6.1
20	-21.8	-16.4	-20.8	-21.9	-11.5	-24.0	-9.0	-6.0	-6.0

年	小売業	各種商品小売業	織物・衣服・身の回り品小売業	飲食料品小売業	自動車小売業	機械器具小売業	燃料小売業	医薬品・化粧品小売業	その他小売業 (注2)
				販売額 (10億円)					
2016年	139 877	12 472	10 814	44 389	17 005	5 861	10 948	9 398	28 989
17	142 514	12 305	11 060	44 536	18 086	6 024	11 840	9 765	28 899
18	144 965	12 141	11 039	45 181	18 062	6 136	13 246	10 115	29 047
19	145 047	11 795	10 988	45 362	18 256	6 256	12 905	10 538	28 999
20	146 457	10 207	8 638	45 145	16 592	9 429	11 893	14 259	30 294
				前年比増減率 (%)					
2016年	-0.6	-2.5	0.5	1.5	1.4	-1.9	-8.8	1.9	7.6
17	1.9	-1.3	2.3	0.3	6.4	2.8	8.1	3.9	-0.3
18	1.7	-1.3	-0.2	1.4	-0.1	1.9	11.9	3.6	0.5
19	0.1	-2.8	-0.5	0.4	0.8	2.0	-2.6	4.2	-0.2
20	-3.2	-15.5	-16.8	1.3	-8.8	2.6	-9.5	1.3	0.5

注1　その他の卸売業は、日本標準産業分類の536、553、559 (5598を除く)
注2　その他の小売業は、日本標準産業分類の5914、592、60 (603、605を除く)
注3　前年比増減率は、ギャップを調整するリンク係数で処理した数値で計算している。
資料　経済産業省「商業動態統計調査」

図25.3.1　卸売業の販売額の構成比 (%)

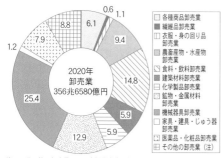

注　その他の卸売業は、日本標準産業分類の536、553、559 (5598を除く)
資料　表25.3と同じ。

図25.3.2　小売業の販売額の構成比 (%)

注　その他の小売業は、日本標準産業分類の5914、592、60 (603、605を除く)
資料　表25.3と同じ。

25.4　業態別（百貨店、スーパー、コンビニエンスストア）の販売動向

百貨店の販売額は5年連続の減少

　経済産業省の「商業動態統計」によると、2020年の百貨店の販売額は、4.7兆円、前年比25.5％の大幅減で5年連続の減少となった。これは、新型コロナウイルス感染症の影響や訪日外国人旅行者（インバウンド）の需要減などにより、主力の衣料品を中心に低調だったことなどによる。

　商品別にみると、衣料品は、同30.0％減と新型コロナウイルス感染症の影響などによりすべての商品で大幅な減少となった。また、飲食料品は、催事の中止や縮小、閉店の影響などにより同16.1％の2桁減となり、その他の商品もインバウンド需要の減少の影響などにより、同27.9％の減少となった。

　なお、既存店ベースでみると、同24.3％減と3年連続の減少となった（表25.4.1、図25.4.1）。

スーパーの販売額は2年振りの増加

　2020年のスーパーの販売額は、14.8兆円、前年比3.4％増と2年振りの増加となった。これは、新型コロナウイルス感染症の影響などから衣料品の動きが鈍かったものの、主力の飲食料品が好調だったことなどによる。

　商品別にみると、衣料品は、同18.5％減と外出機会の減少の影響や専門店、通販との競合による減少などから婦人服などすべての商品で減少となった。

　一方、飲食料品は、内食需要の高まりや継続が見られたことなどにより同6.8％の増加となった。

　なお、既存店ベースでみると、同1.9％増と4年振りの増加となった（表25.4.2、図25.4.2）。

コンビニエンスストアの販売額は22年振りの減少

　2020年のコンビニエンスストアの販売額及びサービス売上高の合計は、11.6兆円、前年比4.4％減と22年振りの減少となった。

　商品別にみると、ファーストフード及び日配食品は、おにぎり、調理パン、弁当などが不調だったことにより、また、加工食品は、ソフトドリンク、アイスクリームなどが不調だったことにより同6.4％減、5.0％減とそれぞれ11年振りの減少となった。このほか、非食品も、たばこなどが低調だったことにより同0.5％減と22年振りの減少となった。

　また、サービス売上高は、新型コロナウイルス感染症によるイベント自粛の影響を受けた各種チケットの取扱い減少により同9.9％減と14年振りの減少となった（表25.4.3、図25.4.3）。

表25.4.1　百貨店の商品別販売額等および前年比増減率

年	事業所数	合　計	衣料品	紳士服・洋品	婦人・子供服・洋品	その他の衣料品	身の回り品	飲食料品
					販売額（百万円）			
2017年	232	6 552 855	2 852 858	426 000	1 443 758	145 221	837 879	1 861 890
18	225	6 443 416	2 780 748	411 464	1 390 422	131 863	846 999	1 811 601
19	213	6 297 864	2 669 933	389 609	1 326 047	124 536	829 741	1 775 570
20	201	4 693 751	1 868 676	269 276	905 341	91 546	602 513	1 489 871
					前年比増減率（%）			
2017年	−2.9	−0.7	−2.3	−1.1	−3.5	−3.4	−0.7	−1.8
18	−3.0	−1.7	−2.5	−3.4	−3.7	−9.2	1.1	−2.7
19	−5.3	−2.3	−4.0	−5.3	−4.6	−5.6	−2.0	−2.0
20	−5.6	−25.5	−30.0	−30.9	−31.7	−26.5	−27.4	−16.1

年	その他	家　具	家庭用電気機械器具	家庭用品	その他の商品	食堂・喫茶	商品券販売額	従業者数（人）
				販売額（百万円）				
2017年	1 838 107	72 707	22 884	195 099	1 383 036	164 381	154 353	76 279
18	1 851 067	69 287	18 492	180 220	1 425 827	157 241	146 053	72 916
19	1 852 361	65 986	20 707	167 044	1 446 576	152 049	131 083	68 774
20	1 335 205	51 322	19 643	202 586	1 045 290	88 293	103 373	64 156
				前年比増減率（%）				
2017年	3.2	−6.9	−10.5	−4.5	6.2	−3.7	−5.1	−4.6
18	0.7	−4.7	−19.2	−7.6	3.1	−4.3	−5.4	−4.4
19	0.1	−4.8	12.0	−7.3	1.5	−3.3	−10.3	−5.7
20	−27.9	−22.2	−5.1	21.8	−27.7	−41.9	−21.1	−6.7

資料　経済産業省　商業動態統計調査

表25.4.2　スーパーの商品別販売額等および前年比増減率

年	事業所数	合　計	衣料品	紳士服・洋品	婦人・子供服・洋品	その他の衣料品	身の回り品	飲食料品
					販売額（百万円）			
2017年	4 901	13 049 653	1 200 706	284 291	600 747	94 614	221 054	9 644 030
18	4 997	13 160 939	1 135 158	267 961	571 141	86 538	209 518	9 830 204
19	5 036	13 098 313	1 084 171	253 739	545 631	85 118	199 683	9 846 929
20	5 806	14 811 200	893 908	202 586	432 583	79 809	178 930	11 626 774
					前年比増減率（%）			
2017年	1.2	0.4	−4.4	−3.9	−4.9	−6.0	−3.1	1.0
18	2.0	0.9	−5.5	−5.7	−4.9	−8.5	−5.2	1.9
19	0.8	−0.5	−4.5	−5.3	−4.5	−1.6	−4.7	0.2
20	1.1	3.4	−18.5	−20.6	−21.2	−10.2	−11.9	6.8

年	その他	家　具	家庭用電気機械器具	家庭用品	その他の商品	食堂・喫茶	商品券販売額	従業者数（人）
				販売額（百万円）				
2017年	2 204 918	34 018	152 239	279 570	1 721 201	17 890	68 604	491 632
18	2 195 576	31 600	153 521	270 059	1 723 354	17 041	67 562	493 076
19	2 167 213	30 059	157 462	263 100	1 699 524	17 069	64 568	495 883
20	2 290 518	30 354	169 078	301 390	1 778 345	11 351	55 719	565 905
				前年比増減率（%）				
2017年	0.6	−12.1	−6.7	−2.9	2.2	0.7	−5.7	−3.4
18	−0.4	−7.1	0.8	−3.4	0.1	−4.7	−2.1	0.3
19	−1.3	−4.9	2.6	−2.6	−1.4	0.2	−3.9	0.6
20	−1.8	−4.0	−3.1	3.3	−2.2	−34.2	−18.6	1.9

資料　表25.4.1と同じ
注　前年比増減率は、ギャップを調整するリンク係数で処理した数値で計算している。

表25.4.3　コンビニエンスストアの商品別販売額等および前年比増減率

（商品販売額等）　　　　　　　　　　　　　　　　　　　　（単位　百万円、店）

年	合　計	商品販売額	ファーストフード及び日配食品	加工食品	非食品	サービス売上高	店舗数
2017年	11 745 125	11 099 063	4 423 113	3 168 830	3 507 120	646 062	56 374
18	11 978 029	11 326 251	4 539 213	3 230 173	3 556 865	651 778	56 574
19	12 184 143	11 503 444	4 602 770	3 249 417	3 651 257	680 699	56 502
20	11 642 288	11 029 120	4 308 070	3 088 332	3 632 727	613 159	56 542

（前年比増減率）　　　　　　　　　　　　　　　　　　　　　　　　（単位　%）

年	合　計	商品販売額	ファーストフード及び日配食品	加工食品	非食品	サービス売上高	店舗数
2017年	4.1	4.1	4.9	4.9	2.5	3.4	2.1
18	2.4	2.3	2.9	2.6	1.2	4.0	1.0
19	2.0	2.0	2.6	1.9	1.4	0.9	0.4
20	−4.4	−4.1	−6.4	−5.0	−0.5	−9.9	0.1

資料　表25.4.1と同じ

図25.4.1　百貨店の販売額の構成比（%）

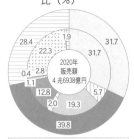

資料　表25.4.1と同じ。

図25.4.2　スーパーの販売額の構成比（%）

資料　表25.4.1と同じ。

図25.4.3　コンビニエンスストアの販売額の構成比（%）

資料　表25.4.1と同じ。

25.5　業態別（専門量販店）の販売動向

家電大型専門店の販売額は4.8兆円、前年比5.1％の増加

　経済産業省の「商業動態統計」によると、2020年の家電大型専門店[注1]の販売額は、4.8兆円（店舗数2,566）、前年比5.1％増と4年連続の増加となった。

　これを商品別にみると、生活家電は、冷蔵庫、洗濯機、エアコン、空気清浄機などが好調だったことから同7.5％増と5年連続の増加、また、情報家電は、新型コロナウイルス感染症の影響によるテレワークの増加などに伴い、パソコン、パソコン周辺機器やゲーム機が好調だったことから同12.6％増と2年連続の増加となった。さらに、AV家電は、テレビ、BDレコーダが好調だったことから同9.3％の増加となった（表25.5.1、図25.5.1）。

ドラッグストアの販売額は7.3兆円、前年比6.6％の増加

　2020年のドラッグストア[注2]の販売額は、7.3兆円（店舗数17,000）、前年比6.6％増と店舗数増（前年末比578店舗増）寄与もあり、6年連続の増加となった。

　これを商品別にみると、食品が取扱いの増加などから同12.4％の増加、家庭用品・日用消耗品・ペット用品が、紙製品や洗剤などの日用消耗品が好調だったことなどにより同11.6％の増加、ヘルスケア用品・介護・ベビーが、新型コロナウイルス感染症の影響によりマスクや衛生用品などのヘルスケア用品が好調だったことなどから同26.7％の大幅な増加となった。一方、ビューティケアは、インバウンド需要の減少により化粧品が不振だったことなどから同10.4％減と2014年の調査開始以来初の減少となった（表25.5.2、図25.5.2）。

ホームセンターの販売額は3.5兆円、前年比6.8％の増加

　2020年のホームセンター[注3]の販売額は、3.5兆円（店舗数4,420）、前年比6.8％増と4年振りの増加となった。

　これを商品別にみると、DIY用具・素材は、工具、建材、プラスチック素材、塗料が好調だったことなどにより同9.4％の増加、家庭用品・日用品は、新型コロナウイルス感染症の影響により紙製品・衛生用品が好調だったことから同7.7％の増加となった。また、園芸・エクステリアは、花苗、園芸資材が好調だったことなどから、同10.5％増と2014年の調査開始以来初の増加となった（表25.5.3、図25.5.3）。

無店舗小売業の販売額は8.1兆円、前年比0.8％の増加

　総務省、経済産業省の「経済構造実態調査」によると、2020年の無店舗小売業（インターネット販売等）の年間商品販売額は、8.1兆円で前年比0.8％の増加となった（表25.5.4）。

注1　売場面積500m²以上の家電大型専門店を10店舗以上有する企業
　2　ドラッグストアを50店舗以上有する企業もしくは年販100億円以上の企業
　3　ホームセンターを10店舗以上有する企業もしくは年販200億円以上の企業

表25.5.1　家電大型専門店の商品別販売額（2020年）

		合計	AV家電	情報家電	通信家電	カメラ類	生活家電	その他	店舗数
商品販売額	2019年	4 545 374	652 708	987 617	333 794	163 551	1 937 729	469 975	2 547
（百万円）	2020年	4 792 759	717 538	1 111 807	294 536	115 792	2 089 628	463 458	2 566
前年比増減率（%） （2020年/2019年）		5.1	9.3	12.6	−11.8	−29.3	7.5	−2.2	19店

資料　経済産業省「商業動態統計調査」
注　前年比増減率は、ギャップを調整するリンク係数で処理した数値で計算している。

図25.5.1　家電大型専門店の商品別構成比（2020年）

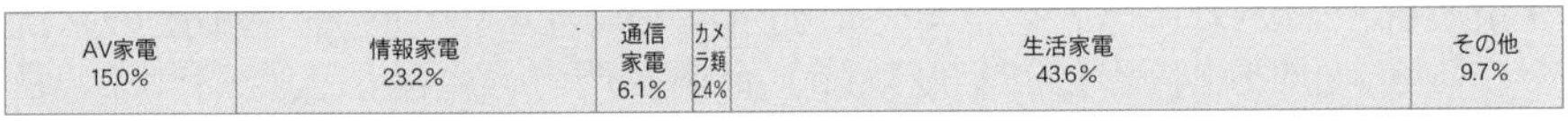

AV家電 15.0%	情報家電 23.2%	通信 家電 6.1%	カメ ラ類 2.4%	生活家電 43.6%	その他 9.7%

資料　表25.5.1と同じ。

表25.5.2　ドラッグストアの商品別販売額（2020年）

		合計	調剤医薬品	OTC医薬品	ヘルスケア用品（衛生用品）・介護・ベビー	健康食品	ビューティケア（化粧品・小物）	トイレタリー	家庭用品・日用消耗品・ペット用品	食品	その他	店舗数
商品販売額	2019年	6 835 625	552 460	900 222	432 996	221 759	1 008 208	628 686	1 027 487	1 942 024	121 783	16 422
（百万円）	2020年	7 284 078	595 498	890 608	548 711	226 388	903 560	654 550	1 147 189	2 183 409	134 165	17 000
前年比増減率（%） （2020年/2019年）		6.6	7.8	−1.1	26.7	2.1	−10.4	4.1	11.6	12.4	10.2	578店

資料　表25.5.1と同じ。

図25.5.2　ドラッグストアの商品別構成比（2020年）

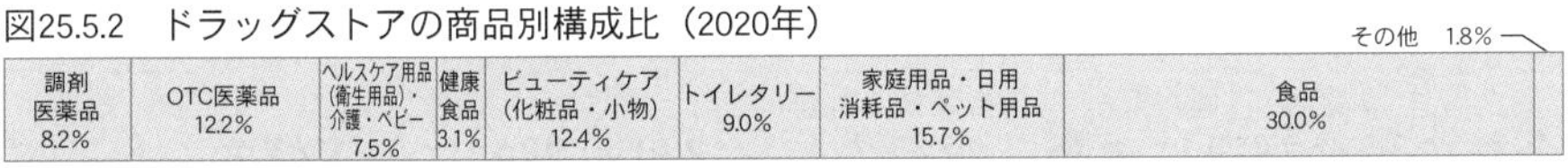

その他　1.8%

調剤医薬品 8.2%	OTC医薬品 12.2%	ヘルスケア用品（衛生用品）・介護・ベビー 7.5%	健康食品 3.1%	ビューティケア（化粧品・小物） 12.4%	トイレタリー 9.0%	家庭用品・日用消耗品・ペット用品 15.7%	食品 30.0%

資料　表25.5.1と同じ。

表25.5.3　ホームセンターの商品別販売額（2020年）

		合計	DIY用具・素材	電気	インテリア	家庭用品・日用	園芸・エクステリア	ペット・ペット用品	カー用品・アウトドア	オフィス・カルチャー	その他	店舗数
商品販売額	2019年	3 274 756	719 539	220 062	225 272	712 717	476 228	255 638	167 436	162 669	335 195	4 357
（百万円）	2020年	3 496 352	787 068	242 196	243 633	767 597	526 023	276 667	168 263	148 326	336 579	4 420
前年比増減率（%） （2020年/2019年）		6.8	9.4	10.1	8.2	7.7	10.5	8.2	0.5	−8.8	0.4	63店

資料　表25.5.1と同じ。

図25.5.3　ホームセンターの商品別構成比（2020年）

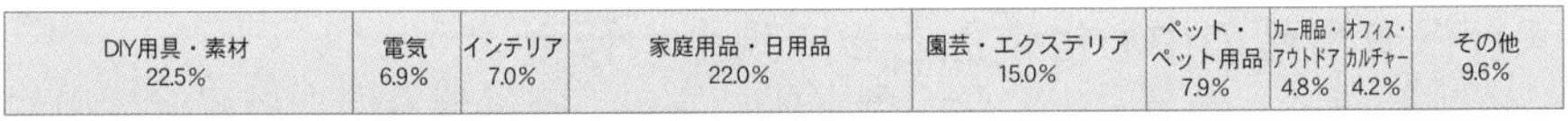

DIY用具・素材 22.5%	電気 6.9%	インテリア 7.0%	家庭用品・日用品 22.0%	園芸・エクステリア 15.0%	ペット・ペット用品 7.9%	カー用品・アウトドア 4.8%	オフィス・カルチャー 4.2%	その他 9.6%

資料　表25.5.1と同じ。

表25.5.4　無店舗小売業の商品別販売額（2020年）

		合計	通信販売・訪問販売小売業	自動販売機による小売業	その他の無店舗小売業
商品販売額	2019年	8 073 476	5 682 794	787 261	1 603 420
（百万円）	2020年	8 141 441	5 770 737	776 860	1 593 844
構成比	2020年	100.0%	70.9%	9.5%	19.6%
前年比増減率（%） （2020年/2019年）		0.8	1.5	−1.3	−0.6

資料　総務省、経済産業省　経済構造実態調査

第26章　金融・保険

26.1　部門別資金過不足と金融仲介構造の変化
企業部門の資金余剰・政府部門の資金不足が続く

　金融の基本的機能は資金の余剰主体と不足主体を結びつけることである。伝統的な金融仲介の議論では、代表的な資金不足主体は設備投資を行う企業部門とされてきた。しかし、近年の日本の部門別資金過不足の状況をみると（図26.1.1）、1998年度以降、企業部門（非金融法人企業）は一貫して資金余剰である。一方で、最大の資金不足主体となったのは、政府部門（一般政府）である。政府部門の資金不足幅は、2002〜07年にかけての景気回復の中で公共事業削減策の効果等もあって一旦縮小傾向となった後、いわゆるリーマンショックが生じた08年度以降再び大きく拡大した。その後、13〜19年度にかけては、景気回復に伴う税収増等から再度縮小していたが、2020年度は新型コロナウイルス対策による政府支出の急増で、大幅に拡大した。この間、海外部門の一貫して資金不足（赤字）である。こうした部門別資金過不足の状況が、日本の金融仲介構造に様々な影響をもたらしている。

企業の資金調達に占める銀行のシェアは長期的に低下傾向

　企業部門は全体では資金余剰であるが、企業の資金調達は行われる。個々にみれば資金不足の企業は多数存在し、収入・支出の時間差を埋める資金繰りのためにも資金調達は必要となる。企業部門の資金調達状況をみると（図26.1.2）、いわゆるリーマンショックによる落ち込みの後、景気回復や金利低下の影響等から、株式等を中心に基調的には増加傾向にある。こうした中で、18〜19年度にいったん上昇に転じた資金調達に占める貸出のシェアは20年度に再び低下し、長期的な低下傾向が続いている。

家計保有資産の中心は依然として現金・預金

　家計部門は、一貫して資金余剰主体である。家計保有の金融資産は増加傾向を続け、2020年度末には残高が約1968兆円に達した（図26.1.3）。その内訳をみると、平均すれば半分以上が現金・預金の形で保有されている。近年、家計に、よりリスクのある資産を保有させる試みがなされてきたが、その効果はあまりみられない。銀行・郵便局での販売拡大等により投資信託ブームとなった04〜06年頃には一時的に現金・預金の割合が低下したが、リーマンショック以降は、以前より上昇しており、家計のリスク回避姿勢が強まったようにうかがえる。

図26.1.1　部門別資金過不足（年度中フロー、兆円）

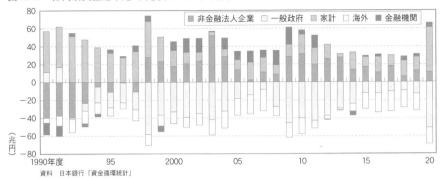

資料　日本銀行「資金循環統計」

図26.1.2　民間非金融法人企業の資金調達（年度末残高、兆円、％）

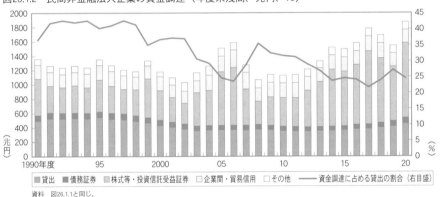

資料　図26.1.1と同じ。

図26.1.3　家計の金融資産構成（年度末残高、兆円、％）

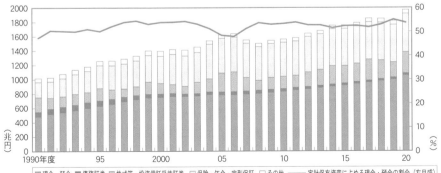

資料　図26.1.1と同じ。

26.2　銀行部門への影響
銀行部門の金融仲介を通した財政赤字のファイナンス

　銀行部門の本来の役割は、資金余剰主体から預金を集め、それを資金不足主体に貸し出すという金融仲介機能であるが、26.1でみたような金融仲介構造の変化の中で、銀行の資産に占める貸出の割合は、近年低下傾向となっており、足元では50％を大きく下回っている(図26.2.1)。代わってウェイトを高めてきたのが、国債保有である。家計の預金選好が根強い（図26.1.3）中で、銀行が集まった預金を国債に差し向けることで、巨額の財政赤字が維持されている。2013〜19年度にかけては、国債の割合が急速に低下し、代わって現金預け金の割合が上昇しているが、これは26.3でみるいわゆる「異次元の金融緩和政策」により、日本銀行が銀行の保有する国債を大量に買い取った結果、銀行が日本銀行に保有する準備預金が急増したものであり、日本銀行を含めた金融部門全体でみれば、家計の預金が銀行を通して国債に振り向けられているという構造に変わりはない。

貸出の中では個人向けが増加

　銀行の貸出残高は、バブル崩壊後の不良債権問題や金融危機が表面化した1990年代半ば以降減少を続けていたが、2005年頃からは増加傾向に転じている(図26.2.2)。しかし、企業向け貸出の伸びは小さく、貸出に占める企業向けの割合は低下傾向を辿った後、近年はほぼ横ばいである。こうした中で、銀行は、採算性が高い住宅ローンなどの個人向け融資に力を入れており、個人向け貸出残高の割合は、1993年度末の約16％から、2020年度末には約27％と大きく上昇した。なお、残高自体は小さくグラフからは見えにくいが、地方公共団体向け貸出も、伸びが大きくなっている。

経営統合で金融機関数の減少が進む

　日本の金融機関には、普通銀行、信託銀行、信用金庫、信用協同組合、農業協同組合、公的金融機関、証券会社、保険会社等があり、かつては、法律等で明確に区分された業態ごとの業務範囲（表26.2）の中で、安定した構造を保っていた。しかし、バブル崩壊後の不良債権問題や金融危機、金融自由化・制度改革の過程で、業態間の垣根は低くなった。特に、銀行持ち株会社の解禁により銀行の統合・再編が加速し、大手銀行は３大金融グループ（みずほ、三井住友、三菱UFJ）へ再編された。地方銀行は、様々な経営統合・グループ形成の中でも行数自体は1984以来64行で変化がなかったが、2020年度中に２件の合併（十八親和、第四北越）があり、62行となった。また、1990年３月末から2021年３月末までに第二地方銀行は68行から37行、信用金庫は454金庫から254金庫、へと大きく減少した。

図26.2.1 国内銀行の銀行勘定の資産構成（年度末、兆円、％）

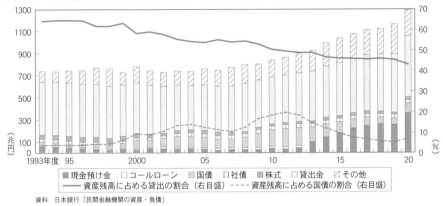

資料 日本銀行「民間金融機関の資産・負債」

図26.2.2 貸出先別の貸出金残高（年度末、兆円、％）

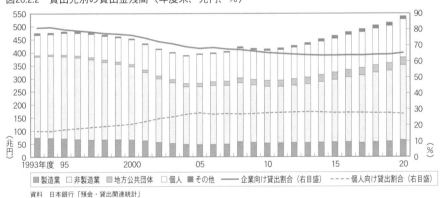

資料 日本銀行「預金・貸出関連統計」

表26.2 主な金融機関の根拠法

種 類	根拠となる法律	制定時期	備 考
普通銀行	銀行法	1927年	1981年に全面改正。郵便局は2007年に民営化してゆうちょ銀行
信託銀行	金融機関の信託業務の兼営等に関する法律	1943	2004年の改正信託業法により、信託業務が信託兼営金融機関（信託銀行等）のほか、一般の事業会社にまで拡大
信用金庫	信用金庫法	1951	
信用協同組合	中小企業等協同組合法	1949	従来の市街地信用組合、産業組合、商工協同組合に関する法律を再編
農業協同組合	農業協同組合法	1947	
証券会社	金融商品取引法	1948	2007年以前の法律名は証券取引法
保険会社	保険業法	1939	1996年に改正法施行

26.3　迷走を続ける金融政策

「異次元の金融緩和政策」とマネタリーベース

　日本銀行は、「消費者物価指数の前年比上昇率２％」という物価安定目標の早期実現のため、2013年４月にマネタリーベース(現金＋日銀当座預金)の増加額に目標値を設定して大幅に増加させる「量的・質的金融緩和政策」を導入した。この結果、マネタリーベース残高は急増した（図26.3.1）。増加幅は、01〜06年の「量的金融緩和政策」採用時に比べてもはるかに大きく、まさに「異次元の金融緩和政策」が実施されたことがわかる。

マネーストックの伸びは、むしろ低下

　マネタリーベースの急増にもかかわらず、経済に流通する通貨の総量であるマネーストックの伸びは高まらないどころか、18-19年度にかけてはむしろ低下していた（図26.3.2）。例えば、Ｍ３（ゆうちょ銀行も含む指標）の前年比伸び率は13年度以降も２％台後半から３％台前半程度に止まり、19年度には２％強まで低下してしまっていた。マネタリーベースの供給が増加すると、銀行が貸出を積極化させ、その結果マネーストックも増加するという、想定されていた金融緩和メカニズムは働かなかったのである。実際、マネタリーベースの増加がどの程度のマネーストックの増加に繋がったのかを示す信用乗数（マネーストック／マネタリーベース）は、大幅に低下した(図26.3.3)。なお、20年度、21年度（４-10月の計数）はマネーストックの伸びが急上昇しているが、これは、新型コロナウイルス対策としての各種給付金等による一時的なものと推察される。

「マイナス金利政策」の導入とその後の展開──マイナス幅拡大は？

　マネタリーベース増加の効果がみられない中で、日本銀行は2016年１月に政策運営方式を再度変更し、日銀当座預金の一部に－0.1％の金利を付す、「マイナス金利付き量的・質的金融緩和」を導入した。これにより、銀行間の資金貸借市場（コール市場）の金利がマイナスに転じた（図26.3.4）。しかし、金利ゼロの現金が存在する以上預金金利の低下には限界がある中で、国債金利や長期貸出金利が低下すれば、銀行収益の圧迫でかえって貸出の伸びを阻害するという副作用への懸念が強まり、同年９月には早々に運営方式を再々度変更し、10年物国債金利に０％程度という誘導目標を追加した「長短金利操作付き量的・質的金融緩和」を導入した。日本銀行は、必要があれば金利のマイナス幅を拡大するとの姿勢を示し続けているが、マイナス金利政策の効果も限定的であり、その後５年以上が経過しても物価安定目標は一向に達成されていない。さらに新型コロナウイルス感染拡大で景気が悪化しても、マイナス幅拡大は実施されていない。

図26.3.1　マネタリーベース残高の推移（年度平均残高、兆円）

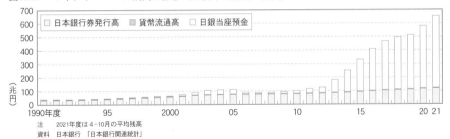

注　2021年度は4−10月の平均残高
資料　日本銀行「日本銀行関連統計」

図26.3.2　マネーストック伸び率の推移（平均残高前年度比、％）

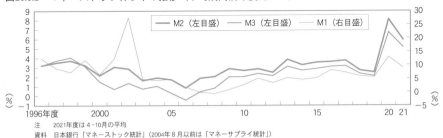

注　2021年度は4−10月の平均
資料　日本銀行「マネーストック統計」（2004年8月以前は「マネーサプライ統計」）

図26.3.3　信用乗数（M3平残／マネタリーベース平残）

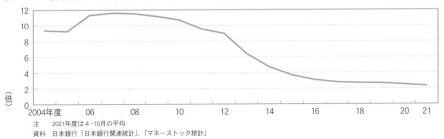

注　2021年度は4−10月の平均
資料　日本銀行「日本銀行関連統計」、「マネーストック統計」

図26.3.4　コール市場金利（無担保・O／N）

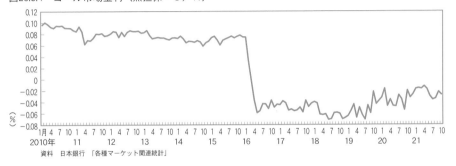

資料　日本銀行「各種マーケット関連統計」

26.4　債券・株式市場の動向
累増を続ける政府債務残高

　わが国の財政収支は、1970年代半ば以降赤字を続けており、特に近年は、公共事業削減等の赤字抑制策にもかかわらず、高齢化の進展に伴う社会保障費の増加を主因に、赤字幅は拡大傾向にある。このため一般政府の債務残高（国債・借入金、地方債、政府保証債務の合計）は増加を続け、2019年度末には約1209兆円まで膨らんだ(図26.4.1)。さらに、2020年度は新型コロナウイルス対策で財政支出が大幅に増加したため、債務残高も約1332兆円と急増した。債務残高の名目GDP比は、2010年度末に200.0％と2倍を超え、2020年度末には248％まで上昇した。うち、国債の発行残高は、2003年度末に名目GDP比104.3％とGDPを上回った。その後も、上昇を続け、20年度末には205.9％に達している（ちなみに、比較でしばしば引き合いに出されるユーロへの加入基準は、「GDP比60％以下」）。

社債市場は再び増加傾向、発行の大半は普通社債に

　社債の発行残高をみると、資本市場の発達を反映して2000年代初頃までは急速な増加を続けていた。その後一旦減少に転じたが、07年度頃から再び増加、10年度頃からはまた減少と推移していたが、ここ数年は景気回復や金利低下の影響等から増加に転じ、増加が加速しつつあるようにうかがわれる（図26.4.2）。内訳をみると、転換社債や新株予約権付社債（ワラント債）、資産担保型社債等は大幅に減少し、近年は、発行残高の大半が普通社債である。

株価はピークの1/4まで落ち込み、その後回復

　株価は1980年代後半にバブル経済をリードして急上昇したが、90年に地価に先駆けて下落した。東証株価指数は80年末の494から89年末には2881まで急上昇した後、92年末までの3年間に1/2以下へと急激に下落した。それ以降は、若干の反発の後、98年には銀行の不良資産の膨張による金融不安等もあって1087まで下落した。その後は反発・下落を繰り返したが、リーマンショック、東日本大震災等が企業収益に大打撃を与えたため、2011年末には729と、1989年末の約1/4の水準まで落ち込んだ。2012年以降は、いわゆる「アベノミクス」の効果等から、大幅な上昇に転じた。上場株式の時価総額も株価指数とほぼ同様に推移しており、12年以降は株価と同様に急回復した（図26.4.3）。18年末は、海外経済情勢の不透明感等から、株価、時価総額ともにやや低下したが、19年以降は再び上昇している。

図26.4.1　国債・地方債・政府保証債の発行残高（年度末、兆円）と名目GDP比率（％）

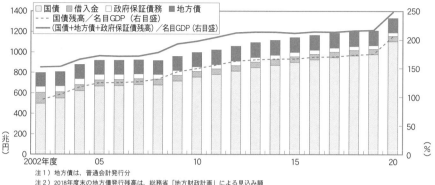

注1）地方債は、普通会計発行分
注2）2018年度末の地方債発行残高は、総務省「地方財政計画」による見込み額
資料　財務省「国債統計年報」、「債務管理レポート」、総務省「地方財政統計年報」

図26.4.2　社債の発行残高（年度末、兆円）

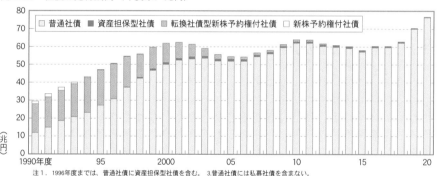

注1．1996年度までは、普通社債に資産担保型社債を含む。　3.普通社債には私募社債を含まない。
　　2．2001年度までは、転換社債、新株引受権付社債の計数。
資料　日本証券業協会調

図26.4.3　東証株価指数と上場株式時価総額（年末）

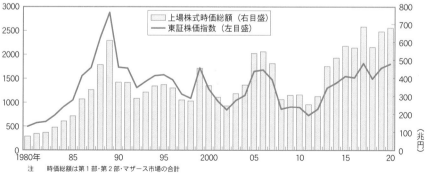

注　　時価総額は第1部・第2部・マザーズ市場の合計
　　　左軸は1968年1月4日を100とした指数
資料　日本取引所グループ

26.5　保険、電子マネー
ほぼ横ばいとなった生命保険の契約額

　生命保険の保有契約額は、2000年代に入って減少傾向を続けた後、ここ数年はほぼ横ばいであるが、それでも、2000年度の1802兆円が20年度には1322兆円と大幅な減少である。主力の個人保険の減少（同1312兆円→816兆円）が主因である。長引く不況による解約・契約内容の縮小に加えて、医療保険、がん保険等の生前給付型保険へのシフトも影響している。こうした中で、個人年金保険の契約金額が全体に占める割合は、2000年度の4.1％から20年度には7.7％と大きく高まっている（図26.5.1）。

損害保険の正味収入保険料は、2011年度から増加

　損害保険の正味収入保険料は、2011年度に減少傾向に歯止めがかかり、20年度は、10年度比約24％増の約8.7兆円となった。10年度と比べると、自動車、傷害等の任意保険の保険料と自賠責保険の保険料がいずれも増加したことによる（図26.5.2）。

キャッシュレス化の流れ―電子マネーの発行枚数・残高は急増

　近年は、消費者等の店頭での支払いに、現金だけでなく、電子マネーやいわゆる「スマホ決済」（コード決済）、等のキャッシュレス決済手段が使われる機会も増加している。2008年末～20年末にかけて、電子マネーの発行枚数は約4.53倍、残高は約4.40倍と、ともに急増している(図26.5.3)。むろん、少額の使用が中心（１件当たりの平均支払金額は20年で1,019円）であり、残高も20年末で3656億円と、現金に比べればごく僅か（例えば、20年末の現金残高は約110兆円）であるが、硬貨流通量の伸び鈍化などに影響が出ていると言われる。

　いわゆる「スマホ決済」に関しては、まだ網羅的な統計が存在しないため残高等が数字では確認できないが、運営各社の様々なキャンペーン実施の効果等から、直近で急速に拡大している模様である。ちなみに、2021年１‐３月に実施された経済産業省のアンケート調査結果によれば、販売事業者のコード決済導入率は55％と、電子マネーの導入率（交通系、非交通系ともに25％）を大幅に上回っている。コード決済の方が手数料率が低い（販売事業者の43％が手数料率は０％台と回答）ことが寄与したものと推察される。

　政府も「2025年６月までに、キャッシュレス決済比率を倍増し、４割程度とすることを目指す」（令和元年６月閣議決定）などの目標を掲げて、消費税率引上げの際のポイント還元や、マイナンバーカードとリンクした「マイナポイント」等で、キャッシュレス化推進を図っており、今後の動向が注目される。

図26.5.1　生命保険の保有契約の推移（年度末、兆円）

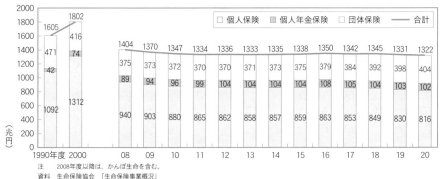

注　2008年度以降は、かんぽ生命を含む。
資料　生命保険協会　「生命保険事業概況」

図26.5.2　損害保険の種目別正味保険料の推移（年度、兆円、％）

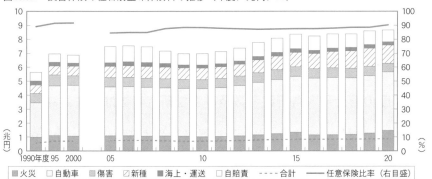

注1　正味収入保険料とは、元受正味保険料に受再正味保険料を加え支払再保険料および収入積立保険料を控除したもの。
注2　火災保険料には火災相互保険、建物更新保険および満期戻長期保険の保険料を含み、傷害保険料には傷害相互保険の保険料を含む。
資料　日本損害保険協会ホームページ「保険種目別データ」

図26.5.3　電子マネーの発行枚数、残高

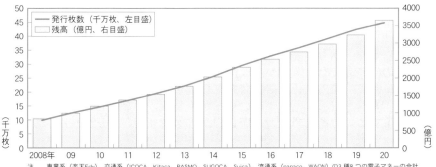

注　専業系（楽天Edy）、交通系（ICOCA、Kitaca、PASMO、SUGOCA、Suica）、流通系（nanaco、WAON）の3種8つの電子マネーの合計
資料　日本銀行決済機構局「決済動向」

第27章　研究・開発

27.1　科学技術研究
2019年度の研究費は対前年0.3%増の19.6兆円、GDPの3.50％

　2019年度の科学技術研究費の支出は、19.6兆円と、前年度と比較して、増大した（表27.1.1）。2019年度は大学等、非営利団体・公的機関の研究開発費は微増にとどまったが、産業の研究費支出総額が微減した。1990年代半ば以降、概ね国内総生産（GDP）の動きに同調しつつ少し遅れて変動し当初はGDPの伸び率を上回っていたが、リーマンショックに続く世界的な金融危機と円高によって、2009年度には研究費は8.3%減というかつてない縮小を示した。その後の回復によって、2000年代の後半から研究費の対GDP比率は長期的にほぼ一定である。94年度の2.66％から2008年度の3.64％と上昇し、2019年度の3.50％である。

　部門別シェアでは、産業が72.6％、大学等が19.0％、非営利団体・公的機関が8.4％となっている。製造業が日本全体の63.2%のシェアを占めており、産業の研究開発の中心的な担い手である（表27.1.2）。研究費の中で15.1%が基礎研究、20.4%が応用研究、64.5%が開発研究である。

2019年度の博士号取得研究者数及び女性研究者数は過去最高

　2019年度末（2020年3月末）の、研究者は94万2200人であり、前年から0.7%増となった（表27.1.3）。博士号取得研究者は18万900人と過去最高となり、研究者に占める割合も19.2%であったが、2010年代後半に比率は上昇していない。女性研究者は持続的に増加し、19年度末に過去最高の15万8900人となった。研究者全体に占める女性の割合も、16.9%と過去最高を記録した。しかし、博士号取得研究者の割合も女性の割合も依然として欧米諸国と比べると低い。

日本は研究費の規模では3位、GDP比では2位、政府負担は最下位

　主要国の研究費の規模（購買力平価ベース）を比較すると、日本は、米国と中国に次ぐ大きさである。中国の研究費は2000年代に急速に増加し09年度に日本を上回り、2019年度では米国の研究費に接近している。また、研究費のGDP比では、韓国が主要国の中で最も高く（4.52%）、日本は3.51%とこれに次ぐ（表27.1.4）。研究費の部門別負担割合を見ると、日本では政府の負担割合が16.8%と主要国の中で最も低い。主要な欧米諸国は約10%ポイントあるいはそれ以上、政府負担が日本より高い（表27.1.5）。ただし、米国では政府負担の研究開発費の約半分が国防研究費である。また、イギリスでは外国企業など外国組織による負担割合が高い（14%弱）が日本の水準は非常に低い（0.5%）。

表27.1.1　科学技術研究費の推移

年度	研究費 (a)(億円)	対前年度比 (%)	国内総生産 (b)(兆円)	対 国 内総生産比率 (a/b)(%)
1994	135 960	−0.8	512.0	2.66
1995	144 082	6.0	525.3	2.74
1996	150 793	4.7	538.7	2.80
1997	157 415	4.4	542.5	2.90
1998	161 399	2.5	534.6	3.02
1999	160 106	−0.8	530.3	3.02
2000	162 893	1.7	537.6	3.03
2001	165 280	1.5	527.4	3.13
2002	166 751	0.9	523.5	3.19
2003	168 042	0.8	526.2	3.19
2004	169 376	0.8	529.6	3.20
2005	178 452	5.4	534.1	3.34
2006	184 631	3.5	537.3	3.44
2007	189 438	2.6	538.5	3.52
2008	188 001	−0.8	516.2	3.64
2009	172 463	−8.3	497.4	3.47
2010	171 100	−0.8	504.9	3.39
2011	173 791	1.6	500.0	3.48
2012	173 246	−0.3	499.4	3.47
2013	181 336	4.7	512.7	3.54
2014	189 713	4.6	523.4	3.62
2015	189 391	−0.2	540.7	3.50
2016	184 326	−2.7	544.8	3.38
2017	190 504	3.4	555.7	3.43
2018	195 260	2.5	556.8	3.51
2019	195 757	0.3	559.7	3.50

注　1996年度以降はソフトウェア業を含む。
　　2001年度は新規調査対象産業を含む。
　　国民経済計算の改定により、国内総生産及び国内総生産比
　　は、既公表値と異なる年度がある。
資料　総務省統計局統計調査部経済統計課「令和2年科学技術研
　　究調査」

表27.1.3　研究者数の推移（実数）

年次 (3月末)	実　数（100人）				構成比（%）		
	計	男	女	博士号取得者	男	女	博士号取得者
2005	8 305	7 318	987	1 356	88.1	11.9	16.3
2006	8 619	7 590	1 029	1 393	88.1	11.9	16.2
2007	8 746	7 661	1 085	1 464	87.6	12.4	16.7
2008	8 833	7 684	1 149	1 473	87.0	13.0	16.7
2009	8 907	7 746	1 161	1 505	87.0	13.0	16.9
2010	8 893	7 682	1 211	1 550	86.4	13.6	17.4
2011	8 941	7 710	1 232	1 581	86.2	13.8	17.7
2012	8 927	7 680	1 247	1 608	86.0	14.0	18.0
2013	8 870	7 592	1 278	1 638	85.6	14.4	18.5
2014	8 924	7 618	1 306	1 661	85.4	14.6	18.6
2015	9 267	7 905	1 362	1 708	85.3	14.7	18.4
2016	9 074	7 690	1 384	1 738	84.7	15.3	19.2
2017	9 177	7 736	1 441	1 749	84.3	15.7	19.1
2018	9 307	7 802	1 505	1 777	83.8	16.2	19.1
2019	9 357	7 807	1 550	1 797	83.4	16.6	19.2
2020	9 422	7 833	1 589	1 809	83.1	16.9	19.2

注　各年の3月31日現在。
資料　表27.1.1と同じ。

表27.1.2　研究主体別及び性格別研究費（2019年度）

	研究費（a）（億円）	構成比（%）			
産業	142 121	72.6			
製造業	123 713	63.2			
情報通信業	5 392	2.8			
学術研究・専門・技術サービス業	9 169	4.7			
その他	3 847	2.0			
非営利団体・公的機関	16 435	8.4		各研究費の部門別構成		
大学等	37 202	19.0				
総額	195 757	100.0	産業	非営利団体・公的機関	大学等
基礎研究費	27 452	15.1	39.1	13.4	47.5
応用研究費	37 073	20.4	61.3	14.3	24.3
開発研究費	117 132	64.5	92.4	5.8	1.8

注　性格別研究費は自然科学のみが対象。
資料　表27.1.1と同じ。

表27.1.4　主要国の研究費（2019）及び研究費のGDP比（2018）

国　名	研究費（兆円）	GDP比（%）
日　　　　本	19.6	3.51
ア メ リ カ	68.0	2.95
中　　　　国	54.5	2.14
ド　イ　ツ	15.3	3.12
フ ラ ン ス	7.5	2.20
韓　　　　国	10.6	4.52
イ ギ リ ス	15.3	1.73

注　各国の研究費の邦貨換算はOECD購買力平価による。
　　研究費で、米国、ドイツ、フランスは見積もり値、英国は予備値。
　　GDP比で、米国は大部分あるいはすべての資本支出を除外。フラン
　　スは暫定値。
資料　文部科学省科学技術・学術政策研究所「科学技術指標2021」（統計資料）

表27.1.5　主要国における研究費の負担割合

（%）

国　名	政府	民間	その他	外国	年度
日　　　　本	16.8	72.6	10.0	0.5	2019
ア メ リ カ	22.3	63.1	7.3	7.2	2018
ド　イ　ツ	27.8	66.0	0.3	5.8	2018
フ ラ ン ス	31.6	56.7	4.0	7.7	2018
イ ギ リ ス	25.9	54.8	5.6	13.7	2018
中　　　　国	20.2	76.6	2.8	0.4	2018
韓　　　　国	20.7	76.9	0.8	1.6	2019

注　政府負担には国防を含む。その他には、非営利団体、私立大学等を
　　含む。外国にはECなど国際機関を含む。
資料　表27.1.4と同じ。

27.2　技術貿易
2019年度は技術貿易の受取額も支払額も減少

　科学技術研究調査によって2019年度の技術貿易（国内で研究開発を行っている企業による外国企業との特許、ノウハウなどの技術取引）について見ると、技術輸出の受取額は３兆6626億円と5.4%の減少となり、技術輸入の支払額も5436億円で、前年度に比べ8.0%の減少となった。日本企業の、支払額に対する受取額の倍率の推移を見ると、1992年度までは概ね１倍を下回る水準で推移したが、93年度に初めて１倍を上回った。その後も、支払額の増加よりも受取額の増加が大きく、98年度に２倍を超え、2004年度には３倍を超え、11年度以降は約６倍となった（表27.2）。技術輸出の約４分の３が日本企業の海外関連企業からの受け取りであり日本企業の、海外直接投資ストックの拡大が技術輸出拡大の重要な駆動力である。

　国際収支統計では、19年度の日本の居住者による特許料等の受取額は約5.0兆円と上記の技術輸出額より３割強多い。しかし、日本居住者の支払額は約2.9兆円と上記の技術輸入額の約5.4倍となっている。国際収支統計では、映画等の著作権や商標など技術以外の知的財産権の取引も把握し、さらに外国企業の日本国内子会社等による技術輸入について、当該国内法人が研究開発を行っていなくても把握している。他方で科学技術研究調査の技術輸入に占める親子会社間の取引は３割強に過ぎない。日本の技術貿易大幅な黒字であることには変わりはないが、受取額／支払額は1.7倍にとどまっており、科学技術研究調査が示すような大幅な黒字ではない。

技術輸出、技術輸入は米国がそれぞれ３分の１、３分の２を占める

　2019年度の技術貿易を相手先企業の地域別に見ると、技術輸出受取では、北米とアジアからの受取額が最も多く、これらが占める割合は、それぞれ42.1%と38.5%とほぼ同額となっている。これら２地域で日本の技術輸出の８割を占めている（図27.2）。国別に見ると、受取額は、米国からの受取が38%を占め、次いで中国、タイ、イギリス、インド、インドネシア、韓国の順となっている。米国のシェアが高いのは、日本企業の直接投資が高水準で行われていることに加え、ライセンスを受けた米国企業が米国以外での市場でも技術を活用している場合が多いからだと考えられる。

　技術輸入では、北米への支払額が73.1%、欧州への支払額が23.8%と、輸出に比べ欧米の割合が圧倒的に高い。これらの地域は、先端産業で高い水準の研究開発を行っている（あるいはそうした企業の本社が存在している）。国別の支払額は米国への支払が73%を占め、次いでドイツ,オランダなどとなっている。

表27.2　技術交流（技術貿易）の推移

年　度	技術輸出		技術輸入		受取額／支払額（倍）
	受取額（億円）	対前年度比（％）	支払額（億円）	対前年度比（％）	
1993	4 004	6.0	3 630	−12.3	1.10
1994	4 621	15.4	3 707	2.1	1.25
1995	5 621	21.6	3 917	5.7	1.43
1996	7 030	25.1	4 512	15.2	1.56
1997	8 316	18.3	4 384	−2.8	1.90
1998	9 161	10.2	4 301	−1.9	2.13
1999	9 608	4.9	4 103	−4.6	2.34
2000	10 579	10.1	4 433	8.0	2.39
2001	12 468	17.9	5 484	23.7	2.27
2002	13 868	11.2	5 417	−1.2	2.56
2003	15 122	9.0	5 638	4.1	2.68
2004	17 694	17.0	5 676	0.7	3.12
2005	20 283	14.6	7 037	24.0	2.88
2006	23 782	17.3	7 054	0.2	3.37
2007	24 823	4.4	7 105	0.7	3.49
2008	22 255	−10.3	6 000	−15.5	3.71
2009	20 153	−9.4	5 349	−10.9	3.77
2010	24 366	20.9	5 301	−0.9	4.60
2011	23 852	−2.1	4 148	−21.8	5.75
2012	27 210	14.1	4 486	8.1	6.07
2013	33 952	24.8	5 777	28.8	5.88
2014	36 603	7.8	5 130	−11.2	7.14
2015	39 498	7.9	6 026	17.5	6.55
2016	35 719	−9.6	4 529	−24.8	7.89
2017	38 844	8.7	6 298	39.1	6.17
2018	38 711	−0.3	5 910	−6.2	6.55
2019	36 626	−5.4	5 436	−8.0	6.74
うち親子会社	27 147		1 789		
参考（知的財産等使用料、国際収支統計、2019年度）	49 560	−3.7	29 170	12.7	1.7

注　研究開発を日本国内で実施している企業による技術取引が調査対象である。
資料　表27.1.1と同じ。知的財産等使用料は財政金融統計月報（国際収支）。

図27.2a　主な国別技術交流（技術貿易）の構成
　　　　比（2019年度）　　　図27.2b　主な国別技術交流（技術貿易）の構成
　　　　　　　　　　　　　　　　　　比（2019年度）

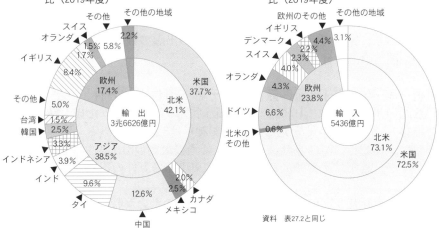

資料　表27.2と同じ

27.3　産業財産権
特許・実用新案の2020年の国内出願件数は29.5万件に減少

　日本特許庁への特許・実用新案の出願件数は、1987年に54.3万件に達した後、同年に実施された多項性の導入（関連する複数の発明を１つにまとめて出願することを可能とする）等の施策の浸透もあり、減少傾向で推移し、94年には37.1万件とピーク時に比べ約17万件の減少となった。その後、出願件数は増加し、2001年には44.8万件まで増大したが、2000年代の後半からは減少傾向で推移し、リーマンショックに続く世界的な金融危機と円高によって09年に大きく落ち込み、その後も回復せず、20年はコロナウイルスによる経済ショックがあり、前年に比べ5.8%減少し、29.5万件となった。なお、実用新案については、1994年１月から改正実用新案法が施行され、出願件数は93年の7.7万件から2020年の0.6万件へと大きく減少し、特許権が出願の98%を占める（表27.3.1）。

　非居住者による日本での特許出願件数を見ると、2020年において出願件数は約6.1万件であり、全出願に占める比率は21%である。米国と欧州からの出願件数の合計は4.2万件で、外国からの出願全体の７割を占めている（表27.3.2）。

日本人による外国への特許出願件数は、2019年に21万件

　中国等の経済成長を反映して、１つの発明がより多くの外国に出願されるようになっており、日本人による外国への特許出願件数も増加している。2019年において国内出願件数の約34%に相当する出願が米国になされ、中国へは約20%、欧州特許庁へは約９%である（表27.3.3）。外国出願のうち、米国向けが8.4万件と最多であるが、中国への出願も4.9万件と高い水準になっており、続いて欧州（EPO）、韓国への出願の順になっており、世界約70か国への出願合計で21万件である。

意匠・商標の国内出願件数はそれぞれ３万件と18万件

　意匠の出願件数は、1982年に過去最高の5.9万件になった後、減少傾向で推移したが、近年は安定しており2020年は3.2万件である。商標の出願件数は、1992年にバブル経済を反映して過去最高の31.1万件になった後減少したが、近年は上昇傾向にあり、2020年は18.1万件の出願があった（表27.3.1）。

　商標、意匠及び実用新案では、個人の出願の割合が特許に比べて高い。2020年において商標では15.6%、意匠では9.8%、実用新案では32.2%が個人であり、特許では2.8%が個人である。

表27.3.1　産業所有権の出願・登録件数

（単位　1,000件）

年　次	特許・実用新案計		特　　許		実用新案		意　　匠		商　　標	
	出　願	登　録	出　願	登　録	出　願	登　録	出　願	登　録	出　願	登　録
1975	341	95	160	47	181	48	52	35	155	109
1980	383	96	191	46	192	50	56	31	127	66
1985	508	91	303	50	205	41	55	36	162	120
1990	506	102	368	59	138	43	44	34	172	117
1992	467	157	372	92	95	65	39	38	311	156
1993	443	141	366	88	77	53	41	39	175	159
1994	371	136	353	82	18	54	41	35	173	147
1995	384	173	369	109	15	64	40	35	180	145
1996	391	310	377	215	14	95	40	35	188	178
1997	404	198	392	148	12	50	40	37	133	253
1998	413	177	402	141	11	36	39	36	112	132
1999	416	172	406	150	10	22	37	41	122	124
2000	447	139	437	126	10	13	38	40	146	94
2001	448	131	439	122	9	9	39	33	124	94
2002	430	128	421	120	9	8	37	32	117	105
2003	421	131	413	123	8	8	39	31	123	109
2004	431	131	423	124	8	7	41	33	129	96
2005	438	134	427	123	11	11	39	33	136	94
2006	420	152	409	141	11	11	37	30	136	103
2007	406	152	396	165	10	10	37	28	143	97
2008	400	186	391	177	9	9	34	29	119	100
2009	358	202	349	193	10	9	31	29	111	109
2010	353	231	345	223	9	9	32	27	114	98
2011	351	246	343	238	8	8	31	26	108	89
2012	351	283	343	275	8	7	32	28	119	96
2013	336	284	328	277	8	7	31	28	118	103
2014	333	234	326	227	7	7	30	27	124	100
2015	326	196	319	189	7	7	30	26	147	98
2016	324	209	318	203	6	6	31	25	162	105
2017	324	206	318	200	6	6	32	27	191	111
2018	319	200	314	195	5	5	31	28	184	117
2019	313	185	308	180	5	5	31	28	191	110
2020	295	185	288	179	6	6	32	26	181	135
参考）個人の割合 （％、2020）			2.8		32.2		9.8		15.6	

注　旧実用新案による出願及び登録件数も含む。
資料　特許庁「特許行政年次報告書（2021年版）〈統計・資料編〉」

表27.3.2　外国人による日本への特許出願件数
　　　　　（2020年）

国	件数（千件）	構成、%
計	61.1	100.0%
米　　　　国	22.5	36.8%
欧　　　　州	19.3	31.6%
中　　　　国	8.4	13.7%
韓　　　　国	5.9	9.7%

資料　表27.3.1と同じ

表27.3.3　日本人による外国への特許出願件数
　　　　　（2019年）

国・機関	件数（千件）	国内出願件数に対する比率、%
日本国内出願	245.4	100.0%
米　　　　国	84.4	34.4%
中　　　　国	48.9	19.9%
欧　州（EPO）	22.1	9.0%
韓　　　　国	15.0	6.1%
独	8.0	3.2%
外 国 出 願 合 計	205.3	83.7%

注　欧州（EPO）として、EPOへの出願のみを掲載している。
資料　表27.3.1と同じ（元は、WIPOデータ）

第28章　財　　政

28.1　国の財政
中央政府・地方政府の財政

　一国の行政主体には「中央政府」と「地方政府」があり、国民に対して行政サービスを提供している。広義の「国の財政」とは、そうした行政サービスに係る資金の出入り（支出とそのための資金調達）を指し、その全体像は表28.1の通りである。

一般財政（一般会計・特別会計・政府関係機関）

　中央政府の財政は、純粋な財政活動である「一般財政」と、政府による投融資活動である「財政投融資」との2つに分けられる。一般財政は、「一般会計」、「特別会計」及び「政府関係機関」の3つから成り、それぞれ予算が編成されて国会審議にかけられる。

　一般会計は、租税収入や公債金収入等を財源として、社会保障、文教・科学振興、公共事業、防衛などの国の基本的な活動を賄うものである（図28.1.1、図28.1.2）。特別会計（2021年度現在13会計）は、国が特定の事業や資金運用を行ったり、特定の業務の収支を区分して経理したりするために設けられ、21年度当初予算における歳出総額は495兆7255億円となっている。政府関係機関は、特別の法律によって設立された全額政府出資の法人で、累次の改革の結果、現在では(株)日本政策金融公庫、沖縄振興開発金融公庫、(株)国際協力銀行及び(独)国際協力機構有償資金協力部門の4機関となっており、21年度当初予算における歳出総額は2兆6775億円である。

財政投融資

　財政投融資は、政策的必要性はあるものの、民間では対応が困難な長期・低利の資金供給や大規模・超長期なプロジェクトの実施を可能とするため、投資や融資の形で資金供給を行うことを通じて財政政策の一翼を担うものであり、財政投融資計画が予算参考資料として国会に提出される。2001年の財政投融資改革によって、公庫・独立行政法人・特殊会社、地方公共団体等のいわゆる「財投機関」の事業資金は、より効率的で、市場原理と調和のとれたものにするため、財投機関債（2021年度当初計画4兆2707億円）の発行等による自主調達に努めることとされ、さらに必要な場合に財政投融資特別会計が発行する財投債によって賄われている。財政投融資計画は、ここ10年以上は10兆円台だったものの、2021年度当初計画では40兆9056億円、一般会計予算の38.4％にも膨れ上がっている（表28.1）。

表28.1　日本の財政の全体像

(単位　億円)

区　　分	歳　出　予　算			
	2010年度	2015	2020	2021
一般会計予算総額	922 992	963 420	1 026 580	1 066 097
特別会計予算総額	3 813 656	4 064 983	3 944 594	4 957 255
政府関係機関予算総額	21 996	18 350	16 931	26 775
（以上の合計）	4 758 644	5 046 752	4 988 104	6 050 127
うち重複額	2 474 010	2 636 127	2 528 652	3 066 736
（差引純計額）	2 284 634	2 410 625	2 459 453	2 983 391
地方財政計画額	821 268	877 675	917 473	902 478
（国の純計額と地方財政計画額との計）	3 105 902	3 288 300	3 376 926	3 885 869
うち重複額	315 628	354 836	362 407	353 897
差引純計額	2 790 274	2 933 464	3 014 518	3 531 972
（参考）財政投融資計画額	183 569	146 215	132 195	409 056

資料　財務省ホームページ

図28.1.1　一般会計の歳入内訳の推移（当初予算）図28.1.2　一般会計の歳出内訳の推移（当初予算）

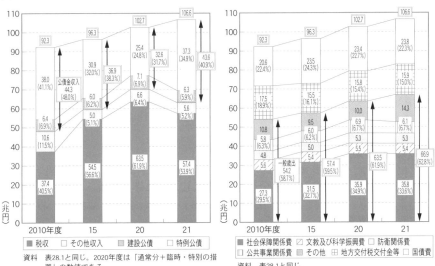

資料　表28.1と同じ。2020年度は「通常分＋臨時・特別の措置」の数値である。

資料　表28.1と同じ。

28.2　地方の財政
地方政府（地方自治体）の財政
　地方政府（地方自治体）は47都道府県、1718市町村、23特別区（東京都）に加え、地方行政サービスの一部を共同・広域処理する一部事務組合等を合わせた3,081団体（2019年度末時点）を指す。地方財政は、国の予算とともに国会に提出される地方財政計画（2021年度における通常収支分として89兆8060億円、東日本大震災分として復旧・復興事業3328億円、全国防災事業1090億円を計上：計90兆2478億円）（表28.1）によってその大まかな姿は把握できるものの、これはあくまで標準的な行政水準を前提とした歳入歳出総額の見込額であり、通常は、決算ベースで把握する。2019年度の地方政府の普通会計（一般行政部門の会計）の純計決算額は、歳入103兆2459億円、歳出99兆7022億円となっている。2000年の地方自治法改正に伴い道府県から市町村に権限移譲が行われたことを反映して、市町村の財政規模は都道府県のものと比べた比率が少しずつ高まっている（表28.2）。

地方政府の歳入
　地方政府の歳入については、自ら徴税する地方税などの自主財源が４割程度しかなく、それに地方交付税等と地方譲与税等を加えた一般財源（使途が特定されず、どのような経費にも使用できる財源）でも６割程度で、使途に制限のある特定財源等が４割程度になっている。なお、借金に当たる地方債が１割前後にも達している（図28.2.1）。
　次に、税収の内訳をみると、道府県と市町村ではかなり異なる。道府県では、道府県民税が税収全体の31％を占め、地方消費税（26％）、事業税（25％）がそれに次いでいるが、市町村では、市町村民税（47％）と固定資産税（41％）を合わせると税収全体の９割近くを占めている（図28.2.2）。

地方政府の歳出
　歳出の内訳をみると、都道府県で最も多いのは教育費（歳出全体の21％）で、民生費（17％）、公債費（14％）、土木費（12％）がこれに次いでいる。一方、市町村では、民生費（37％）が最も多く、総務費、教育費、土木費、公債費の順となっている（図28.2.3）。

☆☆☆　　**国・地方の債務残高**　　☆☆☆

　債務残高には一般的な政策経費から発生した長期債務を集計したもの、利払い・償還が主として税財源によって賄われる長期債務を集計したもの、市場からの調達など、国の資金調達活動の全体像を示すもの、さらには国際比較に資するため世界共通の基準（SNA）に基づき一般政府の債務残高を集計したものまである。

表28.2　地方政府の財政規模
（普通会計、決算）

（単位　億円）

	2005年度	2010	2015	2019
歳入総額	991 731	1 039 201	1 107 786	1 123 191
純 計 額	929 365	975 115	1 019 175	1 032 459
都道府県	486 945	500 661	520 499	509 140
市 町 村	504 786	538 540	587 287	614 051
歳出総額	969 340	1 011 837	1 072 663	1 087 754
純 計 額	906 973	947 750	984 052	997 022
都道府県	478 733	490 595	507 312	493 390
市 町 村	490 607	521 241	565 351	594 363

資料　総務省「地方財政白書」（平成19・24・29・令和３年版）

図28.2.1　地方政府の歳入内訳（2019年度決算）

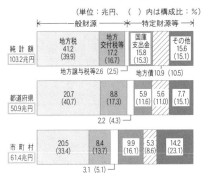

資料　総務省「地方財政白書（令和３年度版）」

図28.2.2　地方政府の税収内訳（2019年度決算）

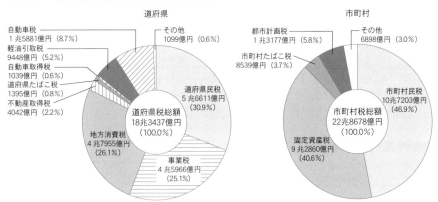

資料　図28.2.1と同じ。

図28.2.3　地方政府の歳出内訳（2019年度決算）

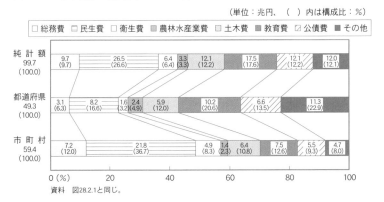

資料　図28.2.1と同じ。

28.3　国・地方の債務残高
公債発行額・残高の推移
　1965年に初めて国債を発行して以降、毎年度、公債発行が続き、90年初頭のバブル経済崩壊以降は景気の低迷などにより税収が落ち込んだことから景気を下支えするために種々の経済対策が講じられた。これに加え、近年の高齢化の進展等に伴い社会保障関連費が増加したことなどにより、公債発行額が増加してきた。とくに、2020年度には新型コロナウイルス感染症が流行したため、3回に渡り補正予算を組み、その主たる財源として国債を大量に発行した結果、公債発行額は当初予算規模を上回る113兆円にも達している。（図28.3.1）。
　また、国・地方を合わせた長期債務残高は2014年度末には1000兆円を超え、対GDP比は21年度末には、20年度末より少し低くなるものの、210％を上回る水準に達すると見込まれている（図28.3.2）。

債務残高の国際比較
　社会保障基金も含めた一般政府の債務残高（対GDP比）を主要国と比較すると、日本は1995年ではイタリア、カナダより低かったものの、他の主要国が「緩やかな上昇」または「横這い」で推移する中、急上昇を示し、2021年には241.2％に達すると見込まれ、欧州通貨危機の契機となったギリシアと首位を争うほど、主要国中で最悪の水準となっている（図28.3.3）。

国債残高の保有割合
　我が国の場合、国債残高の93％が国内で保有されていることなどから、これまでは国債を安定的に発行することができた（図28.3.4）。しかしながら、国債の国内消化を支えてきた国内貯蓄は高齢化等により伸び悩む一方、政府の債務残高が増加の一途をたどるなど、国債発行を巡る状況が変化してきていることを踏まえれば、国債金利がゼロ・パーセント近傍で安定している今のうちに、財政健全化を着実に進める必要がある。

歳出に占める国債費の割合
　上述したように公債残高が急増した結果、ゼロ金利政策の下、予算計上のための積算金利が1％弱という低金利の状況であるにもかかわらず、国債などの償還のための債務償還費が15.2兆円（国の一般会計歳出の14.3％）に、利払費等が8.5兆円（同8.0％）に達し、両方を合わせた「国債費」が23.8兆円となり、歳出総額の22.3％を占めている。これに「社会保障関係費」や「地方交付税交付金等」を加えると全体の約7割に達しており、他の支出を圧迫していることから、財政健全化のための取組みが急務となっている（図28.1.2）。

図28.3.1　一般会計の公債発行額の推移

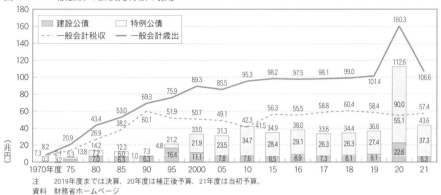

注　2019年度までは決算、20年度は補正後予算、21年度は当初予算。
資料　財務省ホームページ

図28.3.2　国・地方の長期債務残高の推移

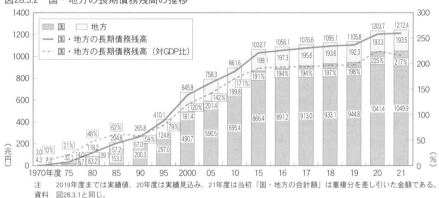

注　2019年度までは実績値、20年度は実績見込み、21年度は当初「国・地方の合計額」は重複分を差し引いた金額である。
資料　図28.3.1と同じ。

図28.3.3　主要国の債務残高の国際比較（対GDP比）

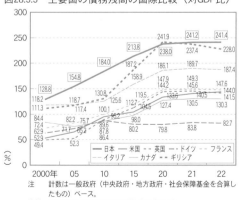

注　計数は一般政府（中央政府・地方政府・社会保障基金を合算した
もの）ベース。
資料　OECD Economic Outlook 109号（2021年5月）

図28.3.4　国債の所有者別内訳（2021年3月末）

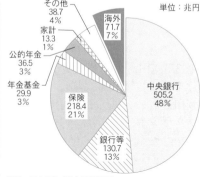

資料　日本銀行「資金循環統計」

28.4　新型コロナウイルス感染症対策を盛り込んだ３回にわたる異次元の2020年度補正予算

　2019年度後半に中国・武漢市から広まった新型コロナウイルス感染症（「新型コロナ」と呼ぶ。）は瞬く間に世界中に広がり、わが国でも2020年４月以降、数回に渡り流行の波が押し寄せる中、緊急事態宣言を発出し、ワクチン接種を進めるなど対応策をとる一方、経済活動の自粛ムードの蔓延による景気の大幅な落ち込みに対して、政府は新型コロナ対策として感染拡大の防止や医療供給体制の整備とともに、雇用の維持や事業の継続、経済活動の回復・再生を目指して、20年４月・６月、21年１月の３回に渡り、総額73.0兆円という異次元の規模の補正予算を成立させた。特に、新型コロナが未知の感染症であることを理由に、３回の補正予算においては約10兆円という巨額の予備費が計上されている。（図28.4.1）。

新型コロナ対策のために遠のく財政健全化と急増する長期債務残高

　今回の補正予算は建設公債15.5兆円・特例公債46.5兆円という国債の追加発行で賄うこととされた（図28.4.2）。このため、2021年７月に経済財政諮問会議に提出された「中長期の経済財政に関する試算」では、2021年度決算後の基礎的財政収支（PB）を対GDP比でみた場合、第３次補正後予算後の△12.9％よりも少し改善しているものの、△10.5％と大きく落ち込み、2018年６月に閣議決定された「新経済・財政再生計画」において目標とされたPB黒字化の時期は2025年度よりも遠のくと見込まれている（図28.4.3）。また、長期債務残高は2020年度第３次補正予算後には国だけでも1,000兆円を超え、国・地方を合わせた場合の対GDP比は30％近くも増加し、225％に達すると見込まれている（図28.4.4）。

10兆円に及ぶ予備費の執行状況

　新型コロナウイルス感染症は未知の病気であることから、世界中が医療・経済の両面で未曽有の影響を受けた。このため、緊急に対応する必要が生じたことから、政府は異例の措置として、第１次・第２次補正予算において11.5兆円もの予備費が計上された。しかし、令和３年度当初予算に予備費を計上する関係から、使用状況を勘案して第３次補正予算では1.9兆円減額され、３回の補正予算合計で9.7兆円が計上された。これらを用いて、ワクチン接種や病床確保、検疫体制の強化などの医療関係のために2.4兆円が、持続化給付金や特別給付金、特例貸付、Go to Travelなどの経済対策のために6.7兆円が使用された。この結果、0.5兆円を残して、合計で9.1兆円も使用された（図28.4.5）。

　なお、21年度予算においても５兆円もの予備費が計上されている。

図28.4.1　令和2年度当初・補正予算・決算（歳出）の推移

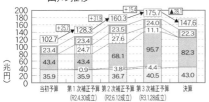

図28.4.2　令和2年度当初・補正予算・決算（歳入）の推移

図28.4.3　国・地方の基礎的財政収支（プライマリー・バランス）の推移と見通し

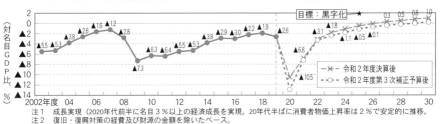

注1　成長実現（2020年代前半に名目3％以上の経済成長を実現。20年代半ばに消費者物価上昇率は2％で安定的に推移。
注2　復旧・復興対策の経費及び財源の金額を除いたベース。
資料　「中長期の経済財政に関する試算」（2021年1月21日・7月21日　内閣府）における「成長実現ケース」。

図28.4.4　国・地方の長期債務残高：令和2年度当初・補正予算の推移

注　「国・地方の合計額」は重複分を差し引いた金額である。
資料　財務省

図28.4.5　令和2年度補正予算・新型コロナウイルス感染症対策予備費使用実績

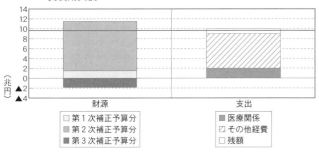

第29章　公　　務

29.1　公務員
国家公務員と地方公務員は合計332万 1 千人

　国や地方の行政事務を処理し、公的サービスなどを提供するために、我が国には58万人の国家公務員と276万 2 千人の地方公務員、合わせて334万 3 千人の公務員がいる（表29.1.1）。

　国家公務員数は、1969年の「行政機関の職員の定員に関する法律」（昭和44年法律第33号）により自衛官、大臣、委員等を除き、上限（定員）が定められており、政府はこの法律に基づき、定員削減計画を実施している。自衛官を除く行政部門の国家公務員は、1970年度以降減少を続けていたが、2017年度（29万 7 千人）から18年度29万 8 千人、19年度29万 9 千人、20年度30万 1 千人、21年度30万 2 千人と、感染症対策やデジタル庁の発足などにより、わずかではあるが 4 年連続で増加した（図29.1.1）。

　地方自治体においても、行財政改革の一環として公務員数の抑制が図られている。地方公務員数は、1994年（328万 2 千人）以降減少を続けていたが、2017年は子育て支援など福祉関係や防災関係などの増員により、前年に比べ0.2％（5,333人）増加し、18年は0.2％（5,736人）減少したが、19年は0.1％（3,793人）、20年は0.8％（21,367）とそれぞれ増加した。

　このうち、都道府県職員数は、1992年以降減少を続けていたが、2016年は警察部門の増員などにより微増（711人）した。17年は138万 8 千人で、県費負担教職員の指定都市への委譲により、前年に比べ7.5％（113,075人）減少し、18年も0.1％（1,198人）減少したが、19年は0.3％（4,482人）、20年は0.8％（11,757人）それぞれ増加した。市町村職員数は1996年（155万 5 千人）をピークに減少を続けていたが、2017年は県費負担教職員の都道府県からの委譲により、前年に比べ9.6％（118,408人）増加したものの、18年は0.3％（4,538人）、19年は0.1％（689人）減少したが、20年は0.7％（9,610人）増加した（図29.1.2）。

公務員の給与の改善は人事院勧告に基づき実施

　公務員には労働基本権が一定の制約を受けていることの代償として、給与など勤務条件の改善は人事院勧告に基づいて実施されることになっている。月例給の勧告率は、2002年に－2.03％と初のマイナスとなった後、07年に＋0.35％となって以降はゼロまたはマイナスとなっていた。14年は景気回復に伴う民間企業の賃上げを反映して＋0.27％と 7 年ぶりの増額となり、19年も＋0.09％と 6 年連続の増額が勧告された。20年、21年は新型コロナウイルスの影響で据え置き。また、21年のボーナスの支給月数は0.15カ月引下げ勧告となっている（表29.1.2）。

表29.1.1　公務員の数

（単位　人）

区　　　分	公務員数	備　　　考
公務員数合計	3 343 301	国家公務員及び地方公務員
国家公務員	581 281	
国の行政機関	302 449	
自衛官	247 154	
大臣、委員等の特別職	220	
特別機関	31 458	国会、裁判所、会計検査院、人事院
地方公務員	2 762 020	各自治体の職員
都道府県	1 402 744	
市町村	1 359 276	

注　国家公務員は、2021年度末定員
　　地方公務員は、2020年4月1日現在の定員
資料　内閣官房「国の行政機関の定員」
　　　総務省「令和2年地方公共団体定員管理調査結果」

図29.1.1　国の行政機関の定員の推移

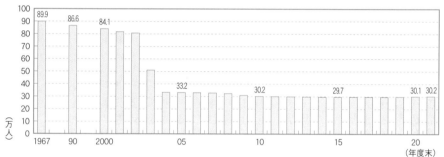

資料　内閣官房「国の行政機関の定員」

図29.1.2　地方公務員数の推移

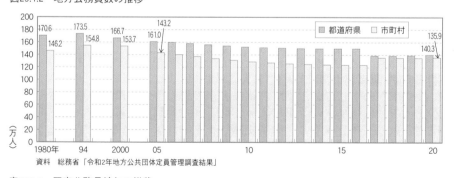

資料　総務省「令和2年地方公共団体定員管理調査結果」

表29.1.2　国家公務員給与の推移

	2002年	07	10	11	12	13	14	15	16	17	18	19	20	21
月例給勧告率（％）	-2.03	0.35	-0.19	-0.23	—	—	0.27	0.36	0.17	0.15	0.16	0.09	—	—
特別給(ボーナス)年間支給月数(月)	4.65	4.50	3.95	3.95	3.95	3.95	4.10	4.20	4.30	4.40	4.45	4.50	4.45	4.30

資料　人事院「令和3年人事院勧告」

29.2　選挙
改憲勢力は衆議院全体の３分の２を超える
　2021年10月の衆議院議員総選挙は、新型コロナウイルス対策や経済政策を主な争点として実施され、自民党は259議席を獲得して単独で過半数（233議席）を超えた。これに与党の公明党を加え、さらに改憲に前向きな日本維新の会を合わせると332議席となり、衆議院の全議席の３分の２（310議席）を超え、改憲発議に必要な議席を確保している（図29.2.1）。
　一方、2019年７月の参議院議員通常選挙では、自由民主党57議席、公明党14議席の与党に、日本維新の会10議席を加えた３つの党・会で81議席を獲得した。これに非改選の79議席を合わせると、この３勢力全体で160議席となったものの、参議院の全議席の３分の２（164議席）に届かなかった（図29.2.2）。

投票率は前回を若干上回る
　2021年10月の衆議院議員総選挙の投票率（小選挙区）は55.93％で、17年の前回衆院選の53.68％より2.25ポイント上回った。しかしながら、この投票率は、14年の52.66％、17年の53.68％に次ぐ戦後３番目の低さとなっている（図29.2.3）。
　この投票率を都道府県別に高い順にみると、山形県（64.34％）、新潟県（63.16％）、島根県（61.55％）、山梨県（60.57％）、岩手県（60.38％）となっている。一方、最も低いのは山口県（49.67％）で、次に岡山県（50.94％）、福岡県（52.12％）、広島県（52.13％）、茨城県（52.54％）と続いている。
　また、若年層の投票率をみると今回の選挙での18歳と19歳の投票率（速報値）は43.01％で、前回の投票率41.51％（全数調査）より1.5ポイント上回った。これを年齢別にみると、18歳が51.14％、19歳が35.04％でいずれも前回を上回った（表29.2）。
　しかしながら、投票年齢が18歳に引き下げられてから４年を経たが、全投票率（55.93％）を12.92ポイント下回っている。これは若年層の主権者教育がまだまだ足りていないものと考えられる。

期日前投票者数は約３人に１人
　投票率が低下している中で、選挙人が投票しやすい環境を整えるため、2003年の公職選挙法の改正によって期日前投票制度が導入された。期日前投票者数の推移をみると、衆議院議員総選挙、参議院議員通常選挙とも増加傾向にあったが、2021年の衆議院議員総選挙では、2058万人となり、前回17年の2138万人を約80万人下回った。有権者数に占める割合は19.4％で、投票者数に占める割合は34.9％と投票者約３人のうち１人が期日前投票を行っている（図29.2.4）。
　期日前投票者数の増加は、投票所数の増加、投票の開始・終了時間の拡大など期日前投票ができるチャンスが増えていることなどによる。

図29.2.1　最近の衆議院議員総選挙における政党別当選者数

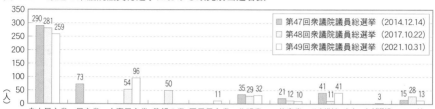

注　「日本維新の会」の第47回衆議院選挙の結果は「維新の党」の数
資料　総務省「衆議院議員総選挙・最高裁判所裁判官国民審査結果調」追加公認は含まず。

図29.2.2　最近の参議院議員通常選挙における政党別当選者数

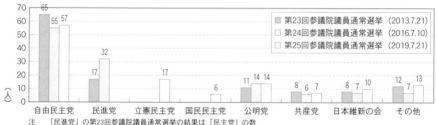

注　「民進党」の第23回参議院議員通常選挙の結果は「民主党」の数
　　「日本維新の会」の第24回参議院議員通常選挙の結果は「おおさか日本維新の会」の数
　　非改選の改憲議員数は自由民主党56名、公明党は14名、日本維新の会は6名、その他は3名
資料　総務省ホームページ「選挙関連資料」など

図29.2.3　国政選挙の投票率

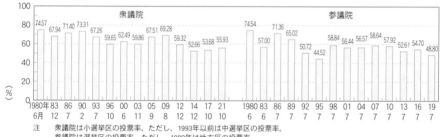

注　衆議院は小選挙区の投票率。ただし、1993年以前は中選挙区の投票率。
　　参議院は選挙区の投票率。ただし、1980年は地方区の投票率。
資料　総務省「衆議院議員総選挙・最高裁判所裁判官国民審査結果調」、「参議院議員通常選挙結果調」

図29.2.4　期日前投票者数

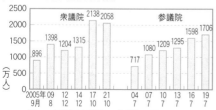

注　衆議院は小選挙区、参議院は選挙区選挙の投票者
　　数である。
資料　図29.2.3と同じ。

表29.2　第49回、第48回衆議院議員総選挙にお
　　　　ける年代別投票率（18歳・19歳）

	投票率(%)	
	第49回	第48回
18歳	51.14	50.74
19歳	35.04	32.34
計	43.01	41.51

注　第49回（2021年10月31日執行）速報値（抽出調査）
　　第48回（2017年10月22日執行）（全数調査）

29.3　司法
弁護士は前年から約千人増加
　法曹人口のうち、裁判官は裁判所職員定員法、検察官は行政機関職員定員令に定員が定められ、2021年度はそれぞれ3,881人、2,759人である。一方、弁護士は43,230人で、20年から1,030人増加している（図29.3.1）。
　都道府県別弁護士1人当たり人口が最も多いのは秋田県（12,711人）、次いで岩手県（12,029人）、最も少ないのが東京都（687人）、次いで大阪府（1,867人）、京都府（3,177人）となっている。

事件数は近年減少傾向
　全裁判所の新受全事件数を1995年以降についてみると、2003年の612万件から20年は336万件と、全体として大きく減少している（図29.3.2）。件数の最も多い民事・行政事件は2000〜04年は300万件を超えていたが、その後、「調停」や過払金返還請求を含む「通常訴訟」、「督促」の減少などにより減少傾向にあった。しかし、16年（147万件）から18年（155万件）は、やや増加が続いていたが、19年（152万件）、20年（135万件）と減少した（図29.3.3）。

民事調停の減少続く
　2020年に簡易裁判所及び地方裁判所で第1審として受け付けられた民事・行政事件44.3万件の内訳をみると、金銭関係の39.0万件（88.1％）が圧倒的に多く、これに建物関係3.3万件（7.5％）、土地関係0.8万件（1.9％）が続いている（図29.3.4）。
　民事事件は、当事者が互いに譲り合って実情に応じた解決策を得ることができるよう、裁判所に調停を申し立てることができる。民事調停の新受件数は1990年以降急激に増加し、2003年は61.5万件に達したが、その後10年は8.8万件と10万件を下回り、20年は3.1万件と更に減少した。これは、国民の権利意識が強くなり、話し合いの調停による解決ではなく訴訟をすることが多くなってきたことなどが考えられる（図29.3.5）。

家事審判事件は増加傾向
　家庭裁判所における家庭に関する事件（家事事件）の新受件数についてみると、2016年は102.3万件となり、初めて100万件を超え、20年は110.6万件と更に増加した。これは、国民の法意識や権利意識の高まりなどから家族間の紛争、成年後見人関係、相続関係などの家事審判事件が増加傾向にあるためで、この家事審判事件は、20年には92.7万件と19年から約1.9万件増加している。他方、家事調停が13.1万件、その他が4.8万件で、ほぼ横ばいで推移している（図29.3.6）。

図29.3.1　法曹人口の推移

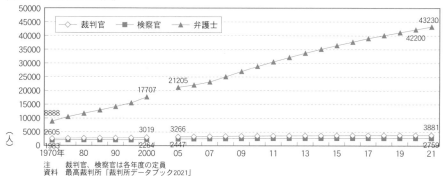

注　裁判官、検察官は各年度の定員
資料　最高裁判所「裁判所データブック2021」

図29.3.2　新受全事件数の推移

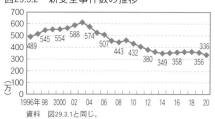

資料　図29.3.1と同じ。

図29.3.4　民事事件（第一審通常）新受件数（2020年）

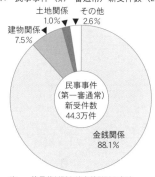

注　簡易裁判所と地方裁判所の合計
資料　最高裁判所「司法統計」

図29.3.3　各新受事件の推移（全裁判所）

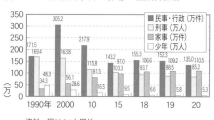

資料　図29.3.1と同じ。

図29.3.5　民事調停事件新受件数の推移

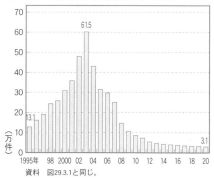

資料　図29.3.1と同じ。

図29.3.6　家事事件新受件数の推移

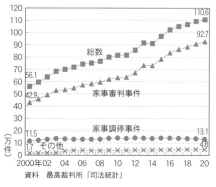

資料　最高裁判所「司法統計」

付　録

付

録

付　録 Ⅰ

我が国の主要統計行政機構（概略図）

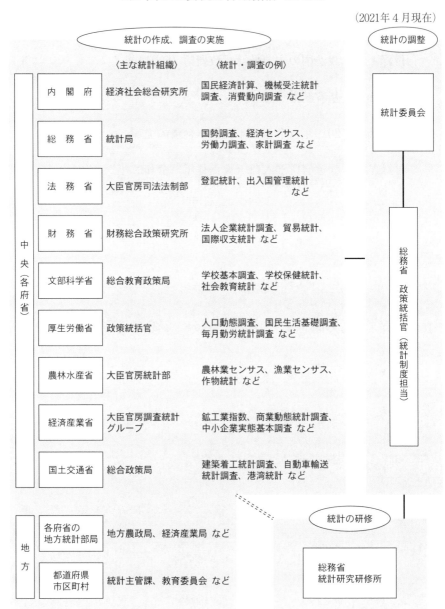

（2021年4月現在）

統計の作成、調査の実施　　　　　　　　　　　　統計の調整

〈主な統計組織〉　　〈統計・調査の例〉

内 閣 府	経済社会総合研究所	国民経済計算、機械受注統計調査、消費動向調査 など
総 務 省	統計局	国勢調査、経済センサス、労働力調査、家計調査 など
法 務 省	大臣官房司法法制部	登記統計、出入国管理統計 など
財 務 省	財務総合政策研究所	法人企業統計調査、貿易統計、国際収支統計 など
文部科学省	総合教育政策局	学校基本調査、学校保健統計、社会教育統計 など
厚生労働省	政策統括官	人口動態調査、国民生活基礎調査、毎月勤労統計調査 など
農林水産省	大臣官房統計部	農林業センサス、漁業センサス、作物統計 など
経済産業省	大臣官房調査統計グループ	鉱工業指数、商業動態統計調査、中小企業実態基本調査 など
国土交通省	総合政策局	建築着工統計調査、自動車輸送統計調査、港湾統計 など

中央（各府省）

統計委員会

総務省　政策統括官（統計制度担当）

統計の研修

各府省の地方統計部局	地方農政局、経済産業局 など	
都道府県市区町村	統計主管課、教育委員会 など	

地方

総務省統計研究研修所

【備考】・図に掲げていない省庁でも、統計の作成や調査の実施を行っている。
　　　　・統計関係機関（法人）の主なものとして、統計センター、統計数理研究所、日本銀行がある。

基 幹 統 計 一 覧

〈2021年1月現在〉

内閣府 《1》
　　国民経済計算 （注1）

総務省 《14》
　　国勢統計
　　住宅・土地統計
　　労働力統計
　　小売物価統計
　　家計統計
　　個人企業経済統計
　　科学技術研究統計
　　地方公務員給与実態統計
　　就業構造基本統計
　　全国家計構造統計
　　社会生活基本統計
　　経済構造統計 （注2）
　　産業連関表 （注1、注3）
　　人口推計 （注1）

財務省 《1》
　　法人企業統計

国税庁 《1》
　　民間給与実態統計

文部科学省 《4》
　　学校基本統計
　　学校保健統計
　　学校教員統計
　　社会教育統計

厚生労働省 《9》
　　人口動態統計
　　毎月勤労統計
　　薬事工業生産動態統計
　　医療施設統計
　　患者統計
　　賃金構造基本統計
　　国民生活基礎統計
　　生命表 （注1）
　　社会保障費用統計 （注1）

農林水産省 《7》
　　農林業構造統計
　　牛乳乳製品統計
　　作物統計
　　海面漁業生産統計
　　漁業構造統計
　　木材統計
　　農業経営統計

経済産業省 《7》
　　経済産業省生産動態統計
　　ガス事業生産動態統計
　　石油製品需給動態統計
　　商業動態統計
　　経済産業省特定業種石油等消費統計
　　経済産業省企業活動基本統計
　　鉱工業指数 （注1）

国土交通省 《9》
　　港湾統計
　　造船造機統計
　　建築着工統計
　　鉄道車両等生産動態統計
　　建設工事統計
　　船員労働統計
　　自動車輸送統計
　　内航船舶輸送統計
　　法人土地・建物基本統計

合　　計《53》

注1　国民経済計算、産業連関表、生命表、社会保障費用統計、鉱工業指数及び人口推計は、
　　　他の統計を加工することによって作成される「加工統計」であり、その他の統計は統
　　　計調査によって作成される。
注2　経済構造統計は、総務省のほか、経済産業省も作成者となっている。
注3　産業連関表は、総務省のほか、内閣府、金融庁、財務省、文部科学省、厚生労働省、
　　　農林水産省、経済産業省、国土交通省及び環境省も作成者となっている。

付　録Ⅲ

2019年（令和元年）日本経済の循環（「第13章　国民経済」関連図）

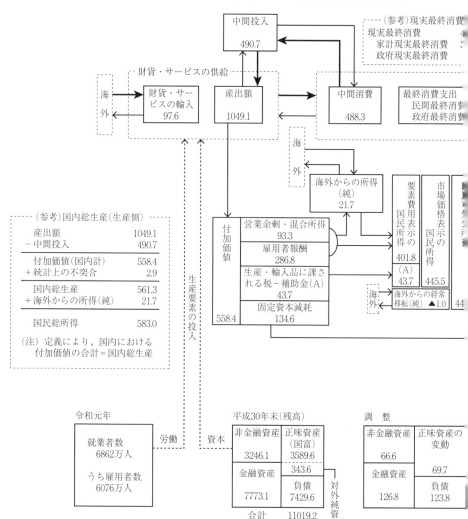

注1．　➡ は財貨・サービスの処分等を、➞ は所得の処分等を示している。
　2．四捨五入の関係上、内訳項目を合計したものは、総額と必ずしも一致しない。
　3．平成30年末の残高に令和元年間の資本取引を加え、さらにこれらに関する価格変動の影響
　　　等を調整（加減）したものが、令和元年末の残高となる。

（単位：兆円）

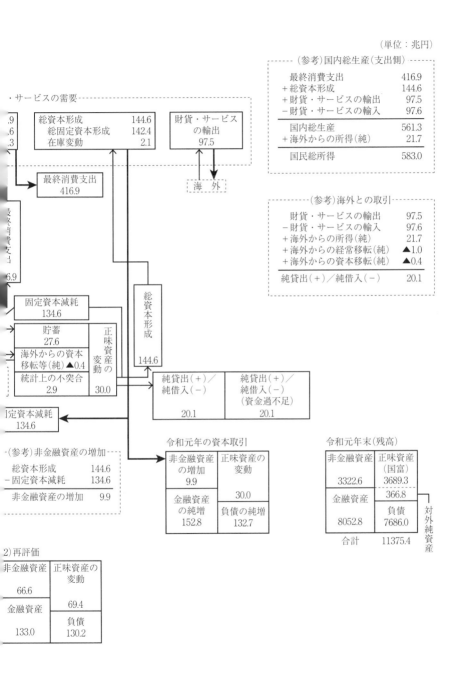

─────── (参考)国内総生産（支出側） ───────

最終消費支出	416.9
＋総資本形成	144.6
＋財貨・サービスの輸出	97.5
－財貨・サービスの輸入	97.6
国内総生産	561.3
＋海外からの所得（純）	21.7
国民総所得	583.0

─────── (参考)海外との取引 ───────

財貨・サービスの輸出	97.5
－財貨・サービスの輸入	97.6
＋海外からの所得（純）	21.7
＋海外からの経常移転（純）	▲1.0
＋海外からの資本移転（純）	▲0.4
純貸出（＋）／純借入（－）	20.1

国勢調査100年　都道府県別人口（大正9年〜令和2年）（1）

地域	大正9年 1920	14年 1925	昭和5年 1930	10年 1935	15年 1940	20年[1) 1945
全国	55,963,053	59,736,822	64,450,005	69,254,148	73,114,308	71,998,104
北海道	2,359,183	2,498,679	2,812,335	3,068,282	3,272,718	3,518,389
青森県	756,454	812,977	879,914	967,129	1,000,509	1,083,250
岩手県	845,540	900,984	975,771	1,046,111	1,095,793	1,227,789
宮城県	961,768	1,044,036	1,142,784	1,234,801	1,271,238	1,462,254
秋田県	898,537	936,408	987,706	1,037,744	1,052,275	1,211,871
山形県	968,925	1,027,297	1,080,034	1,116,822	1,119,338	1,326,350
福島県	1,362,750	1,437,596	1,508,150	1,581,563	1,625,521	1,957,356
茨城県	1,350,400	1,409,092	1,487,097	1,548,991	1,620,000	1,944,344
栃木県	1,046,479	1,090,428	1,141,737	1,195,057	1,206,657	1,546,355
群馬県	1,052,610	1,118,858	1,186,080	1,242,453	1,299,027	1,546,081
埼玉県	1,319,533	1,394,461	1,459,172	1,528,854	1,608,039	2,047,261
千葉県	1,336,155	1,399,257	1,470,121	1,546,394	1,588,425	1,966,862
東京都	3,699,428	4,485,144	5,408,678	6,369,919	7,354,971	3,488,284
神奈川県	1,323,390	1,416,792	1,619,606	1,840,005	2,188,974	1,865,667
新潟県	1,776,474	1,849,807	1,933,326	1,995,777	2,064,402	2,389,653
富山県	724,276	749,243	778,953	798,890	822,569	953,834
石川県	747,360	750,854	756,835	768,416	757,676	887,510
福井県	599,155	597,899	618,144	646,659	643,904	724,856
山梨県	583,453	600,675	631,042	646,727	663,026	839,057
長野県	1,562,722	1,629,217	1,717,118	1,714,000	1,710,729	2,121,050
岐阜県	1,070,407	1,132,557	1,178,405	1,225,799	1,265,024	1,518,649
静岡県	1,550,387	1,671,217	1,797,805	1,939,860	2,017,860	2,220,358
愛知県	2,089,762	2,319,494	2,567,413	2,862,701	3,166,592	2,857,851
三重県	1,069,270	1,107,692	1,157,407	1,174,595	1,198,783	1,394,286
滋賀県	651,050	662,412	691,631	711,436	703,679	860,911
京都府	1,287,147	1,406,382	1,552,832	1,702,508	1,729,993	1,603,796
大阪府	2,587,847	3,059,502	3,540,017	4,297,174	4,792,966	2,800,958
兵庫県	2,301,799	2,454,679	2,646,301	2,923,249	3,221,232	2,821,892
奈良県	564,607	583,828	596,225	620,471	620,509	779,685
和歌山県	750,411	787,511	830,748	864,087	865,074	936,006
鳥取県	454,675	472,230	489,266	490,461	484,390	563,220
島根県	714,712	722,402	739,507	747,119	740,940	860,275
岡山県	1,217,698	1,238,447	1,283,962	1,332,647	1,329,358	1,564,626
広島県	1,541,905	1,617,680	1,692,136	1,804,916	1,869,504	1,885,471
山口県	1,041,013	1,094,544	1,135,637	1,190,542	1,294,242	1,356,491
徳島県	670,212	689,814	716,544	728,748	718,717	835,763
香川県	677,852	700,308	732,816	748,656	730,394	863,700
愛媛県	1,046,720	1,096,366	1,142,122	1,164,898	1,178,705	1,361,484
高知県	670,895	687,478	718,152	714,980	709,286	775,578
福岡県	2,188,249	2,301,668	2,527,119	2,755,804	3,094,132	2,746,855
佐賀県	673,895	684,831	691,565	686,117	701,517	830,431
長崎県	1,136,182	1,163,945	1,233,362	1,296,883	1,370,063	1,318,589
熊本県	1,233,233	1,296,086	1,353,993	1,387,054	1,368,179	1,556,490
大分県	860,282	915,136	945,771	980,458	972,975	1,124,513
宮崎県	651,097	691,094	760,467	824,431	840,357	913,687
鹿児島県	1,415,582	1,472,193	1,556,690	1,591,466	1,589,467	1,538,466
沖縄県	571,572	557,622	577,509	592,494	574,579	-

データは国勢調査
1) 沖縄県は調査されなかったため，含まれていない。
2) 長野県西筑摩郡山口村と岐阜県中津川市の境界紛争地域人口（男39人，女34人）は全国に含まれているが，長野県及び岐阜県のいずれにも含まれていない。

国勢調査100年　都道府県別人口（大正9年〜令和2年）（2）

地域	昭和22年¹⁾ (臨時調査)1947	25年 1950	30年 1955	35年²⁾ 1960	40年 1965	45年 1970
全国	78,101,473	84,114,574	90,076,594	94,301,623	99,209,137	104,665,171
北海道	3,852,821	4,295,567	4,773,087	5,039,206	5,171,800	5,184,287
青森県	1,180,245	1,282,867	1,382,523	1,426,606	1,416,591	1,427,520
岩手県	1,262,743	1,346,728	1,427,097	1,448,517	1,411,118	1,371,383
宮城県	1,566,831	1,663,442	1,727,065	1,743,195	1,753,126	1,819,223
秋田県	1,257,398	1,309,031	1,348,871	1,335,580	1,279,835	1,241,376
山形県	1,335,653	1,357,347	1,353,649	1,320,664	1,263,103	1,225,618
福島県	1,992,460	2,062,394	2,095,237	2,051,137	1,983,754	1,946,077
茨城県	2,013,735	2,039,418	2,064,037	2,047,024	2,056,154	2,143,551
栃木県	1,534,311	1,550,462	1,547,580	1,513,624	1,521,656	1,580,021
群馬県	1,572,787	1,601,380	1,613,549	1,578,476	1,605,584	1,658,909
埼玉県	2,100,453	2,146,445	2,262,623	2,430,871	3,014,983	3,866,472
千葉県	2,112,917	2,139,037	2,205,060	2,306,010	2,701,770	3,366,624
東京都	5,000,777	6,277,500	8,037,084	9,683,802	10,869,244	11,408,071
神奈川県	2,218,120	2,487,665	2,919,497	3,443,176	4,430,743	5,472,247
新潟県	2,418,271	2,460,997	2,473,492	2,442,037	2,398,931	2,360,982
富山県	979,229	1,008,790	1,021,121	1,032,614	1,025,465	1,029,695
石川県	927,743	957,279	966,187	973,418	980,499	1,002,420
福井県	726,264	752,374	754,055	752,696	750,557	744,230
山梨県	807,251	811,369	807,044	782,062	763,194	762,029
長野県	2,060,010	2,060,831	2,021,292	1,981,433	1,958,007	1,956,917
岐阜県	1,493,644	1,544,538	1,583,605	1,638,399	1,700,365	1,758,954
静岡県	2,353,005	2,471,472	2,650,435	2,756,271	2,912,521	3,089,895
愛知県	3,122,902	3,390,585	3,769,209	4,206,313	4,798,653	5,386,163
三重県	1,416,494	1,461,197	1,485,582	1,485,054	1,514,467	1,543,083
滋賀県	858,367	861,180	853,734	842,695	853,385	889,768
京都府	1,739,084	1,832,934	1,935,161	1,993,403	2,102,808	2,250,087
大阪府	3,334,659	3,857,047	4,618,308	5,504,746	6,657,189	7,620,480
兵庫県	3,057,444	3,309,935	3,620,947	3,906,487	4,309,944	4,667,928
奈良県	779,935	763,883	776,861	781,058	825,965	930,160
和歌山県	959,999	982,113	1,006,819	1,002,191	1,026,975	1,042,736
鳥取県	587,606	600,177	614,259	599,135	579,853	568,777
島根県	894,267	912,551	929,066	888,886	821,620	773,575
岡山県	1,619,622	1,661,099	1,689,800	1,670,454	1,645,135	1,707,026
広島県	2,011,498	2,081,967	2,149,044	2,184,043	2,281,146	2,436,135
山口県	1,479,244	1,540,882	1,609,839	1,602,207	1,543,573	1,511,448
徳島県	854,811	878,511	878,109	847,274	815,115	791,111
香川県	917,673	946,022	943,823	918,867	900,845	907,897
愛媛県	1,453,887	1,521,878	1,540,628	1,500,687	1,446,384	1,418,124
高知県	848,337	873,874	882,683	854,595	812,714	786,882
福岡県	3,178,134	3,530,169	3,859,764	4,006,679	3,964,611	4,027,416
佐賀県	917,797	945,082	973,749	942,874	871,885	838,468
長崎県	1,531,674	1,645,492	1,747,596	1,760,421	1,641,245	1,570,245
熊本県	1,765,726	1,827,582	1,895,663	1,856,192	1,770,736	1,700,229
大分県	1,233,651	1,252,999	1,277,199	1,239,655	1,187,480	1,155,566
宮崎県	1,025,689	1,091,427	1,139,384	1,134,590	1,080,692	1,051,105
鹿児島県	1,746,305	1,804,118	2,044,112	1,963,104	1,853,541	1,729,150
沖縄県	-	914,937	801,065	883,122	934,176	945,111

国勢調査100年　都道府県別人口（大正9年～令和2年）（3）

地域	昭和50年 1975	55年 1980	60年 1985	平成2年 1990	7年 1995	12年 2000
全国	111,939,643	117,060,396	121,048,923	123,611,167	125,570,246	126,925,843
北海道	5,338,206	5,575,989	5,679,439	5,643,647	5,692,321	5,683,062
青森県	1,468,646	1,523,907	1,524,448	1,482,873	1,481,663	1,475,728
岩手県	1,385,563	1,421,927	1,433,611	1,416,928	1,419,505	1,416,180
宮城県	1,955,267	2,082,320	2,176,295	2,248,558	2,328,739	2,365,320
秋田県	1,232,481	1,256,745	1,254,032	1,227,478	1,213,667	1,189,279
山形県	1,220,302	1,251,917	1,261,662	1,258,390	1,256,958	1,244,147
福島県	1,970,616	2,035,272	2,080,304	2,104,058	2,133,592	2,126,935
茨城県	2,342,198	2,558,007	2,725,005	2,845,382	2,955,530	2,985,676
栃木県	1,698,003	1,792,201	1,866,066	1,935,168	1,984,390	2,004,817
群馬県	1,756,480	1,848,562	1,921,259	1,966,265	2,003,540	2,024,852
埼玉県	4,821,340	5,420,480	5,863,678	6,405,319	6,759,311	6,938,006
千葉県	4,149,147	4,735,424	5,148,163	5,555,429	5,797,782	5,926,285
東京都	11,673,554	11,618,281	11,829,363	11,855,563	11,773,605	12,064,101
神奈川県	6,397,748	6,924,348	7,431,974	7,980,391	8,245,900	8,489,974
新潟県	2,391,938	2,451,357	2,478,470	2,474,583	2,488,364	2,475,733
富山県	1,070,791	1,103,459	1,118,369	1,120,161	1,123,125	1,120,851
石川県	1,069,872	1,119,304	1,152,325	1,164,628	1,180,068	1,180,977
福井県	773,599	794,354	817,633	823,585	826,996	828,944
山梨県	783,050	804,256	832,832	852,966	881,996	888,172
長野県	2,017,564	2,083,934	2,136,927	2,156,627	2,193,984	2,215,168
岐阜県	1,867,978	1,960,107	2,028,536	2,066,569	2,100,315	2,107,700
静岡県	3,308,799	3,446,804	3,574,692	3,670,840	3,737,689	3,767,393
愛知県	5,923,569	6,221,638	6,455,172	6,690,603	6,868,336	7,043,300
三重県	1,626,002	1,686,936	1,747,311	1,792,514	1,841,358	1,857,339
滋賀県	985,621	1,079,898	1,155,844	1,222,411	1,287,005	1,342,832
京都府	2,424,856	2,527,330	2,586,574	2,602,460	2,629,592	2,644,391
大阪府	8,278,925	8,473,446	8,668,095	8,734,516	8,797,268	8,805,081
兵庫県	4,992,140	5,144,892	5,278,050	5,405,040	5,401,877	5,550,574
奈良県	1,077,491	1,209,365	1,304,866	1,375,481	1,430,862	1,442,795
和歌山県	1,072,118	1,087,012	1,087,206	1,074,325	1,080,435	1,069,912
鳥取県	581,311	604,221	616,024	615,722	614,929	613,289
島根県	768,886	784,795	794,629	781,021	771,441	761,503
岡山県	1,814,305	1,871,023	1,916,906	1,925,877	1,950,750	1,950,828
広島県	2,646,324	2,739,161	2,819,200	2,849,847	2,881,748	2,878,915
山口県	1,555,218	1,587,079	1,601,627	1,572,616	1,555,543	1,527,964
徳島県	805,166	825,261	834,889	831,598	832,427	824,108
香川県	961,292	999,864	1,022,569	1,023,412	1,027,006	1,022,890
愛媛県	1,465,215	1,506,637	1,529,983	1,515,025	1,506,700	1,493,092
高知県	808,397	831,275	839,784	825,034	816,704	813,949
福岡県	4,292,963	4,553,461	4,719,259	4,811,050	4,933,393	5,015,699
佐賀県	837,674	865,574	880,013	877,851	884,316	876,654
長崎県	1,571,912	1,590,564	1,593,968	1,562,959	1,544,934	1,516,523
熊本県	1,715,273	1,790,327	1,837,747	1,840,326	1,859,793	1,859,344
大分県	1,190,314	1,228,913	1,250,214	1,236,942	1,231,306	1,221,140
宮崎県	1,085,055	1,151,587	1,175,543	1,168,907	1,175,819	1,170,007
鹿児島県	1,723,902	1,784,623	1,819,270	1,797,824	1,794,224	1,786,194
沖縄県	1,042,572	1,106,559	1,179,097	1,222,398	1,273,440	1,318,220

国勢調査100年　都道府県別人口（大正9年～令和2年）（4）

地域	平成17年 2005	22年 2010	27年 2015	令和2年 2020	備考
全国	127,767,994	128,057,352	127,094,745	126,146,099	
北海道	5,627,737	5,506,419	5,381,733	5,224,614	
青森県	1,436,657	1,373,339	1,308,265	1,237,984	
岩手県	1,385,041	1,330,147	1,279,594	1,210,534	
宮城県	2,360,218	2,348,165	2,333,899	2,301,996	
秋田県	1,145,501	1,085,997	1,023,119	959,502	
山形県	1,216,181	1,168,924	1,123,891	1,068,027	
福島県	2,091,319	2,029,064	1,914,039	1,833,152	
茨城県	2,975,167	2,969,770	2,916,976	2,867,009	
栃木県	2,016,631	2,007,683	1,974,255	1,933,146	
群馬県	2,024,135	2,008,068	1,973,115	1,939,110	
埼玉県	7,054,243	7,194,556	7,266,534	7,344,765	
千葉県	6,056,462	6,216,289	6,222,666	6,284,480	
東京都	12,576,601	13,159,388	13,515,271	14,047,594	
神奈川県	8,791,597	9,048,331	9,126,214	9,237,337	
新潟県	2,431,459	2,374,450	2,304,264	2,201,272	
富山県	1,111,729	1,093,247	1,066,328	1,034,814	
石川県	1,174,026	1,169,788	1,154,008	1,132,526	
福井県	821,592	806,314	786,740	766,863	
山梨県	884,515	863,075	834,930	809,974	
長野県	2,196,114	2,152,449	2,098,804	2,048,011	
岐阜県	2,107,226	2,080,773	2,031,903	1,978,742	
静岡県	3,792,377	3,765,007	3,700,305	3,633,202	
愛知県	7,254,704	7,410,719	7,483,128	7,542,415	
三重県	1,866,963	1,854,724	1,815,865	1,770,254	
滋賀県	1,380,361	1,410,777	1,412,916	1,413,610	
京都府	2,647,660	2,636,092	2,610,353	2,578,087	
大阪府	8,817,166	8,865,245	8,839,469	8,837,685	
兵庫県	5,590,601	5,588,133	5,534,800	5,465,002	
奈良県	1,421,310	1,400,728	1,364,316	1,324,473	
和歌山県	1,035,969	1,002,198	963,579	922,584	
鳥取県	607,012	588,667	573,441	553,407	
島根県	742,223	717,397	694,352	671,126	
岡山県	1,957,264	1,945,276	1,921,525	1,888,432	
広島県	2,876,642	2,860,750	2,843,990	2,799,702	
山口県	1,492,606	1,451,338	1,404,729	1,342,059	
徳島県	809,950	785,491	755,733	719,559	
香川県	1,012,400	995,842	976,263	950,244	
愛媛県	1,467,815	1,431,493	1,385,262	1,334,841	
高知県	796,292	764,456	728,276	691,527	
福岡県	5,049,908	5,071,968	5,101,556	5,135,214	
佐賀県	866,369	849,788	832,832	811,442	
長崎県	1,478,632	1,426,779	1,377,187	1,312,317	
熊本県	1,842,233	1,817,426	1,786,170	1,738,301	
大分県	1,209,571	1,196,529	1,166,338	1,123,852	
宮崎県	1,153,042	1,135,233	1,104,069	1,069,576	
鹿児島県	1,753,179	1,706,242	1,648,177	1,588,256	
沖縄県	1,361,594	1,392,818	1,433,566	1,467,480	

統計でみる日本 2022

2022年1月 発行

編集・発行	一般財団法人 日 本 統 計 協 会
	〒169-0073
	東京都新宿区百人町2-4-6
	メイト新宿ビル6F
	電 話 (03)5332-3151
	FAX (03)5389-0691
	E-mail jsa@jstat.or.jp
	https://www.jstat.or.jp
印 刷	勝 美 印 刷 株 式 会 社

ISBN978-4-8223-4133-6 C0033 ¥2500E